中国生物技术产业发展报告

周光召

二〇〇二年十二月

Annual Report on Bioindustry in China : 2016

中国生物产业发展报告2016

国家发展和改革委员会高技术产业司
中国生物工程学会　编写

化学工业出版社
·北京·

本书由国家发展和改革委员会高技术产业司与中国生物工程学会组织编写，是《中国生物产业发展报告》系列图书的第15本。

全书包括7篇，共41章，对生物产业发展战略与政策、生物产业发展现状与趋势、生物技术发展前沿与热点、生物专利、生物产业投融资、国家生物产业基地情况、重点行业协（学）会发展报告等进行了阐述和说明，从多角度对中国生物产业状况进行了清楚的透视和实在的分析，对中国生物产业发展战略进行了认真深入的思考与讨论。

本书可供生物产业的开发、生产、销售、管理人员以及政府有关职能部门工作人员阅读参考。

图书在版编目（CIP）数据

中国生物产业发展报告（2016）/国家发展和改革委员会高技术产业司，中国生物工程学会编写. —北京：化学工业出版社，2017.6

ISBN 978-7-122-29797-6

Ⅰ.①中… Ⅱ.①国…②中… Ⅲ.①生物技术-高技术产业-研究报告-中国-2016 Ⅳ.①F426.7

中国版本图书馆CIP数据核字（2017）第120783号

责任编辑：陈小滔　王　琰　　文字编辑：孙凤英
责任校对：王　静　　装帧设计：张　辉

出版发行：化学工业出版社（北京市东城区青年湖南街13号　邮政编码100011）
印　　装：北京云浩印刷有限责任公司
787mm×1092mm　1/16　印张 $24\frac{1}{2}$　字数414千字　2017年8月北京第1版第1次印刷

购书咨询：010-64518888（传真：010-64519686）　售后服务：010-64518899
网　　址：http://www.cip.com.cn
凡购买本书，如有缺损质量问题，本社销售中心负责调换。

定　　价：128.00元

《中国生物产业发展报告（2016）》编委会

目 录

生物产业发展概述

生物产业发展现状与趋势分析

生物产业投融资分析

生物专利分析

国家生物产业基地年度发展报告

重点行业协(学)会发展报告

生物产业发展概述

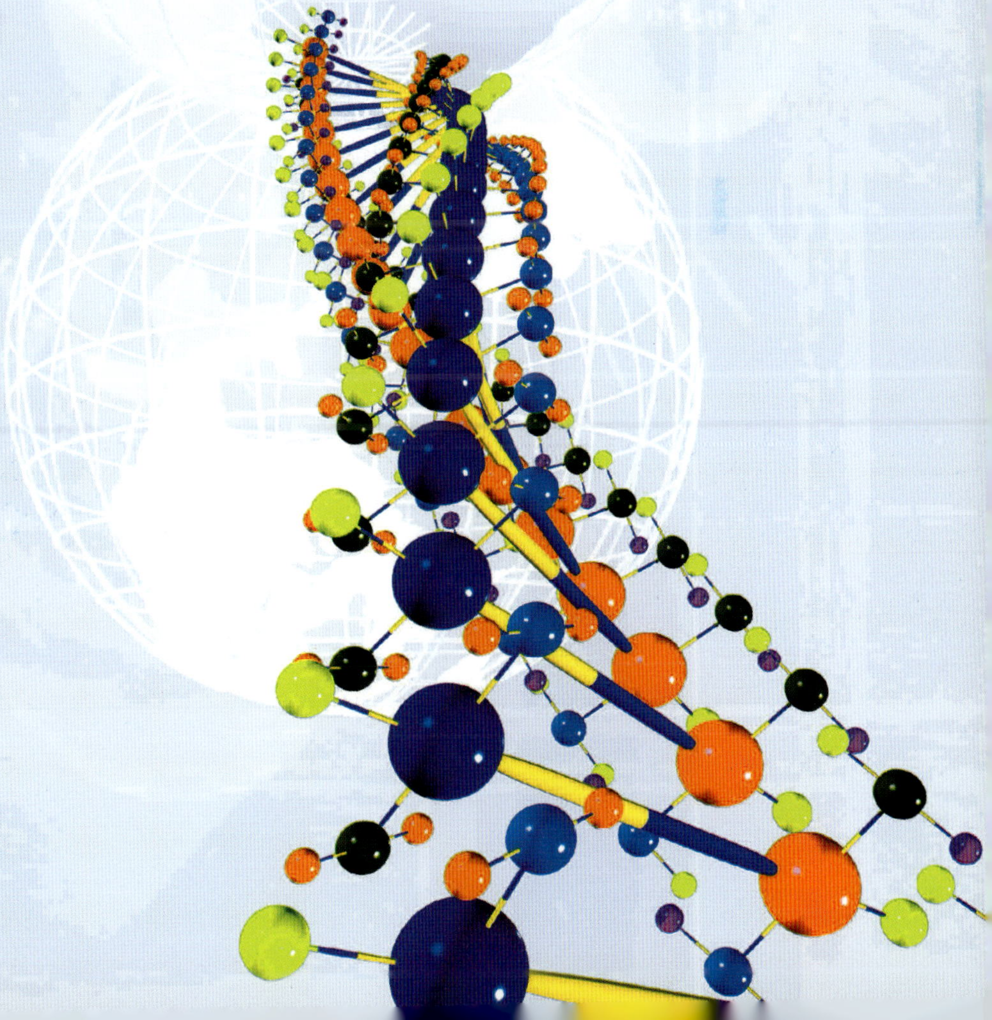

国家发展改革委副主任林念修在第九届中国生物产业大会开幕式上的致辞

（2016年7月5日）

尊敬的陈竺副委员长，

尊敬的李鸿忠书记，

各位来宾，女士们、先生们、朋友们：

大家上午好！非常高兴出席第九届中国生物产业大会，与各位嘉宾一道，共商推进生物产业创新发展大计。我谨代表国家发展改革委，对大会的召开表示热烈祝贺！

生物产业是21世纪创新最为活跃、增长最为迅速、对人类生产生活影响最为深远的新兴产业之一。党中央国务院高度重视生物产业发展。习近平总书记在前不久召开的全国科技创新大会上强调指出，要着力突破生命科学、生物技术领域前沿，加快推进创新药物、先进医疗设备研发。李克强总理多次作出指示，要求大力推动生物医药等新兴产业发展，加快形成国民经济支柱产业。“十三五”规划《纲要》明确提出，要大力发展生物产业，建设“美丽中国”和“健康中国”。

近年来，国家发展改革委认真贯彻落实党中央国务院关于生物产业发展的各项决策部署，会同有关部门先后出台了一系列支持生物产业发展的政策和规划，组织实施了国家基因库、创新药物研制与产业化、生物育种、生物基材料、生物芯片等一批重大工程，取得了显著成效。“十二五”期间，我国生物产业年均增长率超过15%，2015年产业规模超过3.5万亿元。得益于各界的共同努力，在基因与细胞技术、基因编辑、生物育种、生物合成、生物技术药物等前沿领域，我国已经实现了与发达国家同步发展。在生物产业集群方面，形成了湖北武汉、江苏泰州等一批汇聚技术、资本等创新要素的特色发展集群，为我国加速发展生物产业、在重点领域实现赶超奠定了良好基础。

女士们，先生们！

公众对健康和生态需求的不断升级，是生物产业进步的重要驱动力量。当前，我国生物产业发展水平与人民群众的期待相比，还有较大差距。在全球新一轮科技革命孕育兴起、新兴产业快速发展的大背景下，我们要顺应潮流、回应期待，加快推动生物产业创新发展，不断满足人民群众新需求。为此，我们将努力做到“四个坚持”。

一是坚持创新引领。瞄准全球生物产业发展的制高点，夯实创新发展的基础条件，着力突破高通量测序、基因组编辑和生物信息分析等现代生物技术瓶颈，加强基因库、细胞库等创新基础能力建设，加快产业化进程，培育形成一批引领医疗、农业、生物制造和生态建设的新产品、新服务、新业态，打造更多生物产业龙头企业和创新发展集群，促进生物产业持续健康发展。

二是坚持产业惠民。紧紧围绕全面建成小康社会的总体目标，加速与民生相关的生物新技术、新产品和新服务的规模化应用，进一步缩小“健康鸿沟”。去年，国家发展改革委支持了 27 个省（市）建设基因检测技术示范应用中心，推动新型健康技术普及惠民。下一步，我们将深入实施生物产业惠民工程，推广基因检测、高性能影像设备、生物基材料、生物能源、生物育种等新兴技术应用，推动生物技术、产品和服务的发展成果更多惠及民生。

三是坚持机制创新。按照供给侧结构性改革的要求，深化改革行业规制，加快消除制约生物产业快速发展的相关制度障碍，着力在市场准入、价格和医保、采购招标、行业监管等方面优化制度供给，加快建立和完善适应生物经济发展的监管机制，最大限度地激发各类主体的创新创业活力，不断增强生物产业供给结构对需求结构变化的适应性。

四是坚持开放合作。发挥中古、中德、中以、中英等政府间生物产业双边合作机制作用，积极推动创新药物、医疗器械、种业、基因检测等重点领域的国际合作，促进优势企业“走出去”发展，建立海外研发中心、生产基地、销售网络和服务体系。加大“引进来”力度，支持跨国公司在华建设高水平的研发中心、生产中心和采购中心，推动形成中外生物产业合作发展、互利共赢的新格局。

女士们，先生们！

当前，全球新一轮科技革命和产业革命蓄势待发，一批重大颠覆性技术创新正在不断创造新产业、新业态。适应、把握和引领经济新常态，要求我们深入实施创新驱动发展战略，按照供给侧结构性改革的要求，着力推进技术创新，大力发展新经济，加快培育新动能。作为战略性新兴产业的重要组成部分，生物产业的创新发展，必将为发展新经济、培育新动能提供重要支撑。我们期待在座的各位紧密围绕“实施创新驱动发展战略，推动生物产业引领转型”这一大会主题，深入研讨、互相启发、集思广益，为推动我国生物技术创新取得新突破、生物产业实现新发展献计献策，为把生物产业发展成为国民经济新支柱做出新的贡献。

最后，预祝本届大会圆满成功。谢谢大家！

着力推进生物产业供给侧结构性改革

生物产业是当今世界正在快速孕育成长的新兴产业，是新一轮科技革命和产业变革的主要方向。适应广大人民群众对健康、安全食品等的巨大需求，加快发展壮大生物产业，是当前我国经济社会发展的重要而紧迫的任务。但受体制机制等制约，目前我国生物产业有效供给不足，创新能力不强。必须着力推进生物产业供给侧结构性改革，加强科技创新，破除生物技术在医疗、农业、化工、能源和环保等领域应用的制度藩篱，培育形成大型企业和中小企业协同创新发展的格局，为促进经济发展转型升级和全面建成小康社会提供有力支撑、做出更大贡献。

一、加快发展生物产业是我国供给侧结构性改革的重要任务

推进供给侧结构性改革是当前和今后一段时期我国经济工作主线，既要做好去产能、去杠杆、去库存等方面的减法，也要做好加法，加快发展新技术、新产品、新产业，为经济增长培育新动力。特别是要把握新一轮科技革命和产业变革孕育兴起的机遇，加快发展壮大生物产业等战略性新兴产业。

（一）全球生物技术和产业发展日新月异，已经从蓄势待发阶段演进到爆发式增长的前夜

随着当今生物技术日新月异的发展，高通量测序、基因组编辑和生物信息分析等现代生物技术进入大规模产业化阶段，其应用范围已扩大至医药、农业、食品、工业、能源与环保等领域，生物产业呈现高速发展的态势，最有可能成为继信息经济后又一重要的经济形态。

在医疗领域，生物技术药品已成为全球药品市场成长的主要驱动力之一，不仅成长幅度高于全球药品市场，未来随着许多重磅药品的上市销售，对推升药品市场成长仍将扮演重要角色，生物药已占据了全球十大畅销药中的三分之二以上，干细胞与诱导多能干细胞的应用正在不断加快，基因检测技术正在加速普及，传统的诊疗方式正在迈向精准医疗新阶段[1]。在农业领

[1] Biotechnology Report 2016 Beyond Borders Returning to Earth. https：//www. ey. com/Publication/vwLUAssets/EY-beyond-borders-2016/ $ FILE/EY-beyond-borders-2016. pdf

域，2016年全球共有26个国家种植转基因作物，种植面积达到1.851亿公顷，约占全球耕地面积的12%[1]。在化工领域，生物基产品正在加速替代传统的化石原料产品。在能源领域，生物质能正在成为推动能源生产消费革命的重要力量。在环保领域，微生物及其组成成分正在越来越多地被用于清除工业废物、修复生态系统。

（二）发达经济体不断加大投入和推动监管体制改革，努力抢占生物经济的制高点

越来越多的发达经济体注意到，以信息经济、生物经济、绿色经济等为代表的新经济形态正悄然兴起，很可能驱动世界经济进入新一轮增长周期，改变国家之间的竞争优势，推动全球经济格局深刻变革。为此，近年来，美欧等发达经济体纷纷聚焦生物经济，出台一揽子鼓励政策和改革举措，进一步巩固其领先地位。

美国政府在《国家生物经济蓝图》中，明确将“支持研究以奠定21世纪生物经济基础”作为科技预算的优先重点。欧盟在《持续增长的创新：欧洲生物经济》中，将生物经济作为实施欧洲2020战略，实现智慧发展和绿色发展的关键要素。德国在《国家生物经济政策战略》中提出，通过大力发展生物经济，实现经济社会转型，增加就业机会，提高德国在经济和科研领域的全球竞争力。在美欧等发达经济体的引导下，波士顿基因城、莱因河畔生物谷等一批现代生物产业集群不断壮大，成为吸引全球生物技术领军人才、风险投资和高水平研究机构的创新发展策源地。

（三）发展壮大生物产业是我国适应引领经济发展新常态，全面建成小康社会的迫切要求

当前，我国经济发展进入新常态，处于增长速度变化、结构优化和动力转换阶段，旧的发展动能不断减弱，低成本比较优势弱化，土地能源资源环境约束趋紧，增长速度从高速转向中高速，培育新的增长动力迫在眉睫。同时，我国还面临实体经济结构性供需失衡，供给体系产能虽然十分强大，但是大多数还只能满足中低端、低质量、低价格的需求，难以满足公众日益升级的多层次、高品质、多样化的消费需求。

此外，我国还要应对人口持续增长、新发突发重大传染病威胁加剧、癌症和慢性病低龄化、老龄人口数量大幅增加、能源资源环境约束不断趋紧等重大挑战，食品安全、医疗养老、节能环保等新需求层出不穷。据有关统计

---

[1] http：//www. isaaa. org/resources/publications/briefs/52/download/isaaa-brief-52-2016. pdf

数据显示，我国人口老龄化正在不断加深加快，截至2016年年底，我国60岁以上人口已达2.3亿人，占总人口的16.7%，65岁以上人口达1.5亿人，占10.8%。预计至2050年，我国65岁以上人口将达3.3亿人，占全部人口的比重将超过四分之一，80岁以上老人可能超过1亿人。

这些新的形势都迫切需要加快推进生物产业供给侧结构性改革，将生物产业发展成为经济增长新动能，保障人民健康新手段，为解决我国经济社会发展的矛盾和问题，找到新的方法和途径。

二、有效供给不足是制约当前我国生物产业发展的主要矛盾

“十二五”以来，生物产业被列为我国重点培育发展的七大战略性新兴产业领域之一，各级政府陆续出台实施了一系列财税、价格、金融等优惠政策，为培育发展生物产业新动能、促进现代生物技术发展成果更快惠及民生，打下了坚实基础。2016年，我国生物产业规模达到约4万亿元，主营业务收入和实现利润总额增速远高于同期工业和高技术产业平均增速。青蒿素、基因检测、超级稻等产品和服务已处于世界第一梯队，一批创新型中小企业具备了一定的世界知名度，北京、上海、广州、深圳、江苏、湖北、吉林等一批高水平、有特色的生物产业集群已拥有一定的国际影响力，形成了生物产业加快发展的良好格局。然而必须看到，目前我国生物产业依然表现出严重的结构性失衡，主要表现为以下三个方面。

（一）中低端产品重复竞争，具有自主知识产权的创新型产品严重缺乏

当前，我国生物产业产品供需失衡，高端产品多数靠进口，低端产品同质化竞争严重。特别是在生物医药领域，仿制药是我国临床用药的主体，约占70%以上，而其余的原研药主要由外资企业生产或进口。目前，全球生物技术药物已超过100多个，我国能够得到国际社会认可的真正意义上的创新药物微乎其微，无法满足人民群众对生命健康保障方面的迫切需求。这与全球药品市场专利药占65%的结构有很大不同。从近年来药监部门的有关数据来看，虽然新药申报数量明显增加，但低水平重复现象依然严重，即使是新申报的新化学药品或生物制品，多是在国外已上市原研药品基础上模仿、修饰。

（二）中小企业长不大长不壮，具有创新能力和全球竞争力的大型企业缺乏

20世纪80年代以来，在新技术革命迅猛发展和改革开放的大潮中，我国先后涌现出一批生物技术创业企业。特别是本世纪以来，一大批优秀的海

外科学家和拥有外企工作经验的高管回国创业，全国生物技术创业企业数量大幅增长，但从发展情况看，这些企业普遍规模较小，“长不大长不壮”。在20世纪90年代创业的生物技术企业中，目前规模大多都不到20亿元，而同期成立的华为、中兴等企业规模均已超千亿元。从国际比较看，全球最大的生物技术企业美国吉利德科学公司（Gilead Sciences，Inc.）2016年销售收入超过300亿美元，市值近1000亿美元。全球营业收入排名前十的生物技术企业均来自欧美。在生物基材料领域，近年来发达国家产业化进程很快，而我国龙头企业之一的某企业却已破产。

（三）行业研发投入强度低，人才、资金、技术等生物产业创新发展要素的支撑不足

全国生物医药行业R&D投入占销售收入的比重不到1%，远低于国内所有行业平均水平，与发达国家10%以上的研发强度相比反差太大，国内制药行业每年的研发投入总和不及美国辉瑞一家公司。我国拥有4000多家种子企业，但95%以上的种子企业仍停留在传统育种水平，转基因的产业化进展十分缓慢，生物能源、生物环保领域产业化进展也十分缓慢。

出现上述问题的原因是多方面的，根本上是体制机制制约。比如，创新药物审评审批难、时间长等问题，始终未能有效解决。行业管理部门长期存在审评能力不足、审评审批标准缺乏连续性等问题，监管政策忽紧忽松，让新药研发企业无所适从，再加上药品招标、采购等一系列配套政策没有跟上，严重影响企业创新动力。再如，国内转基因科研与产业化脱节的问题，主要是由于对转基因的安全性存在争议，加之又缺乏有效的争议解决机制，导致国内育种企业没有市场，无力进行新产品开发。此外，生物制造、生物能源的发展也受制于“非粮”发展路线等政策问题，导致生物制造和生物能源产品成本高、技术经济性不强，与传统产品相比不具竞争力，产业化进展很慢。

三、着力推进生物产业供给侧结构性改革

面对新的形势，必须牢牢把握生命科学纵深发展、生物技术广泛应用和融合创新的新趋势，深入推进供给侧结构性改革，完善生物产品监管体制，加强要素投入，使生物技术药和原研药占比大幅提升，化学品生物制造的渗透率显著提高，形成一批创新能力较强的跨国大型企业，在全国形成若干生物经济创新发展高地，不断促进生物产业迈向中高端，加速形成国民经济新的支柱产业。

（一）加快完善生物产品的监管体制

在生物医药领域，要严格控制市场供大于求、低水平重复的医药产品审批，加快临床急需的创新药物医疗器械审批，完善创新产品和罕见病药物优先审查和快速审评机制，加快建立药物专利补偿期制度，进一步扩大药品上市许可持有人制度试点制度范围，促进药品文号有序流转，积极稳妥推进医疗产品和服务价格改革，在医保改革和鼓励发展商业保险的基础上，逐步建立分类管理、动态调整、多方参与的价格形成机制。在生物农业领域，要完善转基因产品的上市监管，进一步加强生物安全管理，加快修订《农作物种质资源管理办法》和《农产品进口关税配额管理暂行办法》，支持我国优势种业国际化发展。在生物技术服务领域，要加快制定新型诊疗技术的临床应用技术规范，规范和促进我国人类遗传资源的保护和利用，形成与新技术发展同步的监管体系。

（二）加快培育形成大型跨国企业顶天立地、创新型小企业铺天盖地的发展格局

鼓励企业充分利用两种资源两个市场，加快整合配置全球创新要素和创新资源。推进我国育种、基因检测等领域企业走出去，带动整个行业抢占国际市场。推动有竞争力的生物技术企业开展境外并购和股权投资、创业投资，建立海外研发中心、生产基地、销售网络和服务体系，获取新产品、关键技术、生产许可和销售渠道，加快融入国际市场，创建一批具有国际影响力的知名品牌。

加强创业培训，鼓励和引导生物科技人才创业，加快构建贯穿整个创新链条的生物科技创新创业服务平台，形成设备、人员、技术、资金等专业化配套体系，推动龙头骨干企业、高校、科研院所建设一批高水平、专业性的生物产业众创空间。支持创新型中小企业做大做强，完善知识产权政策和反不正当竞争政策，鼓励大企业对中小企业的兼并收购。

（三）进一步完善创新要素支撑

充分发挥市场在配置资源的决定性作用和更好发挥政府引导作用，为生物产业发展提供以技术、资金、人才等要素为核心的全方位支撑。

在科技创新支撑方面，一方面，要瞄准全球生物产业发展制高点，适度超前部署干细胞、免疫细胞与再生医学技术，推进基因编辑技术、合成生物技术研发与应用，建立具有自主知识产权的基因编辑技术体系，培育合成生物产业链。另一方面，要围绕当前产业发展最为紧缺的环节，重点部署基因库、高级别生物安全实验室体系等一批创新基础研究平台，进一步支持药物

创新研发平台、医学影像信息库网络、农作物分子育种平台等若干转化应用研究平台，推动仿制药一致性评价检测平台、生物药质量及安全测试技术创新平台、农产品安全质量检测平台、生物质能检验检测及监测公共服务平台等第三方、市场化公共服务平台建设，提升产业创新发展能力。

在财税支撑方面，加大对创新医疗产品开发和产业化支持力度。继续开展首台（套）重大技术装备保险补偿机制试点，支持符合条件的国产医疗设备应用。加大对生物制造产品的采购鼓励，实施生物制造产品财政补贴。推动各地建立健全生物质燃气、液体燃料、热力生产财政补贴政策。结合国家税制改革方向，落实研发费用加计扣除、固定资产加速折旧、高新技术企业与技术先进型服务企业所得税等优惠政策，落实医药产品相关税收优惠政策。

在金融支撑方面，鼓励产业投资基金、创业投资基金、专项建设基金支持创新型中小企业发展。加快发展商业保险，带动中高端医药产品消费。积极推动开展融资租赁、担保质押、投资保险（风险补偿）等创新型金融支持方式。充分发挥亚洲基础设施投资银行、丝路基金、中投公司等投融资平台作用，支持企业开拓海外市场，开展海外贸易和并购。

在人才支撑方面，创新人才培养模式，加强人才培养能力建设，建立多层次人才培养基地，重点培养生物领域企业经营管理人才、原始创新人才、工程化开发人才、高技能人才等各类人才。继续实施“千人计划”等引智工程，积极创造条件引进国外优秀的行业领军人才和技术团队来华创业创新。鼓励大型生物技术企业设立博士后工作站。鼓励通过校企合作等方式，联合培养高技能人才；支持鼓励企业与高校、科研院所通过各类合作机制共建研究基地和创新平台。建立健全技术、技能等要素参与的收益分配机制，鼓励通过设立技术股等形式，充分调动人才的积极性和创造性。以提高企业竞争力为核心，积极开展多种形式的生物技术企业经营管理人员培训，培育一批领军型企业家。

（撰稿专家：王昌林　韩祺）

2016 年生物产业发展回顾与 2017 年展望

2016 年，面对错综复杂的国内外形势，我国持续推动药品医疗器械审评审批、价格医保、招标采购等一系列重大改革，增强了企业开展创新活动的积极性，保持了生物产业健康发展良好态势。预计 2017 年，随着潜在市场需求的进一步释放，以及行业供给侧结构性改革的深入推进，我国生物产业发展形势依然比较乐观。但也要持续关注由于制度性改革带来短期内的“阵痛”、对外贸易压力有所加大等问题。下一步，要坚定不移地持续推动相关改革，支持网络化创新平台建设，重视行业形势分析研判，进一步加强生物产业国际合作，使生物产业加快成为践行供给侧结构性改革和打造经济发展新动能的先锋。

一、2016 年生物产业发展情况

总体看，2016 年生物产业保持中高速发展，创新水平不断提高，股权投资和兼并重组十分活跃，产品、企业和区域发展结构进一步优化，产业生态环境进一步改善，成为当前经济发展中的“一抹亮色”。

（一）保持中高速发展态势，成为经济发展新动能之一

全年生物产业主营业务收入持续保持 10%左右的增长速度，全行业盈利水平有所提高。其中，医药工业规模以上企业实现主营业务收入 29 635 亿元，同比增长 9.9%，实现利润总额 3216 亿元，同比增长 15.6%，两项指标分别高于全部工业 5.0 和 7.1 个百分点。生物农业、生物制造、生物能源也保持了较好的发展速度，全国生物质发电量 647 亿千瓦时，同比增长 20.1%。

（二）创新水平不断提高，新技术、新产品、新服务高速发展

新药注册数量继续增长，全年 128 个 1 类新药获批临床，是近年来获批最多最快的一年。产品以抗肿瘤药物为主，很多由研发型小企业申请。新药审批保持了较快的水平，全年新批准上市 4 个 1 类新药。近年新上市的创新

药市场销售快速增长，多款新品种上市仅几年销售额就达几亿元甚至十几亿元，大大激发了其他制药企业开展创新药研究的热情。年内新增10家左右制剂企业通过欧美GMP检查，制剂产品在发达国家市场销售较快攀升。基因检测、生物制造等领域企业高速成长，全国育种企业集中度进一步提高，大量作物新品种获批上市，生物新技术、新产品、新服务市场迅速扩大。

（三）股权投资和兼并重组十分活跃，行业受到社会资本青睐

2016年生物医药领域开始受到投资机构和资本市场的高度关注。行业股权投资高速发展，全年有128家中小制药企业在新三板挂牌，医药成为挂牌企业最多的行业之一，总数已达283家，一批研发型企业募得大量风险投资。大型企业并购重组力度加强，多家国内龙头企业开展多项“标志性”收并购，打造行业“巨头”。境外医药资本性投资规模进一步扩大，为我国制剂抢占欧美高端市场的销售创造了有利条件。

（四）企业和产品结构进一步优化，产业集聚发展水平进一步提高

国内医药企业和本土品牌市场占有率稳步提升，2016年前三季度销售额排名前10位的企业中，国内企业已占到7家，在排名前20位的畅销药中，16个是本土企业产品，两项数据均较上年略有提升；国内医疗器械企业在大型医疗装备、关键技术与核心部件取得进展，企业技术能力与竞争能力有所提升，本土冠脉血管支架产品占国内市场份额逐年增加，目前已达到75%以上，具有自主知识产权的CT机销售呈爆发式增长。京津冀、长三角、珠三角等一批生物产业发展高地正加速形成，特别是各地在推动“全面创新改革试验”中将生物产业规制改革列为重要内容之一，使大量先进生物技术企业和高端人才进一步集聚，北京、上海、深圳等若干全国生物产业创新发展的策源地已初具雏形。

（五）各项改革举措加快落实，产业生态环境进一步改善

随着医改向纵深推进、药品上市许可持有人制度试点、“两票制”、“新种子法”等一系列新举措落地，我国生物产业生态环境进一步改善。2016年，食品药品监督管理总局全力推进审评审批制度改革，强化上市后监管，持续开展规范、指南等文件的制修订，完善监管体系，服务于产业健康发展。同时，行业监管力度也进一步加大，飞行检查、交叉检查等构成强大的监管压力。随着“新种子法”的加快实施，大大调动了一批育繁推一体化企业研发的积极性，促进了大量新品种获批。

二、2017年面临的机遇与挑战

总的看，2017年我国生物产业发展仍有较多有利条件，人口老龄化、二孩政策实施、群众消费需求结构升级带来的刚性需求增加趋势仍然存在，加上改革政策的进一步落地、应用示范带动产业需求快速增长，生物产业发展形势相对比较乐观。但也面临制度性改革带来短期内企业成本上升、对外贸易疲软等问题，值得高度关注。

（一）制度改革的进一步落地既有短期阵痛也有长期利好

一方面，不少企业和行业协会都反映，制度性改革短期内已带来市场的滞涨、价格的下降和生产成本的上升。比如，由于受医保控费、医疗机构控费、降低药占比、提高基本药物使用比率、限制辅助用药使用等政策影响，公立医疗机构的购药金额有所限制。再如，2015年启动的新一轮招标，药品中标价下降，其影响将主要从2017年起开始体现。同时，随着药品医疗器械审评审批制度改革深入实施，企业在短期内面临时间紧、任务重、投入大、资源不足的困难，特别是对药品临床试验数据自查核查和仿制药一致性评价方面，预计今后3年使全行业增加上百亿元的投入。另一方面，企业对相关制度改革的深入推进也抱有较强信心，特别是各地针对生物产业发展的一系列改革举措正在加紧贯彻落实，纷纷出台配套措施，将进一步激发生物产业的发展潜力。

（二）国内应用示范带动产业需求快速增长

在促进新产品新技术应用方面，各级政府、事业单位、企业都在推动各类示范应用，体现对创新产品和国内环境保护的责任，这将带动新需求快速增长。以生物基材料为例，不少知名物流企业纷纷启动绿色可持续发展行动计划，陆续把全降解包装袋投入使用，并承诺到2020年替换50%的快递包装材料。这极大地增强了生物基材料制品行业的信心，带动了一批传统塑料加工企业转型，也促进了其他生物基及生物可降解胶带、缓冲包装制品的生产。按照这样的发展趋势，预计每年将为生物基及生物降解材料产业带来100亿～200亿元的市场需求。

（三）对外贸易面临一定压力

近年来，国际上贸易保护主义抬头，一些国家或提高准入门槛，或增加监管频率，限制了我国相关产品输入，导致我国生物产业对外贸易形势比较严峻。根据海关数据口径，2016 年医药产品出口额为 554 亿美元，同比下降 1.8%。这是 2008 年金融危机都未出现的情况，面对新形势，我国医药产品出口结构亟待升级、一些中低端产品产能过剩的问题亟待化解。医疗器械行业也面临同样困境，据有关数据，2016 年我国医疗器械出口额为 205 亿美元，同比下降 3.1%，系近 5 年来首次出现的出口额同比下降，出口价格也呈同比下降，国际价格竞争日趋激烈。

三、下一步建议

在新形势下，应继续深入推动行业供给侧结构性改革，贯彻落实“十三五”战略性新兴产业发展规划和“十三五”生物产业发展规划的相关部署，进一步分析研判行业发展的苗头性、潜在性问题，着力提升产业竞争力，积极推进国际合作，不断扩大产业有效需求，使生物产业加快成为推进供给侧结构性改革和打造经济发展新动能的先锋。

一是坚定不移持续推动行业规制改革，营造更有利于行业创新发展的制度环境。进一步抓好落实市场准入、价格医保、招标采购、行业监管等改革，努力促进供给侧政策和需求侧政策衔接，加快研究明确分工和时间表。进一步鼓励地方开展“先行先试”，积极开展相关改革落实情况的政策评估工作，尽快推广成效明显的有关改革举措。

二是要聚焦产业发展迫切需求和薄弱环节，支持网络化创新平台建设。积极推进《“十三五”战略性新兴产业发展规划》和《“十三五”生物产业发展规划》的落实，进一步构建全球基因库联盟体系，加快启动高级别生物安全实验室、医学影像信息库等一批网络化创新平台的布局研究工作。

三是要更加关注行业苗头性、趋势性问题，做好行业形势分析研判工作。一方面，要及时了解国际上最新政策动向，研究和储备有关政策，积极应对贸易保护主义抬头、医药制造业加速回归等新形势；另一方面，要关注生物技术与信息技术加速融合等新的行业发展新趋势，着力开展信息技术与生物技术融合（IT+BT）等方面的研究。

四是要把握“一带一路”战略机遇，推动生物产业国际合作迈上新台阶。进一步巩固现有生物技术合作成果，推动技术、产业、人才和资本全方位合作。鼓励和支持企业在基因检测、生物育种等我国优势领域与“一带一路”沿线国家重点开展合作，扩大我国生物技术企业和产品在全球的影响力和市场份额。

（撰稿专家：任志武　沈竹林　李新　韩祺）

生物产业发展现状与趋势分析

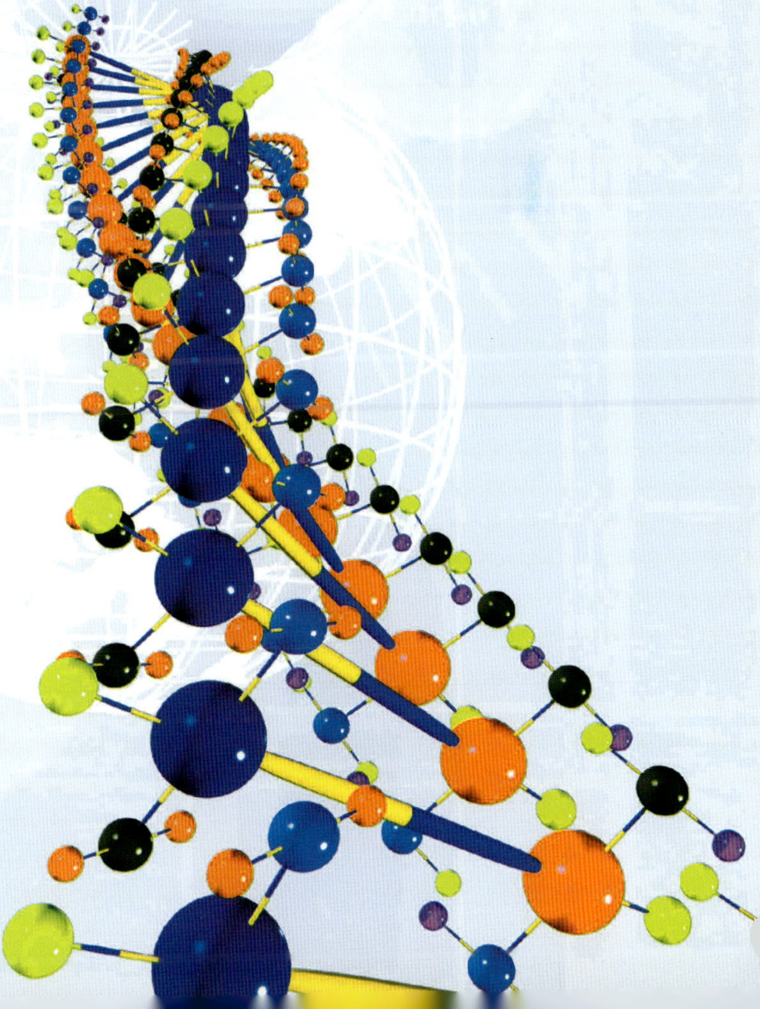

生物医药

2016年度生物医药产业发展态势分析

一、全球生物医药产业发展态势

(一) 全球生物医药市场分析

1. 全球药市：保持稳定增长

生物医药行业是全球经济的重要组成部分，随着世界人口总量持续增长和社会老龄化程度的不断提高，全球医药行业保持持续增长。据IMS Health数据，2015年全球药品市场规模约10 345.1亿美元。

2012年，因受“重磅炸弹”级药品专利到期高峰及支付方成本控制行为增加等因素影响导致增幅跌至低谷，2013年和2014年随着美国市场因创新药物使用的增加及药物专利到期影响的降低导致的药品支出大幅上涨，带动全球市场增速出现回升，显示出全球药品市场良好的发展态势。

随着世界经济的缓慢复苏、人口总量的不断增长、社会老龄化进程的进一步加快以及发达国家药品消费额提升、新兴市场的药品需求扩大的有力保障，全球药品市场仍将呈现稳定增长趋势。预计到2019年全球药品市场规模将达到13 304亿美元，年复合增长率将达6.0%。

2. 新兴市场：发展迅速

北美、欧洲、日本等发达国家和地区依然是当今全球主要的药品市场。2014年美国医药市场在经济较强复苏的带动下实现稳定增长，而日本及欧盟主要医药市场均表现不佳，主要拖累因素包括经济复苏疲弱及药价控制、削减医疗开支等政策的不利影响。

2014～2018年，全球医药销售额将保持4%～7%的增速，新兴医药市场预计将以8%～11%的速度增长，成为拉动全球药品消费增长的主要力量。新兴市场经济快速增长，医疗服务水平不断提高，带动药品市场规模不断扩大，展现了较大的市场潜力；而发达国家药品市场较为成熟，人均药品支出已经达到顶峰，增长空间有限，加之专利悬崖及政府财政紧缩等因素影响，药品销售增速放缓。

随着畅销药的专利保护期届满，在中国、俄罗斯和巴西等新兴医药市场中，消费者更倾向购买本土厂商生产的仿制药，这对于上述新兴市场的本土厂商来说，是一次难得的发展契机。2015 年，美国占国际医药市场支出的份额从 2005 年的 41%下降到 31%，而位于国际医药市场支出份额第五位的欧洲国家同时也从 20%下降到 13%。同时，17%高增长的新兴市场将由中国引领，其所占份额从 2005 年的 12%上升到 2015 年的 28%。

近几年，亚洲（日本除外）、拉丁美洲（包括加勒比海）、印度次大陆和非洲等地区的发展中国家药品市场增长较快，这主要得益于这些发展中国家的药品需求不断扩大，人口持续增长，人均收入稳步提高以及医疗保障体系不断完善。新兴市场中，印度医药市场运行环境改善；巴西、印度尼西亚医药市场在本国经济形势不佳的背景下依然实现稳定增长，但增速有所放缓；俄罗斯医药市场运行环境显著恶化，市场表现急转直下。这无疑预示着新兴市场仍将是未来全球药品市场发展的主要动力。

3. 抗肿瘤药：保持高关注度

随着癌症发病率不断上升，世界抗肿瘤药物市场急速扩张，明显超过其他药物的增长。基于单克隆抗体的生物药已成为首选治疗各种癌症的药物，尤其是对于血液肿瘤（白血病）。各种癌症发病率的上升，日益流行的先进疗法（生物和靶向药物疗法），主要药物的专利期满以及商业化的仿制药物这几个因素推动了全球肿瘤药物市场的增长。

IMS 数据显示，2015 年全球抗肿瘤药物市场已达 1070 亿美元，相较 2011 年的 900 亿美元增加 170 亿美元，其中治疗用药 837 亿美元，辅助用药 229 亿美元。预计在未来的 5 年，全球抗肿瘤药物市场会以 7.5%～10.5%的速度上涨，到 2020 年抗肿瘤药市场可达 1480 亿～1780 亿美元（图 2-1）。

美国依旧是全球第一大抗肿瘤药物消费国，全球 2011～2015 年间增加的抗肿瘤药物开销中，46%来自美国。日本是全球第二大抗肿瘤药物市场，2015 年达 88 亿美元。

2015 年寡头局面依旧。罗氏公司凭借 3 个抗肿瘤单克隆抗体——利妥昔单抗（2015 年 73 亿美元）、贝伐单抗（2015 年 70 亿美元）和曲妥珠单抗（2015 年 68 亿美元）处于领先地位，新基公司的来那度胺（2015 年 58 亿美元）和诺华公司的伊马替尼（2015 年 47 亿美元）也有较好表现，这 5 个药物 2015 年的总销售额达到 316 亿美元，占全球抗肿瘤药物三成份额。

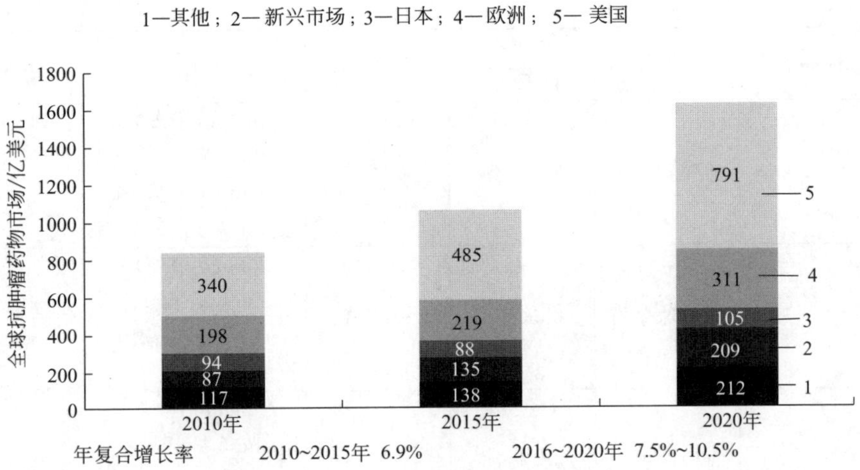

图 2-1　全球抗肿瘤药物市场情况

数据来源：IMS Global Oncology Trend Report A Review of 2015 and Outlook to 2020

4. 畅销药：品牌格局变化较大

2015 年，全球年销售额大于或等于 1 亿美元的品牌药（包括品牌系列或品种系列）共有 570 个，销售额合计达 4889.90 亿美元。而同期，全球药品市场规模约 10 345.1 亿美元，500 强占据半壁江山（47.27%）。全球畅销药 20 强品牌药中，2015 年位次变化较大，其中有 4 个品牌药跌出榜单，另有 4 个新晋畅销药，首次进入全球畅销药 20 强品牌药榜单（表 2-1）。

表 2-1　2015 年全球 20 大畅销品牌药

排名	商品名	中文通用名	销售额/百万美元	变化/%	公司名称	主要适应证
1	Humira	阿达木单抗	14 353.13	11.33	Abbott(雅培)/AbbVie(艾伯维)/Eisai(卫材)	类风湿性关节炎
2	Harvoni	索非布韦+雷迪帕韦	13 864	551.81	Gilead(吉利德)	丙型肝炎
3	Enbrel	依那西普	9043.11	1.14	Amgen(安进)/Pfizer(辉瑞)/Takeda(武田)	类风湿性关节炎
4	Remicade	英夫利西单抗	8934.44	−9.79	Johnson & Johnson(强生)/Merck(默沙东)/Mitsubishi Tanabe(三菱田边)	银屑病、关节炎、节段性肠炎、溃疡性结肠炎、强直性脊椎炎

续表

排名	商品名	中文通用名	销售额/百万美元	变化/%	公司名称	主要适应证
5	Rituxan	利妥昔单抗	7332.44	−2.87	Chugai(中外)/Roche(罗氏)/Genentech(基因技术)	非霍奇金淋巴瘤
6	Avastin	贝伐珠单抗	6956.71	−0.91	Chugai(中外)/Roche(罗氏)/Genentech(基因技术)	结肠直肠癌
7	Herceptin	曲妥珠单抗	6804.75	−0.88	Chugai(中外)/Roche(罗氏)/Genentech(基因技术)	乳腺癌
8	Lantus	甘精胰岛素	6388.89	−24.23	Sanofi(赛诺菲)	糖尿病
9	Prevnar 7/Prevnar 13	肺炎球菌疫苗	6245	39.90	Daewoong(大熊)/Pfizer(辉瑞)/Takeda(武田)	预防肺炎链球菌感染
10	Revlimid	来那度胺	5801.1	16.49	Celgene(新基)	多发性骨髓瘤、骨髓异常增殖综合征
11	Advair Diskus	沙美特罗+氟替卡松	5667.33	−19.37	Almirall(艾美罗)/GSK(葛兰素史克)	哮喘、COPD
12	Crestor	瑞舒伐他汀	5390.5	−8.82	AstraZeneca(阿斯利康)/Chiegi(凯西)/Shionogi(盐野义)	高脂血症
13	Sovaldi	索非布韦	5276	−48.69	Gilead(吉利德)	丙型肝炎
14	Neulasta	聚乙二醇化非格司亭	4868.49	3.89	Amgen(安进)/Kyowa Hakko Kirin(协和发酵麒麟)	中性粒细胞减少症
15	Xarelto	利伐沙班	4861.25	29.51	Bayer(拜耳)/Johnson & Johnson(强生)	预防静脉血栓形成
16	Lyrica	普瑞巴林	4839	−6.37	Pfizer(辉瑞)/Eisai(卫材)	神经性疼痛
17	Eylea	阿柏西普	4687.08	57.25	Bayer(拜耳)/Regeneron/Santen(参天)	黄斑变性

续表

排名	商品名	中文通用名	销售额/百万美元	变化/%	公司名称	主要适应证
18	Gleevec	伊马替尼	4658	−1.85	Novartis(诺华)	白血病
19	Januvia	西格列汀	4122.79	−2.58	Almirall(艾美罗)/Daewoong(大熊)/Merck(默沙东)/Ono(小野)	2型糖尿病
20	Copaxone	格拉替雷	4023	−5.05	Sanofi(赛诺菲)/Teva(梯瓦)	多发性硬化

数据来源：Pharmalive。

艾伯维/卫材的阿达木单抗（Humira）连续4年稳坐全球药物销售冠军；吉利德的Harvoni（ledipasvir/sofosbuvir）于2014年10月上市后，第二年就创造了138.64亿美元的销售额，成为第四个销售额超过100亿美元的产品，取代了索非布韦（Sovaldi）单方产品在丙肝治疗领域的霸主地位，跃居榜单第2。索非布韦销售额则相应受到影响，排名由第2下降至第13。

新入20强榜单的除了上述Harvoni外，拜耳/强生公司的利伐沙班（rivaroxaban，Xarelto）在2014年高增长的基础上，2015年继续上升，较2014年上升7位。拜耳/参天的黄斑变性治疗药物阿柏西普（aflibercept，Eylea）也连续保持50%左右的高增长，2015年排名上升至17位。另外，西格列汀销售额波动较小，勉强晋升榜单。

面临仿制药和新竞争产品的压力，2015年，阿立哌唑（aripiprazole，Abilify）、噻托溴铵（tiotropium bromide，Spiriva）、埃索美拉唑（esomeprazole，Nexium）、雷珠单抗（ranibizumab，Lucentis）跌出了20强榜单。

2015年有9个生物制品进入全球最畅销药物前20名（数量与2014年持平），但是进入前10名增加至8个（2014年为6个）。榜单各畅销药物增长情况分化严重，涨跌不一，但仍有13个重磅炸弹级药物销量超过50亿美元（较2014年多1个）。

从2015年全球畅销药榜单中，可以看到一些具有突出疗效的老药长盛不衰，也可以看到在先前存在未满足医疗需求的重大疾病领域中新药不断涌现。

5. 生物技术药物：保持较大增长

全球医药市场逐渐从小分子化学药转向生物药，生物技术药物的销售额基本上以每5年翻一番的速度增长，已成为全球医药产业增长最快的领域之一。

随着化学新药开发难度的加大，以及人类对生物技术新药的不断探索和开发，生物技术制药行业呈现出产业化明显加快、规模迅速扩张、新药开发热情高涨等特点。因此，如今生物技术药物正在快速崛起，并有着大幅增长的发展趋势，这一点从全球历年的畅销药物中能得到很好的体现。

2000年，全球十大畅销药物中，生物技术药物只有分别来自安进和强生公司的阿法依伯汀（epoetin alfa，Epogen/Procrit）。而在2015年全球十大畅销药中，生物技术药物已达到8个品种，凸显生物技术药物的大品种潜力。

生物技术药物的显著特征是平均单品种市值更高。2015年570个畅销药中，化学药共计446个产品，占产品数的78.25%；生物药共计124个产品，占产品数的21.75%。从数量上看，化学药仍是畅销药的主体。从销售额上看，在畅销药中，化学药的销售额合计为3135.09亿美元，占畅销药销售总额的64.11%，生物药的销售额合计为1754.80亿美元，占畅销药销售总额的35.89%。在畅销药中，生物药单品种的平均销售额已超过化学药单品种平均销售额的2倍，达到了14.15亿美元（图2-2）。

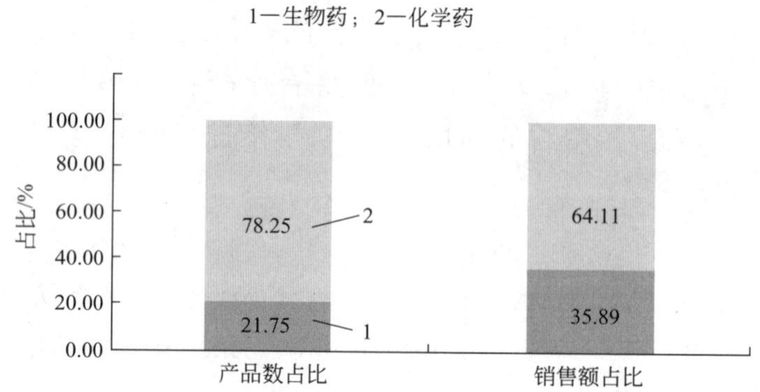

图2-2　全球畅销药500强中化学药、生物药产品数及销售额占比

数据来源：中国医药工业信息中心

不过，这些生物药很多都正面临专利悬崖，如Humira的美国专利2016年12月到期；Remicade（infliximab）在欧洲的专利保护2015年2月到期；Rituxan（rituximab）的欧洲专利保护2014年年底到期，其美国专利也将在2018年到期。近年来生物仿制药成为国内外制药界的热点领域，这些销售额高达几十亿美元甚至百亿美元的“超级重磅炸弹级”生物药无疑成为各大制药公司竞相追逐的对象。

（二）全球生物医药研发

据Pharmaprojecets数据库，2015年全球首次上市新活性物质（NAS）

共49个（表2-2），比2014年减少11个，提示开发新活性物质药物的难度在进一步加大。

表2-2 2015年全球首次上市的新活性物质

药品名称	原研企业	首次上市日期	适应证	首次上市国家或地区
vonoprazan fumarate	Takeda	2015/2/26	酸相关胃肠疾病	日本
trelagliptin	Takeda	2015/5/28	2型糖尿病	日本
tertomotide	KAEL-GemVax	2015/4/30	晚期或转移性胰腺癌	韩国
talimogene laherparepvec	Amgen	2015/11/3	癌，黑色素瘤	美国
sonidegib	Novartis	2015/10/15	基底细胞癌	美国
secukinumab	Novartis	2015/1/26	银屑病	日本
sebelipase alfa	Synageva BioPharma	2015/10/12	溶酶体酸性脂肪酶缺乏症	德国
safinamide mesylate	Newron	2015/5/15	帕金森病	德国
sacubitril+valsartan	Novartis	2015/7/21	慢性心力衰竭	美国
rotavirus vaccine	Bharat Biotech	2015/5/28	预防轮状病毒感染	印度
rolapitant	Merck & Co.	2015/4/30	止吐药	美国
polmacoxib	Aestura	2015/11/3	关节炎	韩国
patiromer	Relypsa	2015/10/15	高钾血症	美国
panobinostat	Novartis	2015/1/26	多发性骨髓瘤	美国
palbociclib	Pfizer	2015/10/12	乳腺癌	美国
osimertinib	AstraZeneca	2015/5/15	非小细胞肺癌	美国
omarigliptin	Merck & Co.	2015/7/21	2型糖尿病	日本
Neruonata-R	Corestem	2015/3/9	肌萎缩侧索硬化症	韩国
nemonoxacin	Warner Chilcott	2015/11/16	肺炎	中国台湾
necitumumab	Eli Lilly	2015/9/15	非小细胞肺癌	美国
myoblast cell therapy，ACT	GenVec	2015/12/21	心力衰竭	日本
mepolizumab	GlaxoSmithKline	2015/3/15	哮喘	美国
lusutrombopag	Shionogi	2015/2/9	血小板减少症	日本
lumacaftor+ivacaftor	Vertex Pharmaceuticals	2015/11/15	囊性纤维化	美国
lenvatinib	Eisai	2015/12/7	甲状腺癌	美国
ixazomib citrate	Takeda	2015/1/15	多发性骨髓瘤	美国

续表

药品名称	原研企业	首次上市日期	适应证	首次上市国家或地区
isavuconazonium chloride	Basilea Pharmaceutica	2015/12/15	侵袭性曲霉病和侵袭性毛霉菌病	美国
idarucizumab	Boehringer Ingelheim	2015/12/31	抗凝血	美国
Gardasil 9	Merck & Co.	2015/9/18	对人乳头瘤病毒（HPV）的9型所致某些疾病的预防	加拿大
flibanserin	Boehringer Ingelheim	2015/12/7	性功能障碍，女性	美国
evolocumab	Amgen	2015/12/1	高胆固醇血症	美国/英国
eluxadoline	Johnson & Johnson	2015/9/1	肠易激综合征	美国
elotuzumab	Abbott	2015/2/26	发性骨髓瘤	美国
DTP＋polio vaccine，Kitasato Daiichi Sankyo	Daiichi Sankyo	2015/12/21	抗感染	日本
dinutuximab	United Therapeutics	2015/4/27	神经母细胞瘤	美国
deoxycholic acid	Kythera	2015/10/31	颏下脂肪减少	美国
daratumumab	Genmab	2015/4/1	多发性骨髓瘤	美国
colistin methanesulfonate sodium（CMS）	GlaxoSmithKline	2015/10/19	假单胞菌感染	日本
cobimetinib	Exelixis	2015/9/15	不可切除或转移性黑色素瘤	美国
chidamide	Shenzhen Chipscreen Biosciences	2015/12/14	T细胞淋巴瘤	中国
ceftolozane sulfate＋tazobactam	Cubist	2015/12/2	抗生素抑菌增效剂	美国
cangrelor tetrasodium	AstraZeneca	2015/12/29	抗血小板药物	欧盟/美国
brexpiprazole	Otsuka	2015/10/27	抗抑郁	美国
avibactam＋ceftazidime	AstraZeneca	2015/1/19	腹腔和泌尿道感染	美国
asfotase alfa	Alexion	2015/11/20	低磷酸酯酶症	美国
anthrax immune globulin，Emergent	Emergent BioSolutions	2015/6/15	预防感染炭疽	美国
alirocumab	Regeneron	2015/11/15	高胆固醇血症	美国
alipogene	uniQure	2015/1/9	急性胰腺炎	德国
afamelanotide	Clinuvel	2015/2/1	原卟啉症	意大利/瑞士

数据来源：PJB。

2015 年全球首次上市新活性物质数量尽管有所下降，但获批的新药质量有所提高。

美国仍然是全球 NAS 上市的首选市场，有 30 个产品选择美国作为全球第一投放市场，与 2014 年持平。2015 年 NAS 在 12 个国家和地区首次上市，与 2014 年数量一致。在美国仍占据着最受青睐的药品市场的头把交椅的同时，全球药物研发的强劲势头、研发中心的全球化带来的研发实力的提升以及新兴市场快速增长所带来的市场空间，都使得 NAS 的上市更为全面出击、多点开花。其中，中国有 1 个新药进入表单，较 2014 年少了 2 个，为深圳微芯生物科技公司研发的抗 T 细胞淋巴瘤药物西达本胺（chidamide）。

2015 年全球首次上市的 NAS 中，抗肿瘤药物最引人关注，数量明显高于其他药物类别。另外，抗感染类、血液系统类、内分泌系统类药物占比较高。新药研发的重点领域相对集中。

二、我国生物医药产业发展态势

医药行业的发展似乎正契合中国经济新常态的特征：增长进入换挡期，由高速增长转为中高速增长，而行业发展要依靠改革、调整和创新驱动发展。

2015 年医药行业监管趋严，重在提升企业合规经营，大量小、散、乱企业面临淘汰压力，行业洗牌正在来临，规模以上实力企业将占据优势。规模以上医药工业增加值同比增长 9.9%，增速较 2014 年下降 2.4 个百分点，高于工业整体增速 3.8 个百分点。医药工业增加值在整体工业所占比重接近 3.0%，较 2014 年增长约 0.2 个百分点，医药工业增加值增速虽然减缓，但对整体工业的贡献度进一步扩大。

（一）医药产业现状

1. 医药工业稳步发展，但增幅放缓

我国医药工业包括化学原料药制造业、化学药品制剂制造业、中药饮片加工制造业、中成药制造业、生物药品制造业、卫生材料及医药用品制造业、医疗仪器设备及器械制造业和制药机械制造业 8 个子行业。

2015 年有医药工业企业 7940 家，较 2014 年增长了 5.7%。

（1）**主营收入与利润总额同步增长**　根据统计快报，2015 年医药工业规模以上企业实现主营业务收入 26 885.19 亿元，同比增长 9.0%，高于全国工业增速 8.2 个百分点，但较 2014 年降低 4.0 个百分点。各子行业中，除中成药和制药机械制造的增速低于行业平均水平外，其他 6 个子行业的增速均高于行业平均水平。

2015 年医药工业规模以上企业实现利润总额 2768.23 亿元，同比增长 12.2%，高于全国工业增速 14.5 个百分点，较 2014 年增加 2.2 个百分点。全年利润增速高于收入增速 3.2 个百分点，利润率为 10.0%，较 2014 年增加 0.3 个百分点，显示医药工业结构调整和转型升级的成效突出。

总体来看，化学药品行业主营业务收入和利润总额占比最大，而中药饮片加工主营业务收入和利润增长较快。利润率方面，医疗器械和制药设备业务同比下滑，药品制造利润同比有所增加（表 2-3）。

表 2-3　2015 年我国医药工业各子行业的主要经营指标完成情况

行业	主营收入/亿元	同比/%	利润总额/亿元	同比/%	利润率/%	同比/%
化学药品原料药制造	4240.3	11.3	351.03	15.34	7.61	0.26
化学药品制剂制造	6303.7	12.0	816.86	11.20	11.98	0.34
中药饮片加工	1495.6	15.7	123.90	18.78	7.29	0.25
中成药生产	5806.5	13.1	668.48	11.44	10.84	0.54
生物药品制造	2749.8	13.9	386.53	15.75	12.22	0.52
卫生材料及医药用品制造	1662.3	15.5	169.86	13.04	9.14	−0.03
医疗仪器设备及器械制造	2382.49	10.27	232.56	5.34	9.76	−0.51
制药专业设备制造	182.02	8.94	19.00	1.63	10.44	−1.05
医药工业	26 885.19	9.02	2768.23	12.22	10.30	0.28

数据来源：国家统计局 2015 年统计快报。

（2）**经济效益情况　全行业资产总额增速平稳**。2015 年我国医药工业资产总额为 26 273.37 亿元，同比增长 13.9%，增速同比下降 26 个百分点。

从行业整体情况来看，化学药品原料药制造业、中成药生产、卫生材料及医药用品制造的资产总额增幅低于医药工业整体水平，其余子行业均高于医药工业整体水平。

比较来看，2015 年医药工业 8 大子行业的资产总额变化情况中，生物药品制造的增速呈持续上升的趋势；中成药生产的增速下滑严重，化学药品制剂制造业的增速基本持平；化学药品原料药制造业的增速呈波动上升趋势，可见原料药企业转型升级、环保达标的投资力度在不断加大（表 2-4）。

表 2-4　2015 年我国医药工业各子行业资产总额情况

行业	资产总额/亿元	同比/%
化学药品原料药制造	4556.98	12.98
化学药品制剂制造	7288.97	14.26
中药饮片加工	1204.86	20.92
中成药生产	6012.67	9.75
生物药品制造	3516.57	20.24
卫生材料及医药用品制造	1269.79	9.26
医疗仪器设备及器械制造	2211.25	15.73
制药专业设备制造	212.28	12.59
医药工业	26 273.37	12.98

数据来源：国家统计局 2015 年统计快报。

总体亏损面维持稳定。2015 年我国医药工业共计 7940 家企业，约有 847 家企业亏损，亏损面总体为 10.7%，与 2014 年相比，上升 0.8 个百分点，受医药大环境影响，企业亏损情况增加。

从各子行业情况来看，亏损企业和亏损面数据都提示，医疗仪器设备及器械行业亏损情况明显好转，而制药专业设备制造行业亏损加剧，提示该子行业的整体形势不容乐观。

亏损面最大的是化学药品原料药，亏损面达 14.3%，较 2014 年进一步扩大，提示该子行业经营压力仍将持续；亏损面较低的是中药饮片和医疗仪器设备及器械业，分别为 5.7%和 5.8%，亏损面同比下降最大的是医疗仪器设备及器械（表 2-5）。

表 2-5　2015 年我国医药工业各子行业的亏损情况

行业	亏损企业/个	同比/%	亏损面/%	同比/%
化学药品原料药	179	21.77	14.3	1.6
化学药品制剂	148	18.40	13.5	1.4
中药饮片	57	−1.72	5.7	0.6
中成药	185	12.12	11.6	1.2
生物药品	105	11.70	11.1	0.7
医疗仪器设备及器械	42	−8.70	5.8	−4.4
制药专业设备制造	120	11.11	10.1	4.7
卫生材料及医药用品	11	37.50	8.6	2.0
医药工业	847	12.78	10.7	0.8

数据来源：国家统计局 2015 年统计快报。

（3）**研发投入不断加大** 近年来我国企业对创新研发重视程度不断在提高，研发费用在不断增长，从高技术产业的统计口径看，2011 年医药制造业规模以上工业企业研发投入为 211.2 亿元，2015 年达 441.5 亿元，年复合增长率达 20.2%（表 2-6）。

表 2-6 医药制造业企业研发投入

项目	2011 年	2012 年	2013 年	2014 年	2015 年
经费投入/亿元	211.2	283.3	347.7	390.3	441.5
投入强度/%	1.46	1.63	1.69	1.67	1.72

数据来源：国家统计局。

据国家统计局发布，2015 年医药制造业规模以上工业企业研发强度为 1.72%，高于 2014 年 0.03 个百分点，投入强度进一步加强。但总体来说，我国医药工业的研发投入与发达国家相比还较低，创新能力有待提高。但随着国家发布鼓励创新政策，以及新版 GMP 认证、仿制药质量一致性评价的推进，研究开发的整体费用均在增长之中。

（4）**北部和中西部地区增长显著 主营收入方面**：在医药工业主营业务收入同比增长 9.0%的大背景下，华中、华东、西北、西南的主营业务收入的增速高于行业平均水平。与 2014 年相比，增速普遍放缓，其中东北、西北、华北和西南减幅较大，均在 6 个百分点以上。

中西部地区的四川和湖北省的主营业务收入首次超过千亿元，达到千亿元以上的省份有 9 个，北部地区占 1 个，中西部地区占到 4 个。数据显示，在大增长之后进入适应性调整阶段（表 2-7）。

表 2-7 2015 年地区医药工业主营收入完成情况

地区	2015 年主营收入/亿元	同比/%	占比/%	2014 年增速/%
东北	2769.96	1.0	10.3	9.4
华北	2651.18	−0.8	3.6	6.5
华东	11 363.35	11.1	23.6	14.1
华南	2164.67	8.8	8.1	12.0
华中	5119.14	14.7	11.7	15.8
西北	699.79	9.9	2.1	18.0
西南	2117.10	9.8	2.6	16.2

数据来源：国家统计局。

利润总额方面：在医药工业利润总额同比增长12.2%的大环境下，东北、西北、华东的利润总额的增速高于行业平均水平。除华中以外，各地区的利润总额增速均高于主营业务收入的增长，其中东北、华北的增长幅度高于10个百分点以上。与2014年相比，除华中、华东和东北地区以外，利润总额的增速均有提高，西南和华北提增5个百分点以上。

中西部地区的四川省的利润总额首次超过百亿元，达到百亿元以上的省份有9个，北部地区占2个，中西部地区占2个。以上数据提示，医药工业的地区发展中，北部和中西部地区医药工业的盈利能力和对地方的贡献正处于较大上升通道中（表2-8）。

表2-8 2015年地区医药工业利润总额完成情况

地区	2015年利润总额/亿元	同比/%	占比/%	2014年增速/%
东北	286.38	13.8	10.3	14.7
华北	310.15	9.3	3.3	3.6
华东	1193.44	13.2	24.9	15.8
华南	270.44	10.6	9.8	7.9
华中	405.11	12.0	8.6	15.0
西北	85.77	13.7	2.4	13.7
西南	216.94	11.1	2.5	5.3

数据来源：国家统计局。

（5）**资产投资平稳增长** 2015年医药制造业完成固定资产投资5812亿元，增速11.9%，较2014年下降3.2个百分点，高出全国制造业增速3.8个百分点。新版GMP认证所带来的落后产能改造几近尾声，而创新产品产业化与绿色技术改造成为继质量保障体系升级工程之后的医药工业投资重点。

（6）**医药工业500强企业突现产业发展** 占6.3%的医药工业500强企业在各项指标的完成方面均显示了其重要的地位。资产总额占77.6%，完成主营业务收入占36.0%（较2014年下降1.3个百分点），完成利润总额占61.7%（较2014年增长1.6个百分点）。医药工业500强企业资产的集中度和盈利能力均表现较好。对于医药工业“十二五”规划所设计和发展的要求，医药行业兼并重组的高潮将推动500强企业进一步提升行业集中度，而与此同时，对这些企业在节能降耗、管理优化方面提出了进一步的提升要求，行业“多、小、散、乱”的局面将会得到改变（表2-9）。

表 2-9　2015 年度医药工业 500 强多项指标情况

指标	销售产值/亿元	资产总额/亿元	主营收入/亿元	利润总额/亿元
500 家	10 648	20 360	9684	1707
全行业	—	26 237	26 885	2768
占比/%	—	77.6	36.0	61.7

数据来源：工业和信息化部《2015 年中国医药统计年报》及 2015 年统计快报。

与 2015 年世界制药前 10 强占世界药品市场规模超三成相比，我国医药工业 500 强 2015 年主营业务收入在全国医药工业企业主营业务收入中的占比为 36.0%，产业集中度提升还有很大的空间。

2015 年医药工业 500 强中销售收入超过 100 亿元的有 16 家（较 2014 年增加了 5 家），60 亿～100 亿元的有 17 家（较 2014 年减少了 2 家），20 亿～60 亿元的 77 家（较 2013 年增加 2 家），其他大部分集中在 1 亿～20 亿元之间。整体收入规模呈两极分化态势，大者更大，而中等规模的企业主要集中于 20 亿～60 亿元之间，60 亿～100 亿元规模企业数较少，是规模增长的一个瓶颈，要形成合理的规模梯队，还需要培养一些中大型企业。产业结构调整、医药工业"十三五"规划等宏观政策均向提升产业集中度，企业做大、做强、做优倾斜。2014 年 3 月，国务院印发了《关于进一步优化企业兼并重组市场环境的意见》。该政策的出台为兼并重组营造了良好的政策环境，成为近两年兼并重组加快发展的一个重要推动因素。

子行业方面：2015 年医药工业 500 强企业涵盖 8 大子行业，其中有 48.2%属于化学药品行业，30.6%属于中成药企业。化学药品行业平均利润总额、工业总产值、销售产值、资产总额、主营业务收入、销售费用、营业成本均列 8 大子行业之首（表 2-10）。

表 2-10　2015 年医药工业 500 强中各子行业企业各项指标完成情况

单位：亿元

子行业	企业数/家	工业总产值	销售产值	资产总额	主营收入	利润总额	销售费用	主营业务成本
化学药品	241	6658	6342	14 240	5847	1066	1481	3480
生物药品	41	369	329	895	325	115	80	95
医疗器械	32	499	499	724	358	72	82	219
卫生材料	11	60	59	62	58	4	4	45
制药装备	4	31	32	95	33	7	2	20

续表

子行业	企业数/家	工业总产值	销售产值	资产总额	主营收入	利润总额	销售费用	主营业务成本
中成药	153	3308	3144	394	2928	403	820	1769
中药饮片	18	258	244	406	135	39	9	64
合计	500	11 183	10 649	16 816	9684	1706	2478	5692

数据来源：工业和信息化部《2015 年中国医药统计年报》。

盈利能力方面：2015 年医药工业 500 强企业资产利润率 8.4%（较 2014 年下降 0.7 个百分点），可见兼并重组的推进对企业的资产盘活与利用提出了新的要求，资产利用效益有待进一步提高，企业盈利能力、经营管理都需要不断加强。

2015 年医药工业 500 强企业销售利润率为 17.6%（较 2014 年增加 1.7 个百分点），可见进入医药工业 500 强的企业主营业务市场竞争力强、发展潜力大、获利能力在不断增强，企业发展有可持续性。

成本费用利润率为 15.3%（较 2014 年相比降低 0.5 个百分点）。总体来说，500 强企业的获利能力较强，经济效益较好。

资产总额方面：2015 年十强变化不大，中国医药集团总公司延续 2014 年继续荣登榜首，前 4 位位序未发生变化。

四川蓝光发展股份有限公司新入榜单，天津市医药集团有限公司、上海复星医药（集团）股份有限公司和广州白云山医药集团有限公司相应下降一位。康美药业股份有限公司自 2014 年新上榜后，2015 年再次上升一位。中国远大集团有限责任公司跌出十强榜单。十强企业的变化见证了中国医药工业的飞速发展和行业结构的变化（表 2-11）。

表 2-11　2015 年医药工业资产总额十强变化

2014 年		2015 年	
排序	企业名称	排序	企业名称
1	中国医药集团总公司	1	中国医药集团总公司
2	中国通用技术(集团)控股有限责任公司	2	中国通用技术(集团)控股有限责任公司
3	华润医药控股有限公司	3	华润医药控股有限公司
4	上海医药(集团)有限公司	4	上海医药(集团)有限公司
5	天津市医药集团有限公司	5	四川蓝光发展股份有限公司
6	上海复星医药(集团)股份有限公司	6	天津市医药集团有限公司
7	广州白云山医药集团有限公司	7	上海复星医药(集团)股份有限公司

续表

2014 年		2015 年	
排序	企业名称	排序	企业名称
8	威高集团有限公司	8	广州医药集团有限公司
9	中国远大集团有限责任公司	9	康美药业股份有限公司
10	康美药业股份有限公司	10	威高集团有限公司

数据来源：工业和信息化部《2014 年中国医药统计年报》和《2015 年中国医药统计年报》。

主营业务收入方面：与 2014 年相比，2015 年十强企业变化不大，扬子江药业集团有限公司继续占据榜首，前 7 位次没有变化。威高集团有限公司上升两位到第 8，齐鲁制药有限公司和辉瑞制药有限公司分别下滑一个位次。兼并重组与规模做大是几大集团的共同特点（表 2-12）。

表 2-12　2015 年主营业务收入十强变化

2014 年		2015 年	
排序	企业名称	排序	企业名称
1	扬子江药业集团有限公司	1	扬子江药业集团有限公司
2	广州医药集团有限公司	2	广州医药集团有限公司
3	修正药业集团股份有限公司	3	修正药业集团股份有限公司
4	中国医药集团总公司	4	中国医药集团总公司
5	华润医药控股有限公司	5	华润医药控股有限公司
6	上海医药(集团)有限公司	6	上海医药(集团)有限公司
7	拜耳医药保健有限公司	7	拜耳医药保健有限公司
8	齐鲁制药有限公司	8	威高集团有限公司
9	辉瑞制药有限公司	9	齐鲁制药有限公司
10	威高集团有限公司	10	辉瑞制药有限公司

数据来源：工业和信息化部《2014 年中国医药统计年报》和《2015 年中国医药统计年报》。

利润总额方面：2015 年，十强企业位次发生变化。山东步长制药股份有限公司新入榜单位列第五，发展势头强劲。扬子江药业集团有限公司下跌四位到第九，云南白药集团股份有限公司则跌出榜单。前四位企业保持不变，中国医药集团总公司仍位居榜首（表 2-13）。

表 2-13　2015 年中国医药工业利润总额十强变化

2014 年		2015 年	
排序	企业名称	排序	企业名称
1	中国医药集团总公司	1	中国医药集团总公司
2	华润医药控股有限公司	2	华润医药控股有限公司
3	中国通用技术(集团)控股有限责任公司	3	中国通用技术(集团)控股有限责任公司
4	上海医药(集团)有限公司	4	上海医药(集团)有限公司
5	扬子江药业集团有限公司	5	山东步长制药股份有限公司
6	云南白药集团股份有限公司	6	修正药业集团股份有限公司
7	威高集团有限公司	7	威高集团有限公司
8	修正药业集团股份有限公司	8	上海复星医药(集团)股份有限公司
9	上海复星医药(集团)股份有限公司	9	扬子江药业集团有限公司
10	齐鲁制药有限公司	10	齐鲁制药有限公司

数据来源：工业和信息化部《2014 年中国医药统计年报》和《2015 年中国医药统计年报》。

医药工业 500 强呈现规模水平扩大、增长速度加快、综合实力提升的特点。2015 年，我国医药工业发生了许多巨大变化，在激烈的市场竞争推动下，企业兼并重组频发，大型企业集团纷纷组建成立。华润医药、国药集团等央企和上海医药等一批地方重点企业集团领衔医药工业兼并重组浪潮，推动了新一轮的医药工业结构改革。通过资本运作、兼并重组、研发创新等手段，正在集中优势，把大企业做得更大，并逐步在做大的基础上实现着做强的梦想和突变。

2. 医药流通业发展势头良好

2015 年药品流通市场规模稳定增长，但增速进一步放缓。2015 年我国药品流通行业销售总额达到 16 613 亿元，扣除不可比因素同比增长 10.2%，增速较 2014 年同期下降 5 个百分点。

“十二五”期间年均增长 16.6%，2015 年增长率数据显示，低于“十二五”期间年均增长率约 6.4 个百分点。其中，2015 年医药零售市场销售规模达 3323 亿元，扣除不可比因素同比增长 8.6%，增幅回落 0.5 个百分点。

近年来，在医药卫生体制综合改革的推动下，各地医保控费政策和招标政策陆续出台、基层用药政策调整、“限抗令”的实施以及医药电商对传统行业的影响，使得药品价格水平不断下降，药品流通企业的业务增长、盈利能力受到挑战，加之国内外宏观经济环境均面临增长放缓的压力，致使药品流通市场销售总额增速有所放缓。

药品类销售占主导地位。在七大类医药商品销售中，化学药品类占到销售总额的 74.2%；其次为中成药类，占销售总额的 14.6%；中药材类占 3.6%；医疗器械类占 3.4%；化学试剂类占 1.2%；玻璃仪器类占 0.2%；其他类占 2.8%（表 2-14）。

表 2-14　2015 年度流通企业主营业务收入前 10 强企业

序号	企业名称
1	中国医药集团总公司
2	华润医药商业集团有限公司
3	上海医药集团股份有限公司
4	九州通医药集团有限公司
5	广州医药有限公司
6	南京医药股份有限公司
7	重庆医药(集团)股份有限公司
8	华东医药股份有限公司
9	中国医药健康产业股份有限公司
10	安徽华源医药股份有限公司

数据来源：商务部《2015 年度药品流通行业运行统计分析报告》。

3. 医院用药市场增速减缓

IMS Health 分析，2015 年中国医药市场达到 11 000 多亿元人民币，结构上依然以处方药为主。医院作为处方药的主要销售渠道，占总销售的 77%，零售药店和第三终端渠道占比分别为 10% 和 13%。医药销售各渠道的增速在 2015 年均有所放缓，其中医院渠道的增速从 2014 年的 12% 降至 2015 年的 5%，这一数字已低于零售药店（8%）和社区卫生服务中心（13%）。提示医保控费等因素已经影响医院药品销售的增长。

从样本医院用药情况来看，2015 年人血白蛋白增长较快，取代氯化钠成为用药金额最大的产品。在使用领先的前 30 位品种中，增长较快的药品包括恩替卡韦（同比增长 21.63%）、鼠神经生长因子（同比增长 19.31%）和美罗培南（同比增长 17.44%），下滑明显的药品包括辅酶 A+辅酶 I（同比下降 9.56%）、胸腺五肽（同比下降 8.06%）和脂肪乳（同比下降 6.33%）。2015 年，重点城市样本医院使用领先的 30 个品种见表 2-15。

表 2-15　样本医院使用领先前 30 位品种统计

2015 年位序	2014 年位序	药品名称	用药金额/万元	同比/%
1	2	人血白蛋白	201 758.4	13.76
2	1	氯化钠	195 251.2	2.51
3	3	单唾液酸四己糖神经节苷脂	182 569.5	3.80
4	4	氯吡格雷	174 061.9	8.83
5	8	磷酸肌酸	149 951.4	9.54
6	6	紫杉醇	148 434.6	6.93
7	12	恩替卡韦	146 853.2	21.63
8	5	前列地尔	146 181.9	1.26
9	7	阿托伐他汀	143 741.7	4.61
10	9	兰索拉唑	134 661.7	0.57
11	11	奥拉西坦	133 087.6	7.76
12	15	泮托拉唑	123 461.7	12.97
13	10	胸腺五肽	121 150.6	−8.06
14	22	美罗培南	113 686.4	17.44
15	13	小牛血去蛋白提取物	113 119.7	−6.19
16	14	氨基酸(复方)	109 656.8	−3.17
17	24	伏立康唑	105 919.4	9.94
18	17	多西他赛	103 264.8	0.62
19	23	胸腺肽 α1	102 949.2	6.40
20	19	培美曲塞	100 842.1	1.39
21	20	奥美拉唑	100 305.8	2.09
22	26	维生素(复方)	97 765.5	7.49
23	31	鼠神经生长因子	96 590.8	19.31
24	18	辅酶 A+辅酶 I(复方)	91 260.7	−9.56
25	21	脂肪乳	91 235.5	−6.33
26	25	氨溴索	90 725.2	−3.84
27	27	转化糖	90 437.1	1.38
28	29	左氧氟沙星	88 866.8	3.96
29	33	人免疫球蛋白	87 183.2	12.11
30	30	丙泊酚	84 601.6	2.35

数据来源：工业和信息化部《2015 年中国医药统计年报》。

4. 医药进出口处于低速增长期

2015 年，我国医药进出口总额 1026.37 亿美元，首次突破千亿美元大关，同比增长 4.73%，较 2014 年同期增幅下降 4.53 个百分点。其中，出口额 564.4 亿美元，增长 2.7%；进口额 461.97 亿美元，增长 7.32%；对外贸易顺差 102.43 亿美元，同比下降 13.99%。可见，2015 年我国医药外贸增长速度继续放缓（表 2-16）。

表 2-16　2015 年我国医药产品进出口完成情况

项目	出口额/亿美元	同比/%	占比/%	进口额/亿美元	同比/%	占比/%
中药类(包括保健品、提取物、中成药、中药材及饮片)	37.7	4.95	6.7	10.25	−1.26	2.22
西药类(包括西药原料、西药制剂、生化药)	315	0.42	55.8	278.53	6.16	60.29
医疗器械类(包括医用敷料、一次性耗材、医院诊断与治疗、保健康复用品、口腔设备与材料)	211.7	5.73	37.5	173.19	9.81	37.49
合计	564.4	2.7	100	461.97	7.32	100

数据来源：中国医药保健品进出口商会。

在激烈的国际市场竞争环境下，在我国医药外贸中地位举足轻重的西药类产品 2015 年的进出口额为 593.53 亿美元，占比 57.8%，与 2014 年比减少 1.0 个百分点。在这一年中，我国西药类产品进出口额 593.53 亿美元，同比增长 3.03%；出口 315 亿美元，同比增长 0.42%；进口 278.53 亿美元，同比增长 6.16%；进口和出口增幅均出现下降，较医药整体的进口和出口同比增长率分别低约 2 个和 1 个百分点；西药类产品的贸易顺差继续收窄，金额为 36.47 亿美元。

近年来，西药出口的高速增长一直是维持我国医药产品出口增长的主要支撑点。自 2013 年以来，国家对原料药产业进行结构调整，再加上外需疲软、国际市场对中国新兴医药产业的打压以及欧美对从中国进口医药的监管日趋严格，使我国西药出口贸易遭遇寒冬。2015 年我国西药类产品出口呈现出以下特点。

原料药出口告别多年的正增长，全年出口额 256.23 亿美元，同比下降 0.91%。原料药出口数量虽同比增长 4.44%，但价格下滑 5.12%；占西药外贸出口的 81.3%，医药整体出口的 45.6%，仍是我国医药出口的主要品种。我国原料药的价格优势已逐渐丧失，而原料药占比居高不下的产业结构将成为产业发展的掣肘。虽然国际市场对大宗原料药产品需求依然旺盛，但原料药出口将持续疲弱。产能过剩、低价竞争的局面未有明显改观，加之货币贬值、主流市场和新兴市场的购买力下降，出口退税的调整等，加剧了价格下行的压力。

我国制剂出口呈现二元结构。一方面经过多年发展，我国医药产业涌现出一批高水平的国际化先导企业，这些企业在制剂国际化道路上行进步伐较快，大部分制剂产品获得了发达国家认证，出口到国外规范市场；另一方面，国内大多数企业的出口产品结构并未发生实质性调整，很多以低端产品为主，目的地多为非规范市场，且彼此间低价竞销严重。2015 年，西成药和生化药出口额分别为 31.98 亿美元和 26.79 亿美元，分别同比增长 8.84％和 4.07％。但二者仅占西药出口总额的 18.66％。国内企业在加快对高端特色原料药开发的同时，应丰富产品线，向制剂领域等下游产业链延伸，消化自身过度产能。

2015 年我国中药类产品出口总额为 37.7 亿美元，同比增长 4.95％，增速较 2014 年明显下降。植物提取物领衔中药出口，增幅为 21.71％。中药材及饮片是中药类出口唯一下降的产品，同比下降 18.28％，受出口价格和数量回落的影响，2015 年以来饮片受飞行检查影响较大，涉及几个中药材专业市场，还有多家中药饮片企业的 GMP 证书被收回。中成药出口主要障碍是新兴市场开拓步履维艰，发达市场仍主要以食品补充剂的形式进行应用。2011 年《欧盟传统药注册法令》实施后，也给中成药“走出去”带来了阴影。雪上加霜的是，自 2014 年 5 月 1 日起，英国禁止销售所有未经注册的传统药，进一步限制了中成药在欧盟的发展。

从具体数据来看，2015 年我国中药类产品出口数量同比下降 0.68％，表明外部市场开拓难度加大。

从不同子类的出口表现来看，出口主力提取物保持了 21.71％的高速增长，但价格下降较多；而出口额占比最低的中成药出口额同比上升 4.65％，国际化进程阻碍重重，推进缓慢（表 2-17）。

表 2-17　2015 年我国中药类产品进出口情况

项目	出口额/亿美元	同比/％	占比/％
保健品	2.87	6.34	7.61
提取物	21.63	21.71	57.37
中成药	2.62	4.65	6.95
中药材及饮片	10.58	－18.28	28.06
中药类总计	37.7	4.95	100

数据来源：中国医药保健品进出口商会。

2016年，全球经济活动依旧疲弱。发达经济体复苏趋缓，发展中经济体增速下滑，世界经济处于调整分化期，复苏动力不足。我国医药外贸面临的国内外环境依旧复杂严峻，但是随着我国医药企业转型升级步入改革深水区，我国医药外贸的机遇与挑战并存。

（二）医药研发创新情况

1. 药品注册审批情况

药品批准生产上市情况。2015年，共批准药品上市申请351件。批准上市药品中，化学药品数量仍居首位，占全年批准上市药品的76.4%，中药数量明显增加，生物制品数量最少。与2014年相比较，2015批准药品的数量显著下降，减少了150个（2014年共批准501个），其中主要是化学药品减少了210个，而中药和生物制品分别增加了50个和10个。批准化学仿制药品的数量减少了99个，批准新药的数量减少了69个（表2-18）。

表2-18　2015年批准上市的药品情况　　单位：个

注册分类	新药	改剂型	仿制药	进口药	小计
化学药品	59	10	157	42	268
中药	7	40	14	0	61
生物制品	14			8	22
合计	351				

数据来源：国家食品药品监督管理总局。

批准药物临床研究情况。2015年药品注册改革新政对积压的临床批件数量的消解助力，2014年共批准临床880个，2015年批准临床4573个（表2-19和表2-20）。

表2-19　2015年批准临床的药品情况　　单位，个

注册分类	临床试验	生物等效性试验	小计
化学药品	2664	1741	4405
中药	22	0	22
生物制品	146	0	146
合计	4573		

数据来源：国家食品药品监督管理总局。

表 2-20　2012～2015 年批准药物临床研究概况比较

注册分类	2012 年	同比/%	2013 年	同比/%	2014 年	同比/%	2015 年	同比/%
化学药品	603	25	316	−48	742	135	4405	494
中药	39	−28	9	−77	28	211	22	−21
生物制品	62	−26	49	−21	110	124	146	33
总计	704	13	374	−47	880	135	4573	420

数据来源：国家食品药品监督管理总局。

2. 药品注册受理情况

2015 年国家食品药品监督管理总局药品审评中心受理新注册申请 8120 个（以受理号计，不含复审），较 2014 年减少 7.50%；其中，化药新申请以受理号计共 7201 个，中药新申请 358 件，生物制品 561 件。2015 年接收注册申请数量较 2014 年有所回落，但仍处于高位。化药和中药接收量有所下降，生物制品接收量有所增加。近年来，化药注册申请的接收量约占各年度接收总量的 85%（表 2-21）。

表 2-21　2015 年药品新注册受理情况　　单位：件

分类	新药上市申请(NDA)	仿制及改剂型申请(ANDA)	补充申请	新药临床申请(IND)	进口再注册	验证性临床	合计
化学药品	200	2282	1869	360	194	2296	7201
中药	20	14	259	57	8		358
生物制品	36		283	232	10		561

数据来源：国家食品药品监督管理总局（注：以受理号计）。

化药重复申报情况。与 2014 年相比，化学仿制药注册申请方面的低水平、重复申请状况，稍有好转，但未见明显改观。截至 2015 年年底，待审的化药 ANDA 申请共 7411 个，占待审任务总量的 42.9%，涉及活性成分 1027 个。重复申报较为严重的有 94 个活性成分（相同活性成分品种待审任务 20 个以上），涉及待审任务 3780 个，占化药 ANDA 总待审任务量的 51%（表 2-22）。

表 2-22　化药仿制药重复申报情况

重复情况分组	活性成分数量	涉及任务
100 个申请以上	3	414
50～99 个申请	17	1221
30～49 个申请	26	992
20～29 个申请	48	1153

数据来源：国家食品药品监督管理总局。

截至 2015 年年底，待审的化药验证性临床申请共 3590 个，占待审任务总量的 20.8%，涉及活性成分 660 个。重复申报较严重的有 40 个活性成分（待审任务量均在 20 个受理号以上），涉及注册申请 1393 个，占化药验证性临床总任务量的 38.8%。其中相同活性成分待审任务超过 50 个的有沃替西汀、阿普斯特、阿考替胺、曲格列汀、阿伐那非、阿法替尼、阿齐沙坦、卡格列净。

（三）医药政策环境

医药行业作为弱周期行业，受国家政策影响较大，政策环境对于行业运行状况有着重要的影响。2015 年医药政策如雨后春笋般涌现，2016 年则是进一步精雕细琢。2016 年我国医药行业政策环境不论是从提供方的生产和流通企业，还是到使用方的医院和患者，都随着监管方的大力度整治经历着切身的变革，行业整顿，亦是洗牌和喜事，这将推动制药行业的规范和前进。

微观企业层面上，技术开发能力强、转型升级快、产品附加值高、产品结构好的企业由于符合政策方向，将成为政策受益的主体。

1.“健康中国 2030”战略发布

2016 年 10 月 25 日，中共中央、国务院发布了《“健康中国 2030”规划纲要》（以下简称《纲要》），《纲要》明确了“健康中国”的 5 个重点：普及健康生活、优化健康服务、完善健康保障、发展健康产业和建设健康环境。

《纲要》是新中国成立以来首次在国家层面提出的健康领域中长期战略规划。《纲要》的出台，将进一步凝聚全社会对健康中国建设的共识，提振建设健康中国的信心。作为“十三五”的开局之年，“健康中国 2030”跨越三个五年，对政策、产业的发展具有前瞻性的战略意义，是国家对医疗、医药以及泛健康领域的长期布局。

2. 中医药发展迎来历史性机遇

2016 年 2 月 22 日，国务院印发了《中医药发展战略规划纲要（2016～2030 年）》，将中医药发展上升为国家战略，提出到 2020 年，实现人人基本享有中医药服务。

2016 年 12 月 6 日，国务院新闻办发布《中国的中医药》白皮书，这也是我国首次发布中医药发展状况的白皮书。以白皮书的方式对中医药发展进行一次系统性的梳理与归纳，实现了理论与政策层面的升级，体现了我国对中医药发展的高度重视；以白皮书的载体形式，系统介绍中医药的历史、现状和未来，让外界对中医药的发展有更为全面的认识和了解，从而凝聚共识，增强信心，为中国中医药的健康发展创造了良好的外部环境。

3. 仿制药一致性评价促进产业升级

2016 年 3 月 5 日，国务院办公厅印发《关于开展仿制药质量和疗效一致性评价的意见》，在明确评价对象和时限、确定参比制剂遴选原则、合理选用评价方法、落实企业主体责任、加强对一致性评价工作的管理、鼓励企业开展一致性评价工作六个方面提出了意见，从而更好地指导开展仿制药质量和疗效一致的性评价工作。

仿制药一致性是提升我国制药行业整体水平，保障药品安全性和有效性，促进医药产业升级和结构调整，增强国际竞争能力的一次行业淘汰赛，势必有大量僵尸文号和老旧产品在产业升级中被净化出局。仿制药企业强者占先发优势，并购整合趋势会加剧，制药行业集中度提升，同时也给中药、辅药、CRO 带来发展机遇。

4. 商业流通企业监管加强

2016 年 5 月 3 日，国家食品药品监督管理总局（CFDA）出台《关于整顿药品流通领域违法经营行为的公告》，各省陆续开展药品流通企业整治行动，严查药品购销环节的“证、票、账、货、款”，飞行检查频次大幅增加，上百家企业 GSP 证书被撤销或收回。

2016 年 4 月 23 日，国务院公布了关于修改《疫苗流通和预防接种管理条例》的决定。改革了二类疫苗的流通方式，明确将疫苗的采购全部纳入省级公共资源平台，第二类疫苗由省级疾病预防控制机构组织在平台上集中采购，由县级疾病预防控制机构向疫苗生产企业采购后供应给本行政区域内的接种单位，不再允许药品批发企业经营疫苗。

流通企业的大整肃，给有实力的商业公司带来了机会；终端配送集约度更高，有实力的商业公司将逐渐做大，最终统领市场。

5. 自查核查倒逼企业规范化

2016 年 3 月 30 日，CFDA 发布《药物临床试验数据现场核查计划公告（第 1 号）》。截至目前，CFDA 先后发布了 8 批次药物临床实验数据现场核查公告，所涉及产品数量 215 个。对于临床数据造假问题 CFDA 采取了零容忍态度。以前新药注册审核不规范，导致了多个申请积压，CFDA 启动的临床试验数据自查令的重要目的是为加速审批。这实际与仿制药一致性评价是一套组合拳，都是为药品质量把关。

2016 年 8 月 11 日，CFDA 发布《关于开展药品生产工艺核对工作的公告（征求意见稿）》。针对 2007 年前未按照批准的生产工艺组织生产、改变生产工艺不按规定研究和申报的批准上市的品种，总局决定开展药品生产工艺核对工作。生产工艺自查的目的是固定企业生产工艺，总体而言目前工艺执行情况还较好，但有些产品，例如中药注射剂、多组分的生化制剂等工艺，确实存在风险问题。

6. 新版医保目录翘首以待

2016 年 9 月 30 日，国家人力资源和社会保障部发布《2016 年国家基本医疗保险、工伤保险和生育保险药品目录调整工作方案（征求意见稿）》（以下简称《方案》）。《方案》要求 2016 年年底前完成医保药品目录调整工作，2017 年修改完善基本医保用药管理办法，并逐步建立规范的药品目录动态调整机制。

对比 2009 年的调整方案，此次咨询专家人数增加、参与遴选的范围更广，可以兼顾各地的医疗实际情况和降低地方保护的概率。《方案》提出，调入药品重点考虑临床价值高的新药、地方乙类调整增加较多的药品以及重大疾病治疗用药、儿童用药、急抢救用药、职业病特殊用药等。对同类药品按照药物经济学原则进行比较，优先选择有充分证据证明其临床必需、安全有效、价格合理的品种。临床价值高的国产 1 类新药、国产高价值仿制药将是医保重点考虑纳入的品种。

（四）问题和展望

1. 存在的问题与影响因素

（1）**存在的问题**

① **国内药企医药创新任重道远**。研发创新是制药企业可持续发展的关键，但在我国新药研发对制药企业来说无疑是一场勇敢者的游戏——处处壁垒，机关重重。参与者常常是提心吊胆，走得步步惊心，越往后越是“九死一生”。

在中国，企业的医药创新，大多数为渐进性创新，国内上市和在研的新药绝大多数都是在已知药物靶点和作用机理上的改进。相比较而言，2012～2015 年，美国批准的新分子实体药物，将近一半是基于新靶点或技术平台的突破性创新。

而市场终端的持续降价与医药市场的激烈竞争投入，则进一步影响和限制了企业对创新研发的投入。创新药靠国内市场的回报很有限，中国新药发展必须走出国门，走向国际市场，创新药发展任重道远。

② **医保管理与医疗服务体系协同性有待加强**。2016 年 1 月，国务院印发《关于整合城乡居民基本医疗保险制度的意见》，在总结城镇居民医保和

新农合运行情况以及地方探索实践经验的基础上，党中央、国务院明确提出整合城镇居民医保和新农合两项制度，建立统一的城乡居民基本医疗保险制度。

建立统一的城乡居民基本医疗保险制度，扩大了基金的抗风险能力，一定程度上避免了重复参保、重复补贴、重复建设，但由于缺乏顶层设计和系统推动，医保制度与医疗服务体系协同发展有待进一步加强，医保制度的筹资公平性有待进一步改进。

（2）**影响因素**　制约医药产业发展的不确定因素依然存在：

① 国际方面，受贸易保护主义影响，全球市场需求表现不稳定；欧美国家进口原料药和制剂的市场门槛提高，质量监管力度加大，出口增长还会低速徘徊。

② 国内方面，受招标采购竞价与医保支付控费等政策限制，市场过剩竞争局面难以改变，行业收入增长压力较大；质量、环保、安全等各项政府监管还会加强，企业市场运营成本进一步升高，盈利能力会相应减弱。

2. *未来趋势展望*

国务院明确全面推动医药产业创新升级，支持群众急需医药产品的研发创新和重大药物产业化，支持高端药品开展国际注册认证；实施药品、医疗器械标准提高行动，推进医药生产过程智能化和绿色改造；完善财税、价格、政府采购等政策，支持医药企业兼并重组。在简政放权与商事登记制度改革不断深入的政策环境下，上述改革措施将有利于医药产业的可持续增长和创新性发展。

“十三五”规划建议提出，大力推进健康中国建设。医药产业关系全民健康，随着人口老龄化加剧，“二孩”政策全面实施，医保整合加快且报销比例逐步提高，医药市场需求与发展潜力巨大。在国家积极推动供给侧结构性改革的新形势下，展望2017年，预计医药工业经济增长速度可保持10%左右的平稳发展态势，利润增速还会好于收入增速。

（1）**药品市场规模将保持稳步增长**　2016年我国宏观经济将保持稳定增长，GDP将保持在6%～7%的增速，我国药品市场规模也将保持稳步增长的趋势。

国家医疗卫生投入进一步增大。2016年5月国家卫计委发布了《关于做好2016年新型农村合作医疗工作的通知》（以下简称《通知》），《通知》指出，2016年各级财政对新农合的人均补助标准在2015年的基础上提高40元，达到420元，农民个人缴费标准在2015年的基础上提高30元，全国平均个人缴费标准达到每人每年 150 元左右，巩固提高新农合保障水平，将政策范围内门诊和住院费用报销比例分别稳定在 50%和 75%左右。

市场刚性需求持续增长。随着城镇化战略的推进，城镇人口的增长，收入的提高以及城镇医保参保人数的增加，我国药品市场的需求也随之扩大，这一以产业聚集为基础的农村城镇化过程将成为今后多年我国医药经济发展的巨大推动力。此外，老龄化进程的加快、“二孩”政策全面实施等也会带动药品刚性需求的增长。

（2）**人口老龄化加速、环境污染提高健康产业潜在需求** 人口老龄化与环境问题增强成为医药产业发展的内在因素。2015 年我国 65 岁以上老年人口占比达 10.5%，2010 年我国居民平均预期寿命为 74.83 岁，展望未来，人口的加速老龄化与寿命的延长将是大趋势。在此背景下，养老、慢性病等问题将受到广泛的关注。同时，日益恶化的环境状况对居民的身体健康具有较大的负面影响，这也提高了人们对健康的重视。三次全国死因调查显示，过去 30 年，我国人群恶性肿瘤标化死亡率由 75.6/10 万上升至 91.24/10 万，与生态环境、生活方式有关的肺癌、肝癌、结直肠癌的死亡成明显上升趋势。因此，人口老龄化与环境问题是驱动产业发展的内在因素。

（3）**儿童医疗领域具有持续性增长力** 在用药方面，2014 年儿童用药市场规模已达 590 亿元，2005～2014 年的复合增长率约为 11.30%，据南方医药经济研究所的预测，2015 年我国儿童药销售额达到 670 亿元；在门诊方面，《2014 年中国卫生统计年鉴》显示，2013 年儿童门诊接待近 2 亿人次，儿童医院病床使用率 103%，每床出院人数 47.8，病床周转次数达 49.3，在所有卫生机构中最高。

儿童医疗领域存在供不应求的矛盾，但这也意味着行业存在很大的上升空间。目前，儿童医疗领域存在的供应不足主要体现在药品、药企、药师领域，二孩放开后，这一矛盾有可能进一步凸显。从需求侧看，目前儿童人口占比为 16.6%，二胎放开后，这一比例有望持续增长。从供给侧看，儿童药品、药企与医师的供给不足：第一，儿童用药市场远未饱和，我国目前医药市场规模约为 12 413 亿元，儿童药市场规模仅占其中的 4%，而儿童占全国人数约 16.6%；第二，儿童药企数量不足，6000 多家药厂中专门生产儿童药的企业只有 10 多家；第三，儿童专业用药较少，截至 2013 年 1 月，国产药品 18 万余条批文中专用于儿童药品的仅 3000 多条；第四，儿科医师缺口巨大，《2015 年中国卫生统计年鉴》显示，2014 年儿科医师人数约为 11.2 万，而第六次全国人口普查显示 14 岁以下儿童有 2.2 亿余人，平均每千名儿童只有0.5名医师，而美国是1.46。

(4) **医药行业兼并重组将持续火热** 2016年我国医药行业并购金额相比2015年同期继续大幅增长50%以上，增速远超其他行业，已公告的并购案例数达371起。回看2016年并购案例，金额巨大是其显著特点，TOP10的入榜门槛已达到40亿元。但仔细分析，绝大多数案例都属于借壳上市或内部资源整合。

就我国目前的总体经济发展情况来看，医疗药品作为刚性需求，医药行业仍是未来数年增长较为稳定的行业，虽然受诸多因素的影响，收入利润有所下滑，但医药行业整体增幅仍将保持在9%左右。2016年监管政策频出，仿制药一致性评价、两票制落地、营改增推广等因素，实力不强的企业或将被兼并收购。多因素合力，2017年我国医药行业内兼并重组还将持续火热。

（撰稿专家：朱皓阳　钟倩　周斌）

治疗性疫苗

一、治疗性疫苗的概念

治疗性疫苗是指在体外将蛋白质、核酸或细胞等物质修饰后，利用机体的免疫系统激发免疫活性，利用免疫活性来治疗相关疾病的一类医疗产品。

目前对于治疗性疫苗的分类还没有公认的方法。按照所针对疾病的种类主要包括：肿瘤治疗性疫苗、感染性疾病治疗性疫苗、代谢性疾病治疗性疫苗和慢性疾病治疗性疫苗。按照疫苗的使用人群是针对大规模人群还是只针对个体，分为通用型疫苗和个体性疫苗。按照疫苗的组分可分为：病毒载体疫苗、核酸疫苗、细胞疫苗、蛋白质疫苗等。这几种疫苗组分在不同疾病中交叉使用。

二、治疗性疫苗的发展概况

人类对治疗性疫苗的研究已有100多年的历史。早在1890年，Koch就利用结核菌素和甘油悬液来治疗结核病，开创了用疫苗治疗疾病的先例。1902年，Wright等采用灭活的葡萄球菌治疗葡萄球菌性皮肤病和慢性淋病等疾病，并取得了较好的效果。随着免疫学研究的不断深入，更多疾病尤其是肿瘤等疾病的免疫学研究成果的不断获得，目前全球共批准了8种治疗性疫苗（表2-23）。但相对预防性疫苗，治疗性疫苗的研发和产业化还处于起步阶段。

表2-23　已上市的治疗性疫苗

疫苗	研发公司	针对疾病	国别	上市时间
Melacine	GSK	黑色素瘤	加拿大	1999年
DCVax-Brain	Northwest Biotherapeutics	脑癌	瑞士	2007年
Oncophage	Antigenics	肾细胞癌	俄罗斯	2008年

续表

疫苗	研发公司	针对疾病	国别	上市时间
OncoVax	Vical Incorporated	结肠癌	瑞士、荷兰	2008 年
M-Vax	AVAX	黑色素瘤	澳大利亚、瑞士/法国	2000 年/2005 年
CIMACAX	古巴分子免疫中心研发	肺癌	古巴	2008 年
Provenge	Dendreon	前列腺癌	美国	2010 年
卡介苗	成都生物制品研究所	膀胱癌	中国	2014 年

根据 Oliver Wyman 咨询公司发布的数据，全球治疗性疫苗收入 2009 年仅 3 亿美元。但随着治疗性疫苗研究项目的逐渐增多以及治疗性疫苗进入应用，即使只有 20%左右的治疗性疫苗能够成功进入实际应用，至 2018 年全球治疗性疫苗市场将增至 130 亿美元。

三、临床研究中的治疗性疫苗

1. 治疗性疫苗研究的热点区域

根据美国国立卫生研究院（NIH）在临床试验（clinicaltrial. gov）网络上公布的全球目前处于临床研究中的治疗性疫苗共有 659 个。从地域分布来看，北美依然是治疗性疫苗研发最活跃的地区，欧洲位居第二，亚洲位居第三位。按照国家分布，美国位居第一，中国位居第二位。显示了中国近年来科技实力的增强对治疗性疫苗研发的促进作用，也显示治疗性疫苗将成为我国生物医药产业的重要增长点之一（表 2-24）。

表 2-24　按地域分布的治疗性疫苗研发项目分布

全球	659	北美	260
非洲	32	日本	27
中美洲	9	美国	243
东亚	74	北亚	9
中国	40	大西洋	15
日本	9	南美	11
欧洲	187	南亚	10
中东	13	东南亚	22

2. 治疗性疫苗研究的主要疾病

治疗性疫苗的研发主要聚焦于肿瘤（如乳腺癌）、感染性疾病（如 HIV 相关疾病）、慢性疾病和代谢性疾病（如阿兹海默病和高血压等疾病）。在 2013～2016 年的 659 个治疗性疫苗临床研究项目中，共有 309 个肿瘤治疗性疫苗，占 46.9%；感染性疾病治疗性疫苗共 216 个，占 32.8%；阿兹海默等其他疾病共 134 项占 20.3%（图 2-3）。

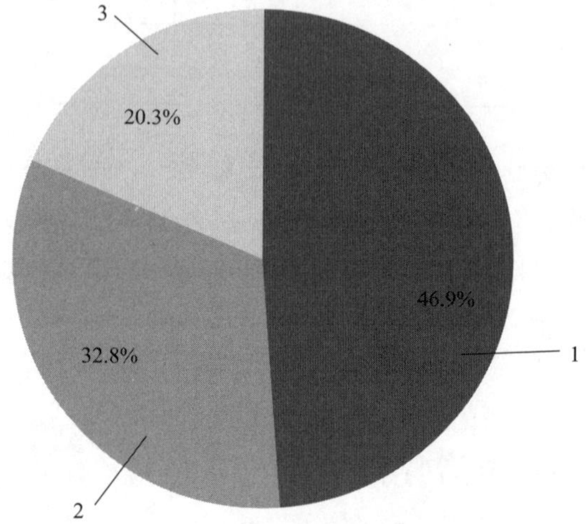

1—肿瘤；2—感染性疾病；3—其他

图 2-3　治疗性疫苗的分类

（1）**癌症疫苗**　在 2010 年 FDA 批准了第一个基于细胞的癌症治疗性疫苗 Provenge 以来，研究者和产业界对于癌症治疗性疫苗的研究一直热度不减。目前的肿瘤治疗性疫苗主要集中于前列腺癌、乳腺癌、肺癌、黑色素瘤、胰腺癌、结直肠癌、白血病等。

（2）**感染性疾病疫苗**　针对感染性疾病的治疗性疫苗是目前研究的主要热点之一。目前感染性疾病的治疗性疫苗主要针对的是无预防性疫苗可用的病毒或细菌，以及是肿瘤等直接诱因的感染性疾病等。

感染性疾病的治疗性疫苗主要集中于艾滋病毒（HIV）、人乳头瘤病毒（HPV）、疱疹病毒（HSV）和巨细胞病毒（CMV）、EB 病毒等。其中 HIV 治疗性疫苗研究项目位列第一，其后是 HPV 等（图 2-4）。

四、治疗性疫苗研发的主要障碍

（1）**临床研究难**　尽管治疗性疫苗前景广阔，但治疗性疫苗开发仍面临

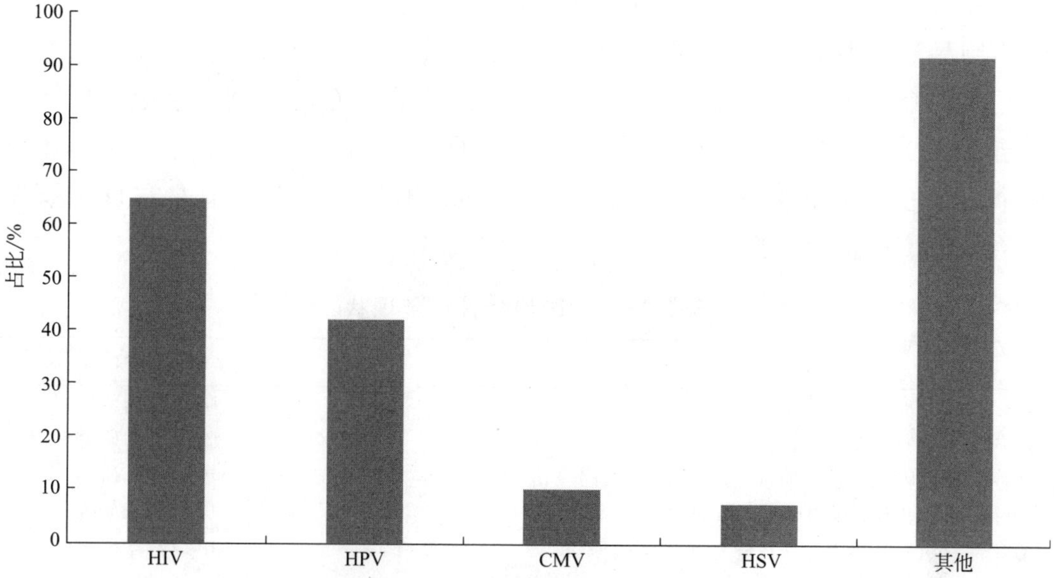

图 2-4 感染性疾病疫苗的分类

重重困难，包括病人的选择、过长的临床试验期和先期的巨大投资等。由于治疗性疫苗仅适合于体质仍较好的病人（如病人的免疫系统未受损，能够对疫苗产生反应）和发展较慢的疾病等，所以，必须谨慎选择临床试验的病人群体。患晚期和发展较快的疾病的病人用治疗性疫苗效果差的原因有 2 点：一是诱导免疫反应需要一定的时间；二是由于病人的身体状况较差而无免疫应答。

（2）**长周期** 与非疫苗疗法相比，治疗性疫苗的临床试验期和随访观察需要较长的时间，因为其疗效的计算是通过计算病人的存活率进行测定的，所以，在病人接种疫苗后必须观察数年。

（3）**高投入** 由于征招受试病人是一项费时的任务，并且病人的存活终点需要多年的观察，所以，治疗性疫苗的临床试验需要的先期投资要比其他药品的临床试验大得多。

（4）**技术风险大** 由于治疗性疫苗的创新性特点，人们对其作用机制认识有待深入，再加上部分治疗性疫苗在临床试验中表现出的不稳定性，在临床医师中较低的认同和接受率，科学界对疫苗治疗疾病的观点仍存在争议。

五、我国治疗性疫苗研发概况

随着我国在生物医药领域的技术能力提升，我国在治疗性疫苗领域也取得了较大的进步。2014 年我国批准了第一个国产治疗性疫苗，由中国成都生物制品研究所有限公司研制的用于治疗膀胱癌的卡介苗。利用该疫苗将为我国在治疗性疫苗的质量评价、临床研究评价等方面提供技术示范作用。该疫苗在 2016 年实现了 1 亿元人民币左右的市场规模。除此之外，我国还有多个治疗性疫苗正在进入临床研究。在 2020 年前后将有 3 个左右自主研发的治疗性疫苗进入实际应用阶段（表 2-25）。

表 2-25　我国治疗性疫苗现状

疫苗品种	研究阶段
治疗性乙肝疫苗	临床Ⅲ期研究
蒿草花粉脱敏疫苗	临床Ⅱ期研究
治疗用重组人乳头瘤病毒 16 型 E7 融合蛋白疫苗	申报临床研究
治疗用人乳头瘤病毒 16 型重组腺病毒载体疫苗	申报临床研究
治疗性重组腺病毒 5 型 EB 病毒潜伏膜抗原 2(Ad-LMP2)疫苗	申报临床研究
重组腺病毒艾滋病 gag 疫苗(Ad5-HIVgag)	申报临床研究

我国具有较高的疾病发病率和患病人群数，将成为治疗性疫苗发展最具潜力的市场，依据我国疾病发生的类型，寻求突破，创新研制新药，抓住发展机遇，共同促成治疗性疫苗产业在国内的崛起。

（撰稿专家：卫江波　侯爱军）

2016 年度中药产业发展报告

中药产业作为我国生物医药产业的重要组成部分，是我国最重要的民族产业之一，在经济社会发展的全局中具有重要意义。自 1996 年中药现代化战略启动以来，我国中药产业的面貌发生了根本性改变，基本形成了从中药农业、中药工业、中药商业到中药服务业的中药大健康产业体系，发展模式已从粗放型向质量效益型转变，产业技术标准化和规范化水平明显提高，涌现了一批具有市场竞争力的企业和产品。中药工业总产值以约 20％的年平均增速，从 1996 年的 235.4 亿元上升到 2016 年的 8653.4 亿元，增长了约 36 倍，占全国医药工业产值的比例从 1/5 增长到 1/3，并带动形成了约 2 万亿元规模的中药大健康产业。2016 年是“十三五”开局之年，中药产业更是得到社会高度关注，其全产业链长、综合优势突出的特点得到进一步突显，在服务医改、惠及民生、改善生态、优化产业结构、精准扶贫、推动区域经济发展等方面发挥着重要作用。

一、政策利好进一步促进中药产业发展

党中央、国务院隆重召开新世纪以来的第一次全国卫生与健康大会，习近平总书记对卫生与健康工作作出重要指示，开启了健康中国建设的新征程，对推动中医药振兴发展、充分发挥中医药在健康中国建设中的独特优势提出明确要求。2016 年 2 月，国家出台了《中医药发展战略规划纲要(2016～2030)》，把中医药发展上升为国家战略，对新时期推进中医药事业发展做出系统部署。2016 年 12 月 6 日，国务院新闻办首次发布了《中国的中医药》白皮书，体现了国家对中医药作为国家战略的高度重视，以及推动中医药振兴发展的决心。2016 年 12 月 25 日，我国首部为传统中医药振兴而制定的国家法律——《中华人民共和国中医药法》，通过第十二届全国人大常务委员会第二十五次会议审议，将于 2017 年 7 月 1 日正式实施，为继承和弘扬中医药、促进中医药事业健康发展提供了有力的法律支撑。中医药已经明确被列为国家战略，体现出国家对发展中医药的重视和决心，中医药行

业未来发展空间广阔。

二、科技创新加速带动中药产业升级

从“九五”到“十二五”期间，在国家政策的支持与规划下，中药研究水平得到了快速提升，我国学者发表的中医药SCI论文从以前每年不到100篇增加到每年3000余篇，占国际论文比例从5%增加到35%。国家相关部门从药材种植关键技术入手，开展了种子种苗标准、种植适宜性、采收加工规范等，到中药炮制技术、设备和标准，中药配方颗粒技术和标准，再到中成药在线监测和过程控制技术等领域，并对涉及中药基础研究、应用研究等方面的关键技术问题和支撑体系建设等给予了全面的关注和系统的支持，以科技创新带动中药产业的发展和产品的创新。“十三五”期间，在资源保障、产品质量提升等方面进一步加强部署，助力产业发展。

1. 加强中药资源保护利用

为推进中药资源保护和合理利用，按照普查与解决中药材产业发展中的关键问题相结合、普查和资源基础条件建设相结合、普查和建立长效机制相结合的指导思想，有关部门积极推进第四次全国中药资源普查。从2011年开始，第四次全国中药资源普查试点工作累计投入经费9亿元，在31个省（区、市）共922个县开展了试点工作，参加试点工作的登记注册人员有1.9万余人，覆盖31个省（区、市）的大专院校、科研院所400多个，企业100多家。截至目前，共获得全国近1.4万种野生药用资源、500多种栽培药材、1600多种市场流通药材、563种《中国药典》收载药材的种类、分布、蕴藏量信息，发现2个新属，56个新物种。陆续在全国布局建设了包括1个中心平台、28个省级中药原料监测和技术服务中心和65个监测站的中药资源动态监测信息和技术服务体系。同时，建设28个繁育基地和2个中药材种质资源库。

2. 积极推进中药标准化建设

“十一五”以来，在党中央、国务院的高度重视和大力支持下，全面推进了中医药标准化战略，先后制定实施了《中医药标准化发展规划（2006～2010年）》《中医药标准化中长期发展规划纲要（2011～2020年）》，着力开展中医药标准体系和中医药标准化支撑体系建设，促进中医药标准化工作取得了积极进展。围绕中医药事业发展需求，在中医基础、技术和管理等领域，制修订中医药标准626项，其中国家标准37项，行业标准9项，团体标准580项，初步形成了中医药标准体系框架。加强了中医药标准化组织机构建设，在中医药行业成立了中医、中药、针灸、中西医结合、中药材种子种苗、保健服务6个全国标准化技术委员会，为中医药标准的制定提供技术支撑。以全国第一批42家中医药标准研究推广基地（试点）建设为抓手，组织开展了100余项中医临床诊疗指南的评价工作，促进了中医药标准的推广、应用。积极促成ISO中医药标准化技术委员会（ISO/TC249）的成立并承担秘书处工作，主导制定ISO中医药国际标准6项，推动WHO将中医药等传统医学纳入国际疾病分类代码体系。

2016年，针对中药标准化程度不高，标准体系不健全，缺乏优质质量评价技术标准等关键问题，积极推进中药标准化项目，在《国家基本药物目录》和《国家基本医疗保险、工伤保险和生育保险药品目录》收录的中成药品种中，选择临床用量大、涵盖多种剂型的50%以上中成药大品种，示范性开展中成药全过程质量控制标准和产品标准制定工作；示范性开展50%以上临床最常用饮片全过程质量控制标准和等级标准制定工作；建设可实现信息共享的中药质量标准库，建设独立、权威、具有公信力的第三方质量检测技术平台。目前，上述项目已经正式启动实施，通过项目实施将建立一批中成药全产业链生产规范和中成药优质/先进产品生产标准，中药饮片全产业链生产规范和饮片等级标准，建立优质/先进中药产品质量可追溯体系，培育一批生产优质/先进产品的企业，进一步提升中药产业整体竞争力。

3. 中药饮片质量保障系统研究

围绕当前中药材来源不稳定、多基源品种混乱、种植及产地加工规范化程度低，缺乏科学的质量控制方法，难以保证中药质量等问题，开展中药饮片质量保障系统研究。针对中药材优良品种选育、种植等薄弱环节，以及影响药材质量的关键问题，开展20种道地药材优良品种选育方法及种植质量控制技术研究，在种质资源收集、评价、筛选的基础上，进行优良品种筛选、传统种植技术、生态种植技术、病虫害生物防治技术及质量评价体系的研究，找出中药材选地、下种、育苗、采收等环节与药效之间的关系，为规范中药材种植提供依据，实现药材质量的均一、稳定、优质。针对《中国药典》中价格昂贵动物药品开展名贵珍稀动物药及混伪品鉴定技术及规范应用研究，建立动物药DNA条形码鉴定技术体系，构建名贵动物源中药材DNA条形码数据库，为规范名贵珍稀动物源中药材市场，解决混伪品充斥现象提供科学方法。针对中药产地加工与炮制生产环节交叉重复，加工操作繁琐，易导致中药饮片有效成分流失等问题，开展30种中药饮片产地加工与炮制生产一体化关键技术规范研究，将中药饮片产地加工与炮制生产相关工序进行有机整合，明确各环节技术参数及应用范围，形成一批生产环节优化，便于贮藏运输的产地加工和炮制生产一体化关键技术，升级改造加工设备，提高中药饮片炮制加工技术水平与效率，提高中药饮片质量。针对中药材种植品出现品质下降和安全性问题，开展10种大宗中药材人工繁育品的药用品质系统评价研究，建立种植和繁育品的系统质量评价方法和技术，构建药材种植品品质评价标准，为保障中药材质量提供科学依据。

三、健康产品加快引领中药工业水平提升

1. 中药饮片工业规模化、现代化进程加速

近年来，我国政府大力支持中药饮片行业发展，出台多项政策促进行业发展，为中药饮片行业创造了宽松的政策环境，中药饮片的生产、技术和管理水平逐步提高，饮片质量得以提升；产业链逐渐延伸到药材原料基地建设，促进了中药饮片产业的区域联合，生产经营规模扩大，市场竞争力增强，饮片生产基本满足市场及医疗用药。2016年中药饮片工业总产值达1956.4亿元，同比增长13.16%，较1996年的4.7亿元增长了416倍，从事中药饮片加工的规模以上药品生产企业为1148家。

2. 中成药工业集团化、品牌化程度提升

围绕“大品种、大企业、大市场”的培育，在国家相关政策支持下，一批现代化中成药制药企业发展迅速，国药集团、云南白药、天士力等多个中药企业年营业额超过100亿元，中国制药工业百强榜上中药企业约占1/3。同时，中成药生产企业纷纷借助国家级企业技术中心、工程研究中心、重点实验室等一批国字号研发平台，对中成药二次开发模式和关键技术加以推广应用，提升中药质量控制水平，挖掘临床价值并进行精准临床定位，成功培育了一批中成药大品种，年销售过亿元的中成药品种有500余个，过10亿元的品种超过50个。地奥心血康于2016年完成了欧盟的注册，复方丹参滴丸（胶囊）、血脂康胶囊、扶正化瘀片、康莱特注射液等品种在美国FDA注册也取得了重要进展。伴随着青蒿素的研究成果为全球遏制疟疾提供了理想药物，提高了全球疟疾防治水平，以屠呦呦获得诺贝尔奖为代表，我国医药创新进一步得到国际认可。2016年，适用于流行性感冒的中药复方制剂金花清感胶囊正式批准上市，该药是在2009年防治甲型H1N1流感期间，组织临床医学、药学、公共卫生等多个学科专家联合科技攻关的成果，药品上

市将进一步发挥传统中药在突发卫生事件和重大公共卫生事件中的积极作用。

3. 中药配方颗粒迎来黄金发展期

由于方便卫生、分量明确、便于保管、不易变质等等一系列优点，近年来中药配方颗粒保持快速增长态势，2006～2015 年，中药配方颗粒全国销售额年均复合增速高达 48.84%，远高于同期中药饮片 26.7%的增长。根据对六大试点企业的销售数据统计，2015 年我国中药配方颗粒销售额为 81.75 亿元，同比增长 30.86%，占中药饮片销售额的 5.1%。2016 年 3 月 1 日《中药配方颗粒管理办法（征求意见稿）》结束向社会公开征求意见，行业放开的趋势逐渐明朗，中药配方颗粒将迎来更大的发展空间。

4. 保健品市场前景广阔

随着经济发展、社会进步和生活水平的不断提高，人类疾病谱的改变、老龄化社会的到来及医药费的上涨，以中医药为代表的传统医药逐渐受到青睐，特别是《关于促进健康服务发展的若干意见》的发布，作为健康服务业支撑产业的中药产业迎来巨大机遇，中药大健康产业迅速崛起。悠久的保健历史、独特的食养理论、丰富的药材资源，使中药保健品在国内、国际保健品市场领域占有非常重要的地位。据统计，目前，保健食品现有批文已超过 15 000 个，其中除部分维生素、矿物质类营养补充剂外，主要是以中药材原料为主的保健食品。就国际市场来说，全世界有 40 亿人使用过中草药相关产品。2016 年 7 月 1 日，《保健食品注册与备案管理办法》正式实施，这意味着保健食品的管理办法从此前的单一注册制变为注册与备案相结合，保健品将迎来更广阔的发展空间，以中药材为原料的中药保健品将更大发展。此外，随着国民健康消费理念的转变，以中药为核心理念的日化产品和具有无药物残留、不产生抗药性、毒副作用少等独特优势的中兽药逐渐受到人们青睐。各传统中药企业，如云南白药、片仔癀、同仁堂、天士力和康恩贝等，均开始涉足中药日用化工领域。中兽药制剂生产厂家已达 1500 余家，市场发展空间巨大。

四、发展形势支撑中药产业市场竞争能力增强

1. 中医药行业产值增长水平趋于稳定

在国家高度重视和财政大力支持下，中药产业在大品种技术改造、生产工艺技术提升和生产质量在线控制水平提升、生产关键技术孵化基地和新药

研发平台建设方面取得了一定成效，产业规范化水平得以提升，推动了企业做优、做大、做强，龙头企业和品牌产品发展迅速。据统计，中药生产行业现有61家上市公司，2015年营业收入达1905.39亿元，净利润达264.66亿元，其中营业收入过100亿元的有5家，过50亿元的有10家。中药制造企业数量由2004年的1484家增加到2016年的2777家，增幅87.13%。其中，中药饮片制造企业数量从429家增加到1148家，增幅167.60%；中成药制造企业数量从1055家增加到1629家，增幅54.41%。根据国家统计局相关统计资料显示，2016年我国中药产业工业产值为8653.4亿元，同比增长9.10%，增长水平趋于稳定。

2. 国际市场略显低迷

2016年，在严峻复杂的外贸形势下，中药贸易进入底部区间，略显低迷。根据中国医药保健品进出口商会数据显示，2016年我国中药贸易总额46.00亿美元，同比下降4.08%，为近十年来的首次负增长。其中，出口额为34.26亿美元，同比下滑9.13%，较2015年同期4.95%的增幅，落差明显。其中中药材及饮片全年出口同比增长2.98%（排除汇率因素影响），正朝着调结构、重质量的方向稳步迈进，但中成药全年出口额同比下降13.94%，较2015年同期4.65%的增幅落差悬殊。进口额为11.74亿美元，同比增长14.50%，成功实现了“大逆转”，再次迈入正增长时代。提取物、中成药、保健品进口均同比大幅增长，增幅超过两位数。中药材及饮片延续了低迷的态势，进口额1.39亿美元，同比下跌15.84%。

（撰稿专家：赵宇平　董政起）

生物农业

2016年度生物农业发展态势分析

2016年，现代生物技术、信息技术、材料技术与先进制造技术等迅猛发展，重大技术创新不断涌现，已成为生物农业发展的重要引擎。

一、国际生物农业发展动态

1. 生物技术引领农业发展进入新阶段

生物组学和基因技术的发展，培育出转基因玉米、转基因牛、多利克隆羊等动植物新品种，催生了蛋白质与酶制剂工程、微生物发酵工程等新兴业态。生物芯片技术带动农业食品卫生、新药开发等不断进步。生物基因重组技术和动物营养学结合催生了以高比活植酸酶为代表的饲料用酶产业的兴起；采用生物技术和新材料技术开展污染土壤和退化生态系统的绿色修复正在催生生态修复产业的形成。以转基因技术为代表的生物技术革新不断推出抗虫、抗除草剂、抗旱等优良品种，使农业机械化、集约化和标准化生产得以实现，同时带动了农机、化肥、农药等产业发展，催生了新型产业集群。

2. 信息技术促进农业向精准化发展

以大数据技术、网络技术结合构成以无线保真技术为基础的物联网技术推动了农业智能化进程加速。农业物联网产业与工业化深入融合，推动了农业物联网产业的发展。我国在2009年启动的“小麦数字化苗情远程监控与诊断管理系统”的研发项目，基于物联网技术构建四大生态类型区小麦苗情和灾害监控网络，为小麦长势分析、灾害监测预警、生产管理提供支撑。在农产品监测预警方面，采用大数据和物联网技术实时捕捉数据，形成信息流，通过大数据分析将全面揭示信息流的流量、流向，实现动态预警和精准调控。

3. 新材料与先进制造技术带动农业生产变革

在现代新技术推动下，生物制剂、生物质能源、生物基材料、纳米材料等一批农业新兴产业迅猛发展。如将纳米材料与技术应用于农药领域，可改变农药理化性质，提高农药利用率，减少农药残留，降低环境污染。采用纳米材料技术构建、医药微胶囊技术和化工微乳化技术改性而形成的全新肥料，可有效防止肥料迅速溶解，最大限度地提高营养元素的利用效率，降低环境污染。以纳米材料作为载体生产的疫苗，可降低使用剂量和毒副作用，提高动物疫苗的免疫功能与效果。以纳米材料与技术应用为主的新材料、新技术变革有效提高了农业投入品生物利用率，实现农业生产节本增效、持续发展、生态环境保护。

4. 农产品加工向多领域、多梯度方向发展

生物技术、信息技术、纳米技术等先进技术应用于食品制造业，全面推进了食品产业技术升级，正在向多领域、多梯度、深层次、低能耗、高效益、可持续方向发展。全球农产品加工正向可预测性的高品质、高营养、高技术含量方向发展，绿色制造、高效节能技术正成为农产品加工业发展的新亮点。农产品加工与质量安全科技相结合推动加工业高效、绿色与智能化。

二、我国生物农业发展态势

1. 转基因研发取得新进展

我国已建立起涵盖基因克隆、遗传转化、品种培育、安全评价等全链条的自主研发体系和生物安全评价技术体系，整体达到国际先进水平。2016年产品研发稳步提高。审定抗虫棉新品种13个，国产抗虫棉种植比例达到96％以上。创制出一批具有重要应用前景的抗虫、抗除草剂、抗旱节水和功能型转基因重大产品。抗虫玉米、抗除草剂玉米、抗虫水稻已申报安全证书，具备了产业化条件；抗除草剂大豆、抗旱节水小麦已申报生产性试验，达到国际先进水平。攻克了水稻和小麦转化技术瓶颈，构建的五大作物规模化转基因技术体系，满足了我国转基因品种培育需求。在国际上率先将基因编辑技术应用于水稻和小麦等作物育种，创新了基因定点重组等新技术。建立了高效精准的转基因生物安全评价和检测监测技术体系。

2. 生物饲料不断发展

2015年，全国工业饲料总产量2亿吨，其中猪饲料产量为8344万吨，蛋禽饲料3020万吨。农业部推出粮改饲专项，秸秆饲料化利用稳步推进。2015年年末，全国共有饲料厂6772家，年产量50万吨以上的饲料企业48家，饲料产量占全国总产量的56.5％，饲料企业“走出去”发展步伐明显

加快。酶制剂和微生物制剂等产品继续保持高速增长。生物寡糖、植物提取物等抗菌性产品逐渐显现增长苗头，发酵饲料和发酵类的饲料原料逐渐受到重视。饲用微生物市场保持高速发展。我国拥有各类微生态制剂生产企业约400家，实现了产业化生产。2015年，全国饲用维生素产量28万吨，占全球的68.5%；饲用氨基酸产量152万吨，占全球的38.7%。其中，蛋氨酸产量超过10万吨，改变了完全依赖进口的局面。

3. 生物农药产品不断推新

目前，国内生物农药年产量为12万吨，防治面积达2670万公顷。生产微生物农药、植物源农药、生物农药的企业有260多家，生产抗生素的企业1700多家。生物农药有效成分登记超过90种，登记产品约3000个，其中抗生素产品约占登记产品总数的70%。生物农药产品约占我国登记农药总数的12%。微生物农药有效成分27种，产品约300个，主要商业化产品有苏云金杆菌、枯草芽孢杆菌、蜡质芽孢杆菌、棉铃虫核型多角体病毒。新近登记的产品有黏虫核型多角体病毒、甘蓝夜蛾核型多角体病毒、短稳杆菌、木霉菌。植物源农药有效成分19种，产品超过200个。抗生素类农药有效成分21种，产品2200多个，主要产品为阿维菌素、井冈霉素、春雷霉素。

4. 生物疫苗研发能力逐步上升

目前，我国使用的动物疫苗仍然由强制免疫疫苗和常规疫苗两大类构成。强制免疫疫苗包括高致病性禽流感、口蹄疫、高致病性猪蓝耳病、猪瘟和小反刍兽疫5种强制免疫产品，全部由政府统一采购，下拨使用。常规疫苗针对鸡新城疫、猪圆环病毒病、猪伪狂犬病、鸡传染性支气管炎等非强制免疫常发疾病，由养殖企业根据实际需要自主选择，购买使用。按照使用动物种类，可以分为禽用、猪用、牛羊用、宠物和经济动物5大类疫苗，其中禽用疫苗170种，猪用疫苗87种，牛羊用疫苗39种。2008～2015年，我国共批准180个新兽药注册证书，其中一类9个，二类43个，三类128个。从产品结构来看，主要是禽用疫苗和猪用疫苗。2015年，我国研究机构与生产企业共研发出31种新型生物制品，其中疫苗27种，诊断试剂4种。整体而言，我国兽用生物制品研发水平和研发能力呈上升趋势。

三、生物农业发展方向

在生物组学、信息学、新材料和先进制造技术带动下，我国将抓住新技术革命的发展机遇，重点突破基因组编辑、合成生物、药物靶标设计等前沿技术，加快创制新型生物农业产品，推进产业化。

1. 加强生物技术品种选育与应用

创新基因挖掘、分子标记、转基因、全基因组选择、基因组编辑等育种关键技术，建立高效的分子聚合育种技术体系；开展分子设计，聚合优异基因，创制高产、优质、抗病虫、抗逆、养分高效利用等突破性育种材料，培育适应我国农业生产转型发展需要的重大新品种。

2. 加强生物农药创制与应用

创新植物免疫诱导技术，研发植物免疫诱抗剂为代表的生物农药新品种（如蛋白激发子、寡糖、脱落酸、枯草芽孢杆菌及木霉等），提升绿色生物防治能力。研究RNAi技术精确干扰或沉默病虫害关键基因表达机制，实现抑制病虫的生长、发育以及致病性。鉴定、合成和应用昆虫信息素和昆虫性诱剂，创新绿色植保技术。研究高效专化性和多功能天敌昆虫和微生物菌株，创建工程天敌昆虫、雄性不育卫生工程昆虫、生物反应器类工程昆虫。

3. 加强生物疫苗创制与应用

加强基因组编辑技术研究及在新型疫苗研究的应用；研发新型基因工程疫苗，如伪狂犬病疫苗、活载体疫苗（伪狂犬、新城疫、马立克病毒、痘病毒、腺病毒为抗原载体）、亚单位疫苗、DNA疫苗等；创新规模化抗原生产工艺、抗原纯化工艺、疫苗佐剂、疫苗保护剂等，加强疫苗质量控制、疫苗评价技术研究；创新猪支原体肺炎活疫苗的规模群接种技术，鸡传染性法氏囊活疫苗、禽痘活疫苗及火鸡疱疹病毒活疫苗的胚内接种技术，以及鸡新城疫活疫苗胚内免疫技术等；加强研发牛羊及伴侣动物疫苗等。

4. 加强生物饲料研发与应用

稳定提高营养改良型酶制剂生产水平，加快研发具有抗氧化、抗应激、分解霉菌毒素等特殊功能的新型酶制剂。开发具有耐酸、耐热等不同特点的微生物制剂，以及满足不同动物种类、不同生长阶段差异化需求的微生物制剂。加强药食同源类植物功能挖掘，鼓励提取工艺稳定、功能成分清楚、应用效果明确的产品申报新饲料添加剂。开发饲用多糖和寡糖产品。制定完善质量安全标准和评价技术规范，引导新型饲料添加剂产业规范有序发展。研发推广安全环保饲料产品。集成氨基酸平衡配方、酶制剂、微生物制剂、植物提取物等技术，发展改善动物整体健康新型饲料产品，促进药物饲料添加剂减量使用。

5. 加快农业生物制造产业发展

采用生物质全组分选择性分离及生物基纳米纤维绿色制备技术，加强生物基材料制造过程中的核心关键技术研发，引领生物基材料新兴产业发展。开发智慧型生物能源环保系统工程，生产清洁生物能源和生物基肥料；开发新型生物材料，研究提出相应的植物幼苗培育以及种子重构策略。

（撰稿专家：李新海）

2016年度生物饲料产业发展报告

一、发展概况

“十二五”期间，我国饲料业保持了快速发展，取得了一系列巨大成就。饲料业作为养殖业的重要物质基础，将面临饲料资源严重短缺、质量安全形势日趋复杂、饲料源性污染屡有发生等一系列新问题。饲料及资源的需求将持续上升，我国每年粮食类精饲料占粮食资源的50%以上，蛋白质饲料的进口依存度达80%，“人畜争粮”已成为影响我国粮食安全的最主要因素，并且，丰富的非粮饲料资源并没有得到合理利用。如何科学合理地利用饲料资源逐渐成为更重要的方向，尤其是新型蛋白饲料资源的开发迫在眉睫。畜禽粪便及养殖废弃物造成的环境污染越来越严重，畜禽粪污资源化利用是重要任务。治理畜禽粪污，减量排放是第一环节。饲料安全问题仍然存在，滥用违禁药品、非法添加物时有报道，检测手段不完善等基础工作依然不牢固。

基于生物技术手段的生物饲料开发技术及其产品在开发新饲料资源、提高传统饲料粮品质、减轻环境污染、提高饲料转化率、减少抗生素使用等方面正在发挥越来越大的作用。生物饲料的研发与应用发展迅猛，我国生物饲料产值以年均20%的速度递增，尤其是我国饲用酶制剂在部分技术领域居于国际领先地位，引领了产业的发展。2016年，益生菌继续扩张，植物提取物类添加剂快速增长，抗菌肽机理研究和高效生产技术受到了世界范围的关注。

生物饲料的应用不仅能够促进饲料养分的消化和吸收，降解抗营养因子，改善适口性，提高消化利用率，而且更重要的是改善动物肠道平衡，提高机体免疫力。同时使难利用饲料资源的高效转化利用成为可能，大大缓解我国饲料资源严重短缺的瓶颈问题，降低饲料成本，促进养殖业的持续稳定发展。

二、主要产品

国家发展改革委2016年发布了《战略性新兴产业重点产品和服务指导目录》，其中关于生物饲料的表述相较2013年版有了变化，重点产品和技术服务包括基因分离与修饰、酶工程与发酵工程技术、系列化饲用酶制剂和氨基酸等添加剂、新型饲料蛋白、酵母源生物饲料、高活性生物发酵饲料、微生态制剂、无抗全价生物饲料、生物活性肽基抗菌肽、饲料用寡聚糖和生物色素、幼龄动物专用饲料、植物提取添加剂、益生素添加剂、生物药物饲料添加剂及动物性饲料源替代产品等。

农业部发布的《饲料添加剂品种目录（2013）》中，新型饲料添加剂共计97种，主要包括微生物制剂产品34种；饲料用酶共13类产品，包括植酸酶、淀粉酶、蛋白酶及非淀粉多糖酶等；饲用功能性多糖和寡糖类产品9种。其他还有微生物发酵产品及副产品包括发酵豆粕、发酵果渣、发酵棉籽蛋白等饼粕、糟渣发酵产品；单细胞蛋白产品；菌体蛋白类产品；糟渣类发酵副产物。

三、市场分析

据农业部统计，2015年，全国工业饲料总产量2亿吨，比2010年增长23.5%，保持世界第一。其中猪饲料产量8344万吨，比2010年增长40.3%，蛋禽饲料产量3020万吨，与2010年持平。农业部推出粮改饲专项，秸秆饲料化利用稳步推进。2015年年末，全国共有饲料厂6772个，比2010年减少4071个。年产量50万吨以上的饲料企业48家，饲料产量占全国总产量的56.5%，饲料企业“走出去”发展步伐明显加快，在境外投资建设饲料厂上百个，销售收入近百亿元。

酶制剂和微生物制剂等产品继续保持高速增长，生产技术和应用技术水平将大幅度提高并标准化。生物寡糖、植物提取物等抗菌性产品逐渐显现增长苗头，发酵饲料和发酵类的饲料原料逐渐引起大家的注意。据农业部统计，2015年相比2010年的5年间酶制剂产量已经翻番，占领了国内饲用酶制剂大部分市场份额，且在国际市场上也得到更快的推广。饲用微生物市场保持高速发展。我国拥有各类微生态制剂生产企业约400家，实现了产业化生产，但需要继续在工艺和产品质量方面提升。2015年，全国饲用维生素产量28万吨，占全球的68.5%，分别比2010年增长1.5倍和22.5个百分点；饲用氨基酸产量152万吨，占全球的38.7%，分别比2010年增长1.1

倍和 9.6 个百分点。其中，蛋氨酸产量超过 10 万吨，改变了完全依赖进口的局面。

四、研发动向

我国在饲料及相关生物技术研究多个领域已经处于世界前列水平。互联网、生物技术、智能制造等新型技术已经被广泛关注和应用。“十三五”时期，我国养殖业进入生产减速、结构优化、质量升级、布局调整、产业整合的新阶段，饲料工业发展面临着市场空间拓展更难、质量安全要求更严、资源环境约束更紧等诸多挑战，迫切要求加快推进供给侧结构性改革，实现发展动能转换。基于生命科学前沿技术如生物组学、生物芯片、转基因技术、生物信息等基础的生物技术对于产品开发、质量安全及应用等方面助益较大，这些新技术是饲料创新发展中面临的主要压力和必须突破的瓶颈。我国的生物饲料技术蓬勃发展，饲用微生物、酶制剂等产品种类不断增加、功能不断拓展，已经成为饲料技术竞争的核心领域。

主要研发内容包括：稳定提高营养改良型酶制剂生产水平，加快研发具有抗氧化、抗应激、分解霉菌毒素等特殊功能的新型酶制剂；开发具有耐酸、耐热等不同特点的微生物制剂，以及满足不同动物种类、不同生长阶段差异化需求的微生物制剂；加强药食同源类植物功能挖掘，鼓励提取工艺稳定、功能成分清楚、应用效果明确的产品申报新饲料添加剂；开发饲用多糖和寡糖产品；制定完善质量安全标准和评价技术规范，引导新型饲料添加剂产业规范有序发展；研发推广安全环保饲料产品；集成氨基酸平衡配方、酶制剂、微生物制剂、植物提取物等技术，发展改善动物整体健康新型饲料产品，促进药物饲料添加剂减量使用。

另外，农业发展的改革提出了新的要求，需要按照以养带种、因地制宜的原则，引导发展全株青贮玉米、苜蓿等优质饲草料及相关生物技术和产品的生产。通过生物发酵等技术促进农副资源饲料化利用，转化为便于工业化生产使用的饲料原料。抗生素替代品及环境安全相关技术仍然是目前行业亟待解决的问题且日益重要。

五、自主创新情况

我国在生物饲料领域的科技支撑能力不断增强。“十二五”期间，国家对动物营养和饲料科学研究的投入大幅增加，推动动物营养需要和饲料原料营养价值动态预测、饲用酶技术体系创新及重点产品创制、微生态制剂高密度发酵等领域取得大量科技成果，获得 7 项国家科学技术奖励。大型企业逐渐成为创新主体，普遍增加科技投入，通过产学研联盟等方式创建了 10 多个国家级企业研发中心，新技术、新工艺和新产品集成应用能力明显提高。“十三五”以来，我国除了在支撑计划、行业专项等延续项目的继续支持外，在国家科技重点专项等方面对于饲料微生物基础及应用的研究给予立项资助。尤其在养殖环境综合治理、霉菌毒素防控等方面加大了力度。

我国在饲用酶制剂、饲用微生物、抗生素替代品等生物饲料制剂的研发方面取得了较大成果。饲用酶制剂及益生菌相关专利申请的数量继续处于国际先进水平，2016 年又有多项成果获得了国家级及省部级成果奖励。饲用益生菌的研究注重了菌株作用分子机理的研究，探索菌株在动物消化道中吸附、定殖及其对动物消化道内免疫、微生物群落等方面的影响，对于饲用微生物应用具有较高的理论指导价值。抗菌肽研究在分子改良、作用机理与高效表达方面已取得重要进展。中国农业科学院对菌丝霉素进行改良，使其抗菌活性提高 40 倍，并实现系列产品的高效分泌表达，其研究成果被国际专家高度评价，认为其极有可能率先进入临床治疗领域。我国还开发了 10 余种特殊功能寡糖物质及寡糖衍生物等，针对不同动物的寡糖安全性、应用效果评价及作用机理的研究均成效显著，促进了饲用功能性寡糖产品的应用。

（撰稿专家：杨培龙）

2016 年度生物农药产业发展报告

一、发展概况

党的十八届五中全会把“绿色发展”作为创新协调绿色开放共享五大发展理念之一，节约资源和保护环境已作为基本国策写入国家的总体发展规划。农药是农业不可或缺的重要和特殊的投入品，与粮食安全、生态环境安全和人类健康安全息息相关，科学合理的生产、经营、使用农药是现代农业发展的重要内容之一，也是农业绿色发展理念的具体体现。为此，2015 年年初，农业部通过了《农药使用量零增长行动方案》。这是农业部门首个关于农药减量控害的具体执行文件，目的是有效控制农药使用量，力争到 2020 年农作物农药使用总量实现零增长，推进高效、低毒、低残留农药替代高毒、高残留农药，扩大低毒生物农药示范补贴试点范围。

世界各国在大力推广使用生物农药，据 Markets and Markets 发布的《2012～2017 年全球生物农药市场趋势与预测》报告显示，2017 年有望达到 32 亿美元，2012～2017 年将以 15.8%的年复合增长率增长。欧洲市场由于农药管理制度严格且对天然产品的需求日益增大，有望在将来成为生物农药发展最快的市场。从我国生物农药的发展历程来看，与国际生物农药发展同轨。经过 50 多年的发展，目前我国已经掌握了许多生物农药的关键技术与产品研制的技术路线，在研发水平上与世界水平相当，在人工扩繁赤眼蜂技术、虫生真菌的工业化生产与应用技术、捕食螨商品化、植物线虫的生防制剂、植物免疫生物诱抗药物研制等某些领域国际领先。我国生物农药产品剂型从不稳定向稳定发展，由剂型单一向剂型多样化方向发展，由短效向缓释高效性发展。研究和发现新型先导化合物和明确新型药物作用靶标已经成为新型生物农药创制与开发的重要基础性工作。随着植物免疫理论的快速发展，植物抗病免疫诱抗剂近年来取得了引人瞩目的发展，随着我国生物农业的发展，生物农药及健康植物保护相关研究的开展已经成为国家发展的重大趋势和需求。

二、主要产品

在国家倡导、科研人员努力、企业家紧跟的形势下，我国生物农药的登记、生产得到了快速发展。目前国内生物农药的年产量为12万吨，防治面积达2670万公顷，约占农药市场份额的5%。生产微生物农药、植物源农药、生物农药的企业共有260多家，生产抗生素的企业共1700多家，大部分生产企业生产生物农药的同时，也生产化学农药。生物农药有效成分登记超过90种，登记产品约3000个，其中抗生素产品约占登记产品总数的70%。生物农药产品占我国登记农药总数的11%～13%。微生物农药有效成分27种，产品约300个。主要商业化产品有苏云金杆菌、枯草芽孢杆菌、蜡质芽孢杆菌、棉铃虫核型多角体病毒。新近登记的产品有黏虫核型多角体病毒、甘蓝夜蛾核型多角体病毒、短稳杆菌、木霉菌。植物源农药有效成分19种，产品超过200个，主要品种有烟碱、鱼藤酮、苦参碱、除虫菊、印楝素、芸苔素内酯、乙蒜素等。抗生素类农药有效成分21种，产品2200多个。主要产品为阿维菌素、井冈霉素、春雷霉素。近期新登记的产品有：中生菌素、宁南霉素、伊维菌素（杀线虫、卫生用）。天敌生物类农药中赤眼蜂和平腹小蜂产品在我国已登记并产品化，登记产品4种，主要是杀虫卵卡、杀虫卵袋。主要天敌产品有赤眼蜂、平腹小蜂。另外，以腐植酸、甲壳素、鱼蛋白、海藻酸等为代表的生物刺激素类产品，正逐渐从欧美走向中国，成为助力化肥、农药提质增效的一大利器，生物刺激素已成为农资企业争相抢滩的农资蓝海。

武汉武大绿洲生物技术有限公司与武汉大学联合开发出一系列昆虫病毒杀虫剂、昆虫病毒与苏云金杆菌复配制剂，其是国内种类最多、产能最大的企业。其中菜青虫颗粒体病毒是国内唯一产品，蟑螂病毒是全世界唯一产品。开发的茶尺蠖核型多角体病毒·苏云金杆菌悬浮剂防治茶园茶尺蠖、茶毛虫、茶小绿叶蝉等茶叶主要害虫效果明显，同时可减少用药次数，解决茶叶残留超标问题，恢复茶园生态环境，特别是天敌的恢复可控制其他病虫害的发生，将茶园带上了良性发展循环，取得了巨大的生态和经济效益。

由中国农业科学院植物保护研究所研制的我国首个抗病毒蛋白质农药——“阿泰灵”成为行业热点。2016年，“阿泰灵”销售额达到7800万元，推广应用面积53万公顷次（800万亩次），累计产生经济社会效益8亿元。另外，中国农业科学院植物保护研究所与国际生化公司爱利思达签订了阿泰灵海外独家代理权协议，代理费1000万元。“阿泰灵”凭借先进的专利技术和在国内成功的推广应用，成为我国成功走向海外的第一个拥有自主知识产权的生物农药。

三、市场分析

近年来，我国食品安全事件屡屡发生，引发了广大消费者对农产品的高度关注。农民食品安全意识也开始发生改变，低毒、安全、高效和使用方便的农药产品将成为市场的主流，最终消费者在选择农产品的时候也更加关注农药的残留问题。我国出台了《农产品质量安全法》以及新的《食品安全法》，对农药残留标准和农药质量监管都提出了更高的要求。截至 2015 年 12 月 31 日，我国已经禁止生产、销售、使用 41 个化学农药成分。可以说，高毒农药的削减给其他农药的发展提供了较大的市场空间，尤其是新型生物农药；同时，也给一些有经济实力的中国农药企业提供了广阔的市场，许多大型农业生产企业的发展重心已经转向高效低毒的生物农药研发。

目前，被国内众多行业人士看好的是微生物制剂，属于生物农药的一种，如荧光假单胞杆菌、枯草芽孢杆菌等。此类生物农药对环境安全、对土壤有改良作用，可保障食品、动植物和人类的健康和安全，已经成为新兴的安全环保的细菌性杀菌剂，发展潜力较大。生物农药因其安全、环保，近年来受到无公害蔬菜基地、出口蔬菜基地、绿色食品基地和有机食品基地的追捧和欢迎。在人民需求和国家政策引导下，生物农药展现出巨大的发展前景。

四、研发动向

随着人民生活水平的提高，我国对粮食和农产品量和质的要求都将有所提升，以及“十三五”植物健康绿色治理产业巨大的市场需求，必须有重大突破和颠覆性技术来引领生物农药产业的发展。近年已显示出良好前景的植物免疫诱导技术、RNA 干扰技术、昆虫信息素很有可能成为各种新型生物农药的重点研发方向。

1. 植物免疫诱导技术

通过诱导植物免疫性，提高植物抗性，减少减轻病虫害发生，从而减少化学农药使用，以预防为主，促进植物健康是农作物病虫害绿色防控的新技术。

近年来，植物免疫诱抗剂的研发与应用在应用绿色生物防治手段防治植物病虫害的基础上又有了新的突破。利用免疫诱导技术提高植物自身抗性，是有害生物绿色防控的新技术和新方法，能大幅度减轻病虫害发生，减少或免用化学农药，是解决环境污染、农产品安全、实现农药零增长的有效途径，成为作物健康解决方案的重要基础，在作物病虫害综合防治以及增产增收计划中发挥越来越重要的作用。

2. RNA 干扰技术

利用 RNA 干扰技术暂时性关闭病虫发育过程中的关键基因，阻碍其正常的生长和繁殖，从而达到抑制病原物致病力，阻止害虫生长发育的目的，是国际上近年推出的一项精准控害新技术。该技术还可以针对某种害虫自身的特异基因而设计，不会影响包括天敌在内的任何其他生物，不会对生态系统产生影响，实现目标害虫的精准防控。同时，也可以利用几种害虫共有的靶标基因设计多种害虫种间广谱性杀虫剂，提高害虫防治的效率。

由于 RNA 作为杀虫剂的天然优势，目前国际上众多大学、研究机构和农药生产厂商均投入巨资进行研发。2015 年 8 月，孟山都公司对外宣布开发出了针对马铃薯甲虫的 RNA 喷雾剂，并利用化学合成的方法获得了成本较低的 RNA 产品，该产品杀死 1 英亩（$0.405hm^2$）农田中的作物害虫的生产成本仅需要 5 美元，目前正在等待监管部门的审批，预计 2020 年其产品就可以应用于农业生产。

3. 昆虫信息素

利用昆虫信息素的监测、测报方法灵敏度高、操作简便、费用低的特点，可指导适时用药，并有效减少化学防治次数。利用昆虫信息素及配套诱捕器，可调查害虫发生的世代，诱捕各时期的害虫，掌握发生规律，从而使虫害发生区根据捕到的害虫数量，及时准确地监测害虫发生期、发生量、发生范围和消长动态，为防治害虫提供可靠的依据。

昆虫信息素只对同种间个体的昆虫起作用，具有不伤害天敌的特性，对人畜、野生动物、昆虫等通常无毒性问题。由于其高度专一性，用量少，而且在种群密度低时效果更好，长期使用不产生抗药性而受到人们的信赖。目前昆虫信息素主要用于虫情监测调查和防治抑制害虫，降低虫口密度。1999 年，我国农业部颁布的《生产绿色食品的农药使用准则》中指定昆虫信息素是 AA 级和 A 级绿色食品生产中唯一允许使用的动物源农药。

五、自主创新情况

进入 21 世纪，生物防治在病虫害综合防治及“绿色植保”中占有重要地位，在政府部门的扶持下，我国在生物农药的研究和开发方面均取得了重大进展。目前，我国已成为世界上最大的井冈霉素、阿维菌素、赤霉素生产国，其中井冈霉素、阿维菌素是我国农药杀菌剂、杀虫剂销售和使用量居前列的品种。从综合产业化规模与研究深度上分析，井冈霉素、阿维菌素、赤霉素、苏云金杆菌（简称 Bt）4 个品种已成为我国生物农药产业中的拳头产品和领军品种，而农用链霉素、农抗 120、苦参碱、多抗霉素和中生菌素等产业化品种已成为我国生物农药产业的中坚力量。

与发达国家相比，我国的生物农药生产企业仍处于小且分散的生产现状，这使得我国的生物农药产品缺乏市场竞争力。例如我国登记的细菌杀菌剂仅 32 个，却有 22 个农药企业生产；我国登记的苏云金杆菌制剂有 175 个品种，却有 97 个农药企业在生产销售。与国外产品相比，美国目前登记的 36 个农用细菌杀菌剂品种，仅由 12 家企业生产，并且这些企业中不乏国际农药巨头，他们有财力和人力做好具有市场竞争力的产品。同时，我国各生物农药品种的生产发展亦不平衡。产品以苏云金芽孢杆菌、阿维菌素、井冈霉素为主，其生产量和销售额均占到上述整个生物农药产品的 90%以上。而天敌生物类登记产品数却寥寥无几。

为解决我国的生物农药“产、学、研、销、用”脱节、企业小而分散、原始创新能力不强的问题，国内首个生物农药与生物防治产业技术创新联盟于 2013 年 10 月 11 日经科技部审批公示，联盟由中国农业科学院植物保护研究所牵头组织，并于 2014 年 3 月 22 日在北京召开了联盟理事会成立大会且举行了授牌仪式。截至目前，联盟理事会已发展会员单位 149 家，占生物农药生产研发单位总数的 50%以上。初步统计，现联盟理事会会员单位总体销售额情况预计占国内生物农药行业总体产值的 40%左右。联盟以科技创新为指导，以组织技术研发、成果转化和健全创新体系为重点，带动和促进产业技术进步，推动产业结构调整和优化升级，提升我国生物农药与生物防治技术产业的国际竞争力和健康快速发展。

该联盟是由农业部作为推荐单位，经科技部批准公示的我国第一个生物农药产业联盟。这个联盟是由中国农业科学院植物保护研究所作为责任主体单位，拥有来自全国 149 家从事生物农药生产应用相关企业的创新资源。目前已经创制出了蛋白农药 1 个、防治病毒病的抗生素农药 1 个和应用于土壤消毒的产气真菌 1 株。发掘了一批生防相关基因，获得了木霉菌等生物农药的发酵新工艺，开展了昆虫病毒工业化生产技术优化，降低了生产成本。获得大北农科技奖等奖励成果 2 项，获得专利 8 项，制定地方和企业标准 4 个。

建立产业联盟体系，凝聚主创力量，增强产业联合。紧紧围绕“粮食安全、食品安全、生态环境安全”三大主题，组织联盟成员企业和相关大学及科研院所围绕生物农药产业发展中的瓶颈问题联合攻关。联盟内部开放使用已有的技术平台，组成基础研究、产品中试、产品工业化生产和大规模生产示范应用的完整产业链的创新体系。促进联盟成员之间的资源共享和互惠互利，提升联盟成员的群体竞争力。聚集产品资源、技术资源、人才资源，带动和促进产业技术进步，推动产业结构调整和优化升级，创造互利共赢、共同发展的新局面。

（撰稿专家：邱德文）

2016 年度生物疫苗产业发展报告

一、发展概况

2016 年，我国畜牧业在整体刚性需求的大背景下，依然表现良好，生猪存栏占世界总量的 50%，年出栏 7 亿头，养禽 140 亿羽，禽肉产量世界第一，畜牧业占农业总产值的 29%，已经成为农业的重要支柱。但是国家在环保方面不断出台新政策，环保压力的不断提升及监管，在区域与布局上受到一定影响。由于集约化、规模化养殖水平不断提高，地区经济发展不平衡，加上多种养殖模式并存，使得动物疫病防控面临巨大挑战。高致病性猪蓝耳病、猪伪狂犬病变异株疫情、猪病毒性腹泻等仍然是危害养猪业的主要疫病，周边国家口蹄疫、高致病性禽流感、猪冠状病毒引起腹泻、非洲猪瘟等疫情不断出现，毒株变异不断和新的病毒的发生等都给家禽、生猪、肉羊产业带来巨大的威胁。由于动物疫病防控依然是养殖企业发展中的关键环节，作为疫病防控的核心关键，生物疫苗产业面对畜牧业与水产行业等发展需求，在产品研发、工艺改进和生产销售等环节不断创新、增强实力，为绿色健康养殖业发展做出较大贡献。

2015 年动物生物制品实现销售收入 107.08 亿元，比 2014 年增长 3.1 个百分点，由 77 家企业生产的 296 种产品构成，其中，销售额前十位的企业占全部销售额的 61.48%，其余 67 家企业的销售额只占 38.52%。企业间的竞争非常激烈。296 种产品中，高致病性禽流感、口蹄疫、猪瘟、高致病性猪蓝耳病和小反刍兽疫这 5 种强制免疫产品的销售额为 64.64 亿元，占全部产品的 60.37%，比 2014 年增加 6.8 个百分点，强制免疫产品的占比越来越高。同时，2015 年共研发 29 种新型疫苗或诊断试剂，比 2014 年增加 45%，研发能力不断增强。

二、主要产品

由于 2016 年度全国兽用疫苗的销售统计情况尚未完成，本文主要引用

2015年度兽药发展报告的统计数据进行分析。

2015年，我国使用的动物疫苗仍然由强制免疫疫苗和常规疫苗两大类构成。其中，强制免疫疫苗包括高致病性禽流感、口蹄疫、高致病性猪蓝耳病、猪瘟和小反刍兽疫5种强制免疫产品，全部由政府统一采购，下拨使用。常规疫苗针对鸡新城疫、猪圆环病毒病、猪伪狂犬病、鸡传染性支气管炎等非强制免疫常发疾病，由养殖企业根据实际情况自主选择，购买使用。按照使用动物种类，可以分为禽用、猪用、牛羊用、宠物和经济动物5大类疫苗，其中禽用疫苗170种，猪用疫苗87种，牛羊用疫苗39种。2015年生物制品销量与销售额见表2-26。

表2-26 2015年我国主要应用的动物疫苗

序号	产品名称	销量/(亿毫升/亿羽份/亿头份)	销售额/亿元	比2014年销售额增幅/%
1	高致病性禽流感系列疫苗	80.75	12.64	41.55
2	牛羊口蹄疫灭活疫苗(各种型)	15.1	17.46	48.22
3	小反刍兽疫疫苗			
4	猪瘟活疫苗(细胞源/兔源)	67.15	34.54	−1
5	高致病性猪蓝耳病疫苗			
6	鸡新城疫、禽流感(H9亚型)二联活疫苗(La Sota株+F株)	7.93	2.17	4.3
7	鸡新城疫活疫苗(La Sota株)	162.69	0.99	−42.44
8	鸡新城疫、传染性支气管炎二联活疫苗(La Sota株+H120株)	212.98	2.03	43.97
9	鸡痘活疫苗(鹌鹑化弱毒株，细胞苗)	36.7	0.23	−76.5
10	禽流感灭活疫苗(H9亚型)	1.78	0.40	−50
11	鸡新城疫灭活疫苗(La Sota株)	3.31	0.76	0
12	鸡传染性法氏囊病活疫苗(B87株)	71.1	0.50	−5.6
13	鸡传染性鼻炎(A型)灭活疫苗	1.18	0.22	−4.3
14	鸡新城疫、减蛋综合征二联灭活疫苗(La Sota株+京911株)	0.55	0.07	−22.2
15	猪圆环病毒2型灭活疫苗(LG/SH/WH/DBN-SX07株)	2.66	6.75	90
16	猪伪狂犬病活疫苗(Bartha-K61株)	3.70	2.03	−2.8
17	猪繁殖与呼吸综合征疫苗	0.61	1.25	3.3

数据来源：2015年度兽药产业发展报告，中国兽药协会。

三、市场分析

1. 总体情况

2015 年，全国共有动物疫苗生产企业 88 家，共有 77 家企业提供了统计数据。77 家企业拥有有效的产品批准文号 1592 个，实际使用 1163 个，主要生产 296 种猪、禽、牛羊用疫苗。根据调查，77 家企业中，大型企业拥有资产 150.52 亿元，占生药企业资产总额的 55.87%；中型企业拥有资产 98.11 亿元，占生药企业资产总额的 36.42%；小型企业拥有资产 20.79 亿元，占生药企业资产总额的 7.71%。从生产能力和产能利用率看，活疫苗生产能力为 4102.05 亿羽份/亿头份，产能利用率为 26.79%；灭活疫苗生产能力为 673.11 亿毫升，产能利用率为 30.48%。

2. 销售情况

2015 年生产销售各类疫苗 1239.64 亿毫升/亿头份/亿羽份，销售额 107.08 亿元，销售额同比增加 3.3 亿元，增幅达 3.18%。其中猪用生物制品销售额 50.13 亿元，占生物制品总销售额的 46.82%，禽用生物制品销售额 35.21 亿元，占 32.88%，牛羊用生物制品销售额 19.65 亿元，占 18.35%（表 2-27）。

表 2-27　2015 年生物制品销量与销售额

动物种类	销量/（亿毫升/亿头份/亿羽份）	销售额/亿元	销售额比重/%	销售额比重同比变化/%
猪用	82.294	50.13	46.82	−0.17
禽用	1121.99	35.21	32.88	−2.47
牛羊用	30.20	19.65	18.35	3.76
兔用	1.88	0.28	0.26	−0.28
宠物及其他	3.28	1.81	1.69	−0.84
合计	1239.64	107.08	100	

3. 不同种类疫苗市场分析

（1）**禽用疫苗**　2015 年，禽用生物制品共有 170 种产品生产销售，销量 1121.99 亿羽份/亿毫升，销售额 35.21 亿元。其中，强制免疫疫苗高致病性禽流感疫苗的销量为 80.75 亿羽份/亿毫升，销售额 12.64 亿元，占禽用生物制品销售额的 35.9%，与 2014 年相比，该疫苗的销量增加 0.25%，销售额增加 41.55%。常规疫苗中，鸡新城疫、禽流感（H9 亚型）二联灭活疫苗（La Sota 株+F 株）销量 7.93 亿毫升，销售额 2.17 亿元，比 2014 年增加 4.3%，是销售额最高的禽用常规疫苗。其次分别为鸡新城疫、传染性支气管炎二联活疫苗（La Sota 株+H120 株）（2.03 亿元）和鸡新城疫活疫苗（La Sota 株）（0.99 亿元），分别比 2014 年增加 43.97%和减少 42.44%。

（2）**猪用疫苗** 2015 年，猪用生物制品共有 87 种产品生产销售，销量 82.29 亿头份/亿毫升，销售额 50.13 亿元，与 2014 年相比销量减少 5.67%，销售额增加 2.81%。强制免疫产品的销量 67.15 亿头份/亿毫升，销售额 34.54 亿元，占猪用生物制品销售额的 68.9%，与 2014 年相比，销量和销售额分别减少了 7.34%和 1%。常规苗中，猪圆环病毒 2 型灭活疫苗销量 2.66 亿毫升，销售额 6.75 亿元，销售额同比增加 90%，已经成为常规疫苗中市场份额最大的产品。猪繁殖与呼吸综合征疫苗（蓝耳病，非政府采购）销量 0.61 亿头份/亿毫升，销售额 1.25 亿元，销售额同比增加 3.3%。

（3）**牛、羊用疫苗** 2015 年，牛羊用生物制品共有 39 种产品生产销售，销量 30.2 亿头份/亿毫升，销售额 19.65 亿元。其中，强制免疫产品口蹄疫和小反刍兽疫疫苗销量 15.1 亿毫升，销售额 17.46 亿元，同比增加 5.68 亿元，增幅为 48.22%，占牛羊生物制品销售额的 88.85%。

（4）**进口疫苗市场份额不断增加** 2015 年，进口疫苗销售额 9.95 亿元，占 2015 年常规疫苗销售额的 23.44%，同比增长 7.33 个百分点。其中，猪用疫苗销售额 8.05 亿元，占进口疫苗销售总额的 80.9%；禽用疫苗销售额 0.84 亿元，占 8.4%；宠物及其他疫苗销售额 1.06 亿元，占 10.7%。按照整体销量和销售额计算，进口疫苗每单位价格是 0.65 元，而国产常规疫苗每单位价格为 0.08 元，两者相差 8.1 倍，单位价格差是 2014 年的一倍。

（5）**疫苗出口有所下降** 2015 年向 5 个国家或地区出口疫苗，共计 3926.69 万元，比 2014 年减少 1.1%，出口额仅为进口产品的 3.9%。

四、研发动向

1. 从动物生物疫苗靶向动物种类来看

中国动物生物疫苗还主要是针对食用动物，主要品种集中在猪用、禽用（包括水禽）及牛、羊用疫苗，且以猪用疫苗和禽用疫苗占据主要动物生物疫苗市场。经济动物（狐狸、貉、貂及兔等）及马属动物疫苗占市场份额较小。最近随着水生动物产业的兴起及其疫病发生与流行，鱼、虾等水产用疫苗成为新兴的动物疫苗品种，将成为产业内新的增长点。宠物疫苗是国外动物疫苗领域的重要组成，随着我国生活水平的提高，已经成为我国动物疫苗领域的最具潜力的疫苗品种，目前主要是以国外产品为主，未来将成为疫苗产业的主要部分。

2. 从动物生物疫苗含有的抗原种类来看

根据动物疫苗含有的抗原种类看，我国动物疫苗中以预防病毒性疾病的动物疫苗为主，其次为细菌和寄生虫类疫苗。在国家不断严格规范和限制使用抗生素的前提下，细菌疫苗会在未来的产业结构中呈上升的趋势。寄生虫类疫苗由于其研发难度较大，目前仅有球虫等个别的疫苗产品问世，市场份额也不大。

3. 从动物生物疫苗研发的技术层面来看

疫苗分为传统经典疫苗和工程疫苗，根据目前的产业状况和研发情况，传统经典疫苗仍然是市场的主要品种，在传统疫苗研发中，主要以新发和病原变异毒株的新疫苗为主要研究方向。另外，在提供肉蛋奶的动物不断集约化、工厂化养殖模式下，在多病原混合感染的压力下，在减少应激及改善动物福利的需求下，多联多价疫苗仍然是传统疫苗的一个重要方向，其中要解决很多产品的工艺问题。在基因工程疫苗方面，重点是基因工程标记疫苗和基因工程重组疫苗等，DNA 疫苗也将以其独有的技术优势进入产业。亚单位疫苗的研发和应用也成为新常态。目前市场上已经有效应用的是基因缺失疫苗，如伪狂犬病的单基因或双基因缺失疫苗。同时，活载体疫苗（鸭瘟、伪狂犬、新城疫、马立克病毒、火鸡疱疹病毒、痘病毒、腺病毒为抗原载体）的研究也方兴未艾，国外已经有火鸡疱疹病毒为载体的疫苗在我国注册，我国自主研发且已经商品化的是新城疫病毒和痘病毒为载体的基因工程重组活疫苗，目前其他载体重组疫苗的研发也正在进行。动物疫苗不断追求安全、有效、可鉴别、易保存与运输等方面的特性，根据这些需求，加之随着新技术、新理论的不断突破，基于结构生物学、分子免疫学精准设计的疫苗将成为未来基因工程疫苗的主要方向。根据《国家中长期动物疫病防治规划（2012～2020）》具体部署，对于一些要求扑灭和净化的动物疫病，疫苗毒株与野毒株鉴别诊断的动物疫苗是其必然趋势和实现这一规划的必经之路。

4. 从动物生物疫苗规模化生产工艺角度来看

大规模的细胞悬浮培养技术已经在我国口蹄疫疫苗等疫苗上广泛应用，并成为未来产业生产模式的主要方向，可以实现更大规模的生产，并便于质量稳定控制，同时节约劳动力成本。加之大规模抗原纯化工艺已经成熟并应用，这对于联合疫苗的开发和减少免疫副反应十分重要。在悬浮培养新技术上，趋于使用无载体的纯悬浮培养工艺，与此相呼应的是无血清培养基和低血清培养基的使用。无载体的悬浮将降低成本，无（或低）血清培养可以减少血清带来的污染问题和过敏反应问题。在细菌疫苗规模化生产上，用发酵罐的大规模培养工艺早已解决，其核心问题是如何减少细菌毒素对疫苗品质的影响。在疫苗的佐剂研究上，副反应小、符合食品安全和动物生产安全的佐剂是其主要方向，水性佐剂、纳米佐剂及生物佐剂等新型佐剂的研发和使用方兴未艾。在疫苗冻干的保护剂上，耐热保护剂和免疫增强剂的研究和应用成为新趋势，工艺的日益成熟将为更可靠的活疫苗的开发提供产品与技术支撑，是产业升级的重要组成部分。

五、自主创新情况

1. 研发成果

2008～2015 年，我国共批准 183 个新兽药注册证书，其中一类 9 个，二类 43 个，三类 131 个（表 2-28）。从产品结构来看，主要是禽用疫苗和猪用疫苗。2015 年，我国研究机构与生产企业共研发出 31 种新型生物制品，其中疫苗 27 种，诊断试剂 4 种（表 2-29）。大菱鲆迟钝爱德华氏菌活疫苗（EIBAV1 株）获得一类新兽药证书，为世界首创。整体而言，我国兽用生物制品研发水平和研发能力呈上升趋势。

表 2-28　2008～2015 年新批准的兽用生物制品

类别	2008 年	2009 年	2010 年	2011 年	2012 年	2013 年	2014 年	2015 年
一类	1	1	3	1	0	1	1	1
二类	4	3	9	5	4	8	4	6
三类	11	14	15	22	16	14	15	24
合计	16	18	27	28	20	23	20	31

数据来源：农业部。

表 2-29　2015 年获得批准注册的新生物制品

序号	新兽药名称	研制单位	类别	新兽药注册证书号
1	大菱鲆迟钝爱德华氏菌活疫苗(EIBAV1 株)	华南理工大学浙江诺倍威生物技术有限公司、广东永顺生物制药股份有限公司、上海纬胜海洋生物科技有限公司	一类	(2015)新兽药证字 30 号

续表

序号	新兽药名称	研制单位	类别	新兽药注册证书号
2	口蹄疫非结构蛋白2C3AB抗体监测试纸条	中国农业科学院兰州兽医研究所、中农威特生物科技股份有限公司	二类	(2015)新兽药证字23号
3	山羊传染性胸膜肺炎间接血凝实验抗原、阳性血清与阴性血清	中国农业科学院兰州兽医研究所、中农威特生物科技股份有限公司	二类	(2015)新兽药证字35号
4	山羊传染性胸膜肺炎灭活疫苗(山羊支原体山羊肺炎亚种M1601株)	中国农业科学院兰州兽医研究所、山东泰丰生物制品有限公司、哈药集团生物疫苗有限公司、青岛易邦生物工程有限公司	二类	(2015)新兽药证字37号
5	水貂出血性肺炎二价灭活疫苗(G型WD005株+B型DL007株)	齐鲁动物保健品有限公司	二类	(2015)新兽药证字14号
6	小反刍兽疫活疫苗(Clone 9株)	中国兽医药品监察所、北京中海生物科技有限公司、新疆天康畜牧生物技术股份有限公司、新疆畜牧科学院兽医研究所(新疆畜牧科学院动物临床医学研究中心)	二类	(2015)新兽药证字59号
7	猪流感病毒H1N1亚型灭活疫苗(TJ株)	华中农业大学、武汉科前生物股份有限公司、武汉中博股份有限公司、中牧实业股份有限公司	二类	(2015)新兽药证字01号
8	副猪嗜血杆菌二价灭活疫苗(1型LC株+5型LZ株)	山东省农业科学院畜牧兽医研究所、山东滨州沃华生物工程有限公司、青岛易邦生物工程有限公司、浙江诺倍威生物技术有限公司	三类	(2015)新兽药证字50号
9	高致病性猪繁殖与呼吸综合征、猪瘟二联活疫苗(TJM-F92株+C株)	华威特(北京)生物科技有限公司、中国兽医药品监察所、华威特(江苏)生物制药有限公司、吉林硕腾国原动物保健品有限公司、中牧实业股份有限公司	三类	(2015)新兽药证字29号
10	禽流感(H9亚型)灭活疫苗(SZ株)	普莱柯生物工程股份有限公司、洛阳惠中生物技术有限公司	三类	(2015)新兽药证字28号
11	高致病性猪繁殖与呼吸综合征活疫苗(GDr180株)	中国兽医药品监察所、广东永顺生物制药股份有限公司、北京信得威特科技有限公司	三类	(2015)新兽药证字16号
12	高致病性猪繁殖与呼吸综合征耐热保护剂活疫苗(JXA1-R株)	中国动物疫病预防控制中心、成都天邦生物制品有限公司、哈尔滨元亨生物药业有限公司	三类	(2015)新兽药证字68号

续表

序号	新兽药名称	研制单位	类别	新兽药注册证书号
13	鸡新城疫、传染性支气管炎、传染性法氏囊病三联灭活疫苗(La Sota 株+M41 株+HQ 株)	河南农业大学、乾元浩生物股份有限公司南京生物药厂、肇庆大华农生物药品有限公司、哈药集团生物疫苗有限公司	三类	(2015)新兽药证字 69 号
14	鸡新城疫、传染性法氏囊病二联灭活疫苗(La Sota 株+HQ 株)	河南农业大学禽病研究所、辽宁益康生物股份有限公司、天津瑞普生物技术股份有限公司、浙江美保龙生物技术有限公司、乾元浩生物股份有限公司南京生物药厂	三类	(2015)新兽药证字 09 号
15	鸡新城疫、传染性支气管炎、禽流感(H 亚型)三联灭活疫苗(Clone30 株+M41 株+AV127 株)	青岛蔚蓝生物制品有限公司、哈药集团生物疫苗有限公司、吉林正业生物制品股份有限公司、扬州优邦生物制药有限公司、青岛蔚蓝生物股份有限公司	三类	(2015)新兽药证字 39 号
16	鸡新城疫、传染性支气管炎、禽流感(H 亚型)三联灭活疫苗(Clone30 株+M41 株+Re-9 株)	普莱柯生物工程股份有限公司、中国农业科学院哈尔滨兽医研究所、哈尔滨维科生物技术开发公司	三类	(2015)新兽药证字 52 号
17	鸡新城疫、传染性支气管炎二联耐热保护剂活疫苗(La Sota 株+H120 株)	南京天邦生物科技有限公司、国家兽用生物制品工程技术研究中心、江苏省农业科学院兽医研究所	三类	(2015)新兽药证字 41 号
18	禽流感(H9 亚型)灭活疫苗(HN106 株)	河南农业大学、山东滨州沃华生物工程有限公司、河南祺祥生物科技有限公司	三类	(2015)新兽药证字 42 号
19	狂犬病病毒巢式 RT-PCR 检测试剂盒	中国人民解放军军事医学科学院军事兽医研究所、北京世纪元亨动物防疫技术有限公司、武汉中博生物股份有限公司、吉林和元生物工程有限公司、武汉军科博源生物股份有限公司、北京万牧源农业科技有限公司	三类	(2015)新兽药证字 43 号
20	鸡新城疫、减蛋综合征、禽流感(H9 亚型)三联灭活疫苗(La Sota 株+HSH23 株+WD 株)	北京市农林科学院、云南生物制药有限公司、广西丽原生物股份有限公司、九江博美莱生物制品有限公司、北京信得威特科技有限公司	三类	(2015)新兽药证字 22 号
21	牛布鲁氏菌间接 ELISA 抗体检测试剂盒	中国兽医药品监察所、北京明日达科技发展有限责任公司、肇庆大华农生物药品有限公司、浙江迪恩生物科技股份有限公司、北京中海生物科技有限公司	三类	(2015)新兽药证字 67 号

续表

序号	新兽药名称	研制单位	类别	新兽药注册证书号
22	禽流感（H9亚型）灭活疫苗（HN106株）	河南农业大学、四川省华派生物制药有限公司、河南祺祥生物科技有限公司、山东德利诺生物工程有限公司	三类	(2016)新兽药证字31号
23	猪圆环病毒2型ELISA抗体检测试剂盒	武汉中博生物股份有限公司	三类	(2016)新兽药证字32号
24	兔病毒性出血症、多杀性巴氏杆菌病二联蜂胶灭活疫苗（YT株＋JN株）	山东华宏生物工程有限公司	三类	(2015)新兽药证字06号
25	鸭传染性浆膜炎三价灭活疫苗（1型YBRA01株＋2型YBRA02株＋4型YBRA04株）	青岛易邦生物工程有限公司、云南省畜牧兽医科学院	三类	(2015)新兽药证字03号
26	重组禽流感病毒H5亚型二价灭活疫苗（细胞源，Re-6株＋Re-4株）	中国农业科学院哈尔滨兽医研究所、山东信得动物疫苗有限公司、哈尔滨维科生物技术开发公司	三类	(2015)新兽药证字20号
27	猪传染性胃肠炎、猪流行性腹泻二联活疫苗（HB08株＋ZJ08株）	北京大北农科技集团股份有限公司、中牧实业股份有限公司、瑞普（保定）生物药业有限公司、福州大北农生物技术有限公司、武汉中博生物股份有限公司、北京科牧丰生物制药有限公司	三类	(2015)新兽药证字57号
28	猪支原体肺炎灭活疫苗（DJ-166株）	北京大北农科技集团股份有限公司、中牧实业股份有限公司、福州大北农生物技术有限公司、北京科牧丰生物制药有限公司	三类	(2015)新兽药证字58号
29	猪支原体肺炎灭活疫苗	北京生泰尔生物科技有限公司、北京华夏兴洋生物科技有限公司、齐鲁动物保健品有限公司、瑞普（保定）生物药业有限公司、北京市兽医生物药品厂、武汉科前动物生物制品有限责任公司、四川省华派生物制药有限公司、山东华宏生物工程有限公司	三类	(2015)新兽药证字11号
30	仔猪大肠杆菌基因工程灭活疫苗（GE-3株）	辽宁益康生物股份有限公司	三类	(2015)新兽药证字66号
31	仔猪副伤寒耐热保护剂活疫苗（CVCC79500株）	北京中海生物科技有限公司、山东泰丰生物制品有限公司、瑞普（保定）生物药业有限公司	三类	(2015)新兽药证字07号

数据来源：农业部。

2. 研发机构和人员

我国从事兽医生物制品研发的单位包括国家、省级研究所，大学和企业，有140多个研发机构。对77家企业调查数据显示，截至2015年，企业中从事兽用生物制品的科研人员为2486人，其中28.32%的研发人员具有中级职称，11.06%的人员具有高级职称。

3. 研发投入

2008～2015年，企业研发资金投入和占年总销售额的比重逐年增加，平均年度研发资金总投入6.1亿元。2015年77家企业研发投入9.80亿元，占年总销售额的9.15%，研发投入比2014年增长16.3%，显示企业越来越重视研发投入。从研发资金投入方式看，71家企业选择自主或与研究单位联合开发，可见目前产-学-研结合仍然是主要的研发方式。从研发资金使用方向上看，选择新产品研发的生药企业65家，同时还有79%的企业选择生产工艺改进，两者有交叉，反映出企业对提高产品质量的迫切需求，同时也表明企业与科研机构的协同创新日趋紧密。

（撰稿专家：王笑梅　冯力　刘益民）

2016年度转基因作物育种发展报告

一、发展概况

全球转基因作物产业化持续发展，2015年种植面积达到1.793亿公顷（26.9亿亩），相当于我国耕地面积的1.5倍。全球28个国家种植转基因作物，美国是世界上最大的转基因作物种植国，占全球39%。其中，90%的玉米和棉花、93%的大豆、99%的油菜都是转基因品种。排在第二到第五的转基因作物种植国家分别为巴西、阿根廷、印度和加拿大，其中巴西、阿根廷以转基因大豆、玉米和棉花为主，印度是全球第一大转基因棉花生产国，加拿大以转基因油菜、玉米、大豆为主。

转基因产品不断拓展。目前，转基因产品已实现由间接食用（如玉米、大豆、油菜等）向直接食用（如鲜食玉米、马铃薯、番茄、苹果等）转变。全球转基因产品研发重点已从抗虫、抗除草剂转向抗旱、抗病、品质改良、耐盐碱等，从单一性状向多基因叠加、多性状复合发展。2015年复合性状作物的全球种植面积为0.585亿公顷（8.78亿亩），占转基因作物种植总面积的33%。

我国转基因植物研发和产业化能力稳步提高，国产抗虫棉份额达到96%以上，社会经济与生态效益显著。创制出一批具有重要应用前景的抗虫、抗除草剂、抗旱节水和功能型转基因重大产品；核心技术创新取得重大进展，构建了五大作物规模化转基因技术体系，在国际上率先将基因编辑技术应用于水稻和小麦等作物育种，建立了高效精准的转基因生物安全评价和检测监测技术体系，能够确保转基因产品研发与产业化安全。

二、主要产品

目前，全球种植的转基因作物主要是转基因大豆和玉米。

（1）**转基因大豆**　全球批准商业化种植的转基因大豆共34种，包括抗除草剂、抗虫、高油酸等性状，其中，单一性状转基因大豆22种，复合性状转基因大豆12种。其中抗除草剂品种仍然是转基因大豆品种的主体，而投入商业化推广的也主要是抗草甘膦的转基因大豆。目前世界各大著名农药公司投入了大量人力、物力开发抗除草剂植物新品种，已经培育出抗八大除草剂类型、20余种除草剂的各种植物新品种。孟山都公司提出了草甘膦和麦草畏结合使用的解决方案，并命名为Roundup Ready Xtend作物系统。2016年11月，美国环境保护署（EPA）批准孟山都公司麦草畏制剂Xtend iMax在美国使用，目前美国近三分之二的州允许种植Roundup Ready 2 Xtend大豆并使用Xtend iMax制剂。目前国际上进入商业化种植的抗虫转基因大豆主要有4种，其中独立转化事件共3种，即美国陶氏益农公司研发的DAS81419（抗鳞翅目害虫，2013年）、美国孟山都公司研发的MON87701（抗鳞翅目害虫，2010年）和MON87751（抗鳞翅目害虫，2014年）。在优质转基因大豆方面的主要产品是杜邦先锋公司开发的*Gm-Fad2-1*基因沉默产生高油酸大豆（DP-305123）。

（2）**转基因玉米**　目前市场上种植的抗虫转基因玉米产品最多，美国孟山都公司研发的大面积推广的转化体MON810（*cry1Ab*）、MON80100（*cry1Ab*）和MON863（*cry3Bb1*），MON89034含有两个相互补充的抗虫基因*cry2Ab2*和*cry1A.105*。先正达公司开发的转化体5307拥有*ecry3.1Ab*和*pmi*两个外源基因，抗虫玉米176和MIR604分别携带*cry1Ab*和*cry3A*抗虫基因。美国陶氏益农公司和先锋公司共同研发出TC1507（*cry1F*）以及美国迪卡公司研制出抗虫玉米DBT418（*cry1Ac*）。

抗除草剂转化体主要有美国孟山都公司研发的NK603、MON832，先正达公司研发的GA21，德国拜耳公司研制的T14，这些转化体含有抗性基因*EPSPS*，高抗除草剂草甘膦。此外，还有其他抗草铵膦转基因玉米产品，如B16（DLL25）由美国迪卡公司通过转化抗草铵膦基因*pat*所获得的转化株系等。加拿大Genective SA公司研制的转基因抗除草剂玉米VCO-Ø1981-5等。

抗虫和抗除草剂转基因玉米产品主要包括：孟山都和陶氏公司研发的抗虫抗除草剂转基因玉米SmartStax，含有8个基因；先正达公司开发的抗虫且抗草铵膦除草剂的转基因玉米176，抗虫抗除草剂玉米Bt11，含有抗虫基因*cry1Ab*和抗除草剂基因*pat*；美国杜邦先锋公司开发的转基因抗虫耐除草剂玉米4114；孟山都公司研制的MON802、MON809（*cry1Ab*、*EPSPS*）、MON88017（*cry3Bb1*、*EPSPS*）；陶氏益农公司和先锋公司共同研发的抗虫抗草铵膦转基因玉米 59122（*cry34Ab1* 、*cry35Ab1* 和 *pat*）等。

相对于抗虫和抗除草剂转基因玉米，其他的转基因玉米产品研发难度较大，目前市场上推广种植的产品相对较少，主要有以下几类。孟山都公司的抗旱转基因玉米 MON87460 又称为 DroughtGard，2013 年首次在美国推广种植。先正达公司的耐高温淀粉酶玉米 3272，用于生产燃料乙醇。美国孟山都公司主导研发的高赖氨酸玉米 LY038，种子中的赖氨酸含量大幅提高，大大提高了饲料的营养价值。

（3）**转基因水稻**　1990～2015 年，全世界共批准了 7 个转基因水稻生产应用安全证书，中国 2 个（华恢 1 号和 bt 汕优 63）、伊朗 1 个、日本 1 个和美国 3 个。其中 3 个国家批准了转基因水稻的产业化生产：美国 1999 年批准了抗除草剂的转基因水稻品种 LLRice62 的商业化种植，2006 年批准了 LLRice601 的商业化种植；伊朗 2004 年批准了转 *Bt* 基因抗虫水稻商业化种植；日本 2007 年批准了抗花粉敏感类的治疗型水稻的商业化种植。

（4）**转基因小麦**　抗病虫转基因小麦研发是国际上关注的重点之一，美国批准的转基因小麦田间试验中，抗赤霉病以及 DOU 毒素降解的材料占 25%。孟山都、陶氏益农、拜尔和先正达公司都在集中发掘蚜虫的 RNAi 靶标基因和 RNAi 介导的抗蚜虫转基因小麦，可望成为研发抗蚜虫转基因小麦的新途径。孟山都、拜耳等跨国公司，澳大利亚、阿根廷、加拿大以及国际玉米小麦改良中心分别启动了抗逆转基因小麦研发项目，研发的抗旱、耐盐转基因小麦已经进入田间测试。此外，2016 年英国批准洛桑研究所研发的新型转基因小麦进行田间种植试验，该产品比常规小麦品种具有更高的光合效率，可显著提高小麦产量。

三、市场分析

我国农产品刚性需求增长与资源环境约束趋紧并存，提高土地产出率和资源利用率，由过度依赖资源消耗向追求绿色生态可持续转变，已成为新时期我国农业供给侧结构性改革的重要任务。转基因技术的应用在支撑农业供给侧结构性改革方面能发挥重大作用。转基因作物的产业化应用，减少了农药用量和产量损失，节省了劳动成本，生产效率大幅度提高。人工成本是玉米生产的最重要成本，据统计 2014 年我国玉米的人工成本占比达 44.62%，美国只有 4.05%，而同期美国转基因玉米的产量是我国的 1.4 倍。20 年来转基因技术给农民带来超过 1500 亿美元的收益。例如，转基因抗虫玉米可提高抗倒伏能力，促进机械化作业的普及，同时降低籽粒毒素水平，少施农药，从而降低生产成本，大幅度提高产量和提升品质。抗除草剂玉米的商业化种植大大提高免耕或少耕播种水平，从而节省作业费、增强土壤蓄水保墒能力，以及减少燃油等能源的使用量和碳排放量。在美国，1997～2014 年抗除草剂转基因玉米的种植使得传统耕作播种面积减少了 73%，而免耕和少耕面积分别增加了 79%和 11%。2014 年数据显示，抗除草剂转基因玉米对免耕播种的贡献约为 99%。由此可见，转基因产品市场前景广阔，发展潜力巨大。

四、研发动向

转基因产品类型趋于多元化。通过杂交方法或多基因聚合转化的手段，针对不同害虫、不同杀虫机理、不同除草剂，研发多基因复合/叠加的抗虫抗除草剂转基因作物，如抗虫抗除草剂玉米和棉花（如 Bt＋HT）。抗旱玉米、生产乙醇特用玉米、高赖氨酸玉米等已经开始实现产业化，而且规模也在逐步扩大。能降低天冬酰胺、抑制还原糖形成、阻止黑点瘀伤扩展和抗晚疫病的转基因马铃薯（5 个基因叠加），抗除草剂且油酸含量高、饱和脂肪酸含量低的转基因大豆（4 个基因叠加）等复合性状转基因作物不断涌现。

基因编辑产品研发速度加快。近年来，基因组编辑技术取得突破性进展，出现了 ZFN、TALEN、CRISPR/Cas9 等不同形式的基因编辑工具，实现了动植物基因的精准改良，开创人类按照自身需求设计农业生物的新纪元。利用 TALEN 技术研发的两个单不饱和脂肪酸含量与橄榄油和菜籽油相当的大豆品种已在美国种植。利用 CRISPR 技术培育的抗磺酰脲除草剂油菜已产业化，基因编辑玉米和蘑菇获美国农业部批准商业化生产。基因编辑抗除草剂水稻、稻瘟病抗病水稻和抗白粉病小麦也研发成功。

五、自主创新情况

在基因挖掘方面，针对抗病虫、抗逆和抗除草剂、高产、优质、高效等重要农艺性状，克隆功能基因 3000 多个，获得重大育种利用价值新基因 100 多个。其中抗虫基因 *cry1Ie*、抗旱基因 *DREB*、抗水稻褐飞虱基因 *Bph14*、理想株型基因 *IPA1* 等基因，已应用于转基因育种或分子标记育种。

在核心技术研发方面，CRISPR技术取得突破，创制出抗除草剂、抗稻瘟病水稻和抗白粉病小麦；构建了水稻、棉花、玉米、大豆、小麦等规模化转基因技术体系，整体达到国际先进水平。其中粳稻转化效率达到80%以上，籼稻转化效率由1%提高到40%以上，小麦转化效率由1%提高到20%以上。

产品研发方面，抗虫转基因玉米新品系已进入安全证书申报阶段，组配的杂交组合高抗玉米螟，品质、产量等农艺性状突出，整体达到国际先进水平。抗除草剂转基因大豆新品系进入生产性试验阶段，可以免除人工除草，每公顷降低成本525～600元，产量比对照品种增产5%以上。培育的新型抗虫水稻抗虫效果达95%以上，可减少农药用量60%以上，每公顷节省农药投入成本300～450元，比对照增产5%以上。高抗性淀粉、低谷蛋白等功能型水稻正在开展安全评价。我国转基因水稻整体研发水平居国际领先。抗旱节水转基因小麦新品系水分利用效率提高15%以上，氮、磷、钾高效利用转基因小麦新品系正在开展安全评价，养分利用效率提高8%以上，可有效降低化肥投入，促进绿色环保。

（撰稿专家：马有志）

2016年度转基因动物育种产业发展报告

一、发展概况

动物转基因技术是指运用基因工程等实验技术手段，对动物基因组进行有目的的遗传修饰，并使修饰改造的基因稳定遗传给后代动物的一种生物技术。主要涉及显微注射、精子载体法、RNA干扰、基因打靶、病毒载体等，尤其是1997年克隆羊多莉面世之后，体细胞核移植成为大动物制备的主流方法。

借助相关转基因技术，国内外转基因动物的研发取得了一系列重要进展：1982年，美国获得首例转生长激素（*GH*）基因"超级鼠"之后，各国学者们制备出了各种不同用途的转基因动物，包括1985年我国学者朱作言等培育出世界上第一批转基因鱼，以及世界各国培育出的转*GH*基因猪、羊、兔，转类胰岛素生长因子1（*IGF1*）基因猪（1989年）和羊（1996年），转植酸酶基因的环保猪（2001年），提高肉质的转*fat1*基因猪（2006年），抗口蹄疫猪（2015年），转人溶菌酶基因的牛（2014年），转人溶葡萄球菌酶基因牛（2013年），血清白蛋白基因牛（2015年）等一系列农用转基因动物；制备出α-1,3-半乳糖苷转移酶（*GGTA1*）基因敲除猪（2002年）、*PCSK9*突变体转基因猪（2013年），以及各种大鼠、小鼠、斑马鱼、猴、犬等医用转基因动物。

目前，美国食品药品监督管理局（FDA）已批准了多例转基因动物上市，包括：2009年，批准利用转基因山羊的奶生产抗凝血酶用于治疗遗传性抗凝血酶缺乏症；2014年，批准利用转基因兔生产C1酯酶抑制剂，用于治疗遗传性血管性水肿；2015年12月，批准利用转基因鸡产下的蛋来生产名为"Kanuma"的药物，治疗人类的溶酶体酸性脂肪酶缺乏症；2015年11月19日，批准转基因三文鱼上市，是全球第一种获准上市供人类食用的转基因动物。这种鱼生长速度更快，能够在18个月成长为可以上市的尺寸，而非转基因的同类三文鱼则需要3年。

近几年来，随着锌指核酸酶（ZFN）、类转录激活因子效应物核酸酶

（TALEN）、成簇规律间隔短回文重复/Cas9（CRISPR/Cas9）和结构引导内切酶（SGN）等基因组编辑技术的发展，使转基因动物制备变得更安全、高效、低成本，同时大幅度缩短了育种周期。

二、主要产品

目前，农用转基因动物培育主要集中在我国。在转基因生物新品种培育重大专项的支持下，国内转基因动物育种取得了长足发展。权威机构检索表明，我国利用基因工程制备猪、牛、羊等家畜的种类，发表的英文论文数量和申报的相关专利等均居国际领先。

1. 转基因猪

2008年，中国农业科学院北京畜牧兽医研究所获得了肌肉中富含ω-3不饱和脂肪酸的转*sFat-1*基因猪，对改善人类的饮食健康具有重要的意义，该转基因猪已完成了环境释放阶段的转基因生物安全评价。该团队在多基因复合性状改良转基因猪的研发方面也取得了突破，制备了转植酸酶（*appA*）基因和黏病毒抗性基因A（*MxA*）双基因猪，该转基因猪已获准开展中间试验，并获得国内、国际专利各1项。同时，该团队改造了Tet-on调控表达系统，实现外源*GH*基因表达的安全、可控，并制备了可控表达转*GH*基因猪。目标性状鉴定结果表明，转基因诱导组猪的屠宰率、屠体长、眼肌面积和瘦肉率均较对照组有了显著提高。可控表达转*GH*基因猪的制备和检测方法已申请国际发明专利1项，授权国内发明专利2项。该团队利用ZFN技术成功制备并培育出具有“双肌”表型的肌肉生长抑制素（*MSTN*）双等位基因编辑梅山猪新种群。该猪健康状况良好，目前已繁育到第三代。经屠宰试验测定，与*MSTN*+/+野生梅山猪相比，*MSTN*－/－梅山猪瘦肉率提高11.62%，*MSTN*－/+梅山猪瘦肉率提高3.54%，目前该*MSTN*基因编辑猪已经完成了农业转基因生物安全评价的中间试验，并获准开展环境释放。2013年和2014年，该单位又利用TALEN技术分别成功制备了*MSTN*基因编辑梅山猪、大白猪，且已获得*MSTN*双等位基因编辑梅山猪初代群。目前这两种*MSTN*基因编辑猪已获准开展转基因生物安全评价的中间试验。2016年，中国农业科学院北京畜牧兽医研究所利用CRISPR/Cas9技术获得抗PRRSV的*CD163*基因编辑猪，该育种新材料对于家畜的抗病育种具有重要意义。

2015年，《Nature》杂志网站报道，韩国首尔大学和中国延边大学的研究小组共同利用 TALEN 技术培育出了体格大且脂肪含量极低的 *MSTN* 基因编辑"超级猪"。此后，吉林大学和湖北省农业科学院畜牧兽医研究所也利用 CRISPR/Cas9 技术成功制备了 *MSTN* 基因编辑猪。

此外，国内各高校、科研院所还培育出转 *PPARγ*、*FSH* 基因猪等数十种优质、高繁殖力、抗病、环保型育种新材料。

2. 转基因牛

2011 年，中国农业大学获得了 ZFN 技术介导的 BLG 敲除牛，消除了牛奶中的过敏原——β-乳球蛋白（BLG）。

西北农林科技大学于 2013 年和 2014 年，采用 ZFN 介导的基因打靶技术，将人溶菌酶基因、溶葡萄球菌酶插入牛体细胞的 β-酪蛋白基因座，分别制备了溶葡萄球菌素转基因克隆牛和人溶菌酶转基因克隆牛。乳头管内注射细菌液后检测证明溶葡萄球菌素转基因克隆牛可有效抵抗金黄色葡萄球菌的感染，人溶菌酶转基因克隆牛乳腺可有效抵抗葡萄球菌、链球菌和大肠杆菌的感染，这两种转基因牛均已进入中间试验阶段。此外，该团队还采用 TALEN 介导的基因打靶技术，将巨噬细胞清道夫受体 1（MSR1）启动子和 *Ipr1* 基因定点插入牛成纤维细胞的肺表面活性蛋白 A（SFTPA1）与蛋氨酸腺苷转移酶 Iα（MAT1A）之间，将中靶细胞作为核供体进行体细胞克隆，研制出 *Ipr1*（SP110）基因打靶抗结核克隆牛。经检测，其血液单核细胞对结核分枝杆菌均有显著抗性，抗病力提高 50%以上，可作为抗结核病新品种牛培育的育种材料。2017 年，该单位又利用基因组编辑技术制备出抗结核病的定点整合自然抗性相关噬蛋白 1 基因（*NRAMP1*）牛。

3. 转基因羊

2014 年，中国农业大学动物科技学院和生物学院合作，利用 CRISPR/Cas9 以及靶向 RNA 直接显微注射受精卵，成功获得了肌肉生长抑制素基因（*MSTN*）敲除的绵羊。2015 年，西北农林科技大学、榆林学院、南京大学与上海科技大学合作，将靶定两个功能基因（*MSTN* 和 *FGF*5）的 Cas9 mRNA 和 sgRNAs，共注射到单细胞阶段的胚胎中，成功地产生了一个或两个基因被修饰的转基因山羊，在 98 只试验动物中，*MSTN* 和 *FGF*5 的修饰效率分别为 15%和 21%，双基因修饰的效率为 10%，成功获得 *MSTN* 基因编辑山羊。2016 年，新疆畜牧科学院利用基因组编辑技术对绵羊基因组中影响毛色的 Agouti 信号蛋白基因（*ASIP*）进行修饰改造，培育出能够产生不同色彩羊毛的细毛羊。

此外，2015 年中国科学院广州生物医药与健康研究院和南京大学-南京生物医药研究院、广州医药研究总院等合作，利用CRISPR/Cas9技术成功培育两只*MSTN*基因敲除狗，在世界上首次建立了狗的基因打靶技术体系。所获得的基因敲除狗的肌肉在4月龄时就显得比普通狗更为发达，成年以后将具有更强的运动能力。

三、市场分析

优良畜禽品种是畜牧业增产增效和长期可持续发展的重要因素。传统的动物育种方法受到种源的限制，其过程需要耗费大量的人力、物力和财力，经历漫长的培育过程。而且不同种间的杂交很困难，育种成果很难取得突破性进展。现代动物分子育种中，分子标记技术能够定位与经济性状相关的分子标记，锁定基因与性状的对应关系，从而快捷可靠地对动物后代进行筛选。但是，利用分子标记技术辅助筛选，改良的程度依然受限于品种自身已有的基因，而利用转基因技术进行品种改良，可以突破种源的限制及种间杂交的瓶颈，创造新性状或新品种，因此转基因育种更为本质和直接。

目前，转基因动物的制备存在着效率低、费用高等问题，同时，不少人还对转基因技术抱有抵触心理，认为转基因动物具有潜在的危险，这在一定程度上限制了转基因动物育种产业的发展，增加了已有转基因育种新材料的推广难度。但是，随着科研人员的不懈努力及新技术的不断应用，如基因组编辑技术等，转基因动物制备将越来越安全高效，成本将大大降低。同时，转基因生物安全评价管理越来越系统化和规范化。相信在不远的将来，将会有越来越多的转基因动物，如三文鱼一样，推向市场，摆上餐桌。

四、研发动向

近年来，随着基因组编辑技术的发展，大量具有优良性状的转基因动物不断涌现，未来转基因动物的研究方向主要集中于以下几个方面。

（1）**多基因复合性状**　利用多基因协同表达技术，培育复合性状的转基因动物是未来发展的趋势之一，不仅能使多基因在动物体内协同表达，而且大大提高转基因效率。

（2）**定点整合**　外源基因在基因组上随机整合，其可能因插入的位点不同而导致表达水平的不同，或可能会影响动物体内基因的正常表达而影响动物自身的健康。因此，需要探索可使外源基因广泛高效表达并稳定遗传的位点，即“友好”位点，并结合基因组编辑工具，实现制备高表达、遗传稳定的转基因动物的目标。

（3）**精细突变模拟天然突变或基因置换** 利用基因组编辑等转基因工具，精确模仿其他物种的天然突变基因型（SNP），对目标动物的基因组进行编辑；或者直接将其他物种或者本物种中不同品种动物的决定其优良性状的关键基因（整个基因替换），替换到需进行改造的目标动物基因组的相应座位上，避免杂交选育漫长的过程，从而制备具有优良表型的基因组编辑动物育种新材料。

五、自主创新情况

1. 动物基因组定点整合技术

西北农林科技大学利用ΦC31整合酶系统，制备了定点整合于假性attP位点的不同启动子驱动的人β-防御素3基因抗乳腺炎牛、抗结核牛（Yu，et al. 2013；Yu，et al. 2014）；利用ZFN技术制备定点整合于β-酪蛋白基因座的转溶葡萄球菌素基因牛（Liu，et al. 2013）和转人溶菌酶基因牛（Liu，et al. 2014）；利用TALEN技术制备定点整合于肺表面活性蛋白A（SFTPA1）与蛋氨酸腺苷转移酶Iα（MAT1A）之间位点的转*Ipr1*（SP110）基因抗结核病克隆牛（Wu，et al. 2015）。

2015年，中国农业科学院北京畜牧兽医研究所开发了猪“H11”友好基因座。利用CRISPR/Cas9系统能在pH11位点进行高效的基因插入，有药物筛选的情况下效率可达54%，无药物筛选的情况下效率可达6%。插入pH11位点的基因能够在细胞、胚胎和动物体内高水平表达。2013年，该团队针对猪的Rosa26位点设计了ZFN质粒对，制备了定点整合于Rosa26位点的转*sfat1*基因猪。

2. *MSTN*基因座调控表达技术

湖北省农业科学院畜牧兽医研究所构建了*MSTN*基因座表达载体，外源基因的表达受到猪内源*MSTN*基因座表达的调控。并制备了转*IGF1*基因猪，该猪不带筛选标记，更加安全可控，目前已完成农业转基因生物安全评价的中间试验，正在申报环境释放。

3. ZFN技术介导的基因大片段敲除技术

中国农业大学采用ZFN技术介导的基因大片段敲除技术对奶牛β-乳球蛋白基因进行进一步的大片段敲除，制备了基因敲除牛，牛奶中的乳球蛋白被完全去除。是国际上首次将这一大片段基因敲除技术应用于大动物并获得基因大片段缺失个体的成功案例。

4. Marker-free 技术

中国农业大学利用 Marker-free 技术体系，制备新一代的不含标记基因的重组人乳清白蛋白转基因奶牛和重组人乳铁蛋白转基因奶牛，标志着转基因动物向生物安全性及产业化发展方向上又迈出了坚实的一步。

（撰稿专家：李奎）

2016年度转基因棉花发展报告

一、发展概况

据国际农业生物技术应用服务组织（The International Service for the Acquisition of Agri-biotech Applications，ISAAA）2016年统计报告，从1996年转基因作物开始商业化种植，全球转基因作物种植面积从170万公顷，上升至2015年的1.797亿公顷，20年间增长近百倍，累计达到20亿公顷。其中，2015年转基因作物种植面积排名前五位的国家依次为美国、巴西、阿根廷、印度和加拿大。

棉花作为最早商业化种植的转基因农作物，截止到2015年，共有15个国家种植，播种面积累计达到3亿公顷，上述国家分别为美国、巴西、阿根廷、印度、中国、巴拉、巴基斯坦、南非、澳大利亚、布基纳法索、缅甸、墨西哥、哥伦比亚、苏丹、哥斯达黎加。2011年，世界棉花种植面积达3600万公顷，其中转基因棉花种植面积为2470万公顷，占全球转基因作物面积的15%，棉花种植面积的68%；2013年，全球转基因棉花种植面积2510万公顷。2015年，澳大利亚转基因棉花播种面积21.4万公顷，值得注意的是其99%以上为复合性状转基因棉花（抗虫和抗除草剂），Bollgard Ⅲ进行了田间试验，播种面积3万公顷。南亚地区，2015年，孟加拉国进行了抗虫棉田间试验；缅甸进行了Bt棉新品种的商业化种植。

作为棉花主产国之一，我国从1998年开始种植转基因抗虫棉，当时以美国品种为主。随着中国自主研发的转基因抗虫棉逐步成熟，市场占有率逐年提高，到2001年，转基因棉花播种面积首次超过非转基因棉花，2003年国产转基因抗虫棉市场占有率首次超过美国品种。截至目前，国产转基因抗虫棉市场占有率已经超过了99%。但是，2015年我国棉花种植面积为379.6万公顷，转基因抗虫棉种植比例为93%，皮棉总产量为560.3万吨，较2014年的617.8万吨，降幅超过9.0%。从普及率来讲，虽然我国转基因棉花得到了快速发展，但由于新疆等西北内陆棉区没有完全放开转基因棉花的种植，我国转基因棉花普及速率慢于美国、印度、巴基斯坦等国家。

从转基因性状来看，多基因叠加复合性状转基因棉花发展方兴未艾。截止到 2017 年 2 月 20 日，在 ISAAA GM Approval Database 数据中，共有 57 个棉花转基因事件可以检索到，排名前三位的研发机构分别为 Monsanto、Dow AgroSciences LLC 和 Bayer CropScience（见表 2-30），其登记转基因事件数目分别为 8 个、6 个和 5 个，涉及性状包括抗虫、抗除草剂及复合性状。

表 2-30　主要研发机构登记的棉花转化事件

转基因体系	研发机构	特性	转入基因
281-24-236	Dow AgroSciences LLC	抗虫	*cry1F*
281-24-236×3006-210-23(MXB-13)	Dow AgroSciences LLC	抗虫	*cry1F*, *cry1Ac*
3006-210-23	Dow AgroSciences LLC	抗虫+抗除草剂	*cry1F*, *cry1Ac*, *cp4 epsps*, *bar*, *aad*, *nptII*
81910	Dow AgroSciences LLC	抗除草剂	*aad-12*, *pat*
3006-210-23×281-24-236×MON88913×COT102	Dow AgroSciences LLC	抗除草剂+抗虫	*cry1F*, *cry1Ac*, *cp4 epsps*, *aph4*, *pat*, *vip3A*
3006-210-23×281-24-236×MON88913	Pioneer Hi-Bred International Inc	抗除草剂+抗虫	*cry1F*, *cry1Ac*, *cp4 epsps*, *bar*
31707	Monsanto Company	抗除草剂+抗虫	*cry1Ac*, *nptII*, *bxn*
31803	Monsanto Company	抗除草剂+抗虫	*cry1Ac*, *nptII*, *bxn*
31807×31803	Monsanto Company	抗除草剂+抗虫	*bxn*, *cry1Ac*
42317	Monsanto Company	抗除草剂+抗虫	*cry1Ac*, *nptII*, *bxn*
BNLA-601	Central Institute for Cotton Research	抗除草剂	*cry1Ac*
BXN10211	Monsanto Company	抗除草剂	*nptII*, *bxn*
BXN10215	Monsanto Company	抗除草剂	*nptII*, *bxn*
BXN10222	Monsanto Company	抗除草剂	*nptII*, *bxn*
COT102	Syngenta	抗虫	*vip3A*, *aph4*
COT102×COT678	Syngenta	抗虫	*vip3A*, *aph4*, *cry1Ab*
COT102×COT678×MON88913	Syngenta、Monsanto Company	抗除草剂+抗虫	*vip3A*, *aph4*, *cry1Ab*, *cp4 epsps*
COT678	Syngenta	抗虫	*cry1Ab*

续表

转基因体系	研发机构	特性	转入基因
COT102×MON15985×MON88913×MON88701	Monsanto Company	抗除草剂+抗虫	*vip3A*,*aph4*,*cry1Ab*,*aad*,*bar*,*dmo*,*uidA*,*cry2Ab2*,*cp4 epsps*
GHB119	Bayer CropScience	抗除草剂+抗虫	*bar*,*cry2Ae*
GHB614×LLCotton25	Bayer CropScience	抗除草剂	*bar*,*2mepsps*
GHB614×LLCotton25×MON15985	Bayer CropScience	HT+抗虫	*bar*,*2mepsps*,*cry2Ab*,*nptII*,*cry1Ac*,*aad*,*uidA*
MLS9124	Metahelix Life Sciences Pvt. Ltd	抗虫	*nptII*,*cry1c*
GK12	Chinese Academy of Agricultural Sciences	抗虫	*cry1Ab-Ac*
SGK321	Chinese Academy of Agricultural Sciences	抗虫	*cry1A*,*cptI*
T303-3	Bayer CropScience	抗除草剂+抗虫	*cry1Ab*,*bar*
T303-40	Bayer CropScience	抗除草剂+抗虫	*cry1Ab*,*bar*

数据来源：ISAAA GM Approval Database 资料。

二、主要产品

利用中国农业科学院生物技术研究所研发的抗虫基因，结合我国各棉区产业需求，我国科学家进行联合攻关，先后培育适合长江流域的中棉所38、47、48、63、83，邯杂301等多个杂交抗虫棉品种，适合黄河流域的中棉所41、45、sGK321，鲁棉研15，中棉所60等一系列抗虫棉新品种，以及适于纺织高支纱的中棉所70、78、96等优质棉新品种。以上述品种为支撑，国产转基因抗虫棉市场份额迅速提高，由1999年的5%迅速攀升至2011年的99%。2015年我国通过国家审定的转基因棉花品种11个，2016年我国通过国家审定的转基因棉花品种13个（见表2-31）。

表2-31　2016年我国国审棉花品种一览表

品种名称	审定编号	类型	适宜区域	选(引)育单位(人)
银兴棉28	国审棉2016001	常规	黄河流域	山东银兴种业股份有限公司
硕丰棉1号	国审棉2016002	常规	黄河流域	保定硕丰农产股份有限公司

续表

品种名称	审定编号	类型	适宜区域	选(引)育单位(人)
中棉所 100	国审棉 2016003	常规	黄河流域	中国农业科学院棉花研究所
瑞棉 1 号	国审棉 2016004	常规	黄河流域	济南鑫瑞种业科技有限公司
瑞杂 818	国审棉 2016005	杂交	黄河流域	济南鑫瑞种业科技有限公司
锦科 707	国审棉 2016006	常规	黄河流域早熟	新乡市锦科棉花研究所
宁棉 2 号	国审棉 2016007	常规	长江流域	江苏神农大丰种业科技有限公司
国欣棉 16	国审棉 2016008	常规	长江流域	河间市国欣农村技术服务总会
Z1112	国审棉 2016009	常规	西北内陆棉区早熟	新疆兵团第七师农业科学研究所、新疆锦棉种业科技股份有限公司
新石 K18	国审棉 2016010	常规	西北内陆棉区早熟	新疆石河子棉花研究所
J206-5	国审棉 2016011	常规	西北内陆早中熟	新疆金丰源种业股份有限公司
创棉 501 号	国审棉 2016012	常规	西北内陆早中熟	创世纪种业有限公司
中棉所 99	国审棉 2016013	杂交	黄河流域	中国农业科学院棉花研究所

除了转基因抗虫棉，在科技部、农业部和国家自然科学基金委员会等机构的资助下，我国科学家利用转基因、分子标记等技术，创制出一大批高产、优质、抗虫、抗除草剂及抗逆等转基因棉花新材料，如转 *iaaM* 基因改良纤维品质、转 *RRM2* 基因提高产量、转 *EDT1* 基因增加抗旱性以及 *Ck-TLP* 基因提高抗病性等材料，以上述材料为代表，我国第二代转基因研究总体水平跃居世界领先水平，并拥有了国际发明专利的自主知识产权，为摆脱高端原棉长期依赖进口的不利局面，打下了良好物质基础。由中国农业科学院棉花研究所培育的中棉所 70 是第一个通过国家审定的优质棉新品种，品种是利用海岛棉渐渗系与转基因抗虫棉杂交，并通过标记辅助选择技术选育而成的优质棉新品种，其纤维上半部平均长度达到 32.5mm，断裂比强度 33.5cN/tex，达到双 30 的优质棉标准。

三、市场分析

棉花是关系国计民生的重要战略物资，主要涉及农业和纺织工业两大产业，在我国国民经济中起着举足轻重的作用。近年来，棉花产量已经达到平台期，加上粮棉争地、植棉比较效益逐年下降、自然灾害频发等原因，我国棉花生产规模呈现逐年减少的趋势。在新的生产形势下，我国棉花发展呈现出“西进、东移、北上”的趋势，预计未来10年左右，将会形成新的棉花带，棉花产量预计可以占到全国产能的80%以上。据国家统计局资料，2015年新疆棉花产量350.3万吨，占全国比重的62.5%，播种面积（190.0万公顷）占全国（379.7万公顷）比重的50.04%。2016年，新疆棉花产量359.4万吨，占全国（534.3万吨）比重的67.2%，棉花播种面积（180万公顷），占全国（337.6万公顷）比重的53.3%。由于新疆等西北内陆棉区未放开转基因棉花的种植，所以，未来我国转基因棉花还具有广泛的发展空间，特别是聚合抗虫、抗除草剂，以及抗旱、抗盐碱等复合性状的转基因棉花更是未来新的增长点。

四、研发动向

随着中国农业科学院棉花研究所主导的棉花基因组计划（Cotton Genome Project，CGP）的实施，2012年，中国农业科学院棉花研究所首先主导完成了雷蒙德氏棉全基因组草图的构建；2014年以中国农业科学院棉花研究所为主导，完成了二倍体栽培棉-亚洲棉全基因组图谱的构建；2015年，我国科学家主导完成了主栽棉种——陆地棉和海岛棉等全基因组图谱的构建。棉花基因组图谱的完成对棉花重要农艺性状分子机制解析、基因资源挖掘与利用、异源多倍体形成及演化、重要性状功能基因挖掘等多个研究领域提供良好的数据支持。在上述研究条件下，转基因棉花研发呈现出新动向。

1. 多学科研究手段交叉融合将拓展棉花功能基因组学研究的广度，为转基因棉花研发提供更多的基因资源

在基因组学研究的基础上，以及随着高通量测序技术不断发展完善，研究成本逐步降低，使综合运用生物信息学、比较基因组学、正向遗传学等方法，在全基因水平上研究棉花的遗传变异（包括SNP、InDel、SV、CNV和转座子变异等）成为可能，科学家可以批量获得控制棉花产量、品质、抗性等性状优异基因，为棉花转基因育种提供基因资源。

2. 随着研究深度从单基因向基因调控网络扩展，发掘适应生产需求的功能基因将逐步成为研究重点

在拓展棉花功能基因组研究广度的基础上，综合利用蛋白组学、转录组

学以及CHIPs、基因组编辑等技术，从研究棉花纤维品质、产量（株型）、抗逆性等重要性状相关基因的功能研究向基因调控网络逐渐深入，棉花抗旱、抗盐，耐高温、低温以及耐渍水等生产急需的功能基因有望被鉴定出来，为培育具有更好耐受非生物胁迫的棉花新品种提供基因资源。

3. 随着棉花转基因技术平台的完善和基因组编辑技术的发展，功能基因研究成果将逐步应用于棉花分子设计育种实践

近年来，随着棉花转基因技术平台的不断完善，中棉所李付广团队建立了以农杆菌介导法和花粉管通道法为主、基因枪轰击法为辅，高效的工厂化棉花转基因技术体系，实现了流水线操作，年产转基因植株6000株以上，有效降低了转基因成本，初步实现了棉花转基因的规模化，并有效拓宽了受体的基因型范围。利用上述平台，可以大量验证候选基因，批量获得转基因材料，通过田间试验，创制出具有育种价值的转基因材料，为棉花分子设计育种提供新材料。随着以CRISPR/Cas9为代表的基因编辑技术的快速发展，将为棉花功能基因的研究成果逐步应用于棉花分子设计育种实践开辟新的发展空间。

4. 多基因叠加培育复合性状产品成为未来的发展趋势

转基因抗虫棉已取得巨大成功，但在种植单一Bt基因棉花的国家，其挑战是在抗性失效之前尽快完成向两种基因产品的转换，未来战略应是从两种基因产品尽快向三种基因产品转换，使其兼具抗虫性和耐除草剂性状，最终成为复合性状产品。

五、自主创新情况

近年来，棉花产量已经达到平台期，严重影响了棉花产业的可持续发展，如何进一步提高棉花产量、增加棉农收入，是稳定棉花产业的重要问题之　。针对上述问题，我国科学家立足国内棉花资源材料，综合利用遗传学、基因组学和功能基因组学等手段，针对纤维品质、产量、株型、抗逆等重要农艺性状形成的分子机制开展研究，在棉花基因组图谱构建、纤维品质形成遗传机制、抗逆机理以及株型调控等方面的研究均取得重要进展，利用上述研究成果，结合转基因平台，创制出一系列转基因棉花新材料，为转基因棉花研究奠定了良好的材料基础。

1. 产量性状改良相关转基因棉花新材料创制

株型是影响棉花产量的重要因素，利用反向和正向遗传学技术，中国农

业科学院棉花研究所李付广团队、张永山团队和西南大学张正圣团队同时鉴定到了 Gh*PAG1*、Gh_D07G10750 等株型相关基因。利用上述基因，中国农业科学院棉花研究所李付广团队创制了转 *PAG1* 基因棉花新材料，通过调控 *PAG1* 基因的表达量能够得到株高不同程度改变的转基因棉花植株。该基因已申请国际专利，相关研究发表在《New Phytologist》。西南大学裴炎研究团队利用种皮特异启动子 FBP7 控制 *iaaM* 基因表达而创制的高产优质转基因棉花新品系目前已进入安全性评价的环境释放阶段，该材料通过促使更多的胚珠外表皮细胞发育成纤维，显著提高衣分值（转 FBP7：*iaaM* 基因品系 IF1-1 衣分高达 49%），为增加棉花产量提供了新思路。中国农业科学院与复旦大学合作，将 *csRRM2* 基因转入陆地棉中棉所 12 等品种，多年田间试验表明，上述材料生长势强，单铃重从受体的 4.8～5.2g 增加到 6.4～7.8g，其中有几份材料的单铃重达到 10.5g。而且结铃性增加，由每株 13.5 个增加到 17.7 个，单株产量增加 15%～50%。除此之外，转基因材料的纤维品质得以改良，与转基因受体相比，纤维长度增加 2mm 以上，比强度增加 10%以上，5 个材料的纤维品质达到双 31 以上。该成果 2013 年获国家发明专利。

2. 纤维品质性状改良相关转基因材料研发

棉花纤维品质是多基因控制的复杂数量性状，其表现型受基因型和环境的共同影响，纤维品质形成遗传机制是棉花功能基因组学研究中最重要的领域之一。近年来，我国科学家在该研究领域取得了一系列重要成果，并创制了一系列的优质转基因棉花新材料。北京大学朱玉贤研究团队研究发现，赤霉素诱导下的 3-酮酯酰-辅酶 A 合酶（*KCS*）基因的表达在超长链脂肪酸-乙烯通路的上游调控纤维伸长。中国农业科学院棉花研究所利用该基因，创制了转棉花 *KCS* 基因新材料，部分材料纤维长度和强度显著大于对照中 24，其中 *E6-KCS6* 的一个转化株系已经测定了 T-DNA 的插入序列，正在申请国际和国内专利。华中农业大学将拥有自主知识产权的海岛棉细胞壁伸展蛋白基因 *GbEXPATR* 转化陆地棉，得到了马克隆值降低、断裂比强度提高的转基因棉花新材料，为我国棉花优质育种提供了优异的新材料。此外，还得到了转 *GhHOX3*、*AnxGb9*、*GbHD1*、*Gbmyb25*、*GhEXPA1*、*ACO2-E6*、*GbKTN1*、*GbXET*、*TIP* 等基因的棉花新材料，为第二代转基因棉花的研发奠定了良好的材料基础。

3. 抗逆转基因棉花材料研发

棉花生产受到各种生物和非生物胁迫的制约。我国科学家从抗虫、抗病、抗旱和耐盐碱等不同角度开展研究，取得了一系列研究成果，利用得到的基因进行转化棉花，获得一系列抗生物逆境和非生物逆境抗性的转基因棉花新材料。在非生物逆境抗性方面，得到了转 *GaJA1*、*GaJA6*、*SNAC1*、*AtHUBEDT1*、*GhABF2*、*TsVP* 等新材料。其中转 *GaJA1*、*GaJA6* 基因 T3 代转基因棉花在含盐量 2‰盐碱地上的出苗率、整体长势、结铃性均优于对照组。利用转 *EDT1*、*GhABF2*、*TsVP* 等材料，已经得到了一系列耐旱、耐盐碱棉花新品系，其中 5 个转基因新品系已完成中间试验，正申请环境释放，另有 10 个转基因新品系获准进入中间试验。

（撰稿专家：李付广　商海红）

生物能源

2016年度生物能源发展态势分析

能源是支撑现代社会经济快速发展的基础，人类社会的发展离不开优质能源的开发和先进能源技术的使用。我国已是世界上最大的能源消费国、生产国和净进口国。国家统计局数据显示，2016年我国能源消费总量43.6亿吨标准煤，比2015年增长1.4%。而据2016年《BP能源统计年鉴》数据显示，2015年我国一次能源消费总量30.14亿吨油当量（折43.06亿吨标准煤），比2014年增加2.6%，占世界一次能源消费的22.9%（美国只占17.3%），占全球净增长的61%。其中化石能源（煤炭66.0%、石油17.5%、天然气5.6%）占比达到88.2%，可再生能源仅为2.08%（不含水电的8.46%）。

我国正处在工业化、城镇化发展阶段，但过度依赖化石能源使我国同时遭遇了能源安全、生态环境以及气候变化问题。2016年原油表观消费量达到5.56亿吨，天然气表观消费量达到2058亿立方米，对外依存度分别达到65.4%和35.0%，同比增长迅速。2016年我国CO_2排放量为96.0亿吨，比2015年减少0.1%，占世界CO_2排放量的27.0%。近年来，雾霾问题更成为举国之痛，已影响我国25个省份，受影响人口达6亿人。大气污染治理已到了刻不容缓的地步。“推动能源生产和消费革命，合理控制能源消费总量”已成为我国长期的能源发展战略。加快调整能源结构，增加可再生替代能源消费量将成为推动能源消费革命的重要措施。

2016年我国能源消费及结构进一步发生了显著变化，全国能源消耗总量仅增长了1.4%，增速不到过去十年平均水平6.6%的1/4，并且煤炭消耗量下降了4.7%。2016年我国可再生能源（不含核能）在能源结构占比达到10.54%，增速超过50%；全国单位GDP能耗下降约5%，是2008年以来的最大降幅；CO_2排放量已实现连续两年降低0.1%。提高能源效率，提高可再生能源占一次能源消费比重，已成为我国未来能源消费的发展趋势。

生物质能是人类赖以生存的重要能源，是仅次于煤炭、石油和天然气而居于世界能源消耗总量第四位的能源。生物质能源作为一种洁净而又可再生的能源，是唯一可替代化石能源转化成气态、液态和固态燃料以及其他化工原料或者产品的碳资源。生物质能源相对于水能、风能、太阳能等可再生能源而言，在原料来源多样性和产品多样性等方面具有优势，生物液体燃料现已被普遍认为是唯一能大规模替代石油燃料的能源产品，生物质固体燃料已成为发电领域的新兴燃料。随着我国经济的快速发展，对能源需求急剧增加，环境减排压力巨大，生物质能已成为我国六大重点发展的新能源产业之一，在能源替代、减少温室气体排放、减少导致雾霾天气的 PM2.5 排放等方面作用显著。为此在国家《“十三五”生物产业发展规划》明确提出要“围绕能源生产与消费革命和大气污染治理重大需求，创新生物能源发展模式，拓展生物能源应用空间，提升生物能源产业发展水平。到 2020 年，生物能源年替代化石能源量超过 5600 万吨标准煤，在发电、供气、供热、燃油等领域实现全面规模化应用，生物能源利用技术和核心装备技术达到世界先进水平，形成较成熟的商业化市场”。

一、生物能源发展现状

1. 燃料乙醇

据美国可再生燃料协会（RFA）数据统计，2016 年世界燃料乙醇产量约 8000 万吨。虽然原油价格暴跌带低了汽油价格，但由于政府强制推行 RFS 标准并采用生物燃料供给配额制，2016 年美国燃料乙醇产量达到 4578 万吨，全年混配的燃料乙醇占到汽油消费量的 10%。全球已有八大农业生产基地（阿根廷、澳大利亚、巴西、中国、欧盟 27 国、印度、墨西哥和美国）在积极推进车用乙醇燃料的生产和替代使用，其中大多数指令要求在汽油中加入 10%～15%的乙醇或者在柴油中加入生物柴油。表 2-32 为近 10 年来世界燃料乙醇产量分布情况。

表 2-32　2007～2016 年世界燃料乙醇产量分布情况 单位：万吨

年份 国家或地区	2007	2008	2009	2010	2011	2012	2013	2014	2015	2016
美国	1941	2688	3166	3991	4163	3963	3972	4271	4422	4578
巴西	1499	1933	1964	2067	1664	1662	1874	1849	2118	2179
欧洲	170	219	310	361	349	351	409	432	414	411
中国	145	150	162	162	166	204	208	190	243	252

续表

国家或地区 \ 年份	2007	2008	2009	2010	2011	2012	2013	2014	2015	2016
加拿大	63	71	87	107	138	134	156	152	130	130
亚洲①	47	47	157	73	100	118	163	na	163	96
南美②	26	24	25	60	59	66	na	na	63	79
澳大利亚	8	8	17	20	26	21	na	na	na	na
非洲	na	na	na	13	11	13	na	na	na	na
其他	12	38	74	na	na	na	217	258	117	146
世界③	3911	5177	5962	6853	6676	6502	6999	7337	7670	7939

① 指泰国与印度，不包括中国。

② 指阿根廷，不包括巴西。

③ 数据来源：美国可再生燃料协会（RFA）。Ethanol Industry Outlook 2007～2016. http://www.ethanolrfa.org/resources/industry/statistics/。

据美国RFA统计，2016年全球燃料乙醇产量达到7939万吨，其中美国产量为4578万吨，比2015年（4443万吨）增加3.0%，占全球总产量的57.7%。美国98%的区域都使用E10乙醇汽油，2011年年底，美国政府停止了30多年来对玉米乙醇燃料行业的退税补贴以及进口关税措施［0.45美元/gal（1gal=3.785L）］，实现完全市场化。对纤维素乙醇则实施1.01美元/gal的税收减免政策，其中混配销售商为0.55美元/gal，乙醇生产商为0.46美元/gal。

2016年巴西燃料乙醇产量达到2179万吨，较2015年增加2.9%。约占全球总产量的27.4%。巴西是世界上唯一不使用纯汽油作为汽车燃料的国家，其国内加油站可提供纯乙醇、E85和E20乙醇汽油等燃料。2001年巴西政府取消了对燃料乙醇的补贴，完全实现了商业化。

由于国内燃料乙醇价格与汽油价格挂钩，受原油价格暴跌与国外乙醇价格便宜的双重影响，2016年我国燃料乙醇产量仅约202万吨，进口了54万吨，表观消费量达到256万吨，生产E10乙醇汽油约2353万吨，约占当年汽油总消费量的1/4。表2-33为近年我国燃料乙醇企业的产量情况。

表2-33　2009～2016年中国燃料乙醇生产企业的产量情况

单位：万吨

企业 \ 年份	2009	2010	2011	2012	2013	2014	2015	2016
中粮生化能源(肇东)有限公司	19	20	23	27	28	28.5	29	31
吉林燃料乙醇公司	48	50	55	57	59	62	62.5	66
中粮生物化学(安徽)股份有限公司(原丰原生化)	40	44	46	49	52	55	58	56

续表

企业 \ 年份	2009	2010	2011	2012	2013	2014	2015	2016
河南天冠股份有限公司	49	52	58	64	70	73	73	32
广西中粮生物质能源有限公司（木薯）①	16	16	12	7	8	8.5	8.5	13
山东龙力生物科技有限公司	—	—	—	—	3	3	3	4
中兴能源（内蒙古）有限公司	—	—	—	—	3	3	1	0
合计	172	182	194	204	223	233	235	202

① 受广西壮族自治区车用乙醇汽油推广过渡期过长、普通汽油与车用乙醇汽油长期混用等问题的影响，该地区燃料乙醇需求量小，导致装置一直未能达产。

目前国内燃料乙醇已在黑龙江、吉林、辽宁、河南、安徽、广西6省区及湖北、山东、河北、江苏、内蒙古5省区的30个市试点车用乙醇汽油，实现了燃料乙醇汽油封闭运行。

2. 生物柴油

国际生物柴油产量已趋于稳定，形成三大生物柴油生产基地：以油菜籽为原料的欧盟地区，以大豆为主的北美、南美地区和以棕榈油为主的东南亚地区。欧盟国家积极发展生物柴油主要以环保为目的，美国则兼顾能源安全与农业发展。2014年原油价格下跌约50%，导致生物燃料在交通运输中的需求下滑，2016年原油价格有所回升，刺激了生物柴油产量。据《油世界》统计，全球2016年生物柴油产量创下历史新高，达到3280万吨，同比激增11%（320万吨），高于过去十年全球生物柴油产量年均增幅（250万吨）。欧盟仍是世界上生物柴油产量最大的地区。欧盟2016年产量预计为1204万吨，占到世界总产量的36.7%，表2-34是2011～2016年全球四大生物柴油主产区的产量。

表 2-34　2011～2016年全球四大生物柴油主产区产量　单位：万吨

国家/地区	2011年	2012年	2013年	2014年	2015年	2016年①
1. 欧盟	910	950	960	1140	1070	1204
其中：德国	220	280	250	231	214	215
2. 南美						
其中：巴西	240	240	260	300	370	387
阿根廷	240	250	180	258	205	210
3. 北美及中美						
其中：美国	338	358	586	530	563	592
4. 亚洲						
其中：印尼	140	160	180	290	320	300
全球总产量	2210	2340	2440	2980	2960	3280

① 2016年德国行业期刊《油世界》数据。

近几年中国生物柴油产业发展面临原料、质量、市场和政策多重束缚的窘境。原料短缺是我国生物柴油发展的主要瓶颈。与其他生物柴油主产区不同，我国油脂资源严重短缺，根据海关总署统计数据，2016 年大豆进口总量再创新高达到 8391 万吨，同比增加 2.7%，大豆进口依存度超过 85%；2016 年进口食用植物油 553 万吨，与 2015 年同期相比下降 18.3%，占国内食用植物油消费量的 18%。因此国内生物柴油原料中餐饮业废油和植物油脚占到 90%以上，受制于原料供给不足，规模都比较小。我国曾拥有生物柴油生产企业超过 50 家，总生产能力为年产 200 万吨，但由于原料供应不足，装置的实际开工率不到 30%。其中多数工厂以餐饮废油、酸化油等废弃油脂为原料，采用化学催化法生产，产品收率在 70%～80%之间。我国每年大中城市产生的地沟油和餐饮废油约 500 万吨；但是由于地沟油收集渠道难以保证，价格高，政府监管力度不够，导致很多企业无法维持生产。其次是调和油销售市场难打开，转投增塑剂市场。2016 年我国生物柴油的年产量仅 41 万吨，较 2015 年增加 17.17%，主要是因为生物柴油在化工增塑剂市场销量较好，尤其是在 2016 年 10～11 月份，由于环氧树脂、DOP 等增塑剂产品出口市场较为火爆，带动生物柴油出货增加。而真正的调和油原料市场由于生物柴油原料价格持续高位，生物柴油调和油售价在 3600～4500 元/t 波动，利润微薄甚至倒挂，基本处于停产状态。此外生物柴油产品质量良莠不齐，难以进入主营销售渠道。国内石油销售体系接收生物柴油的动力不强，据不完全估计，每年销往民营加油站的生物柴油数量仅占全国生物柴油产量的 10%～15%，剩余部分作为化工产品和燃料油进入消费市场。最后是国家支持力度有限，补贴政策迟迟难以出台。目前国内生物柴油生产成本高，与柴油 0.92 的售价比例导致生物柴油生产企业无利可图，2014 年油价暴跌持续至今，更导致生物柴油企业大多停产或者破产倒闭。

为促进生物柴油产业的发展，我国政府在制定、完善生物柴油质量标准以及销售使用政策做了很多工作。2007 年 5 月实施了国家生物柴油 BD100 质量标准，2010 年 10 月又发布了生物柴油调和油 BD5 标准，部分省区（如云南省）还制定了地方强制标准《生物柴油调和燃料（B10）》和《生物柴油调和燃料（B20）》，希望能够促进生物柴油技术和销售的发展。2014 年 11 月 28 日能源局出台生物柴油产业发展政策，明确规定，石油销售体系必须将合格的生物柴油纳入销售体系，拒不纳入者，将追究责任，并给予生物柴油企业相关的税收补贴。新出台的国家《生物质能发展“十三五”规划》明确提出了对生物柴油项目进行升级改造，提升产品质量，满足交通燃料品质需要。2016年年底国家发展改革委等八部门发布的《关于全国全面供应符合第五阶段国家强制性标准车用油品的公告》也提出2017年起我国将在全国范围内全面供应符合国Ⅴ标准的车用汽油（含E10乙醇汽油）、车用柴油（含B5生物柴油），给产业发展带来希望。但由于都暂未出台相关配套措施，生产商对于生物柴油未来并不看好。生物柴油由于产量较少，且产品质量良莠不齐，缺乏相关的混配、检测、产品补贴等可操作的推广使用政策，一直难以推广实施。生物柴油可能要借鉴燃料乙醇的推广模式，即要经历封闭运作和推广阶段，产量太小则难以大规模推广使用。

3. 生物质发电

生物质发电原理与火电相似，电能稳定、质量高，对于电网而言更为友好，与同样稳定的水电相比，生物质发电的全年发电时间为7000～8000h，水电则只有4000～5000h，而风电、光伏发电则更低。生物质直燃发电是指在特定的生物质蒸汽锅炉中通入空气使生物质原料燃烧，产生蒸汽，进而驱动蒸汽轮机，带动发电机发电的过程。单纯的生物质直燃电厂单机容量一般在25～30MW，锅炉的燃烧效率在80%～90%，发电效率一般在20%～30%。国外在生物质直燃发电产业化方面成果显著。目前，丹麦已建成130多家秸秆直燃发电厂，并将秸秆发电技术成功推广到瑞典、芬兰和西班牙等国家。研究数据表明，热电联产可以节约28%的燃料，减少47%的CO_2，热效率可以达到80%～90%，因此欧美一些国家通常使用热电联产技术来解决生物质发电或供热不经济的问题。

我国自20世纪90年代末开始引进生物质直燃发电技术，通过近10年的消化吸收，关键设备（如锅炉）基本实现国产化。为兼顾生物秸秆的运输收集半径并实现盈利，机组合理的单机容量为25～30MW。2004年以来，我国先后核准批复了200多个秸秆发电示范项目。2010年7月，国家发展改革委统一执行了0.75元/(kW·h)（含税）的标杆上网电价，增加了该产业的盈利空间。2014年12月，中国政府将可再生能源电价附加征收标准，由每千瓦时0.1分钱提高到1.9分钱。在销售电价中征收可再生能源电价附加，主要用来成立可再生能源发展基金，对生物质发电、风电和太阳能等清洁能源进行补贴。补贴资金缺口加大，此次征收标准的提高，将有效缓解财政资金补贴压力，对行业发展起到支撑作用。2016年9月，国家发展改革委发布《关于调整新能源标杆上网电价的通知（意见稿）》，提出要适当降低分布式光伏补贴标准，但生物质能发电将继续执行国家定价，此举被业内看做是对生物质能发电价格的另一种支持。目前中国节能投资公司、国家电网公司、五大发电集团等大型国有企业，凯迪电力等民营企业均投资参与了生物质电厂的建设运营。

截至 2015 年，全球生物质发电装机容量约 1 亿千瓦，其中美国 1590 万千瓦、巴西 1100 万千瓦。生物质热电联产已成为欧洲，特别是北欧国家重要的供热方式。生活垃圾焚烧发电发展较快，其中日本垃圾焚烧发电处理量占生活垃圾无害化处理量的 70%以上。2015 年我国生物质发电总装机容量约 1030 万千瓦，其中，农林生物质直燃发电约 530 万千瓦，垃圾焚烧发电约 470 万千瓦，沼气发电约 30 万千瓦，年发电量约 520 亿千瓦时，生物质发电技术基本成熟。

二、生物能源产业发展趋势

1. 燃料乙醇

目前全球燃料乙醇仍旧以玉米和甘蔗为主要原料。鉴于用粮食生产车用燃料有争议，各国也在积极探索新的原料途径。美国提出了到 2022 年生产 4800 万吨/年纤维素乙醇和 1500 万吨/年先进生物燃料的目标。2011 年年底，美国政府取消了对玉米乙醇燃料行业的退税补贴，纤维素乙醇提供税收激励为 1.01 美元/gal，产业政策向纤维素乙醇等二代生物燃料倾斜。2015 年 12 月，美国环保署（EPA）发布了《关于美国 2014～2016 年可再生燃料使用标准（RFS）及 2014～2017 年生物柴油使用标准的最终决定》，使用量如表 2-35 所示。虽然调整后纤维素乙醇用量仍低于预期，但 2016 年使用量则比 2014 年增长约 6 倍。

表 2-35　2014～2016 年美国可再生燃料使用标准（RFS）

年份	生物燃料总量	先进生物燃料	生物柴油	纤维素生物燃料
2014	162.8 亿加仑	26.7 亿加仑（折 778.2 万吨）	16.3 亿加仑（折 530.6 万吨）	0.33 亿加仑（9.86 万吨）
2015	169.3 亿加仑	28.8 亿加仑（折 839.42 万吨）	17.3 亿加仑（折 563.1 万吨）	1.23 亿加仑（36.7 万吨）
2016	181.1 亿加仑	36.1 亿加仑（折 1052 万吨）	19 亿加仑（折 618.5 万吨）	2.3 亿加仑（68.7 万吨）

国内针对玉米燃料乙醇产业的各种争议也随着玉米巨大的去库存压力发生了变化。自 2008 年国家在东北、内蒙古地区实施玉米临储收购政策后，玉米库存逐年上升，截至 2016 年 7 月已高达 2.6 亿吨左右，远超国内玉米

一年的消费量。据国务院发展研究中心统计，每吨玉米每年库存成本高达250元左右，因此2.6亿吨玉米需要付出的库存成本费就高达650亿元。临时收储政策初衷是鼓励主产区玉米种植，保证国家粮食安全，但导致巨大的玉米库存压力，黑龙江玉米价格由2008年的1380元/t一路上涨到2014年的2220元/t，远高于进口玉米价格。2016年的“中央一号文件”提出，推进农业供给侧结构性改革。2016年东北三省和内蒙古自治区将玉米临时收储政策调整为“市场化收购”加“补贴”的新机制。至此，玉米收储取消保护价被认为是中国农业供给侧改革正式启动。面对玉米深加工产业各种产品的普遍产能过剩，唯有燃料乙醇因绿色环保、市场容量大等特点一枝独秀，成为化解玉米库存压力的有效手段。

中国及美国以往的经验表明，发展粮食乙醇不仅不会对粮食安全产生危害，反而促进粮食生产，粮食基燃料乙醇是粮食生产的调节阀、平衡器，可以显著拉动粮食需求，防止谷贱伤农，影响农民种粮积极性，保证了粮食产量稳定，并降低粮食多余的库存，真正确保了粮食安全。此外根据行业经验，中国每年都会产生质量较差、超期储存霉变、真菌毒素超标或重金属超标的玉米、水稻、小麦等问题粮近2000万吨，而燃料乙醇是“消化”这种人畜不能食用的有毒、有害粮食的唯一途径。燃料乙醇作为车用燃料还可以显著降低PM2.5的排放，改善雾霾天气状况，因此粮食基燃料乙醇产业将在国内继续适度发展并长期存在。

在纤维素乙醇产业化之前，木薯非粮乙醇仍是产业重点发展领域之一。2006年中粮集团在国内承建了第一套非粮燃料乙醇示范装置——广西中粮20万吨/年木薯乙醇装置。该技术获得2009年广西壮族自治区科技进步一等奖，并获得2010年国家科技进步二等奖。2011年，河南天冠改建完成30万吨/年木薯燃料乙醇生产装置；2012年中粮生物化学（安徽）股份有限公司改建15万吨/年木薯燃料乙醇装置。2013～2014年，国家发展改革委先后批准了广东中能酒精有限公司年产15万吨木薯燃料乙醇项目、中国石化东乡年产10万吨木薯燃料乙醇项目、浙江燃料乙醇有限公司年产30万吨木薯燃料乙醇项目、海南椰岛（集团）股份有限公司年产10万吨木薯燃料乙醇项目，新批产能共计65万吨/年。但2014年由于全球油价暴跌，木薯原料价格上涨，木薯燃料乙醇补贴在2017年已降至100元/t，各种因素使得国内木薯燃料乙醇处于亏损状态，多数装置处于停产状态，获批项目也处于筹建状态。

纤维素乙醇也称第二代生物液体燃料，是利用先进技术从包括玉米秸秆、麦秆、干草、木材等农林业废弃物中获取燃料乙醇。其原料丰富，但因技术难度大，国际上已研究几十年，现已进入商业化示范阶段。目前纤维素乙醇研究主要集中在生物酶解发酵路线，关键技术仍然是高效预处理、低成本纤维素酶生产和戊糖发酵菌种技术。表 2-36 为世界纤维素乙醇示范装置的情况，主要集中在北美地区和欧洲地区，目前已运行的 7 套装置，负荷大都 30%～40%，问题主要集中在备料和预处理设备及物料输送设备方面。预计 2017～2018 年将完成示范装置的技术经济性评价，进入商业化推广阶段。

表 2-36　世界纤维素乙醇示范装置一览表

主要投资方及项目地点	规模及投资	原料及产品方案	技术方案	投产时间
Beta-Renewables，意大利	6.0 万吨/年 2.50 亿美元	芦竹及小麦秸秆，乙醇+电力	PROESA 中性预处理技术，纤维素酶解，戊糖/己糖共发酵	2013.10
Ineos bio，美国	2.4 万吨/年 1.32 亿美元（DOE0.5，USDA0.75）	植物及木材废料，乙醇+6MW 电力	热化学气化和细菌发酵技术生产乙醇	2013.08
POET-DSM，美国	7.5 万吨/年 2.50 亿美元	玉米秸秆、玉米芯，乙醇+沼气	稀酸汽爆预处理，纤维素酶解，戊糖/己糖共发酵	2014.09
Abengoa，美国	7.5 万吨/年 3.50 亿美元（DOE1.34）	玉米秸秆、麦秸，乙醇+18MW 电力	稀酸汽爆预处理，纤维素酶解，戊糖/己糖共发酵	2014.11
Granbio，巴西	6.5 万吨/年，2.65 亿美元	蔗渣、秸秆，乙醇+135GW·h/a 电力	PROESA 弱酸/中性预处理技术，诺维信公司酶制剂，DSM 公司共发酵菌株	2014.09
Raizen & Iogen，巴西	3.16 万吨/年，1.0 亿美元	蔗渣、秸秆，乙醇	Iogen 技术，稀酸汽爆、酶解、共发酵，Raizen 公司甘蔗乙醇厂扩建	2014.12
Dupont，美国	8.3 万吨/年 2.76 亿美元	玉米秸秆、玉米芯，乙醇	氨爆预处理，纤维素酶解，戊糖/己糖共发酵	2015.9

注：DOE0.5 和 USDA0.75 分别指美国能源部（DOE）和美国农业部（USDA）提供担保的免息贷款额度（亿美元），其他类推。

我国企业和研究机构在纤维素乙醇研发及产业化方面做了大量工作，许多成果达到世界先进水平。作为国内燃料乙醇最大的生产企业，中粮集团 2006 年开始加大纤维素乙醇研发力度，同年 4 月正式启动建设 500t 纤维素乙醇产业化试验装置。2009 年与中国石化、诺维信进行战略合作。目前该工艺纤维素转化率达到90%，实现了戊糖/己糖共发酵。2010年8月，国家生物液体燃料研发中心落户中粮，重点任务是突破玉米秸秆纤维素乙醇技术，实现产业化推广。中粮集团正择机筹建以玉米秸秆为原料的5万吨/年规模纤维素乙醇示范工厂。

国内已有万吨级装置如表2-37所示，均采用国内自主研发技术，并结合副产品建设装置。但未见长期连续稳定运转的考核报道，更没有公布规范的技术经济评价材料。

表2-37　国内建成的纤维素乙醇示范装置情况

投资方	规模/(万吨/年)	原料/产品方案	技术方案/最新进展
龙力	5	玉米芯废渣/乙醇＋木糖醇	稀酸预处理分离出木糖生产木糖醇，残渣酶水解，己糖发酵生产乙醇
天冠	1;3	麦秸、玉米秸秆/乙醇＋沼气	蒸汽爆破，酶水解，己糖发酵生产乙醇，戊糖生产沼气

2. 生物柴油

欧盟、北美和南美地区主要以菜籽、大豆为原料，大量生产生物柴油，其技术成熟可靠。国内近中期餐饮业废油及酸化油是主要的原料途径，未来主要原料是油藻资源。

生物柴油产业发展主要面临原料短缺和技术升级的问题。微藻是高效的大规模种植的能源作物，其年单产可达7410t/亩，分别是甘蔗和玉米的1.5倍和11倍，潜力巨大。从技术方面来看，通过常规酯交换生产的生物柴油（脂肪酸甲酯）浊点高，低温流动性差，易变质，难储存，只能以5%～30%比例与石化柴油调和，影响了其使用性能。而将油脂通过深度加氢技术转化生成液态脂肪烃已逐渐成为趋势，其产品在结构和性能方面都更接近石油基燃料，并保留了更高的十六烷值和浊点，低温流动性良好，可在低温环境下与石油、柴油以任意比调配，拓宽了使用范围。第二代加氢生物柴油生产和使用都比脂肪酸甲酯更方便，其生产设施更加经济、更易规模化生产。目前，生物柴油的使用在欧美等地区还局限在小型汽车的使用上，重型汽车燃料和航空燃料是第二代加氢生物柴油（生物航煤）的下一步发展方向。

3. 生物质发电

生物质发电在美国已成为可再生能源发电下一个重要的利用目标。美国能源情报署（EIA）预计，到2020年，以生物质为燃料进行发电达到1880亿千瓦时，比2008年增加3倍。预计欧盟将使其生物质消费量从2009年

130 万吨/年增加到 2020 年 1 亿吨/年。2020 年我国生物质发电装机规模将达到 1500 万千瓦，1 年发电 6000h 将达到 900 亿千瓦时，约为美国的 1/2。

我国目前建设、运行的大部分生物质发电项目都为农林剩余物直燃发电项目。直燃混燃发电涉及与煤掺烧，与现有补贴政策冲突，难以操作实施；沼气发电涉及高效涡轮发电机技术，需要进口设备，仍处于示范推广阶段。采用振动炉排高温高压锅炉或流化床燃烧锅炉的生物质直燃发电技术在国内上百个装置上进行了实践检验，基本实现了技术与装备的国产化。一代生物质发电厂，发电机组规模一般为 2×12MW，二代电厂，发电机组规模一般为 1×30MW 机组，但投资基本是燃煤火电厂的 2 倍左右，达到 0.8 万～0.9 万元/千瓦，其锅炉热效率虽可提高到 90%，但由于炉膛温度偏低，整体发电效率不到 30%。2013 年，全国生物质发电年等效满负荷运行小时数约为 5844h，远低于 8000h 的满负荷运转时间。此外原料制约对直燃发电影响更大，这也决定了直燃发电装机容量一般不超过 30MW。一个 30MW 的机组一年消耗约 25 万～30 万吨秸秆，原料的收集难度非常大。

2010 年 7 月，国家发展改革委发布《关于完善农林生物质发电价格政策的通知》，统一执行标杆上网电价每千瓦时 0.75 元（含税），增加了该产业的盈利空间。2016 年年底，能源局颁布的《生物质能发展“十三五”规划》中提出，到 2020 年，生物质能基本实现商业化和规模化利用。生物质能年利用量约 5800 万吨标准煤。生物质发电总装机容量达到 1500 万千瓦，年发电量 900 亿千瓦时，其中农林生物质直燃发电 700 万千瓦，城镇生活垃圾焚烧发电 750 万千瓦，沼气发电 50 万千瓦。2015～2020 年，我国生物质发电装机容量需实现约 9%的年均增长率，给行业带来爆发式增长。

行业的快速发展造成地区项目布局不合理。近几年出现生物质发电项目“扎堆”建厂，必然导致争相哄抢原料，价高质次恶性竞争，原料成本已接近或超过电厂盈亏平衡点的收购平均价格 350 元/t。而生物质发电历来是“小电厂、大燃料”，燃料来源供应不足的矛盾十分突出，产地实际可收集的量和理论计算量之间有很大差距。目前电厂原料实行委托代理收购，从收集、打包、储存再集中向电厂输送，去掉运输储存成本和代收点等中间环节的扣除，农民收益较低，没有形成良性的产业利益链。激烈的竞争致使国内大多数电厂长期无料可烧，经济性差；同时国内生物质原料的多样性、复杂性和季节性的特点，加大了电厂管理运营的难度，而采用不同锅炉的生物质电厂，其发电量、年利用小时数差异巨大，有些项目的设备年发电量甚至不到平均水平的 50%，很多生物质电厂运行发电时间无法达到 6500～7000h/

年的盈利平衡点。目前生物质电厂主要有四项收入来源——发电收入、政府补贴、CDM（清洁发展机制）收入、卖钾肥收入，但很多电厂运营收支仍难以持平，一些生物质能发电厂在建成投运后不久就因为亏损而停产。

国家层面也已发现单纯生物质发电的弊端，国家发展改革委在2014年12月印发的《关于加强和规范生物质发电项目管理有关要求的通知》明确鼓励发展生物质热电联产，提高生物质资源利用效率。具备技术经济可行性条件的新建生物质发电项目，应实行热电联产；鼓励已建成运行的生物质发电项目根据热力市场和技术经济可行性条件，实行热电联产改造。热电联产的目的就是提高资源利用效率，提高经济收益。

从总体上看，我国生物质发电商业化程度较低，市场竞争力弱，基本依靠政府补贴机制维持运营。因此还需要国家加强规划合理布局，结合县域供暖或工业园区用热需要，积极支持建设生物质热电联产项目，实现能量的梯级利用，提高生物转化能量的效率和经济性。

三、结论

1. 燃料乙醇

国内持续8年玉米临储收购政策使国家玉米库存超过2.6亿吨。面对巨大的库存压力，2016年中国农业供给侧改革正式启动，玉米临时收储政策调整为“市场化收购”加“补贴”的新机制，使玉米价格回归市场，燃料乙醇作为玉米去库存压力的最有效手段重新进入人们的视野。2016年年底，《生物质能发展“十三五”规划》发布，要求“十三五”期间燃料乙醇使用量达到400万吨。全国范围推广燃料乙醇已列为国务院督办事项，要求2017年年底前在京津冀实现封闭运行，2020年实现乙醇汽油全国范围推广。可以预期，2017年燃料乙醇行业将迎来产业发展的新机遇。

由于我国燃料乙醇行业目前仍旧采用行政法规实现燃料乙醇的区域封闭运行，并没有从国家层面制定法律强制使用燃料乙醇，在推广过程中仍旧遇到很多地方阻力。同时，目前的低油价和燃料乙醇绑定汽油的定价机制（价格为93#汽油出厂价的0.911）已使国内燃料乙醇企业面临巨额亏损，甚至部分装置出现停产状态，这表明国内燃料乙醇的定价与推广机制已面临严峻挑战。同样面对油价暴跌，美国燃料乙醇产量和生产企业受益并没有受到影响，归根结底是美国政府制定了国家层面的法律，推行生物燃料混配配额制，石化燃料与生物燃料有严格的供应比例关系。如要求石油销售商在销售汽油产品时必须掺混10%及以上燃料乙醇，否则将受到重罚。同时美国政府根据生物燃料的原料、工艺和温室气体减排情况对其定级，并享受不同的补贴和替代权重，使美国形成了独立于汽油价格且由市场调控的燃料乙醇定价机制。美国成熟可行的经验是值得我们学习和借鉴的。

目前国内企业及研究机构在木质纤维素乙醇工艺开发方面已取得突破，需要建设示范装置考察其技术经济性。国家政策应大力扶持，进一步加大研发投入，坚持有限资源高效化，有限目标集中化，以企业牵头组织联合攻关，统一布局，集中资源，重点突破，建设示范装置考察其技术经济性，然后进行产业化推广，结合玉米乙醇、木薯乙醇等产量，力争实现“十三五”400万吨/年生物乙醇的目标。

2. 生物柴油

生物柴油增长乏力，主要原因是原料缺乏；国内形势更为严峻，相关补贴难落实、配套推广政策操作性差，进一步阻碍了产业的发展。国内生产企业近中期会以餐饮废油、酸化油等废弃油脂为主要原料，远期将是藻类生物柴油和藻类生物航空煤油。未来产业发展的重点是藻类养殖技术的突破及第二代加氢生物柴油/生物航煤技术的推广。

3. 生物质发电

目前，生物质直燃发电在我国是农林剩余物消耗量最大、最直接、最易于规模化和工业化的一种能源利用方式，但始终存在能量转化效率低的问题。《生物质能“十三五”规划》提出，到2020年生物质发电新增投资约400亿元，产业发展潜力巨大。生物质发电产业应重点解决好科学布局问题，优化规模化生物原料收集和储运系统以及成套设备，推广使用热电联产技术，开发新一代的高效生物质锅炉，开发集成化的醇电联产技术，突破混燃发电政策限制，提高发电运营时间、发电效率和热效率，优化产品组合，努力实现收支平衡。而秸秆发电与生产燃料乙醇相比，无论是产品热值还是产品价值，前者均低于后者，因此未来应重点开发醇电联产技术，实现原料的梯级利用，吃干榨尽，带动产业持续健康发展。

（撰稿专家：武国庆　郝小明）

生物制造

2016 年度生物制造发展态势

生物制造是现代生物产业的核心，其研发范围涵盖了从生物资源到生物技术，再到生物产业的价值链，集中体现了现代生物技术在医药、农业、能源、材料、化工、环保等多个工业领域的应用，对经济社会可持续发展进程有重要推动作用。近年来，基因组学、系统生物学、合成生物学等学科飞速发展，工业微生物分子育种、工业酶分子改造等技术不断进步，生物炼制与生物质转化、生物催化与生物加工、现代发酵等现代生物制造技术接连取得重大创新和产业应用，对工业基础原材料的化石原料路线替代、传统工业的工艺路线替代以及生物产业升级显示了巨大的促进作用。当前，生物制造正在全球引发再工业化进程，工业生物制造已经进入产业生命周期中的迅速成长阶段，为生物经济发展注入强劲动力。

一、国际生物制造发展态势

1. 全球战略布局持续强化

美国、英国、欧盟等发达国家和地区近年来积极推动生物经济发展，陆续出台路线图、发展蓝图和战略计划等，极大地推动了生物基产业的发展。根据 2016 年的统计数据，2014 年，生物基产业为美国创造了 422 万个就业机会和 3930 亿美元的经济价值；英国的生物经济提供了 520 万个就业机会，产生的总增加值（GVA）约为 2200 亿英镑，占全国 GVA 总量的 13.6%；欧盟的工业生物技术产品产值已达到 316 亿欧元，预期到 2030 年增长到 500 亿欧元。2016 年，美国、欧盟、英国等经济体纷纷设立专项推进工业生物技术研究与产业化发展，以进一步提高其在国民经济中的贡献。美国农业部于 2016 年 2 月通过“生物精炼、可再生化学品、生物基产品生产援助计划”向以可再生生物质为原料的化学品和燃料项目提供 1 亿美元的贷款担保；4 月，能源部生物能源技术办公室投入 1000 万美元支持创新生物能源的发展。

2016年，欧盟在地平线“2020计划”未来两年内针对“纳米技术、先进材料、生物技术和产品”等主题部署研究项目，并通过“欧洲联合生物基产业发展计划（BBI JU）”投入1.6亿欧元用于支持2016年生物质原料利用和生物基产品相关项目开发。2016年2月，英国科学部发布《生物经济的生物设计——合成生物学战略计划2016》报告，提出在2030年促进英国合成生物学市场规模至100亿英镑；5月，英国宣布投入1700万英镑资助“工业生物技术催化剂（IB Catalyst）”计划，以促进领先生物技术概念的市场转化。

2. 人工设计操纵能力增强

作为目前发展最为迅速的交叉学科之一，合成生物学已被推到解决有关健康、医药、材料、能源、环境、气候变化和人口增长等全球问题的前沿。简适基因组合成、酵母染色体合成等研究取得重大成果，人工设计改造功能生物体不断取得突破，加速推动生物制造进入4.0时代。2016年，美国克雷格·文特尔研究所与加州大学合成了迄今最小的功能细菌基因组，取得合成生物学研究的又一具有里程碑意义的进展，对于深入理解细胞的工作机制和设计人工生物体具有重要意义；2017年，多国科学家合作完成酿酒酵母5条染色体的重头设计与全合成，并最终获得与普通酵母高度一致的人工合成酵母，研究团队包括中国的天津大学、清华大学和华大基因等，向实现真核生物生命代码的人工全编写迈进了一步。在人工设计生物功能方面，哈佛大学乔治·丘奇研究组重新组装大规模改变密码子的活体细菌基因组，美国麻省理工学院先后设计了可在细胞内和细胞外执行复杂计算的基因电路，为进一步开发具有特殊属性的工程化有机体奠定了基础；斯坦福大学克里斯蒂娜·斯莫克研究组利用工程酿酒酵母实现了咖啡因的微生物从头合成，合成生物学将被用于非天然过程的药物与化学品合成。同时，合成生物学的安全、法律与伦理问题也进一步得到重视，由于其在非天然进化的生物体设计、非天然产物的生物合成、非专业人员的科研活动参与等方面存在薄弱环节，应当受到严格的法律监管和实验室安全管理，并应形成一套完整的管理规范与应急预案。

3. 生物资源利用更加高效

生物资源与生物多样性研究为功能基因挖掘与高值化利用奠定基础，面向生物制造的生物资源利用更加广泛、智能和高效。2016年，欧盟在BBI JU 2016年计划中将优化产业链末端前方的生物质原料供应、扩大生物精炼过程的生物质原料需求作为年度重点发展目标，并在该框架下启动BIO-

FOREVER 示范项目，将木质生物质转化为化学品；英国、巴西启动先进生物燃料和生物炼制联合研究计划，支持木质纤维素的价值转化；美国能源部将“藻类原料研究与开发”升级为“先进藻类系统研究与开发”计划，以突出藻类生物精炼供应链的开发。2016 年 6 月，哈佛大学开发了利用生物兼容性的无机催化系统裂解水的新型生物合成系统，并利用重组细菌以环境友好的方式将 CO_2 和水转化为有用的化学品，该混合装置与太阳能光伏系统耦合时，还原 CO_2 的能效达到 10%，首次超越了天然光合作用效率。德国马普学会研究人员发现自然界中存在一种能够更有效结合固定 CO_2 的酶，通过代谢性逆合成分析形成初步框架并从包含人类、植物和微生物在内的 9 种生命体中选择了 16 个其他的酶与其共同组装了全新固碳途径 CETCH 循环，建立了迄今为止步骤最短、能效最高的非天然固碳途径，在实验室中的固碳效率比自然界光合作用高 20%，同时实现了乙醛酸的生产。以色列 Weizmann 科学院研究人员将植物光合作用的 Calvin 循环引入异养体大肠杆菌中，通过代谢重构实现能量通路解耦，利用直接进化的方法筛选出以丙酮酸为中间媒介，仅用 CO_2 作为碳源合成糖类和其他生物质的目标菌种。此类生物合成系统有望通过进一步设计改造用于固碳并生产其他有用的化学品。

4. 催化转化能力持续提升

通过改进工程微生物与酶的功能开发卓越生物催化剂是实现生物制造过程的核心要素，生物催化已从先前单酶/细胞催化体系向多酶/细胞耦合催化体系的方向发展。近年来，在基因组学、宏基因组学等组学技术的支撑下，系统合成生物学研究不断向微生物及微生物群拓展，界定了涵盖微生物群及其全部遗传与生理功能的“微生物组”，2016 年 5 月，美国宣布启动“国家微生物组计划”，拟在微生物组相关的跨学科研究和平台性技术等方面投入巨额资金。随着微生物组研究在学术与产业界引起高度重视，微生物组的特征基因挖掘、复合微生物制剂开发等应用都将面临巨大的发展前景。美国印第安纳大学伯明顿分校的科学家将经修饰的酶导入病毒衣壳内，创建高效催化产氢的纳米反应器“P22-Hyd”，其催化效率达到未改变前酶效率的 100 倍，且可以在常温下大规模发酵产生。美国麻省理工学院研究人员成功开发出“稳健底物利用操作技术（ROBUST）”，利用改良的菌株通过竞争来战胜发酵过程中可能造成污染的微生物，大大降低将谷物和甘蔗或纤维素植物的生物质转化为乙醇和其他化学品的成本。

革命性的基因组编辑等前沿技术的飞速发展，在技术手段上增强了生物制造过程的操控能力。麻省理工学院-哈佛大学博德研究所的张锋团队在

《科学》期刊接连不断地发表其在CRISPR系统深入研发方面的最新进展，并在与加州大学团队伯克利分校詹妮弗·杜德娜团队的基因编辑专利纠纷中取得关键性胜利。加州大学河滨分校的研究团队改良了CRISPR/Cas9基因编辑系统，对难于在遗传水平进行操作的产油酵母*Yarrowia lipolytica*进行了研究，实现了在基因水平上敲除基因和转入新基因的操作。美国伦斯勒理工学院的研究人员首次将CRISPR/Cas9系统应用于代谢工程，开发出控制细胞内制造化合物的信号途径的新工具，可提高目标产物的产量，降低副产物的生产。

5. 产品产业渗透逐步扩大

生物制造产品的门类和用途逐步扩大，越来越多的新材料、新能源、药物中间体、精细化学品和营养品等实现生物路线生产。杜邦公司和Archer Daniels Midland（ADM）公司开发出一种从果糖生产呋喃二羧酸甲酯（FDME）的方法，能够以更高效和更简单的过程实现FDME的低成本和高产率生产，该突破被认为将改变高性能可再生产品的格局，两家公司正计划在美国伊利诺伊州建设一个60t/a的示范工厂，利用FDME生产新型聚合物聚呋喃二甲酸丙二酯（PTF）。德国化工巨头巴斯夫公司与荷兰化工技术公司Avantium商谈合作，以后者生产呋喃二甲酸（FDCA）的YXY工艺为基础，组建合资企业生产生物基聚合物中间体，旨在占据FDCA和以此生产的PEF聚合物两类化工产品的世界领先地位，并计划在比利时安特卫普的巴斯夫一体化基地建造FDCA年生产能力5万吨的工厂。法国生物燃料公司Deinove和法国生物技术公司Arbiom已开始合作，凭借两者技术相结合的优势解决非粮食植物生物质的利用问题，开发“无碳（carbon-free）”的化工行业。

此外，由于国际原油价格持续走低，很多产品在成本经济性上并不具有绝对优势，因此，许多新创企业都将研发重点聚焦于产量规模小但附加值高、与石油基产品无直接竞争的生物化学品上，这些新产品往往具有市场上同类产品所不具备的特殊功能特性，更像是对现有产品的补充而不是替代。例如，Amyris公司和Gingo Bioworks公司开发用于香精和香料的芳香类化学品，Evolva公司开发甜叶菊和香兰素等健康营养成分，Bolt公司开发蛛丝用于高性能时尚纤维，Modern Meadow、Beyond Meat、Clara Foods公司开发基于植物和发酵的肉类、蛋和乳制品的替代品和皮革材料等。

6. 创新技术带动产业变革

如今，合成DNA序列的成本已降至每碱基10美分，利用CRISPR/

Cas9技术编辑单个基因成本下降到500美元以下，耗时仅需几周，基因组测序的成本也下降到1万美元以下，这些新技术与工具的发展为新产业建立和新产品开发提供了可能。同时，信息技术与生物技术的结合为生物制造提供了更快、更廉价和生产更好产品的工具，革命性的新技术使人们能按既定方式快速设计新产品，生物制造技术已向更加依赖云资源、机器人、机器学习和自动化等软件驱动的范式转变。美国能源部橡树岭国家实验室的研究人员借助旗舰超级计算机泰坦的帮助实施了迄今为止最大规模的生物分子模拟实验，模拟2370万个原子组成的系统，研究在酶环境中进行预处理的生物质（纤维素和木质素），并进一步解析了纤维素解构的化学特性；美国加利福尼亚州立大学戴维斯分校研究小组利用“蓝水”超级计算机来预测大肠杆菌的细胞行为；莱斯大学生物工程师引入快速计算方法以构建组织特异性代谢途径的模型。

随着微软、谷歌、IBM等公司纷纷进入生物科技领域，生物大数据读取、超算与计算机辅助设计、云计算与处理、人工智能和深度学习等在生物科技中的应用也产生颠覆性意义和不可估量的商业价值，涌现出美国的Zymergen和Gingko Bioworks等创新型企业。例如，Zymergen公司围绕合成生物学研究，结合机器学习，进行自动化分析和生物信息学处理，低成本、高效地开发用于工业发酵的基因工程菌。Gingko Bioworks在2017年1月收购合成生物学先驱企业Gen9，将自动化微生物工程和DNA合成与组装相结合，加速功能有机体设计的过程。此类开发模式将为合成生物学领域带来前所未有的规模和发展速度，引发了合成生物学领域的投资热潮，合成生物学初创公司的创业融资额连续四年大幅增长，在2016年达到13亿美元。各种变革性的新技术势必将在未来几年内极大地推动生物科技领域的发展，下一代的科技创新将是人工智能、生物工程和互联网的结合。

二、我国生物制造发展态势

“十二五”期间，我国生物产业复合增长率达到15%以上，2015年产业规模超过3.5万亿元，其中，大宗发酵产品产量稳居世界第一，生物能源年替代化石能源量超过3300万吨标准煤，处于世界前列，主要生物基材料品种的产量和技术水平处于世界领先地位，多种传统石油化工产品和精细化学品实现生物质路线生产，在京津冀、长三角、珠三角等地形成了一批高水平、有特色的生物产业集群，自主创新能力显著增强，生产技术水平大幅提高。

当前，全球科技创新呈现出系统化突破性发展态势，众多产业应用领域不断涌现出颠覆性创新案例，新一轮科技革命和产业变革与我国加快转变经济发展方式形成历史性交汇。我国在2015年发布的《中国制造2025》中提出了推动制造业由大变强、全面提升中国制造业发展质量和水平的重大战略部署，强调全面推行绿色制造，大力促进新材料、新能源、高端装备、生物产业绿色低碳发展，为生物制造发展指明了方向。2016年作为第十三个五年计划的开局元年，有关生物制造的国家级规划密集出台，明确了生物制造发展的重要任务和发展目标。

为贯彻落实《中国制造2025》，组织实施好绿色制造工程，工业和信息化部于2016年9月发布了《绿色制造工程实施指南（2016～2020年）》，提出到2020年绿色制造水平明显提升，绿色制造体系初步建立的总体目标，预期与2015年相比，传统制造业物耗、能耗、水耗、污染物和碳排放强度显著下降，重点行业主要污染物排放强度下降20%，工业固体废物综合利用率达到73%，部分重化工业资源消耗和排放达到峰值。在传统制造业绿色化改造、资源循环利用绿色发展、绿色制造技术创新及产业化示范应用等方面提出与生物制造技术应用相关的产业化专项，在绿色制造体系构建试点方面提出以企业为主体，以标准为引领，以绿色产品、绿色工厂、绿色工业园区、绿色供应链为重点，以绿色制造服务平台为支撑，推行绿色管理和认证，加强示范引导，全面推进绿色制造体系建设的发展要点。

同期，工业和信息化部还研究编制了《轻工业发展规划（2016～2020年）》和《医药工业发展规划指南》，分别于2016年8月和11月印发。《轻工业发展规划（2016～2020年）》从大力实施“三品”战略、增强自主创新能力、积极推动智能化发展、着力调整产业结构、全面推行绿色制造、统筹国内外市场六个方面提出了具体任务部署，以指导我国未来五年轻工业创新发展，促进我国由“轻工大国”向“轻工强国”转变。《医药工业发展规划指南》作为“十三五”时期指导医药工业发展的专项规划指南，将指导医药工业加快由大到强的转变，从增强产业创新能力、提高质量安全水平、提升供应保障能力、推动绿色改造升级、推进两化深度融合、优化产业组织结构、提高国际化发展水平、拓展新领域发展新业态八个方面提出了具体任务部署。

2016年12月，国务院印发《“十三五”国家战略性新兴产业发展规划》，提出加快生物产业创新发展步伐，培育生物经济新动力的重要任务，明确了到 2020 年，生物产业规模达到 80 000 亿～100 000 亿元、形成一批具有较强国际竞争力的新型生物技术企业和生物经济集群的发展目标。在推动生物制造规模化应用方面，提出加快发展微生物基因组工程、酶分子机器、细胞工厂等新技术，不断提升生物制造产品经济性和规模化发展水平，建立生态安全、绿色低碳、循环发展的生物法工艺体系等重要部署；在创新生物能源发展模式方面，提出着力发展新一代生物质液体和气体燃料，促进生物质能源清洁应用，推进先进生物液体燃料产业化等重要部署；并在构建生物医药新体系、加速生物农业产业化发展、培养生物服务新业态等方面提出了具体部署。

2016 年 12 月，能源局公布了我国《生物质能发展“十三五”规划》，提出到 2020 年，生物质能基本实现商业化和规模化利用，生物质能年利用量约 5800 万吨标准煤，生物天然气年利用量 80 亿立方米，生物液体燃料年利用量 600 万吨，生物质成型燃料年利用量 3000 万吨；要求推进燃料乙醇推广应用，加快生物柴油在交通领域的应用，推进技术创新与多联产示范；同时提出如下减排目标：预计到 2020 年，生物质能合计可替代化石能源总量约 5800 万吨，年减排二氧化碳约 1.5 亿吨，减少粉尘排放约 5200 万吨，减少二氧化硫排放约 140 万吨，减少氮氧化物排放约 44 万吨。

2017 年 1 月，国家发展改革委印发了我国《“十三五”生物产业发展规划》，提出了形成一批具有自主知识产权、年销售额超过 100 亿元的生物技术产品，形成 20 家以上年销售收入超过 100 亿元的大型生物技术企业，提高生物基产品经济性 10％以上，利用生物工艺降低化工、纺织等行业排放 30％以上；生物能源替代降低二氧化碳年排放量 1 亿吨，生物产业增加值占 GDP 的比重超过 4％等总体发展目标；并在推动生物制造规模化应用方面提出以下具体目标：提高生物制造产业创新发展能力，推动生物基材料、生物基化学品、新型发酵产品等的规模化生产与应用，推动绿色生物工艺在化工、医药、轻纺、食品等行业的应用示范，到 2020 年，现代生物制造产业产值超 1 万亿元，生物基产品在全部化学品产量中的比重达到 25％，与传统路线相比，能量消耗和污染物排放降低 30％，为我国经济社会的绿色、可持续发展做出重大贡献。

1. 发酵产业

我国在发酵产业方面具有量产优势，近三年来产品产量稳定在 2420 万吨左右，稳居世界首位。2015 年，我国主要发酵产品产量达到 2426 万吨，与 2014 年基本持平，年总产值接近 2900 亿元，柠檬酸、味精、山梨醇、酵母等产品的生产技术工艺已经达到国际先进水平，产品市场竞争力大大提高，已逐步形成味精、赖氨酸、柠檬酸、结晶葡萄糖、麦芽糖浆、果葡糖浆等大宗产品为主体，小产品氨基酸、功能糖醇、低聚糖、微生物多糖等高附加值产品为补充的多产品协调发展的产业格局，为食品、医药、化工等相关行业提供了品质优良的原料。其中，味精、赖氨酸、柠檬酸等产品的产量和贸易量位居世界前列；淀粉糖的产量居世界第二位，仅次于美国；山梨醇、葡萄糖酸钠、木糖醇、麦芽糖醇、甘露糖醇、酵母、酶制剂和功能发酵制品等处于快速发展阶段。

“十二五”期间，我国生物发酵产业经历了激烈的市场竞争，兼并、重组越发活跃，进一步提升了产业集中度。目前年产值达到100亿元以上的大型企业集团已有4家。2015年，中国轻工业联合会根据行业特点综合评价企业的市场能力、盈利能力、价值能力和发展能力，评选出发酵行业综合实力10强，分别为西王集团有限公司（主营：淀粉糖）、阜丰集团有限公司（氨基酸）、梅花生物科技集团有限公司（氨基酸）、潍坊英轩实业有限公司（柠檬酸）、菱花集团有限公司（氨基酸）、安琪酵母股份有限公司（酵母）、山东省鲁洲食品集团有限公司（淀粉糖）、山东隆科特酶制剂有限公司（酶制剂）、河南金丹乳酸科技有限公司（乳酸）、秦皇岛骊骅淀粉股份有限公司（淀粉糖）。

（1）氨基酸　我国是氨基酸生产和消费大国，无论在产能规模和产值来看都居于世界前列。目前我国氨基酸产业规模以上生产厂家已达近百家，在产业结构不断优化后，产能高度集中，产能排名前三的企业拥有市场份额的75%，在国际上也占有举足轻重的地位。2015年，我国氨基酸产量约为370万吨。

谷氨酸是目前全球销量第一的氨基酸品种，主要加工成为谷氨酸钠用于食品行业，少量用于医药行业。2015年，我国味精产量达到230万吨，居世界首位。2016年，国家放开玉米价格，将玉米收储制度调整为“市场化收购”加“补贴”的新机制，给包括味精在内的玉米深加工行业带来利好。同时，近年大多数企业采用的温敏菌种发酵技术，明显提高了谷氨酸的产酸率和转化率，提升了产品品质，发挥了节能降耗作用。目前，作为行业前三甲，阜丰集团有限公司（以下简称阜丰集团）、梅花生物科技集团股份有限公司（以下简称梅花生物）与宁夏伊品生物科技股份有限公司（以下简称宁夏伊品）的产能及产量占国内味精市场的90%左右。阜丰集团已成为全球第一大味精和黄原胶生产企业，至2015年形成100万吨味精和9万吨黄原胶产能，分别占全球总产量的 40%和 60%，全年营业收入达 135 亿元。2015 年，梅花生物全年营业收入首破 100 亿元，味精销售约 68 万吨，正在积极将苏氨酸、赖氨酸、色氨酸、谷氨酰胺等高附加值氨基酸产品作为未来重要的盈利增长点。宁夏伊品的味精产能约 23 万吨，2015 年营业收入约 49.6 亿元。

赖氨酸是全球产量第二大的氨基酸品种，全世界赖氨酸产量已达 260 余万吨。我国现已成为全球最大的赖氨酸生产和出口国，出口量不断攀升。2015 年，我国赖氨酸和赖氨酸酯及盐出口量为 26 万吨，增长率为 1.2%，出口金额达 3.22 亿美元，远销俄罗斯、荷兰、美国、丹麦、立陶宛、比利时等 60 多个国家与地区。近年来由于赖氨酸的产能过剩较为严重，国内外市场竞争日趋激烈。2015 年，我国赖氨酸年生产能力已达到 220 万吨，较 2014 年增加 15 万吨；年产量在 2014 年的 96 万吨基础上大幅提升，达到 150 余万吨，在全球产量中占据近 60%。2015 年，吉林长春大成实业有限公司在历经停产和资产重组后恢复生产，年产能已达到 80 万吨；宁夏伊品年产能达到 37 万吨；梅花生物年产能达到 36 万吨；希杰（中国）公司年产能达到 25 万吨，四大企业的合计年产能占全国的 80%以上，龙头企业议价能力明显提升，也加剧了国内市场供大于求的局面，中小厂家面临巨大压力。着眼于未来的国际市场，赖氨酸在饲料、营养品和化妆品等生产行业有广泛应用需求，仍有较大的发展空间。

苏氨酸是近年来需求增长最快的氨基酸品种之一，产品用于医药、化学试剂、食品强化剂、饲料添加剂等方面。国外苏氨酸发酵产业发展较早，日本味之素公司是世界上主要的苏氨酸生产企业。近年我国苏氨酸市场扩张速度明显加快，在全球苏氨酸市场具有一定的议价能力。2015 年全球苏氨酸产量 50 万吨，我国达到 37 万吨，产量较 2014 年增长了 9 万吨；出口量为 26 万吨，同比增长约 22%。苏氨酸行业集中度高，梅花生物和阜丰集团两家企业的产能远超国内其他厂家，形成双寡头格局。2015 年梅花生物拥有苏氨酸产能 15 万吨，当年生产苏氨酸 15.28 万吨，处于满负荷运转状态。阜丰集团也于 2015 年顺利扩产，苏氨酸产能从 5.1 万吨提升为 13.6 万吨。

蛋氨酸是氨基酸产品中为数不多的需要全合成生产的品种之一，主要用于家禽饲料、医药和香精行业等，近年来全球市场需求量一直保持 6%的增长速度。蛋氨酸生产工艺复杂，国际上主要生产企业包括赢创（蛋氨酸产能 58 万吨）、安迪苏（41 万吨）、诺伟司（28 万吨）和住友（16 万吨）等，我国进口替代及需求增长空间巨大。我国蛋氨酸进口依存度较大，2015 年进口蛋氨酸15.8万吨，比2014年增长20%。安迪苏公司是最早在中国建立蛋氨酸生产基地的全球性企业之一，其南京蛋氨酸工厂二期已完工投产，蛋氨酸产能达到14万吨，进一步巩固其全球领先的市场地位。宁夏紫光天化蛋氨酸有限责任公司投资60亿元分三期建设饲料级DL-蛋氨酸及相关配套设施，一期实现产能5万吨，2015年完成产值13.9亿元；至2016年8月，其二期蛋氨酸项目已具备投产条件，下一步将加快推进三期10万吨/年蛋氨酸项目建设，争取2018年建成投产，全部建成后产能将达到20万吨。山东新和成氨基酸有限公司的一期5万吨蛋氨酸项目已基本完成，于2016年12月提出定增募资49亿元用于投资25万吨蛋氨酸项目，扩产后目标产能达到30万吨。未来我国蛋氨酸供需行情有望取得实质性改变。

此外，国际小品种氨基酸和药用氨基酸的市场需求正在不断增长，市场前景诱人。一方面，饲料市场技术进步和产品细分为小品种氨基酸打开一定发展空间，例如色氨酸是动物体内不能合成又具有多项生理功能的必需氨基酸，用途广泛，目前处于快速成长期，需求及产能迅速增加，国内厂商正在积极扩产，2015年合计产能达到1.1万吨。另一方面，我国许多氨基酸研制仅停留在实验室阶段，氨基酸保健品生产企业多但生产规模都很小，有着较广阔的拓展空间。

(2) 有机酸　有机酸种类繁多、用途广泛，除用作食品与饲料添加剂外，在医药、化妆品以及工业上有多方面用途，我国有机酸产业在世界上有着重要地位，是最大的柠檬酸生产与出口国，产能约占全球的75%，产量的70%～80%用于出口。2015年，我国柠檬酸产量约为212万吨，行业平均产酸率达到15.86%，平均总收率为89.86%，较“十二五”初期的行业平均水平有明显提升。由于产业扩展过快、产能过剩严重以及美国、欧盟等国市场反倾销措施严厉等原因，我国近几年柠檬酸出口呈现量增价减的走势，国内柠檬酸行业运转困难，加快淘汰落后产能、调整产品结构、加强高值衍生产品及应用领域的开发、在扩大内需市场的同时实施“走出去”战略成为脱困之道。我国柠檬酸行业集中度高，主要企业包括潍坊英轩实业有限公司（柠檬酸产能30万吨）、日照金禾生化集团股份有限公司（25万吨）、安徽丰原生物化学股份有限公司（22万吨）等，山东昌乐柠檬酸特色产业基地的产业发展带动效应显著。

维生素C是我国大宗原料药的代表产品，我国维生素C产业拥有自主知识产权、生产成本低廉、产业集中度高、国际市场份额高，目前供需处于饱和状态。2015年，我国维生素C出口量12.37万吨，同比增长1.4%。乳酸主要用于食品工业和生物基材料单体，2015年，我国乳酸产量约12.8万吨，出口占总产量的29%，国内食品级乳酸产能已经饱和，用于生物基材料聚合的乳酸发展步伐加快，中国科学院天津工业生物技术研究所的微生物发酵制造D-乳酸技术已经在山东寿光巨能金玉米有限公司中试生产，年生产能力1万吨。葡萄糖酸作为蓬松剂、凝固剂、螯合剂、酸味剂而广泛应用于食品、医药、建筑等行业。目前我国葡萄糖酸产能约100万吨，2015年产量约60万吨，产品出口量占总产量的24%。

（3）酶制剂　生物酶具有优越的催化性能，广泛应用于食品、饲料、洗涤、纺织、造纸、制革、医药、开采、化工等领域。近年来，食品饮料和纺织品等市场的急速扩增为工业酶制剂的市场发展提供强劲动力，食品酶制剂已成为我国12万亿元产值的食品行业发展的重要推动力，酶制剂的全球市场产值在2015年已达到46.2亿美元。全球食品和工业酶制剂的生产商仍呈现寡头垄断局面，荷兰帝斯曼集团、丹麦诺维信公司、美国杜邦公司的行业主导地位仍然十分显著。2015年，我国酶制剂产量约为120万吨，同比增长4.3%，销售收入亿元以上企业达到8家，产品品种增多，产品大类超过20种，一些特种酶陆续实现商业化生产。产品市场竞争力大大提高，改变了以往国外产品占绝对主导地位的局面，国产酶制剂产品国内市场占有率显著提升，已由“十二五”初期的不足10%提升到现在的近30%，与2014年相比，2015年产品出口量增加3.9%，出口额增加5.8%。未来，技术含量和附加值更高的复合酶制剂与精制酶制剂将成为重要发展方向。广东溢多利生物科技股份有限公司是目前亚洲最大、产品品类最全的酶制剂生产商，公司于2015年先后收购主营甾体激素医药中间体的新合新、主营甾体激素原料药的利华制药，打通甾体激素产业链。2017年1月，该公司提出定增预案，拟募资10.86亿元，其中2.5亿元用于年产1.5万吨食品级生物酶制剂项目，2.5亿元用于年产2万吨生物酶制剂项目，2亿元用于年产1200t甾体药物及中间体项目，3亿元用于药物制剂系列产品建设项目，以及0.86亿元用于收购长沙世唯科技有限公司51%股权项目，在医药领域和农牧领域进行产业延伸。

2. 生物基化学品产业

化学品的生物制造是生物产业的重要组成部分，主要包括大宗基础性化学品与化工原料，重要的化学单体与中间体，以及精细化学品等。当前全球生物基化学品与聚合物的产量估计值已经达到每年5000万吨，2020年全球生物基产品销售额预期将达到3750亿美元以上。经过“十二五”期间的发展，我国完成了乙烯、化工醇等传统石油化工产品的生物质合成路线的开发，实现了生物法DL-丙氨酸、L-氨基丁酸、琥珀酸、戊二胺/尼龙5X盐等产品的中试或小规模商业化，针对一批化学原料药与中间体生产开发了清洁高效的生物工艺，在提高产品品质的同时，取得了显著的节能、节水、减少有毒物质与废水排放效果。

丁二酸（琥珀酸）是重要的有机化工原料及中间体，在化工、材料、医药、食品领域有着广泛的用途。荷兰DSM公司、美国Myriant公司、美国BioAmber公司、德国BASF公司及日本三菱化学公司等已开发出微生物发酵法生产丁二酸的生物制造技术，2015年全球丁二酸的表观消费量约为10万吨。我国主要的二元酸生产厂家包括山东兰典生物科技股份有限公司、中国石化扬子石油化工有限公司和常茂生物化学工程股份有限公司等，技术合作机构包括南京工业大学和中国科学院天津工业生物技术研究所。2016年12月，美国BioAmber公司和韩国希杰集团签署合作意向，拟在中国建立一家合资企业，结合BioAmber的琥珀酸技术改造希杰现有的发酵设备，每年生产3.6万吨生物基丁二酸，预期将于2018年第一季度正式投产，产品供应亚洲市场。

异戊二烯是极其重要的碳五双烯烃，可通过聚合合成橡胶、塑料以及萜烯类化合物，目前主要由石化原料生产。由于化石资源的匮乏，以生物质为原料的异戊二烯生物合成线路受到研究者的关注，目前处于中试放大阶段。浙江大学于洪巍教授课题组通过在酿酒酵母线粒体中构建异戊二烯合成途径，发现双重改造的线粒体途径与细胞质途径具有协同效应，异戊二烯产量较仅改造线粒体或细胞质途径分别提升2.1倍和1.6倍，实现了目前报道的真核细胞生产异戊二烯的最高产量。

甾体激素药物是全球仅次于抗生素的第二大类药物。我国是全球甾体原料药最大的生产和供应基地，目前，我国甾体药物年产量占世界总量的1/3左右，生产能力和实际产量均居世界第一位。龙头企业包括浙江仙琚制药股份有限公司、天津天药药业股份有限公司、天津市津津药业有限公司等。中国科学院天津工业生物技术研究所吴洽庆研究员和朱敦明研究员团队在和金耀集团开展的一种甾体药物关键中间体生物转化合成中取得显著成效，产品纯度和得率均达到90%以上。

L-天冬氨酸是天然存在的重要氨基酸，在医药、食品和化工等方面有着广泛的用途，国内生产规模约2万吨/年。L-天冬氨酸传统生产工艺步骤繁琐，并有大量的副产物外排，环境污染大。中国科学院天津工业生物技术研究所吴洽庆研究员团队和天津渤化集团开展天冬氨酸的酶法生物制造技术合作，实现了4t规模的中试转化试验。2016年9月，中国科学院天津工业生物技术研究所与安徽雪郎生物科技股份有限公司就“L-天冬氨酸一锅双酶法新工艺”项目合作签约，项目的产业化将实现一步法催化生产L-天冬氨酸的绿色新工艺，降低氨、硫酸等的使用量，提高过程经济效益的同时实现节能减排。

肌醇是重要的生物医药原料，也可用作健康营养品、高端饲料和婴儿奶粉等产品的原料。肌醇的传统生产主要依靠化工提取，污水排放量非常大，主要是含磷废水排放量太高。依靠新的专利技术，采用生物合成的方式来替代生产，不但能够实现零排放，生产工艺成本也大大下降。2016年4月，四川省自贡市政府与中国科学院天津工业生物技术研究所签订协议，共同打造“自贡生物科技产业园”，拟新增投资10亿元人民币，建设年产1万吨肌醇项目生产线、年产1000t 5-氨基乙酰丙酸生产线、年产100t谷胱甘肽项目示范生产线和年产10t人参皂苷项目生产线，预计到2020年产值可达50亿元以上。2016年8月，中国科学院天津工业生物技术研究所与成都远泓生物科技有限公司签署生产专利技术转让协议，预期引发上千亿元规模的市场。

3．生物基材料产业

生物基材料是新材料制造的生力军，其应用市场近年来发展十分迅速。欧洲Nova研究所分析报告指出，2016年全球生物基聚合物的产能达660万吨，比2014年增长4%，预期到2021年达到850万吨；2016年产值为130亿欧元，而2014年仅为110亿欧元，儿童玩具、包装材料、工业耐用品等应用市场发展迅速。我国生物基材料产业处于实验室研发阶段迈向工业化生产和规模应用阶段，主要品种生物基材料及其单体的生产技术在近年取得了长足发展，已形成以可再生资源为原料的生物材料单体的制备、生物基树脂合成、生物基树脂改性与复合、生物基材料应用为主的生物基材料产业链。2015年，我国生物基材料与关键单体的年产能约为600万吨，形成环渤海、长三角、珠三角三个产业集群。近两年，通过实施国家发改委、财政部的“生物基材料产业专项实施计划”、中国科学院科技服务网络（STS）计划“生物基合成材料产业链建设和示范”项目等，建立生物基材料产业链联盟以及产业应用示范区，打通生物基材料上下游技术链和产业链中的关键技术难点，有力推动了中国生物基材料产业发展进程。

目前，国内生物基材料的研究单位主要有中科院长春应用化学研究所、中科院宁波材料研究所、中科院理化研究所、中科院天津工业生物技术研究所、清华大学等，技术合作企业包括江苏海正集团、江苏允友成生物环保材料有限公司、山东通佳机械有限公司、广州碧佳新材料有限公司、佛山碧嘉高新材料科技有限公司、山东兰典生物科技股份有限公司、山西金晖兆隆新材料有限公司等。

在淀粉基降解塑料（PSM）产业化方面，国内市场以包装薄膜、农用薄膜、日用塑料和泡沫塑料等为主，主要生产企业包括武汉华丽生物材料有限公司（年产能 6 万吨）、深圳虹彩新材料科技有限公司（3.0 万吨）、烟台阳光澳洲环保材料有限公司（1.5 万吨）、广东上九生物降解塑料有限公司（1.0 万吨）、南京比澳格环保材料有限公司（1.0 万吨）、广东益德环保科技有限公司（1.0 万吨）、浙江华发生态科技有限公司（0.8 万吨）、常州龙骏天纯环保科技有限公司（0.8 万吨）等。

在聚酯产品研发与产业化方面，聚羟基脂肪酸酯（PHA）年总产能超过 2 万吨，产品类型和产量均处于国际领先地位，正向着材料的多样性和生产技术的先进性发展。材料的多样性在多种单体及其分布、分子量、聚合方式等方面越来越细化，形成了 PHA 组学的概念。而合成生物学技术的应用与蓝水生物技术的出现，有望大幅度降低 PHA 的生产成本，更有经济性和竞争性。PHA 已经有一些商业化的例子，同时，PHA 在医药等领域的高附加值也被不断开发出来。主要的研究单位有清华大学、中国科学院微生物研究所、天津工业生物技术研究所以及深圳先进技术研究院等。同时，聚丁二酸丁二酯（PBS）、聚丁二酸己二酸丁二酯（PBSA）、聚对苯二甲己二酸丁二酯（PBAT）合计年产能已超过 10 万吨。国内主要研究单位有中国科学院理化所、清华大学、四川大学等，主要的企业包括安庆和兴化工有限公司（年产能 1 万吨 PBS）、杭州亿帆鑫富药业股份有限公司（1.3 万吨 PBS、PBAT）、广州金发科技股份有限公司（3 万吨 PBSA）、山东悦泰生物新材料有限公司（2.5 万吨 PBS、PBAT）、新疆蓝山屯河聚酯有限公司（0.5t 薄膜级 PBS、PBAT，3 万吨生产线待建）和金晖兆隆高新科技有限公司（2 万吨 PBS、PBAT）等。

4. 生物能源产业

（1）生物乙醇　2015 年，全球生物液体燃料消费量约 1 亿吨，其中燃料乙醇全球产量约 8000 万吨。我国是世界上第三大生物燃料乙醇的生产国和应用国，仅次于美国和巴西，但总产量占比仅为约 3%，与前两者相比差距明显。2015 年美国燃料乙醇产量达 4422 万吨，占全世界产量的 58%，我国燃料乙醇年产量约为 210 万吨，调和汽油 2500 万吨，但仅占当年全国汽油总消费量的 20%。同时，我国燃料乙醇在生产效率、能源耗费、污染排放等方面，也与美国存在较大差距。由于国内燃料乙醇生产成本较高，美国出口至中国的燃料乙醇在2015年和2016年出现井喷式增长，令中国一跃成为美国第二大燃料乙醇进口国。

过去几年中，我国燃料乙醇行业规模受制于粮食安全和玉米库存，燃料乙醇行业政策支持力度减弱，2016年，中国玉米面临高达2.5亿吨的库存，作为去库存途径的乙醇行业将再次迎来政策红利。国务院批准自2016年9月1日起将玉米淀粉、酒精等玉米深加工产品的增值税出口退税率恢复至13%，东北三省一区玉米深加工补贴政策先后出台，有望提振燃料乙醇市场。同时，2015年以来新增非粮燃料乙醇项目较多，纤维素乙醇有望走上快车道，包括天冠生物能源（天津）有限公司年产60万吨非粮木薯燃料乙醇项目、中聚天冠生物能源（福建）有限公司年产50万吨非粮木薯燃料乙醇项目、国投广东生物能源有限公司年产15万吨木薯燃料乙醇项目、湖北天冠生物能源有限公司年产10万吨纤维素燃料乙醇项目等。

近年来，国内多个城市长时间处于雾霾空气污染环境中，乙醇替代汽油的应用推广既能实现节约能源资源，又可减少汽车排出的有害气体，有利于优化能源结构、改善大气环境。国家发展改革委等七部门印发《加快成品油质量升级工作方案》明确要求自2016年1月1日起，东部地区11个省市（北京、天津、河北、辽宁、上海、江苏、浙江、福建、山东、广东和海南）全面供应符合国Ⅴ标准的车用汽油（含E10乙醇汽油）和车用柴油（含B5生物柴油）。湛江成为广东第一个封闭实行乙醇汽油的地级市，要求2016年3月起封闭推广销售使用车用乙醇汽油。

（2）生物柴油　国际油价长期持续低迷，导致生物燃料在交通运输中的需求减少。2015年，全球生物柴油产量出现首次下滑，全年产量约2910万吨，同比减少2.3%，而此前十年全球生物柴油产量年均增幅为250万吨。欧盟和阿根廷生物柴油产量大幅减少，而巴西、哥伦比亚和印度尼西亚的产量有所增加。据不完全统计，2015年我国生物柴油产能约为415万吨，同比增长13.7%；实际产量为118万吨，同比增长24.2%。尽管产能及产量都有所提升，但产能利用率仍较低，开工率严重不足，无法满足巨大的市场需求。为此，生物柴油企业正在积极寻求替代原料，开发和推广生物柴油新技术，加快建设工业装置。同时，建立行之有效的生物柴油国家级协调机制，从全产业链通盘考虑启动生物柴油试点示范工作，推行封闭化专供专销，有望解决生物柴油原料供应问题，让生物柴油产业发展步入良性轨道。2016年3月，深圳市日东生物能源有限公司历时10年斥资上亿元成功研发的“第三代生物柴油项目”入驻深圳市才智云创园，其研发的纳米再生生物柴油的成分 100%为烷烃，可在现今市场上任意一款柴油发动机上使用，且无需对柴油机进行调校。2016 年 5 月，中国科学院大连化学物理研究所与沈阳化工研究院有限公司、清华大学共同完成的“富油能源微藻培育与生物柴油制备技术”在北京通过了由中国石油和化学工业联合会组织的科技成果鉴定，为实现能源微藻稳定工业化生产和微藻基高值天然产物生产等实际应用奠定了技术基础。

5. 绿色生物加工

近年来，我国经济快速发展，但资源和能源消耗是世界平均水平的 2～3 倍。造纸、纺织和医药化工等轻化工产业普遍存在高能耗、高物耗、高水耗的问题，是环境污染的重点源头，迫切需要引入节能减排的绿色工艺来缓解产业压力，而基于酶的绿色生物工艺可以显著降低能耗、物耗和水耗，近年来取得一定进展。针对传统纺织行业的绿色生物工艺改进，2016 年 7 月，中国科学院天津工业生物技术研究所宣布成功研制出退浆精炼复合生物酶制剂，并针对该酶制剂开发了生物酶法前处理工艺，可以将传统工艺中的退浆和精炼合并成一步完成，完全替代传统碱处理工艺，达到了节能、节水、减排、提高品质和降低成本的良好效果，并在河北宁纺集团成功完成了 10 万米布的生物酶法前处理工艺的应用示范和推广，大大推动了我国纺织行业从传统的高能耗、高水耗、高污染工艺向绿色、环保、可持续发展的生物新工艺的转型升级。中国科学院理化技术研究所研发的酶法骨明胶生产技术使得骨明胶生产周期由 60 天缩短至 3 天，吨胶耗水减少 50%，消除了固废排放，减少了吨胶用工量，提高了优质胶得率，同时降低了成本。该技术 2016 年 9 月在宁夏鑫浩源生物科技股份有限公司实现 3000t/a 生产线投产运行，标志着我国自主研发的酶法骨明胶生产工艺技术经过中试、工业示范正式进入规模化、商业化运营阶段，将对明胶行业的绿色生产具有重要的带动示范效应。目前采用酶法骨明胶生产技术在建的明胶生产线还有内蒙古包头东宝生物技术股份有限公司（年产能 3000t，预计 2017 年 6 月投产）、安徽丰原集团有限公司（年产能 3000t，预计 2018 年年底投产）等，到 2020 年将形成 10 000t 年产能。

三、结束语

当前，全球生物科技领域呈现出系统化突破性发展态势，生物及交叉应用领域不断涌现出颠覆性创新应用，随着我国国家创新驱动发展战略的深入实施，创新型国家建设进程加速，我国生物制造产业发展面临重要的历史机遇。经过“十二五”的发展，我国在生物制造领域自主创新能力显著增强，生产技术水平大幅提高，产品与服务国际竞争力明显提升，已经形成加快发展、实现赶超的良好基础。

为了更好地迎接即将蓬勃发展的生物经济，未来我国应围绕生物产业发展技术支撑需求，做好生物制造与上游生物农业、下游生物服务产业的融合，推动高效、清洁、低碳、循环的生物制造产业创新体系建设。在研究与开发方面，瞄准生物科技发展前沿，加强人工生命体、基因组编辑、分子识别与生物传感、仿生制造等颠覆性技术创新和应用的基础科学问题研究，重点开发二氧化碳等单碳资源的生物转化、天然化合物的异源合成、生物基材料的规模制造等方面实现关键技术与工艺突破，夯实技术应用转化基础。在产业发展方面，按照“创新发展”和“绿色发展”的要求，推进提质增效、加快转型升级，进一步提升发展质量与效益，构建大宗发酵产品、大宗化工产品、功能性材料、先进能源产品等生物制造核心技术体系，构建具有系列化、智能化、多元化、精细化特色的产品体系，持续提升生物基产品的经济性和市场竞争力；构建高效的工业生物催化与转化技术体系，大幅提高工业酶和蛋白质的催化效率、工业应用属性，显著降低生产成本。在行业与市场发展方面，提高供给结构对需求变化的适应性和灵活性，加强供给侧改革，推动调整优化产业升级，培育一批具有产业自主创新能力和国际竞争水平的代表性企业，进一步协调加快完善产业集群建设，构建国际合作新机制，抓住“一带一路”建设的历史契机，推动产业链全球布局，拓展发展新路径。加快我国推进创新型工业化建设，满足人民群众在健康、生态方面的新需求，打造经济增长新动能，推进我国生物制造强国建设进程。

（撰稿专家：刘斌）

生物制氢

一、概况

氢能是指氢气氧化燃烧时释放出的化学能。氢在地球上主要以化合态的形式出现。氢气（H_2）制取需要消耗大量的一次能源（如煤、天然气、原油、太阳能等）。因此，氢能是一种二次能源。氢气是无色无味、极易燃烧的双原子气体，氢气是密度最小的气体。在标准状况（0℃和1atm）下，每升氢气只有0.0899g，仅相当于同体积空气质量的1/14。

作为一种理想的二次能源，氢气具有几大优点：资源丰富（自然界最普遍的元素）、燃烧热值最高（没有碳、氧等其他原子，热值为142 kJ/g，约为汽油的3倍）、清洁环保（产物为水）。此外，氢气可以通过燃料电池高效地转化为电能，并且可作为一种高密度能源存储的载体。氢气可以由水制取，而水是地球上最为丰富的资源，演绎了自然物质循环利用、持续发展的过程。

氢气作为全球最重要的化工中间体之一，每年有超过5000万吨产量和超过5000亿元人民币的市场规模。氢气主要用于制造合成氨和石油精炼。它也应用于玻璃磨光、黄金焊接、气象气球探测、食品工业（如生产木糖醇、山梨醇、饱和脂肪等）中。液态氢可以作为火箭燃料。工业上生产氢气的方式很多，大约95%氢气由煤炭气化制氢、重油及天然气水蒸气催化制氢而来，但化石资源储量有限，且制氢过程会对环境造成污染和温室气体排放。电解水是工业产生氢气的另一种途径，约占4%。然而，水分子中的氢氧原子结合得十分紧密，电解时要耗用大量电力，比燃烧氢气本身所产生的能量还多，因此直接利用火电厂生产电力来电解水，在经济上非常昂贵，在能量效率上也是不合算的。大约1%氢能可由通过生物质热化学转化或生物法转化方法生产，虽然现在成本和各种技术问题还较多，但从可持续发展的角度看，利用生物质制氢技术在能耗和环保上将具有一定优势。

本文所说的生物制氢是指利用生物催化剂（如微生物、多酶分子机器）生产氢气，而不是指利用生物质通过热化学转化制氢。生物制氢由于使用了生物催化剂，因而也享有生物催化带来的一系列优点，包括反应条件温和、能耗低和底物专一性高。与基于生物质热化学转化制氢不同，生物制氢技术的研究发展较晚，目前仍处在实验室研究或中试示范阶段，距离产业化还有一定的距离。生物制氢有潜力实现分布式、低投资、绿色产氢，随着近年来燃料电池和新能源汽车的大力推动，越来越得到国内外的广泛关注。

二、主要产品与技术

传统生物制氢的方法主要通过微生物细胞工厂催化，有四大类：光解水制氢、暗发酵制氢、光发酵制氢和光暗发酵耦合制氢。美国可再生能源实验室、斯坦福大学、韩国科学院以及我国的哈尔滨工业大学、中国科学技术大学等单位在这些方面有着突出的贡献。此外，近年来随着体外合成生物学的发展，多酶分子机器作为一个全新生物制造平台（是生物制造 4.0 的重要组成之一），有望在制氢领域替代传统的微生物细胞工厂，实现高得率、高速度、分布式、小型化生物制氢。

1. 光解水制氢

光解水制氢是微藻及蓝细菌以太阳能为能源，以水为原料，通过光合作用及其特有的产氢酶系，将水分解为氢气和氧气，不产生 CO_2。蓝细菌（比如鱼腥蓝细菌 *Anabaena* sp.，颤蓝细菌 *Oscillatoria* sp.）和绿藻（比如莱茵衣藻 *Chlamydomonas reinhardtii*，斜生栅藻 *Scenedesmus obliquus*）均可光裂解水产生氢气，但它们的产氢机制却不相同。蓝细菌类是通过固氮酶和氢化酶催化产氢；绿藻则是通过光合作用，利用氢化酶产氢。氧气对固氮酶和氢化酶有抑制作用。此方法因涉及光能的吸收与转化，其产氢速度慢，且光能-氢能能源效率低，同时由于工业化生产设备和面光源收集的问题，制约了光解水制氢技术的应用。即使光能-氢气的能量转化效率达到 10%，日产 1500kg 氢气的工厂将占地超过 100 000m^2。

2. 暗发酵制氢

暗发酵制氢是异养型厌氧细菌利用碳水化合物等有机物，通过厌氧发酵生产氢气。此方法可利用各种工农业废弃物作为原料。此外，发酵制氢通常有较高的反应速度且不依赖光源，主要产生乙酸、丁酸与氢气。理论上，1mol 葡萄糖根据不同的代谢途径能产生 2～4mol 氢气。暗发酵制氢有着氢气得率极限，Thauer 极限是指微生物最大能从 1mol 葡萄糖生产 4mol 氢气，一般达到 1mol 葡萄糖产生 2～3mol 氢气。此方法的反应速率快、原料来源广，但是产氢得率低，如何提高产氢得率是该技术应着重解决的最重要问题之一。

3. 光发酵制氢

光发酵制氢是光合细菌（比如球形红细菌 *Rhodobacter spheroids*，夹膜红细菌 *R. capsulatus*）利用有机物（如小分子有机酸、醇类物质）通过光发酵作用产生氢气，主要通过氢化酶的催化。有机废水中含有大量可被光合细菌利用的有机酸和醇类，因此近年来，利用牛粪、精制糖、豆制品、乳制品、酿酒废水等作底物进行光合细菌产氢的研究较多。此方法的速度比光解水制氢高，比暗发酵制氢高。此方法（基于化学能）的能量转化效率比较高。

4. 光发酵和暗发酵耦合制氢

暗发酵利用各种碳水化合物联产氢气和有机酸，有机酸是最大能量出口之一，降低碳水化合物到氢的能量转化效率。通过光发酵和暗发酵耦合制氢技术，将两种发酵方法结合在一起，通过协同作用相互补充，让光发酵细菌利用这些小分子有机酸进一步产生氢气，可以大大提高产氢得率。理论上，光暗发酵耦合制氢可达到 1mol 葡萄糖产生 12mol 氢气，效率提高主要是因为太阳能的输入。然而实际上的得率远远低于理论水平，一般最高为 1mol 葡萄糖产生 6～8mol 氢气。同时，这个过程需要两个不同的生物反应器，生产速度慢，工业放大困难。

5. 多酶分子机器制氢

多酶分子机器是相对于细胞工厂而言，将不同来源的热稳定酶构建成的人造代谢途径，可以完成微生物不能实现的生物反应。由于没有了细胞膜和细胞生长代谢的需要，多酶分子机器可以达到比细胞反应更快的反应速率和实现更高能量的转化效率。同时，还具有更宽的反应条件、有毒原料耐受性以及能够完成自然界不存在的某些生物反应。目前这套技术体系已经用于实现直接糖转化到电能（高能糖电池）、纤维素变人造淀粉（人造粮食）、糖产液体生物燃料（如异丁醇、正丁醇等）。

多酶分子机器近年来也取得了一系列重要进展。以美国弗吉尼亚理工大学的张以恒教授为首的科学家首创构建了一系列没有 ATP 和 CoA 的人造代谢途径，可将葡萄糖、淀粉、蔗糖、木糖乃至木质纤维素，以接近理论得率的转化率将六碳糖和五碳糖高效地转化为氢气，就是 1mol 葡萄糖产生

12mol 氢气和 1mol 木糖产生 10mol 氢气。这一得率远远高于异养型厌氧细菌为催化剂的生物制氢。从反应速率来看，多酶分子机器产氢速率已从最初速度［0.48mmol/(L·h)］提高超过 1000 倍，达到 1g/(L·h)，超过暗发酵制氢速度，远远超过光发酵制氢速度。日产 1500kg 氢气的工厂将仅需要 $80m^3$ 的厌氧生物反应器。该技术曾经被多家知名媒体报道，包括美国 MIT 科技评论、英国经济学人、德国明镜周刊、中国人民日报、中国参考消息、美国 Yahoo。我国政协副主席陈元同志在《求是》杂志上点评该技术为“促进能源独立和自给，维护能源和经济安全；弥补生态环境透支，实现绿色可持续发展；改善农民生活，推动城乡一体化；加快科技进步，抢占技术制高点”的典型。

三、市场分析

生物制氢目前尚未形成单独的产业。以微生物细胞制氢的技术由于受到其产氢速率和效率，以及原料成本、设备等限制，主要应用在一些污水处理和城市林业废弃物处理的行业中，作为污水和废弃物处理的副产品，产得一定量氢气。例如，2005 年哈尔滨工业大学任南琪教授团队完成了世界首例废水发酵生物制氢示范工程，日产氢气 $350m^3$，成功完成氢燃料电池耦合发电示范，可满足上百户居民的用电。

在未来，以多酶分子机器为核心的生物制氢技术将利用碳水化合物（不是废弃物）为原料生产高纯度、高得率、高速度氢气，和氢燃料电池对接，为燃料电池汽车、便携式燃料电池、固定式燃料电池系统等提供高效、碳中性、低成本的氢能。

尽管美国最先开展氢燃料电池汽车研究，日本丰田率先取得了重大突破，将氢燃料电池汽车的售价降低到大约 5 万美元一辆，日本政府力推丰田的氢燃料电池汽车，而不是基于锂电池的全电汽车，日本政府以每台补贴 200 万日元（约合 19 600 美元）的方式支持量产的氢燃料电池车。日本政府已制定了燃料电池汽车的普及时间表，除了在 2015 年的购车补贴，计划在 2025 年将燃料电池汽车的价格降低到 300 万日元以下，和油电混合汽车相同。韩国现代和德国宝马公司分别在 2013 年和 2015 年将氢燃料电池汽车产品推入市场。欧美各国已经启动相关推广和加氢站计划，例如美国加州 2017 年计划达到 68 个，日本 2025 年计划建设 1000 家。日本致力于在 2020 年东京奥运会之前创建“氢能社会”。

我国近年来也开始布局氢燃料电池汽车战略。我国汽车产量每年以10%的速率在增长，最令政府担心的就是尾气排放问题，中国发展氢燃料电池汽车的需求不言而喻。早在1999年，清华大学就做出了第一辆氢燃料电池观光车。2004年，我国自主研发的第一辆氢燃料电池大巴从北京凯宾斯基饭店开到了人民大会堂。上汽自2008年推出第一代燃料电池汽车，目前已经发展了三代产品。在2008年奥运会和2010年世博会期间也分别推出氢燃料电池示范车。在包括北京奥运会、上海世博会、各地的马拉松等重大活动，以及13个试点城市，以上汽和上海大众为首已经启动数百辆大巴、观光车、轿车等。2015年财政部联合多部委发布的《关于2016～2020年新能源汽车推广应用财政支持政策的通知》提出，2017～2020年除燃料电池汽车外其他车型补助标准适当减少。燃料电池汽车的补贴优势正逐步扩大。2016年4月，国家发展改革委印发了《能源技术革命创新行动计划(2016～2030年)》，并同时发布了《能源技术革命重点创新行动路线图》，提出15项重点创新任务，包括氢能与燃料电池技术创新和先进储能技术创新等。2016年8月27日，联合国开发计划署在中国的第一个“氢经济示范城市”项目在江苏如皋市正式启动，该项目旨在推动包含燃料电池汽车在内的全方位氢能示范应用。

便携式燃料电池产品在欧美已有产品上市，将为电网难以到达的地方和场景提供清洁能源解决方案，例如户外旅行、探险、野外作业、军事勘察等。江苏中靖公司开发出2W燃料电池充电器，已被中国军队所采用。美国陆军装备中许多充电设备，也是不同大小规格的便携式氢燃料电池。

固定式电站在中国市场潜力巨大，尤其是偏远地区移动通信基站的电力供给，传统电网的建设代价过高。如果生物制氢和氢燃料电池技术耦合取得成功，则每年可从中国电信行业电池销售额的500亿元市场中分得一杯羹。

在加氢站基建方面，我国第一座加氢站于2007年由上海舜华在上海安亭建成。目前中国有4座固定加氢站和数辆移动加氢车，在上海已有超过万辆的氢燃料电池汽车的需求。

随着新材料的应用和产能规模化提升，氢燃料电池中的催化剂、质子交换膜以及双极板等主要部件的成本将大幅降低。预计到2020年燃料电池动力系统成本将下降60%。目前，全球燃料电池车市场处于起步阶段。预计到2030年全球燃料电池车销量将达到100万辆左右，市场规模有望超过2000亿元，分布制氢加氢站将有着30亿～50亿元的市场规模。

四、研发动向

总体上，生物制氢技术尚未完全成熟，在大规模应用之前尚需深入研究，降低生物制氢成本和提高反应速率，将与现有煤制氢或天然气制氢成本可比。

暗发酵制氢，无论是纯种还是混菌培养，提高关键菌株产氢效率都是最重要的工作。条件优化手段已经不能满足这一要求，需要运用分子生物学的手段对菌种进行改造，以达到高效产氢的目的。

多酶分子机器产氢技术具有最高生物产氢速度[1g/(L·h)]和能量转化效率（1mol葡萄糖产生12mol氢气），是最具有产业化潜力的生物制氢技术。张以恒教授团队多年来经过不懈的努力，已经在途径设计和优化、热稳酶挖掘、酶库建立、酶工程改造、辅酶利用和电子传递以及制氢反应器设计等方面取得了许多重大突破，目前产氢最高速度可达到500mmol/(L·h)，是最好的分布式小型生物制氢技术。如果再提高产氢速度10倍，它将与氢燃料电池汽车（需要氢气1～2kg/h）匹配，成为未来的糖-氢-燃料汽车。

在微生物发酵和光合产氢技术中，发酵细菌的产氢速率最高，而且对条件要求最低；而光合细菌产氢的速率比藻类快，能量利用率比发酵细菌高，且能将产氢与光能利用、有机物的去除有机地耦合在一起，因而相关研究也最多。非光合生物可降解大分子物质产氢，光合细菌可利用多种低分子有机物光合产氢，而蓝细菌和绿藻可光裂解水产氢，依据生态学规律将之有机结合的共产氢技术已引起人们的研究兴趣。菌种的选择和筛选、固定化技术和包埋剂的选择、发酵参数和工艺的改良以及相关制氢反应器的研发都是当前研究的热点。

五、自主创新情况

我国生物制氢技术有很大的进展，国家自然科学基金、“863”项目均给予了支持。发酵法生物制氢技术的研究包括清华大学、中科院广州能源所、中科院过程工程所、中国科学技术大学等。其中以哈尔滨工业大学的任南琪教授团队最具代表性，通过十几年的研究，在理论探讨和技术开发等方面取得了重大的突破与进步：建立了产氢产酸细菌生理生态学理论，打破了产酸发酵类型不可预见和不可控制的约束；发现了产氢能力很高的乙醇型发酵菌，产氢速度比国外利用丁酸型发酵高2～5倍。中科院微生物研究所、上海植物生理研究所、上海交通大学等对光解生物制氢技术都有研究。

张以恒教授在中科院天津工业生物技术所已建立了体外合成生物学中心，和中科院上海高等研究院孙俊松研究员、中科院大连化学物理所赵宗保研究员等合作，在多酶分子机器制氢方向开展后续科研工作，通过酶工程方法改造氢化酶，利用人工辅酶取代天然辅酶 NADP，降低重组高温酶生产成本，构建多酶复合体，实现底物穿梭效应，进行酶固定化等等，进一步提高产氢速率和降低生产成本。该中心致力发展多酶分子机器技术平台，努力实现“顶天立地”的科研，解决国家重大需求，如新能源（糖制氢、直接糖燃料电池）、粮食安全（人造淀粉）、大健康（肌醇、健康糖）、新生物炼制工厂和可持续农业。该中心已成功实现淀粉到肌醇转化项目，降低高温酶生产成本到 1kg 酶 300 元人民币，实现多酶分子机器的全球第一个工业化生产，降低肌醇生产成本为原来的 1/4，减少磷污染为原来的 0.2%。

企业方面，目前生物制氢技术由于成本等原因，只有从实验室孵化出的中试示范，尚未被产业化。基础研究仍然任重而道远。

（撰稿专家：朱之光　张以恒）

生物环保

2016年度生物环保产业发展态势分析

环境问题是21世纪人类关注的焦点问题之一。近年来，环保产业的发展越来越迅速，环保产业主要以防治环境污染、改善生态环境、保护自然资源为目的来进行技术开发、产品生产、商业流通、资源利用、信息服务、工程承包、自然保护开发等活动。生物环保产业是环保产业的一个分支，是指在环境保护方面运用生物技术达到保护生态环境目的的产业。以水污染、大气污染、有机废弃物治理和受损生态系统的治理与修复为重点，大力发展高性能生物环保材料和生物制剂，加快高效生物监测、治理、修复及废物利用等成套技术工艺和装备的示范应用，扩大产业规模。组织实施环保用生物制剂发展行动计划，支持开展污水高效处理菌剂、生物膜、污泥减量化菌剂等生物制剂的开发和推广应用，推进污水生物处理高效反应器、废水深度处理和中水回用成套设备研发。加快有机废弃物腐熟剂、堆肥接种剂、微生物添加剂等专用功能菌剂和有机废物处理、复合肥生产配套装备的研制和产业化推广，推动发展有机肥类和生物复合肥。加快生态系统修复专用植物材料、制剂和装备的研发与规模化应用。

一、生物环保产业发展概况

1. 全球生物环保产业发展概况

对世界生物环保产业的分布情况进行分析，目前该产业依然是以发达国家为主，包括美国、日本、德国等。这些发达国家的环境治理技术，例如日本的垃圾处理、美国的大气脱硫，大都领先于发展中国家。总体上，生物环保产业在世界环保产业所占的份额不大，其企业的营业额大约仅占全球生物技术产业的3%。但是目前环境污染日益严重，生物环保技术由于在治理环境方面，有着不同于物理、化学治理方式的特殊优势，备受世界各国的重视，并积极展开技术研究和市场开发。随着世界各地环保政策的出台和对环保领域投资的加大，环境保护的要求日益严格，生物环保技术也迎来新的发展空间。

目前在全球环保中占巨头的仍是美国，但随着生物环保产业比重的慢慢增大，中国在生物环保方面会有很大的突破，图 2-5 列举出了一些国家在全球环保市场中所占的份额。

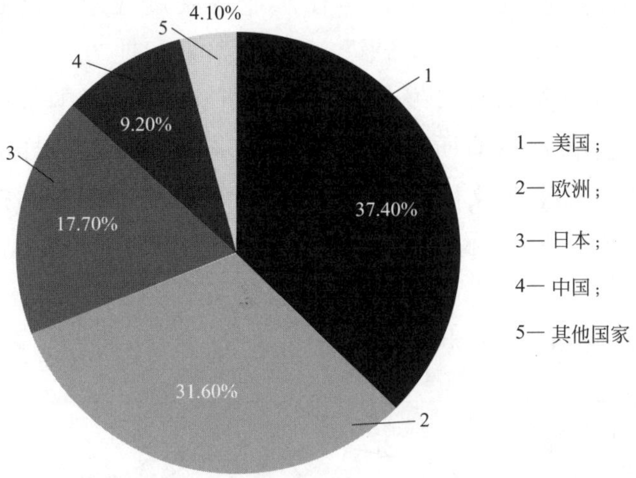

图 2-5　世界主要发达国家和中国环保市场份额

2016 年，发达国家在废水生物处理技术、生物发酵技术、新型生物产品等诸多领域也有不少技术突破和产业化应用，如主流厌氧氨氧化技术、Nereda 好氧颗粒污泥技术、污泥热水解厌氧消化技术等都有新的突破，且取得了较好的成效。

2. 我国生物环保产业发展概况

截至目前，已经出台的和节能环保产业相关的“十三五”规划包括《“十三五”规划纲要》《国家环境保护“十三五”科技发展规划纲要》《“十三五”生态环境保护规划》《“十三五”全国城镇污水处理及再生利用设施建设规划》（征求意见稿）《“十三五”全国城镇生活垃圾无害化处理设施建设规划（征求意见稿）》等文件，对“十三五”期间的环境质量目标、科研技术重点、新增环境基础设施等做出规定。

近年来，中国政府对生物技术的研发投入持续增加，年均增长率达到 28%。我国生物技术发展取得了一批标志性的新成果，生物产业在支撑引领经济发展中的作用日益显现。根据《生物产业发展规划》，到 2020 年生物产业将发展成为国民经济的支柱产业，其重点领域为生物医药、生物医学、生物农业、生物制造、生物能源、生物环保以及生物服务七大产业。

根据2016年年底发布的《"十三五"节能产业环保规划》和《"十三五"生态环境保护规划》，到2020年，节能环保产业增加值要占到GDP的3%左右，成为国内经济的一大支柱产业。截至2015年，我国节能环保的产业产能增加4.5万亿元，增速15%～30%，有的企业增速达到50%，其增加值占GDP的2.1%，从业人数达到3000多万人。

尽管节能环保产业发展迅速，但在产业发展过程中，仍然存在自主创新能力不强，基础性、颠覆性技术缺乏，恶性竞争和地方保护现象等问题，虚标、假标以及违约现象也时有发生，这些都严重影响我国节能环保产业的发展，节能环保产业既面临前所未有的机遇，也面临各式各样的挑战。

近几年，在中央生态文明建设和五位一体的发展理念的指导下，中国的环境保护体系出现了巨大的变化，整个环保行业的变动之剧烈，发展之迅速，也远超过往三十年的总和。图2-6显示了2000～2016年我国生物环保专利和主要科技成果的增长状况。

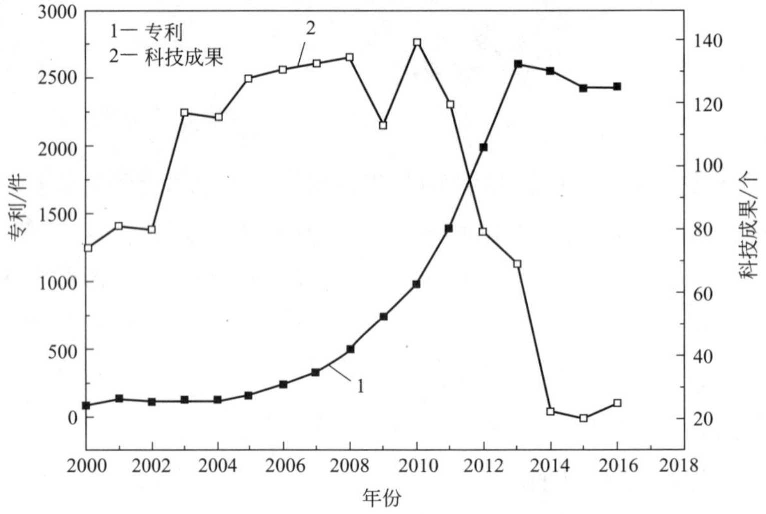

图2-6 我国专利和主要科技成果的增长趋势

二、生物环保产业现状

（一）生物环保技术的应用

1. 废水生物处理技术

目前我国的废水排放量在不断地增长，但是处理效率却不尽如人意。2016年我国城市污水、县级污水及农村污水的处理率分别为90%、82%和10%。这远远不能满足国家对污水处理的要求。目前我国污水处理厂的建造，设市城市的污水处理厂有 2149 座，对污水的处理达到 1.32 亿立方米/天；各县的污水处理厂共 1653 座，污水处理量为 0.29 亿立方米/天。建有污水处理厂的县城占总县城的 88.4%。我国的污水处理厂众多，但是其建设分布及行业发展不平衡。

废水生物处理技术主要包括生物膜法、生物发酵技术和生物强化技术等等。生物膜法最早主要在处理工业废水中应用，MBR 技术是其中应用最广泛也是增长潜力最大的技术选择。2010 年后，大型 MBR 数量和规模的增长速度明显加快。大型 MBR 的总规模在 2010 年突破 100 万吨/天，2014 年突破 400 万吨/天，2015 年达到 700 万吨/天。MBR 主要用于市政污水、工业废水和受污染地表水的处理。目前，在市政污水领域，仅大型 MBR 的总规模就已达 350 万吨/天，占全国城镇污水处理总规模（1.6 亿吨/天）的 2%以上，未来该比例将突破 3%。

在 MBR 工程方面，一系列工程公司为 MBR 系统的设计、安装和运行维护提供整体方案。知名的国际公司包括 GE、西门子、诺卫（新加坡联合环境技术有限公司的子公司）、久保田等。国内工程公司发展迅速，包括碧水源、津膜科技、博天环境、朗新明、新源国能等。在以膜技术为主营业务的公司中，碧水源和津膜科技率先上市。在万邦达、博天环境、北控水务、国祯环保、苏州苏净、江苏维尔利等环境工程上市公司的业务范围内，MBR 工程业务也占据一席之地。一些国内 MBR 公司以工程为基石，逐步掌握膜材料制备技术，呈现出“由下游至上游”的业务进化模式。典型的代表包括碧水源、博天环境（膜产品：中环膜）、新源国能（膜产品：枫科膜）等。在 MBR 工程项目的建设管理模式方面，2010 年以来，诺卫、碧水源、北控水务、万邦达、国祯环保等公司开始将建造-经营-转让（BOT）的模式运用于大型 MBR 工程建设。与之前流行的设计-建造（DB）模式和设计-采购-建造（EPC）模式相比，BOT 模式需要企业投资并在长期运营中回收成本，因此对企业而言更具挑战性，对长期运行中膜材料品质、MBR 系统性能以及工艺调控有效性均提出了更严格的要求。在这个意义上表明，我国 MBR 技术的工程应用逐渐走向成熟。

在众多污水生物处理技术中，厌氧氨氧化技术已经被广泛应用于国内外污水治理过程中。厌氧氨氧化作为一种新型的生物脱氮技术，其显著特点在于不需曝气和有机碳源的参与，这对污水脱氮有着非常重要的发展意义。例如在奥地利 Strass 污水处理厂，它的处理方式是将污水处理的主流工艺与新型厌氧氨氧化技术相结合，以实现更好的处理效果，使剩余污泥的产量达到了最大化。

好氧颗粒污泥技术（Nereda）是一种新型污水生物处理技术，它是在好氧颗粒污泥的基础上发展起来的。相较于传统的活性污泥法，Nereda 在性能方面，形成的污泥浓度更高，污泥沉降效果更好，无污泥膨胀问题，污水的处理效果明显。在能源方面，耗能更低，无需化学药剂的投加，降低了运行成本。荷兰 Epe 污水厂是首个投入使用此项生物处理技术的企业。至 2016 年，世界范围内已经有大概 30 座不同规模的好氧颗粒污泥厂在运行或建设中。

2. 有机固体废弃物的处理

我国有机固体废弃物治理行业发展与发达国家相比较晚。但是随着我国环保政策的不断加大和实施，固废治理行业将会得到充足的发展，对其投资力度也会大幅增加。根据环境保护部所发布的《2014 年全国大、中城市固体废物污染环境防治年报》显示：我国的垃圾产生量很大，尤其是我国大、中城市的生活垃圾。其垃圾总量为 16 148.8 万吨，处置率可以达到 97.41%。其中产生量最大的城市是上海市，为 736 万吨。

（1）污泥生物处理技术　污泥是污水生物处理的副产物，截至 2016 年 3 月，我国已建 3910 多座城镇污水处理厂，污水处理能力已达到 1.67 亿立方米/天。作为污水的衍生品，我国每年产生 3000 万～4000 万吨市政污泥（含水率在 80%）。预计到 2020 年，我国的市政污泥产量将达到 6000 万～9000 万吨。

污泥生物处理常见技术主要包括污泥厌氧消化（发酵）、堆肥等。其中超高温厌氧消化、多级厌氧消化、热水解、高含固厌氧消化等是近年来新出现的技术，污泥发酵沼气产量可提高 20%以上。处理厂日常运营费用较低，处理污泥产生的副产品沼气发电创收，沼渣制成有机肥料创收，污泥土生产路面彩砖、透水砖创收，生物处理沉淀污泥不要政府补贴资金和污水处理厂支出污泥浓缩费、运输费，还能获得可观的经济效益。

厌氧发酵技术主要用于有机固废的处理处置与资源化利用，在城市污泥、工业企业的有机固体废弃物，城市生活垃圾、餐厨垃圾、农业有机废弃物等领域具有广泛的用途。

值得关注的是，近年来有机固体废弃物的高含固厌氧发酵技术有逐渐增加的趋势。高含固厌氧发酵技术是指发酵时有机固废中总固体含量高于 20%（200g/L）的发酵技术，而传统发酵技术一般物料中总固体的含量为 4%～6%（40～60g/L），造成设备体积庞大，固定资产投资较高，厌氧能耗大，厌氧发酵产生的沼气满足自身的加热能源后，往往所剩无几，造成厌氧发酵的能量回收优势并不明显。高含固发酵技术最大的好处是大大减少了发酵罐的体积，节省占地面积；提高厌氧发酵罐有机容积负荷；厌氧发酵罐缓冲能力提高，系统更加稳定，便于运行管理；降低厌氧罐物料加热能耗，节约运行成本；减少固定资产投资；而且由于采用干法发酵，后续的沼渣、沼液问题也得到缓解，减轻了后续处理的成本，因而逐渐得到推广应用。

其次，作为高含固体厌氧消化技术的前处理工艺，高温热水解工艺的应用逐渐增多，污泥热水解技术通过将污泥加热，在一定温度和压力下使污泥中的黏性有机物水解，破坏污泥的胶体结构，可以同时改善脱水性能和厌氧消化性能。另外，污泥处理领域还出现了微生物水解干化蛋白提取技术，污泥微生物通过水解破壁处理后，其胞内蛋白质和水分得以释放，再经过固液分离后，可到含水率35%～45%（减量70%以上）、有机物消减40%～50%的污泥残渣和可资源化利用的含蛋白液体。目前天津裕川环境在该方面已取得一定成绩。表2-38对污泥领域的高温热水解工艺和高含固厌氧消化工艺进行了总结。

表2-38　2015年以来启动建设的规模以上高含固厌氧消化工艺

工程地点	名称	规模	特点
长沙	长沙污泥处理工程	500t/d，其中脱水污泥434t/d，餐厨66t/d	始建于2014年，采用热水解＋高含固高温厌氧联合消化＋板框脱水＋热干化处理
北京	清河第二再生水厂	163t干固体/d	高含固污泥热水解工艺＋厌氧消化
北京	槐房再生水厂	244t干固体/d	高含固污泥热水解工艺＋厌氧消化
北京	小红门污水处理厂	900t/d(20%含固率)	污泥热水解＋厌氧消化＋厌氧氨氧化
北京	高安屯污泥处理中心	1836t/d	污泥热水解＋厌氧消化＋厌氧氨氧化

值得注意的是，以上工程的主要技术提供方多为国外跨国公司，如热水解技术主要为康碧公司（Cambi）、厌氧消化技术为普拉克公司等，占据我国污泥处理领域新技术应用的主要市场。

（2）餐厨垃圾生物处理技术　2016年1月下旬，国家发展改革委印发《战略性新兴产业重点产品和服务指导目录》（2016版），将“餐厨废弃物资源化无害化利用”的相关装备和技术研发，列入“资源循环利用产业”分项之一。具体包括：预处理技术设备、餐厨废弃物低能耗高效灭菌和废油高效回收利用、厌氧发酵产沼技术及装备，好氧发酵及高效有机肥土壤改良剂制造技术，餐厨废弃物制成生物柴油、有机肥及沼气、工业乙醇等资源化产品与提纯净化技术及装备等。可以说，这是餐厨垃圾处理行业“十三五”期间的又一次发展机遇。

我国餐厨垃圾处理行业在2015年迎来了市场的集中爆发期。预计2016年我国餐厨垃圾的产生量为4347万吨，到“十三五”末期，我国的餐厨垃圾产生量将增长至4873万吨，餐厨垃圾处理形势严峻。餐厨垃圾处理市场有很大的发展空间。根据《“十三五”全国城镇生活垃圾无害化处理设施建设规划（征求意见稿）》，“十三五”末期，我国餐厨垃圾处理能力应达到4万吨/天，处理率达30%左右。而据E20研究院预测，到2020年，我国的餐厨垃圾处理能力可达4.52万吨/天。“十二五”期间，我国的餐厨垃圾处理行业还处于建设初期，国家缺少配套政策和相关标准，试点城市建设处于摸索阶段。到“十二五”末期，餐厨垃圾处理量达到295.65万吨/年，处理能力为1.31万吨/天，与“十二五”规划提出的3万吨/天的处理能力仍有很大差距，餐厨废弃物的处理仍存在一定的缺口。2015年年末，我国餐厨垃圾处理率仍然很低，约为7%。未处理的餐厨垃圾大量流入小作坊，成为了提炼地沟油的原料，严重威胁我国的食品安全和人体健康。

虽然餐厨垃圾处理行业得到国家政策的支持，市场得到极大的释放，大批企业涌入，但目前我国的餐厨垃圾处理行业仍然存在以下几个问题。

① 起步较晚。“十二五”期间我国才开始餐厨垃圾处理，收运、分类模式不健全，缺乏对餐厨垃圾收运、分类的统一管理，餐厨垃圾的收运至关重要，直接导致处理率低。目前餐厨垃圾处理厂运营困难。

② 运营模式不成熟。我国餐厨垃圾处理主要本着政府主导、企业参与的原则，投资模式目前主要有政府投资、BOT、BOO等。据E20研究院统计，目前在我国的餐厨垃圾处理项目中，主要以BOT模式为主。在已知的111个餐厨垃圾项目中，有69.37%的项目采用BOT模式运营。

餐厨垃圾处理项目的建设和运营日趋专业性，但是大部分城市尚未形成整体的长效运营机制。由于餐厨垃圾处理处置是民生工程，在餐厨垃圾产生单位、政府部门、餐厨垃圾处理企业三者之间，如何打造一种有效的运营模式，保证整个餐厨行业良好有序的运转，仍然需要不断探索。

③ 盈利模式不成熟。已运行项目可持续盈利能力有限，主要来自资源

化产品销售收入，还需要政府补贴。企业销售资源化产品时，需要进行销售渠道的搭建，产品销售收入的稳定性难以保证。

④ 处理工艺单一，尚不成熟。基于餐厨垃圾的产生量大、有机质含量高，对于预处理技术和调试要求高。针对我国餐厨垃圾的特殊性，引入国外的技术和设备无法处理国内餐厨废弃物，国内的餐厨垃圾处理技术工艺又过于单一（主要选择厌氧发酵）且不成熟，没有统一的工艺及设备维护运行标准，导致在设备运行过程中故障频发。

（3）好氧堆肥技术　好氧堆肥是在有氧条件下，好氧菌对废物进行吸收、氧化、分解，可将有机固废好氧发酵产生有机肥料。此领域的北京中科博联公司表现出色。2016 年，可查询到的部分项目如下所述。

2016 年 3 月，北京中科博联凭借出众的智能工艺、设备制造能力和丰富的运营管理经验，成功中标武汉汉西污水处理厂污泥项目，负责工程项目建设和运营服务。该工程采用中科博联的 CTB 智能好氧发酵成套技术设备，设计规模为 435t/d。建设合同和运营合同的总金额均过亿元。经过严格的好氧发酵达到无害化、稳定化标准的要求后，污泥发酵产物用于园林绿化和植物栽培等。

2016 年 11 月，中科博联中标乌兰浩特市污泥无害化处理项目。该项目规模为 70t/d，由中国城市建设研究院设计，工程将采用 CTB 智能好氧发酵技术和成套设备，污泥发酵产物将用作园林绿化、土地改良或制肥等，实现城市污泥中养分和有机质的资源化增值利用。

同月，该公司中标昆明主城及环湖截污污水处理厂污泥处理及资源化利用工程。该工程设计规模 50t/d，由中南市政工程设计研究院设计，工程将采用 5 套一体化智能好氧发酵设备，实现连续生产、一键式智能操作，集输送、发酵、供氧、匀翻、监测、控制、除臭等功能为一体。

（二）生物环保产品

目前生物环保产品受到各个国家及相关机构的重视，得到大力地研发和推广，包括可生物降解材料、酶制剂及微生物制剂等多种生物环保产品。

1. 可生物降解材料

生物降解材料多种多样，可以分为直接从生物技术中制取的和经过制取后再加工的材料。包括目前常见的聚羟基脂肪酸酯（PHA）、聚丁二酸丁二醇酯（PBS）、聚乳酸（PLA）、二氧化碳基塑料、淀粉基生物降解塑料等。其中在国际中属于目前较为主流的生物降解塑料有 PHA、PBS、PLA、淀粉基及二氧化碳基塑料。其技术较为成熟，市场规模较大。

生产聚乳酸的企业大约共有 20 家，主要分布在德国、美国、日本及中国等。全球有很多国家开展了对 PHA 的研发，其中属美国、英国、日本等国家项目较多。我国对 PHA 的研发和产业化发展也处于世界的前沿，主要的机构有清华大学、中国科学院等；同样，企业方面也在积极地发展，例如天津国韵生物科技公司和深圳意可曼生物科技有限公司，它们的 PHA 年产量可分别达 10 000t 和 5000t。相较于 PHA，PBS 的发展并没有那么迅速。全球能够产业化并且已经市场化生产 PBS 的国家很少，有美国和日本。

我国目前正在积极地开展生物降解材料的研发，并扩大其产业化规模。目前已有很多的研究机构和部分企业正在展开这方面的发展，并取得了一定的成就。据悉，武汉华丽环保科技有限公司及比澳格（南京）环保材料有限公司主要生产的淀粉基塑料，其产品规模较大，可达数万吨。

表 2-39 列举了我国部分可生物降解材料生产企业的情况，虽然不能完全概括我国可生物降解材料的总体情况，但是涵盖了我国大中小企业的生产状况。如金发科技作为全球领先的新材料企业，其材料以良好的环境友好度和卓越的性能远销全球 130 多个国家和地区，为全球 1000 多家知名企业提供服务。上海金发科技发展有限公司是金发科技在华东设立的子公司，占地面积达 9 万多平方米，2013 年实现销售收入 36.8 亿元，公司具备年产 25 万吨高性能改性塑料的生产能力。除此大规模企业之外，表 2-39 中也列举了一些小型企业，如广州市天乙合成材料有限公司，其产量只有 30t/月。

2. 酶制剂

酶工程是生物工程的重要组成部分，包括酶的研制与生产、酶的固定化技术、酶分子的修饰与改造以及酶反应器等方面。酶制剂作为酶工程的产物，它可以用于改进产品工艺、降低劳动力度、提高产品质量、节约能源和保护环境等，由此产生巨大的经济效益和社会效益。目前已广泛应用于食品、皮革、纺织、造纸、洗涤剂等领域的工业酶制剂由于其高效和环保，将有望取代传统化学制剂。

经过多年技术和产品的研发，酶制剂迎来了广阔的发展空间，应用领域也扩展到诸多行业，如食品行业、饲料行业、纺织行业、造纸行业、皮革行业、洗涤行业、医药行业、化工行业、酒类行业、环保行业、试剂行业等。在环保领域，无论是工业废弃物的处理还是环境监测方面，酶制剂均具有广阔的应用前景，尤其是在三废处理方面，酶制剂以其反应条件温和、催化活性高、副产物少、比较安全等显著特点，具有广阔的应用潜力。目前，全球已发现并鉴定的酶至少有 8000 多种，其中已经开发生产的酶制剂至少有

表 2-39 我国部分可生物降解材料产业化现状

序号	生产单位	产品	生产能力
1	广东上九生物降解塑料有限公司	生物树脂各类型产品	5 万吨/年
2	宁波天安生物材料有限公司	PHB、PHBV	—
3	东莞市祥林工程塑料有限公司	PA、PC、ABS	—
4	浙江天禾生态科技有限公司	淀粉基可降解母粒(专用料)、可降解塑料制品	3 万吨/年、3 万吨/年
5	浙江杭州鑫富药业股份有限公司	全生物降解材料 PBS	2 万吨/年
6	淼兴(国际)塑料贸易有限公司	PP、ABS、PLA、PA、PBT、POM、PCTG	—
7	东莞市常平天锐塑胶原料经营部	PLA、聚乳酸等	营业额 5000 万元/年
8	广安佰亿科技环保新材料有限公司	淀粉	3 万吨/年
9	上海金发科技发展有限公司	高性能改性塑料	25 万吨/年
10	广州市天乙合成材料有限公司	PSM、PLA、PBS、纸浆等	30t/月
11	东莞市鑫海环保材料有限公司	PBAT 与玉米淀粉改性树脂、PLA 改性膜级高透明树脂等生物降解材料	800t/月
12	江苏天仁生物材料有限公司	膜级 PLA 改性树脂、膜级 PBAT 改性树脂	400t/月

5000 多种，已经工业化生产的酶制剂约 200 种，常见的有 30 多种。蛋白酶、淀粉酶、脂肪酶和纤维素酶等各类水解酶的市场最大，且该类酶制剂的需求仍在不断增加。我国生产的主要酶制剂品种仅九大系列，即糖化酶、淀粉酶、纤维素酶、蛋白酶、植酸酶、木聚糖酶、果胶酶、饲用聚合酶、啤酒复合酶等，且主要集中在淀粉酶、糖化酶、蛋白酶、植酸酶等少数品种中，约占我国酶制剂产品市场销售的 90%以上。

表 2-40 列出了我国部分酶制剂企业生产情况，主要产品运用于环保、食品、纺织、化工等行业。

3. 微生物菌剂

环保微生物菌剂多从自然界分离纯化，通过自然或人工选育，应用于生态环境保护和污染防治，目前在污水、垃圾渗滤液、餐厨垃圾发酵、脱臭、

表 2-40　国内部分酶制剂生产企业情况一览表

生产企业	主要产品	适用范围
山东隆大生物工程有限公司	葡萄糖淀粉酶、中温 α-淀粉酶、耐高温 α-淀粉酶、真菌 α-淀粉酶、果胶酶、高活性纤维素酶、普鲁兰酶、真菌酸性蛋白酶、酸性木聚糖酶、中性木聚糖酶、甘露聚糖酶、葡聚糖酶等	酒精、白酒、啤酒、味精、柠檬酸、淀粉糖、制药、皮革、石油、饲料、纺织等行业
湖南利尔康生物股份有限公司	里氏木酶、纤维素酶、半纤维素酶、燃料乙醇用酶、纤维乙醇用酶	农林牧副渔、纺织加工、食品、生物燃料、造纸、医药保健等行业
苏柯汉(潍坊)生物工程有限公司	高温淀粉酶、中性蛋白酶、葡聚糖酶、高转化率糖化酶、果胶酶、脂肪酶、纤维素酶等	纺织、造纸、饲料、环保、食品等行业
山东省安丘市酶制剂厂	葡萄糖淀粉酶、糖化酶、造纸淀粉液化酶等	食品、纺织、饲料等行业
深圳市大地康恩生物科技有限公司	软化酶、浸水酶、脱脂酶、脂肪酶、胰蛋白酶、酸性蛋白酶、果胶酶、淀粉酶、纤维素酶、普鲁兰酶、葡萄糖氧化酶、过氧化氢酶等	皮革、食品、纺织、造纸、饲料等行业
河北鼎宏生物科技有限公司	碱性蛋白酶、淀粉酶、糖化酶、液体淀粉酶	化工、医药、食品等行业
宁夏夏盛实业集团	植物精提复合酶、β-葡脂肪酶、葡糖氧化酶、复合啤酒酶、淀粉酶等	酒类、食品、造纸等行业
深圳市绿微康酶制剂有限公司	食品酶、制革酶、造纸酶、饲料酶	环保、洗涤、皮革、食品等行业
山西恩泽生物技术有限公司	糖化酶、酸性蛋白酶、乳糖酶、果胶酶	饲料、环保、农林牧渔等行业
枣庄市杰诺生物酶有限公司	食品用酶、饲料用酶、纺织用酶、造纸用酶	食品、皮革、纺织、造纸、洗涤剂等行业

脱氮、污泥发酵等方面都有很好的应用。国内市场环保用微生物菌剂主要来源于国外进口、高校科研院所开发生产以及国内企业研发。从事环保用菌剂生产的企业日渐壮大，在生物净化技术方面，拥有多项发明专利和实用新型专利，全面的治污菌种库可极强地、有针对性地解决不同类型的污染情况。微生物菌剂通过“菌＋酶”处理与微胶囊封装可以有效增强微生物的降解能力与稳定性，并确保菌剂的最高活性，结合纳米载体填料及生物膜工艺可应用于污水处理系统的快速启动、生物增效、故障恢复，实现占地面积少、处理负荷高、剩余污泥少、抗冲击能力强、降低运营成本等优点。

表 2-41 列出了我国部分微生物制剂生产企业情况，主要产品应用于污水处理及生态修复等领域。

表 2-41　国内部分微生物制剂生产企业情况一览表

生产企业	主要产品	适用范围	工程案例
北京麦克安吉生物技术有限公司	抑菌除味剂、异味净、净水剂（增强型）、清淤剂	景观水体、市政污水、工业废水、垃圾污染、畜禽养殖污染、工厂除臭治理等	新利毛纺公司污水处理、福建同安西柯虾塘去除氨氮项目、厦门筼筜湖水体除臭治理、亮马河水体治理项目、丰汇大厦中水回用项目、香山饭店景观湖的治理等
山东苏柯汉生物工程股份有限公司	清洁除臭除污生物制剂、化粪池除臭除污生物制剂、污水处理厂滤泥处理专用菌、城市有机垃圾处理专用菌、城市污水处理专用菌等	垃圾、污水处理、除臭等	泸县垃圾填埋场生物除臭项目、生物菌进化粪池试点项目、广西梧州城市污水处理厂污泥堆肥中试等
青岛根源生物集团	高效 COD 降解菌剂、反硝化菌剂、硝化菌剂、生物除臭菌剂、生物控藻菌剂、底泥降解菌剂	污水、垃圾渗滤液处理、强化脱氮、生态修复等	某新建种猪场污水处理、池塘微生物生态修复、生活垃圾堆酵
江苏哈宜环保研究院有限公司	高效环保工程菌剂、环保生物制剂	城镇污水、化工污水处理	黑龙江宁安城市污水处理工程、哈药集团中药二厂污水处理工程、无锡三友化工废水等
康源绿洲生物科技（北京）有限公司	如金益生菌原液	污水、污泥处理，河湖池塘等水质净化，污染土壤修复等	如金菌治理河道污染
佛山市碧沃丰生物科技股份有限公司	BZT 除污、OBT 裂解、OBT 除油、BZT 水解酸化菌、RCW 菌剂、CW 菌剂、AD 菌剂、COD 去除菌剂等	污水处理、景观水治理、水产养殖、水族净化、环境清洁、土壤修复、堆肥发酵、恶臭处理、土壤修复	高士线业印染废水处理系统改造、阜新皮革园区污水处理厂脱氮增效、爱可环保一体化设备投菌案例、中佳房地产开发有限公司景观水治理案例等
广州市瀚潮环保科技有限公司	粉状混合菌种	河道整治、湿地养护、黑臭整治、污水脱氮、污水处理	佛山市南海盐步大涌生态修复工程、清远市龙塘镇农田重金属土壤修复项目、康乐园西湖生态修复（富营养化治理）工程、赤龙湖国家湿地公园生态浮岛项目等

三、市场分析

我国的生物技术发展方兴未艾，大力开展以污染控制生物技术为主体的环境生物技术的研究，将有力推进生物技术在环境保护中的应用。生物技术的发展将带动整个环保产业的发展，解决我国目前和未来所面临的环境保护问题，并为环保市场提供高品质的环境保护技术。

1. 废水和有机固废领域

随着“十三五”规划的不断深入，“水十条”、“大气十条”及“土壤十条”也将要纷纷落实。据悉，将有6万亿元投入到这三大重要的环境治理领域当中。而其中最为期待的就是水处理发展。在投资方面，未来将有1.75万亿元投入到大气污染治理方面，4.6万亿元则投入到水治理方面。这为我国的水处理行业带来了巨大的前景及市场份额。但是，如今的水处理技术方面，与现有的高科技水平相比较，依然落后，需要不断创新突破和发展新技术。目前生物技术由于其环境友好的特点，在水处理方面备受青睐，水处理的广阔市场也为其生物处理技术提供了得天独厚的发展优势。

“十二五”期间，我国已成立100个餐厨垃圾试点城市，覆盖了32个省级行政区并覆盖一二三线城市，总体布局基本形成。100个试点城市的发展掀起了全国餐厨垃圾处理厂建设的热潮，根据《“十二五”全国城镇生活垃圾无害化处理设施建设规划》要求，“十二五”期间应建设餐厨垃圾处理设施242座。从2004年北京南宫餐厨垃圾处理厂建成到2015年年末，据不完全统计，我国餐厨垃圾处理项目达到118座，其中，投入运行的餐厨垃圾处理设施为43座，处理能力0.81万吨/天，占比36%；在建的餐厨垃圾处理设施为35座，处理能力0.68万吨/天，占比30%；筹建中的处理设施40座，处理能力0.66万吨/天，占比34%。但是，总处理能力比“十二五”规划提出的要求还有一定的差距。试点城市还面临处理技术较为单一、盈利模式尚不清晰、市场运行不规范等问题，制约试点城市的建设及产业发展速度。据测算，“十三五”期间，整个餐厨垃圾处理建设总投资将达到192亿元，运营将产生297亿元的市场空间。

2. 酶制剂产业

酶制剂作为生物技术中的重要部分之一，与环境保护关系密切。首先在产品加工过程中用酶来代替化学品可以降低生产活动中的污染水平，有利于实现工艺过程生态化或无废生产，真正实现清洁生产的目标；其次，酶作为添加剂加入到产品中，使得产品在使用过程（或以后）产生的污染大大减少，利于环境保护；最后，为了充分发挥酶反应条件温和、专一性强、催化效率高等优点，可直接应用酶和酶技术进行污染物的降解和环境监测。实践证明，利用酶制剂进行污染物处理和环境监测具有效率高、可靠性强的优点，因此，酶和酶技术在环境治理方面的前景十分广阔。诺维信酶制剂公司是全球最大的酶制剂公司。公司产品占有中国50%的工业酶制剂市场。总公司位于丹麦，在天津有生产基地，并在全国都有分厂和合作工厂。世界第二大酶制剂公司Genencor、德国AB酶制剂公司以及比利时BELDEM公司发展迅速。随着国际酶制剂巨头在我国战略布局的深入，国内酶制剂企业也加快了扩张的步伐，除了国家产业政策鼓励发展除淀粉酶、糖化酶外的其他酶产品，各地政府及科委也给予了大力支持，为各地酶制剂企业的发展提供了条件。如湖南津市鸿鹰翔投资2亿元人民币建立了年产3万吨的酶制剂车间，可以增加4000万美元的销售。江苏博立投资4000万元人民币建立年产0.4万吨酶制剂的车间。武汉新华扬投入7000万元建成亚洲最大的饲用酶制剂发酵基地，自主研发生产植酸酶、木聚糖酶等40余种饲用酶制剂。近年来，国内的酶制剂公司在全球酶制剂市场也表现出了越来越高的竞争力。据不完全统计，目前国内的酶制剂公司已达100余家，表2-42列出了一些酶制剂的种类及用途。

表2-42　部分酶制剂产品及其用途

用途	产业产品
饲料用酶制剂	β-葡聚糖酶、酸性木聚糖酶、中温α-淀粉酶、酸性蛋白酶、酸性纤维素酶、酸性果胶酶
果汁用酶制剂	中温α-淀粉酶、酸性纤维素酶、酸性果胶酶
面包用酶制剂	真菌α-淀粉酶、中温α-淀粉酶
纺织用酶制剂	宽温退浆酶、耐高温α-淀粉酶、中温α-淀粉酶、酸性纤维素酶、酸性果胶酶、过氧化氢酶
酒精用酶制剂	普鲁兰酶、耐高温α-淀粉酶、中温α-淀粉酶、酸性蛋白酶、酸性果胶酶、高转化率糖化酶、复合糖化酶
啤酒用酶制剂	真菌α-淀粉酶、耐高温α-淀粉酶、β-葡聚糖酶、中温α-淀粉酶、β-淀粉酶、复合糖化酶
糖化用酶制剂	高温α-淀粉酶、普鲁兰酶、复合糖化酶
皮革用酶制剂	酸性蛋白酶、碱性蛋白酶

3. 微生物制剂产业

微生物菌剂在污染治理方面具有许多的优点，因此世界各国都投入了大量资金用于菌剂的研究。一些公司已经形成了系列化的产品，欧美各国从20世纪70年代起就开始研制微生物制剂，现已陆续开发了各种用途的菌剂产品。中国科学院成都生物研究所已筛选出降解多种污染物的高效降解功能菌株300余株，并形成8个系列微生物菌剂，能够回收重金属，处于国际领先水平。四川绿友环保工程有限公司开发的产品CMP包括环保型CMP生物制剂（处理城市生活污水）、工业废水、CMP除臭剂（用于处理城市垃圾）、畜禽粪便等；成都海发集团能根据污水中污染物的不同种类，配制出不同的菌剂对污水进行处理。

目前国外也有很多公司在利用微生物制剂用于环境保护方面的应用。表2-43主要将一些国外的微生物制剂的菌种以及适用范围与国内的微生物制剂的用途列出。

表 2-43　国外和国内部分微生物制剂公司及其产品

国外			国内		
制造公司	菌种、说明	适用范围	制造公司	菌种、说明	适用范围
日本冻结研究所	耐酸性长双歧杆菌、嗜酸乳杆菌肠球菌	1979年上市产品为“ヒフイズス30”每盒60g售价1880日元	青岛根源生物凝集团	反硝化细菌	适用于污水、垃圾渗滤液处理，并且能够强化脱氮以及用于生态修复
美国通用环保科技公司(GES)	利蒙LLMO液态活性复合微生物	活性污泥培养和驯化、污泥减量；水体富营养化及藻类的有效控制、水质的恢复、底泥处理；去除氨氮、净化水质	正大欧瑞信生物科技有限公司	中国最大的环保类微生物制剂生产基地	垃圾无土覆盖、公厕无臭化、人畜粪便资源化、餐厨垃圾资源化以及污水方面的处理
Assay Designs	生化、医学	为医学方面提供的成就更多，在生化环保方面有所涉及	佛山市碧沃丰生物科技股份有限公司	PR除磷菌	用于土壤修复、生态修复、污水处理以及景观水治理
Novozymes	全球工业酶制剂和微生物制剂的主导企业，拥有超过40%的世界市场份额	生产可应用于广泛行业的工业用酶制剂，包括技术级酶、食品级酶、饲料级酶	北京麦克安吉生物技术有限公司	主要产品：抑菌除味剂、净水剂、清淤剂	景观用水、市政污水、工业废水、垃圾污染、禽畜养殖污染、工厂除臭治理等

四、研发动向和自主创新情况

生物环保产业作为环保产业的一个分支，将生物技术应用于环境污染治理中，最大限度地消除生态风险与隐患，促进自然资源的可持续利用，达到经济、社会与环境的协调发展以及人与自然的和谐相处，是一个为节约能源资源、发展循环经济、保护环境提供物质基础和技术保障的朝阳产业。探讨新时期生物环保产业的发展战略和政策，已经成为政府、产业界、环境科技界关注的重要议题，受到高度重视。

探索高效、安全的生物环保产业一直是广大环保工作者着力研究的问题，而如何切实有效地利用这一产业技术来处理环境领域众多的问题亦是人们所普遍关注的热点方向，并且，这一发展方向对可持续发展具有促进作用和重大意义。生物环保产业未来主要的研发方向应主要集中在以下几个方面。

1. 废水生物处理技术

近年来的热点包括厌氧氨氧化技术，特别是污水的主流厌氧氨氧化技术正处于中试阶段，未来将有可能和目前正逐步推广的侧流厌氧氨氧化技术一样，具有广阔的前景。其次，好氧颗粒污泥技术（Nereda）也在逐步推广，对减少废水处理二沉池体积，实现同步硝化反硝化有重要意义。此外，生物强化技术、微生物调控技术等等也是研究的热点。MBR 技术领域也继续保持快速发展势头，与此相关的新技术也不断涌现。此领域和有机固废处理出现了物质高度回收、循环利用的发展态势，如北京和江苏宜兴正兴建的概念水厂，即将废水、氮和磷看作资源，而不是污染。急需研发各种新技术，实现不同资源的循环利用，追求技术的可持续发展。

2. 固体废物生物处理技术

固体废物生物处理技术主要包括新型的厌氧发酵技术和好氧堆肥技术，厌氧发酵技术包括高含固厌氧发酵技术、新型发酵罐反应器制造技术、共消化技术等等。其中为提高厌氧消化技术的效率，近年来，高温热水解技术也得到了长足的发展，厌氧消化后的脱水技术也是研究热点之一，特别是生物脱水工艺等等。

3. 微生物菌剂和酶制剂

环保用酶制剂重点发展的产品是植酸酶、葡聚糖酶、甘露聚糖酶、果胶酶、木聚糖酶、纤维素酶、漆酶、转谷氨酰胺酶、蛋白酶、真菌淀粉酶及碱性脂肪酶等。并根据市场需求，大力开发专用酶、复合酶，逐步形成多品种、多用途、比例合理、协调发展的产品格局。

通过将功能性好、共生性强的多种微生物，以适当的配比及适宜的发酵条件制成的活菌制剂即为微生物菌剂，它能够促进有机质的分解，加速去除有毒物质或难分解物质。因其经济效益高、使用方便、效果佳等特点，已被广泛应用于种植、养殖、食品、环保等领域。其中，生物环保产业领域的环保微生物菌剂中的菌株大都是从污染的环境中筛选分离出来的，筛选过程比较复杂，所以其安全性和环保性等需要得到保证。近年来微生态制剂以其安全可靠、无毒无副作用、不污染环境等优点而受到世人的关注，在环保产业中得到广泛的应用。

（撰稿专家：刘和　张丽慧　汪刚慧）

生物治理有机废气现状与趋势

进入21世纪，我国大气污染形势严峻，灰霾天气频繁发生。以可吸入颗粒物（PM10）、细颗粒物（PM2.5）为特征污染物的区域性大气环境问题日益突出。大气污染已呈现出多污染源多污染物叠加、城市与区域污染复合、污染与气候变化交叉等显著特征。挥发性有机物（VOCs）是一类组成十分复杂的污染物，是导致我国高浓度PM2.5和臭氧形成的重要前驱污染物，其排放复杂、涉及行业众多。

2010年国务院转发的《关于推进大气污染联防联控工作改善区域空气质量的指导意见》首次将VOCs与SO_2、NO_x、颗粒物一并列为4类重点的污染物。2012年12月6日出台的《重点区域大气污染防治“十二五”规划》中将VOCs控制提上日程。2013年5月24日，国家环保部发布《挥发性有机物（VOCs）污染防治技术政策》。2015年10月1日，财政部、国家发展改革委、环保部联合印发《挥发性有机物排污收费试点办法》，对石油化工行业和包装印刷行业实行试点收费。2016年，我国《国民经济和社会发展“十三五”规划纲要》第四十四章提出，“在重点区域、重点行业推进挥发性有机物排放总量控制，全国排放总量下降10%以上”。VOCs已经逐渐引起了政府和公众的重视，随着有关VOCs废气污染控制系列法规政策的出台，其减排与控制刻不容缓。

生物法是利用特定活性微生物的代谢作用，将废气中的有机组分转化为简单的无机物（CO_2、H_2O等）或细胞组成物质，实现污染物的彻底净化，是VOCs和恶臭气体的一项绿色治理技术，已在医药化工、食品加工、污水处理等行业得到了较为广泛地应用。

一、生物法治理有机废气的发展历史概述

生物法治理有机废气最早的雏形出现在20世纪20年代的德国，那时是将废水处理厂产生的恶臭气体通过装有泥土的过滤器后臭味得到明显降低。在当时认为是泥土吸附了气体中的臭味，并未意识到微生物的作用。直到

1957 年，美国 RD. Pomeroy 申请了利用土壤过滤装置处理硫化氢的专利，并在美国加利福尼亚州污水厂成功建立起第一套土壤生物过滤装置，成为了生物技术在废气净化领域应用的标志。进入 20 世纪 80 年代，废气生物处理技术在欧洲有了较快的发展，其应用领域也由硫化氢等恶臭废气拓展到 VOCs 和其他有毒污染物的治理。

进入 21 世纪，由于该技术本身具有的经济优势和技术优势，关于其基础和应用研究变得异常活跃，研究内容也拓宽到了气态污染物微生物代谢机理、混合污染物处理、微生物生长及营养限制、过程模型推导等方面。生物法在含硫废气以及含 VOCs 废气（如苯系物、硫醇、硫醚等含硫 VOCs）的净化方面都有了不少的应用实例，并取得了较好的效果。据 2008 年统计，在欧洲已有约 8000 座废气生物净化工程装置正在运行，处理气量为 1000～150 000m^3/h，大部分 VOCs 处理效率≥90%，恶臭组分净化效率≥99%。

我国对于生物法治理有机废气的研究开始于 20 世纪 90 年代。通过近 20 年的发展，该技术已比较成熟。通过定向筛选，已从自然界获得了许多特定污染物的高活性降解菌，其中也包括能在低湿度、低 pH 环境中生存的，具有较大比表面积的真菌。针对传统化工填料的缺陷，开发了一系列新型滴滤填料，如毛刺球、空心多面柱、纹翼多面球、营养缓释填料等，并已在不同的工业废气净化设施中得到了应用。

通过关键材料（高效降解菌、复合菌剂、生物填料）、工艺设备（板式滤塔、转动床反应器等）与工程创新，突破了传统废气生物净化技术中存在的技术瓶颈，形成了完全适用于中低浓度多组分废气的高效生物净化体系，可用于苯系化合物、酯、醇、醛等 VOCs 废气的净化，大部分处理效率在 90%以上，恶臭物质去除率达到 99%以上。目前该技术已在医药、污水处理等行业得到了应用，处理规模在 2000～200 000m^3/h。

二、生物法治理有机废气的研究现状

生物法治理有机废气的过程涉及气、液、固三相，既有相间传质又有相内反应，影响污染物去除效率的因素诸多。传统的废气生物净化技术只能去除一些水溶性较好、易生物降解的气态污染物，而对于那些疏水性污染物，尤其是多组分污染物共存时，去除效果不佳甚至无法处理。随着工业生产过程排放的气态污染物种类越来越多、污染排放标准越来越严格，传统的生物净化技术已无法满足环保要求。因此，一些研究者把化学工业中“过程强化”的概念引入到了生物法处理废气中，通过采取一些方法措施强化“气液传质过程”和“生化反应过程”，取得了良好的效果。

废气生物净化过程涉及的功能材料是微生物和生物载体，单元设备是反应器。因此，一些研究者提出，废气生物净化过程的强化可以从高效降解菌剂（生化反应强化）、优良生物载体（气液传质和生化反应强化）和新型工艺及设备（气液传质强化）三方面入手。

1. 高效降解菌剂

针对一些难以生物降解的污染物，以特定地区的活性污泥或土壤作为功能菌群来源，通过定向筛选技术可以选育到有降解活性的菌株；同时结合环境因素优化及底物抑制消除等技术，提高降解菌株的生长活力及降解活性。目前，研究者已选育了包括含硫有机化合物、含氯有机化合物、烃类化合物、含氧有机化合物 4 大类气态污染物的高活性降解菌，建立了典型 VOCs 降解菌种库，为污染物的降解提供了丰富的菌源。

基于菌种的代谢特性，一些研究者采用“专属菌＋综合菌”模式，人为构建生态结构合理、具有协同代谢功能的复合微生物菌群，并通过遴选载体，成功制备了固态和液态功能微生物菌剂，攻克了活性菌剂难以长效保存的技术难题。复合功能菌剂对缩短反应器的启动周期、提高接种微生物的竞争性和保持反应器持续高效性具有重要意义。

2. 优良生物载体

生物载体不仅是微生物附着、代谢活动的场所，同时也是污染物传质、反应的场所。优良的生物载体应该具备以下特点：①易于生物附着、更新；②比表面积大；③孔隙率大。生物过滤和生物滴滤两个工艺有所不同，在选择载体时，除了上述基本原则外，还需要根据工艺特点选择合适的生物载体，从而提高净化效果。优良生物填料实现了有效生物（膜）的生长，强化了气态污染物的传质过程，为实现污染物高效净化奠定了基础。此外，通过参数优化和填料混合配比，出现了各种组合的生物填料，可以弥补单一生物填料的不足。

3. 新型工艺及设备

废气生物净化过程主要涉及气相扩散、液相溶解及生化反应三个关键步骤。强化气态污染物的传质扩散过程能从本质上提高净化性能，可从反应器结构优化方面入手，实现气液传质的过程强化。气态污染物的代谢产物如能及时从循环液中移出而使得液相浓度降低，不仅增强目标污染物的液相吸收，还能消除某些代谢产物对微生物活性的抑制，强化了生化反应过程。如两相分配反应器，消除了多种污染物间传质和反应抑制效应，避免了低水溶性组分的传质限制，提高了生物膜更新频率，单位体积反应器净化能力显著提升。

传统的生物净化技术适于高效处理低浓度、易降解 VOCs，对难生物降解 VOCs 的适用性差。通过一些预处理技术，如紫外光解、紫外光催化、低温等离子体等，可快速实现难生物降解 VOCs 的有效分解，形成的产物有利于后续生物净化的高效去除。耦合了化学氧化的生物净化工艺能有效应对性质迥异的 VOCs，工艺的运行稳定性和普适性有了极大程度地提高。同时，通过改变污染物的性质和组成，可以减轻后续生物净化过程的污染负荷，强化污染物的传质和反应过程，显著提升了处理系统的稳定性。

三、高效降解菌（剂）的开发

微生物作为污染物的降解者，是废气生物净化的关键因素，因此高活性降解菌的选用可以提高污染物的降解效率。很多微生物的生物降解活性是可以诱导的，一种特定底物的存在能诱导降解该底物的酶基因表达。因此，一些曾经被认为是难生物降解的有机物，都可以通过长期驯化诱导获得特定降解菌，并利用基因工程技术提高其降解性能。例如，研究者利用克隆技术将基因大小为 864bp 二氯甲烷脱卤酶（dichloromethane dehalogenase）基因转入到宿主菌 *E. coli* ArcticExpress™（DE3）RP 后进行诱导表达，重组菌株在 25h 内对 120mmol/L 的 DCM 降解率达 90%以上，而原始菌在 35h 内降解率仅为 80%，降解速率有了很大的提高。

有关生物降解污染物的研究大部分都是利用细菌作为优势微生物，而对于真菌的研究，起步相对较晚，2001 年才有文献报道利用真菌 *Exophiala lecani-cornii* 对甲苯和乙苯进行降解。近年来，真菌降解技术开始被逐渐重视并应用在 VOCs 等废气的净化中，特别是对于疏水性 VOCs 的处理，真菌降解具有独特的优势。

和细菌相比，真菌能够在低湿度、低 pH 的环境中生存，能够对污染物保持较好的降解能力。Estrada 等比较了细菌和真菌分别处理混合 VOCs（主要是丙醛、甲苯、己烷和甲基异丁酮）的效果，结果表明，在正常情况下，细菌和真菌表现出了相同的降解活性；但当生长环境转变为低湿度、低

pH时，细菌对混合VOCs的降解性能急剧恶化，而真菌的降解性能变化不大。在Dorado等研究中发现，在生物过滤器中接种以细菌为优势种的活性污泥，经过长时间的低pH环境运行（55天时pH=6左右逐步降低到95天时pH=2），反应器内的优势微生物逐步演变为真菌，且对甲苯的去除率由20%上升到了80%。综合整个过程，真菌生物滤池表现出更好的稳定性和降解性能。

此外，真菌自身的菌丝能够更好地让菌体吸收气态污染物，尤其是菌丝具有的巨大比表面积有利于其对疏水性VOCs的摄取和利用。真菌固有的特性提高了对疏水性有机废气的降解效率。相对于细菌，真菌生长的菌丝能够直接暴露于空气中，从而在三维空间里与污染物分子有更大的接触面积。通过实验测得真菌的菌丝具有的比表面积为$1.91\times10^5m^2/m^3$，以其为优势，微生物的生物滤塔对正己烷的最大去除能力为$248g/(m^3\cdot h)$。

正是由于真菌独特的自身构造及特殊的生长环境，其降解疏水性VOCs的性能逐渐被研究者发现。因而，越来越多的具有降解VOCs能力的真菌被分离得到，以这类微生物为优势降解菌的生物反应器处理疏水性VOCs的研究也屡见报道。此外，也有研究针对将真菌与细菌结合降解废气。如Cheng等采用真菌、细菌混合接种生物滤塔处理苯类废气，并与单一用细菌接种的生物滤塔相比，结果表明前者的处理性能是后者的1.5倍，并且能更好地承受外界环境的波动。

复合微生物菌剂是以高活性降解菌株为材料构建的一种混合菌培养体系，它可以利用微生物单独作用或种间协同作用来高效降解成分复杂的污染物。按污染物种类及特点，选择特定降解菌组成适应于不同污染环境的微生物菌群，经发酵扩大培养，制成微生物菌剂，有目的地投加到生物净化设备中，达到高效净化目标污染物的目的。复合菌剂的构建可遵循以下原则：①菌株种类丰富，尽可能选择不同污染物的高效降解菌株作为构建的基本材料，使制备的菌剂能够净化多组分废气；②菌群生态结构合理，菌株间无明显相互抑制效应；③选用的菌株生长环境相似，即要求pH、温度等生长环境因素相近；④载体的生物相容性较好。基于以上原则，复合菌剂的构建包括四步：①菌种选择及相互作用效应的研究；②广谱菌驯化；③载体遴选和制备因素优化；④菌剂效应评价。

对于固态菌剂，载体的选择依据是微生物容易附着，且对其没有毒害效应的物质。常见的固形载体可以是麦麸、泥炭、活性炭等具有吸附能力的物质。如果这些物质本身含有机碳源，那在制备过程中就不需要额外添加碳源；如果选择的吸附材料是一些无机物，则需添加一定量的有机质，例如纤维素等。此外，在固态菌剂的制备过程中需要添加稳定剂，这是因为这类菌剂的制备需要经历烘干步骤，稳定剂的加入是为了提高固形载体的热稳定性，同时避免高温对菌体的伤害效应。液态菌剂不需额外选择载体，获得一定菌体浓度后整个培养体系就可以成为液态菌剂。为了能长时间保藏微生物的活性，需要在低温保藏过程中添加一些有机质，例如酵母膏、牛肉膏等，其目的是为了维持微生物在低温状态下较低的代谢活性。

复合菌剂效应评价指标应包括单位菌剂的活菌数、活性保藏时间、使用性能和环境安全效应等。特别是环境安全效应，是菌剂应用过程中一个重要的问题。通过环境安全效应评价，预测菌剂在保藏及使用过程中存在的、可能对环境及人体健康造成的潜在危险，提出合理可行的防范、应急与减缓措施，确保复合菌剂使用过程的环境安全。

浙江工业大学依据复合菌剂的构建原则和已建立的菌种库，制备了多种适合不同种类、不同浓度的复合菌剂。图 2-7 是“真菌-细菌”复合菌剂的外观照片和具体制备流程。构建的复合菌剂对邻二甲苯和 α-蒎烯的降解效率优于其他配比，能在 1 天内分别将 180mg/L 乙酸丁酯、邻二甲苯和 α-蒎烯降解到 1.60mg/L、127mg/L 和 119mg/L。

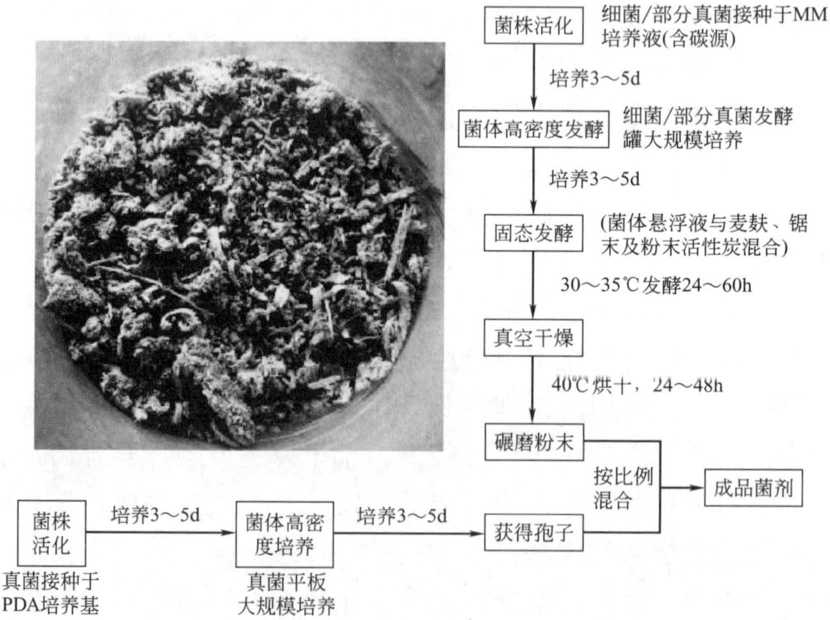

图 2-7 “真菌-细菌”复合菌剂的制备流程

四、新型设备与工艺的研发

传统的废气生物净化工艺主要有生物过滤、生物滴滤和生物洗涤，其中生物过滤和生物滴滤工艺应用较多。工业废气组分复杂，不同组分往往性质迥异，特别是一些疏水性、难降解气态污染物，传统生物净化工艺无法有效去除。废气生物净化主要涉及相间传质和生物降解两个关键过程，因此强化气态污染物的传质过程能从本质上提升净化性能。如两相分配生物反应器、高级氧化-生物净化耦合工艺等，无论是在去除性能还是运行稳定性方面，均有很大程度的改善。

1. 两相分配生物反应器

气态污染物经质量传递后与微生物接触，经历生化代谢反应后被彻底去除，其本质是微生物细胞与污染物分子之间发生的化学反应。微生物的代谢活性主要受污染物自身性质和污染负荷的影响。例如，一些污染物虽然是可生物降解的，但浓度过高可能会抑制微生物的代谢生长，从而影响净化效率。在净化设备中引入第二相，既充当污染物临时储存的缓冲池又充当持续供给的营养池，通过缓释作用，使水相中有机污染物浓度维持在适宜的范围内，可有效降低高污染负荷对微生物的毒害效应。

同时，微生物生长是个连续的过程，但实际废气源往往是不稳定的，浓度过高或过低都会对微生物代谢造成不利的影响。针对这一问题，Daugulis于1996年首次提出了基于有机污染物在水相、有机相热力学平衡原理的两相分配反应器（图2-8），即传统的“液-液”TPPB（two-phase partitioning bioreactor）技术，随后又在此基础上发展了“固-液”TPPB技术。

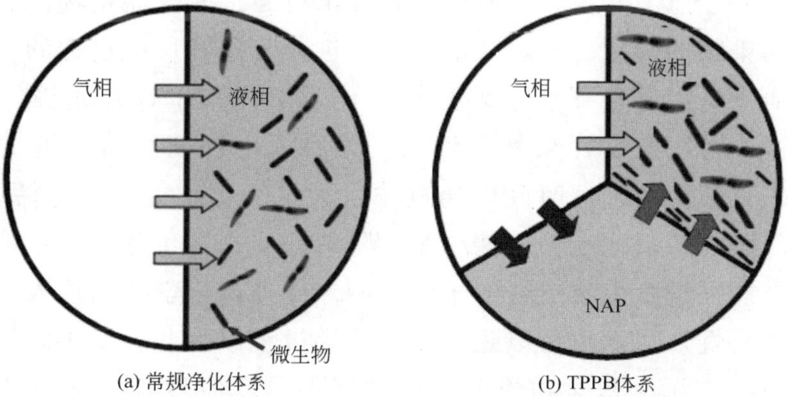

图2-8　废气中疏水性VOCs的传质示意

TPPB 可以有效缓冲环境中污染物冲击负荷的波动，非水相（non-aqueous phase，NAP）可以充当 VOCs 的临时储存库。当污染物的冲击负荷过高时，TPPB 可以吸收部分污染物，降低水相中的底物浓度，从而减轻或消除高浓度污染物对微生物的毒害作用；当水相中的污染物浓度低于平衡浓度时，NAP 可以向水相中缓慢释放部分污染物，以维持微生物基本的新陈代谢，使微生物顺利度过饥饿期。因此，TPPB 可以使体系中污染物的浓度始终保持在一定范围内，这有利于保持微生物的代谢活性及其对污染物的去除效果。此外，第二相的引入，还能强化水溶性较差 VOCs 的传质过程，显著提升该类 VOCs 的去除负荷。

研究者建立了以硅胶为有机相的“固-液”两相分配生物搅拌器处理含二氯甲烷（DCM）废气，对 DCM 的最高去除负荷达到了 394.1g/(m^3·h)，是单相反应器的 3 倍左右。此外，该两相反应器在非稳态操作条件下表现出了良好的性能。当外界污染负荷由 150g/(m^3·h) 瞬时升高到 450g/(m^3·h) 时，两相体系对于 DCM 的平均去除率下降至 50%，而单一体系却下降至 20%。这说明对于 DCM 有亲和力的硅胶引入，大大增强了两相体系对高冲击负荷的抵抗能力，这对克服工业处理 VOCs 过程中遇到的突发性变化具有重要意义。

2. 化学氧化-生物净化耦合工艺

污染物净化的实质是大分子物质转变成小分子物质，这个过程中需要一定的能量输入。在废气生物净化过程中，能量来自于微生物生命活动中的生物能。对于一些易被微生物代谢的污染物，其转化能小于微生物提供的生物能；但对于那些不易或难以被微生物代谢的物质，其转化能可能远远大于自然界微生物所能提供的能量，这时候就需要额外输入能量，才能实现微生物净化过程。基于以上分析，一些研究者提出了通过改变能量场来实现生物净化难降解污染物的研发思路，从能量角度进行传递和反应过程的双重强化。

通过研发低温等离子、紫外光解等化学氧化技术，补充输入一定的电能、光能等，可以改变污染物的性质，为后续生物彻底净化提供有利的条件。化学氧化技术在较短时间内通过输入大量的化学能，产生活性自由基，将难生物降解物质氧化成为一些易生物降解物质，在生化反应系统中作为共代谢基质，能促进微生物更好的生长代谢。此外，化学能的输入还能改变污染物的疏水特性，从而也可以强化质量传递过程。因此，基于能量场优化设计的净化设备，无论是对物质的传递过程还是反应过程，都起到了强化的效果。

3. 紫外光氧化/紫外光催化预处理工艺

以紫外光解为核心，通过选用不同波长的紫外灯，视污染物的种类或性质是否添加催化剂，有两种光解技术可供选择：以 185nm 为主波长的真空紫外光解技术和以 365nm 为主波长的紫外光催化技术。通过定向调控紫外光解过程（如反应介质的湿度、反应时间、进气浓度等），均能实现易水溶、易生物降解产物的大量积累，解除了目标污染物气液传质和生物降解抑制效应，显著提升了难降解、水溶性低 VOCs 的净化效果。

真空紫外线的主波长为 185nm，所具有的能量不仅能断裂大部分化学键，而且能在线产生 O_3、OH·等强氧化性基团，提高光氧化效率；同时，该过程不需要额外添加任何物质，操作简单。在一些具有特殊构造的反应器中，紫外线的利用率得到了很大程度地提高。如螺旋形的光反应器（图 2-9），废气在该反应器中以螺旋式推流前进，确保目标污染物能充分吸收紫外线，增加了与活性自由基的接触概率和接触时间，量子产率得到提高。和普通的圆柱形光反应器相比，特别当进气浓度较高时，螺旋形反应器的去除率约为前者的 1.4 倍。

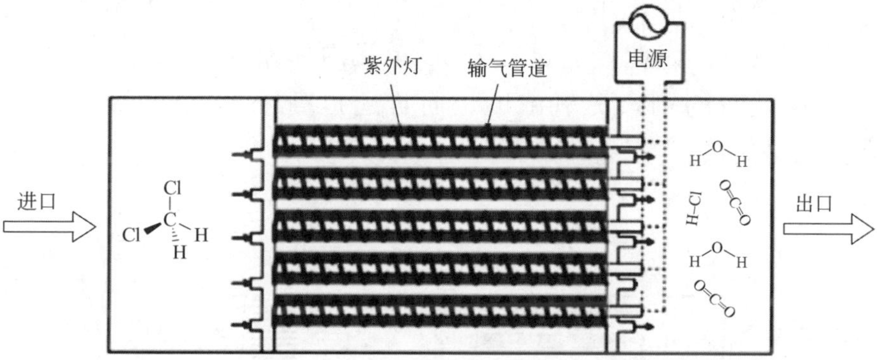

图 2-9　螺旋形的紫外光反应器

催化剂制备技术的快速发展，使其响应波长向可见光区域偏移，普通光源将取代紫外光源，出现了太阳光响应的催化剂，利用太阳光就能实现光催化转化过程。此外，通过优化设计光催化剂，能提高单位催化剂的活性，实现光催化定向转化过程，同时也克服了光源的限制问题。TiO_2是普遍使用的光催化剂，目前大部分催化研究都是围绕 TiO_2开展的。通过复合溶胶-凝胶-强碱水热法制备了金属镧掺杂的 TiO_2纳米管或多种金属/非金属共掺杂的 TiO_2纳米催化剂，发现其在波长 254nm 或 365nm 光的激发下对含乙苯、氯苯等废气具有较好的转化效果。

同时，通过对紫外光解后的出气进行了水溶性和可生化性测定，这些指标都有了较大程度地改善。对光解出气进行了定性测定，发现产物均是一些苯甲酸、乙酰苯、乙酸、甲酸等含有羧基和羟基基团的有机化合物，适于后续生物处理。

4. 低温等离子体/催化协同预处理工艺

低温等离子体是一种非热平衡气体状态，通常可以通过对气体施加电场放电来产生。在高能电子轰击气体分子的过程中会产生具有强氧化性的活性物质，能够有效地分解和氧化污染物。利用低温等离子的强氧化性，可以在较短的时间内实现难水溶、难生物降解物质的定向转化，为后续生物净化奠定基础。在低温等离子体的众多放电形式中，介质阻挡放电（dielectric barrier discharge，DBD）应用最为广泛。DBD 放电均匀，绝缘层采用介电常数较大的绝缘材料，例如石英、玻璃、陶瓷、聚合物等。随着研究的深入，研究者发现单一 DBD 虽然对包括三氯乙烯、甲苯、氯苯等在内的难生物降 VOCs 具有很好的效果，但放电过程中会产生大量的臭氧，除了参与氧化反应，剩余臭氧将直接进入后续生物滤塔中。虽然一些研究表明，微量臭氧会起到控制微生物生长的作用，但若臭氧浓度超过了微生物所能承受的范围，将会引起毒害效应。因此，通过在 DBD 单元内加入催化剂（图 2-10），不仅显著降低了反应后的剩余臭氧浓度，而且还提高了 DBD 对能量的利用率，确保了耦合工艺的稳定运行。

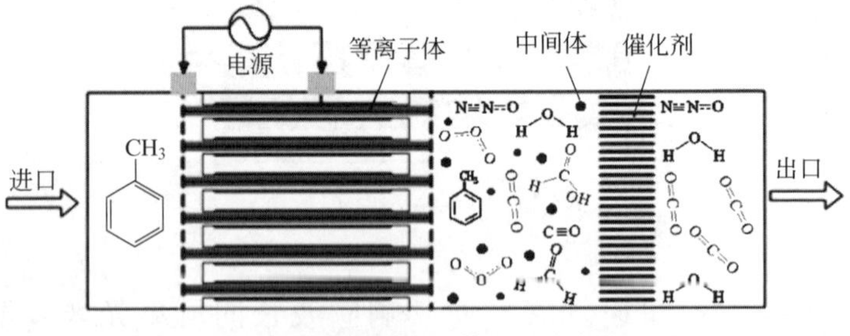

图 2-10　低温等离子体协同催化工艺

5. 化学氧化-生物净化耦合工艺

高级氧化-生物净化耦合技术主要包括两个核心单元：高级氧化和生物净化。根据 VOCs 的性质或处理要求，前者可选择紫外光氧化或低温等离子体，后者则由生物滤塔（箱）及附属设备组成。图 2-11 是该工艺典型流程图，其中湿度调节装置可根据需求设置，若废气湿度满足要求（一般

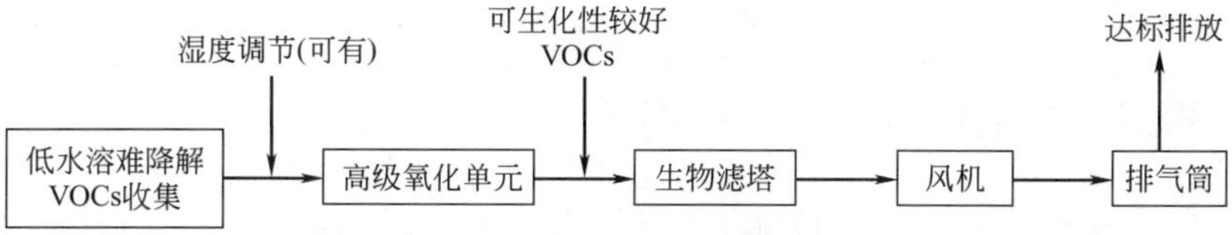

图 2-11　典型工艺流程

50%～60%)，即可省略。

经化学氧化（紫外光氧化或低温等离子）后，水溶性和可生化性较好的VOCs进入生物反应器，附着在生物载体上的微生物利用这些VOCs作为碳源和能源，维持其生命活动，并将其转化为CO_2、H_2O和细胞质，从而实现了低水溶难降解性VOCs的彻底去除。微生物生化代谢VOCs的过程通常是氧化过程，其中一部分是被微生物同化，提供微生物生长所需的碳源和能量，转化成生物量；另外一部分则被微生物具有的特殊酶催化分解，最终形成CO_2、H_2O等无机物。

近年来，化学氧化-生物净化耦合工艺在难降解VOCs废气（如二氯甲烷、氯苯等氯代烃）处理中的应用越来越广泛。紫外光解-生物净化耦合工艺处理800mg/m^3二氯甲烷废气的去除率可达85%，矿化率和去除负荷约是单独工艺的1.5～2倍。低温等离子体协同催化-生物净化耦合工艺对于氯苯的去除性能（去除率、去除负荷、矿化率）明显高于单一BTF系统，尤其是高进气负荷的情况下，耦合系统不仅削弱了底物对微生物的抑制效应，还能改善BTF内生物膜的生长状况，使整个系统运行更为稳定。

耦合工艺在实际工程中也有了一些应用，特别是医药化工、石油炼制等行业，废气中长伴生难降解、低水溶VOCs。在浙江某药业股份有限公司建立了紫外氧化-生物净化耦合装置，净化含甲苯、四氢呋喃、氯仿、硫化氢等挥发性有机废气与恶臭废气。紫外氧化单元对四氢呋喃、甲苯及氯仿的去除率分别为97%、95%和89%，起到较好的预处理效果；废气经UV光解工艺预处理后经过50m长管道输送，与污水站废气汇集一起采用生物滴滤工艺合并处理，一方面废气污染成分在管道中继续被UV单元产生的较高浓度的O_3氧化分解，另一方面，车间废气浓度因为与污水站废气合并处理而被稀释，因而生物滴滤单元的进口浓度大幅降低。生物处理装置对H_2S的去除率最高，近乎100%，甲苯、四氢呋喃、氯仿的平均去除率分别为90%、91%、56%，均可实现达标排放。1000m^3废气处理成本仅为3.5元。

五、生物净化废气的研发趋势

近年来，废气生物净化技术的研究有了快速发展，工程应用也从先前单一的H_2S等恶臭废气拓展到了多组分VOCs气态污染物。面对废气组分的多样化及性质差异化的特点，近年来，出现的以生物净化为核心的组合工艺则是从工业废气自身特性上进行的过程强化。通过反应过程定向调控，显著提高了气态污染物的水溶性和可生物降解性，并把它们作为生物净化的预处理或深度处理工艺，实现了难生物降解、低水溶性气态污染物的彻底净化，应用前景巨大。

今后，废气生物净化技术还可以在以下几个方面开展研究。

(1) 在功能微生物选育与复合菌剂构建方面　针对难生物降解的污染物，通过长期驯化得到具有一定降解能力的微生物菌群或从特定环境中分离纯化得到具有高降解活性的专属菌种（细菌和真菌），应用分子生物学手段设计组装高效生物降解途径，通过基因工程手段改造得到具有特定降解性能的微生物；基于底物代谢途径，优化调控菌群结构，构建种群丰富、结构合理、协同代谢的功能菌群，制备复合微生物菌剂，实现菌剂的大规模商业化生产。

(2) 在生物填料和单元设备研发方面　深入剖析物质传质和生物降解规律，探寻影响传质和生物降解的关键因素，研制高效生物填料和净化设备，强化气态物质传质过程；开展膜反应器、两相分配反应器等新型生物净化工艺研究，并结合已开发的生物填料，建立污染物性质、反应器类型与填料种类三者之间的对应关系，为工艺比选提供技术支撑。

(3) 在组合工艺研发方面　以生物净化为核心技术，开发合适的预处理技术和后处理技术，形成高效组合处理工艺是多组分废气净化的重要趋势之一。目前，关于组合工艺的研究不少，如紫外-生物耦合、低温等离子-生物氧化等，但均停留在工艺研究层面，有关协同机理的研究相对较少，对于高级氧化的过程调控还比较盲目，这些都是后续需要开展的研究内容。此外，如果能在同一反应器内实现高级氧化和生物净化过程，不仅可以缩小反应器的体积，而且还能降低操作复杂程度，大幅度降低实际运营成本，有利于废气生物净化技术的推广应用。

(4) 在净化理论研究方面　从传质过程和生化反应过程等角度深入研

究，分析探讨不同类型污染物在反应器内的净化原理，找出其中的规律，发展和完善传统废气生物净化理论，在此基础上形成基于过程强化的废气生物净化理论体系，为相关研究的开展及工业应用提供理论依据。

（撰稿专家：王家德　成卓韦）

生物服务

生物芯片

一、概况

1. 生物芯片国际研究现状及发展概况

生物芯片是一类快速、高效、高通量的生物分析器件或集成化分析系统，包括微阵列芯片、微流控芯片、具有编码功能的液相微珠芯片以及相关的仪器和设备。总的来说，生物芯片技术通过微加工和微制备技术在固体表面构建微型生物检测单元，实现对生命体系中组织、细胞、蛋白质、核酸、糖类、代谢产物以及相关生物大分子化学修饰信息进行准确、快速、大信息量的检测。生物芯片被认为是当今十分重要且具有战略意义的前沿高新技术，它们不仅是宏基因组学、功能基因组学、蛋白质组学、代谢组学、毒理组学和营养组学等领域所必备的研究工具，并且已经在临床病理学、发育生物学、生物进化研究以及新兴的干细胞研究热潮中发挥越来越重要的作用。在疾病分子诊断、疾病预测和预防、个体化医疗和保健、新药研究和开发、农业生物技术、环境监测、食品质量控制与安全、优生优育、公共卫生及传染病监控、生物安全与航天等领域中，生物芯片技术已有大量商业化产品，我国的一些企业已经在这些领域中处于国际领先的地位。

自 2006 年以来，美国食品药品监督管理局先后组织了四次微阵列芯片质量控制（MAQC）项目，参与的企业和科研机构由数十家发展到十几个国家的近百个单位。从 2014 年举行的 MAQC-Ⅲ开始，测序技术也加入进来。生物芯片已经从学术科研领域标准的实验方法，发展为药物基因组学和毒理基因组学的核心技术。2016 年 9 月开始实施的 MAQC-Ⅳ（SEQC2）将进一步指导微阵列技术和下一代测序技术的改进，并且培育它们在医疗卫生产品的研发和评审中的应用。近八年以来，生物芯片领域最重要的趋势，就是从生命科学研究走向临床应用；而随着这一转变，生物芯片技术的发展重心，也从过去的一味追求高通量、高密度，转向与分子医学更紧密的结合，更好地为临床诊断服务，配套的仪器、软件、耗材所构成的应用系统则向自动化、集成化、智能化和网络化发展。人类基因组计划完成之后，科学界逐渐认识到生命的发生与发展是随时间和空间展开的系统性过程，随着蛋白组、转录组、代谢组、宏基因组等概念的提出及其意义的阐明，生命科学的研究已经迎来多组学的时代。随着 microRNA 芯片在基因表达调控方面取得大量进展，目前 microRNA 已经进入医学转化阶段，尤其是在肿瘤的诊断方面成为非常有潜力的早期标志物。单核苷酸多态性（SNP）及拷贝数变化（CNV）芯片所积累的大量数据应用于临床诊断和健康管理的步伐加快，目前已经有多家企业在非侵入性产前筛查（NIPT）领域应用生物芯片技术进行染色体异常检测，对于减少出生缺陷、提高人口素质具有重大的作用，并延伸至胚胎植入前遗传学筛查（PGS）领域，为迎接我国二胎生育高峰做好了准备，从 2014 年开始形成了一个全球市场的增长热点。蛋白质芯片在揭示肿瘤的发病规律、寻找肿瘤标志物、早期诊断及抗肿瘤药物的研发方面国内获得重大的进展，并有望迅速转化为医疗诊断产品。在芯片实验室技术获得长足进步的背景下，细胞芯片在药物开发筛选中的作用日益凸显；在干细胞技术、组织工程学技术等交叉学科的带动下，组织芯片有可能形成新的突破点，从而在药物开发筛选和肿瘤临床研究中发挥更大的作用。微流控芯片技术逐步走向市场，成为即时诊断（POCT）市场上被认为最具潜力的技术，在 2010 年之后借助全球基金、盖茨基金会等资金支持，世界卫生组织背书，开始在包括发展中和欠发达地区的全球投入应用，2014 年前后中国已有多家企业推出基于微流控芯片的 POCT 产品。

与 2000～2008 年的八年相比，2009～2016 年生物芯片技术最明显的变化是其角色从科研服务到临床转化的转变。在科研方面，测序技术已经成为生物芯片技术有力补充和重大升级；而在临床方面，生物芯片技术已经成为不可忽视的高通量检测技术。与此同时，在分子育种、中药现代化、大健康管理等方面，生物芯片技术也正在体现出巨大的发展潜力。

2. 国际生物芯片市场以及产业化概况

国际市场上生物芯片企业代表有：昂飞（Affymetrix）、安捷伦（Agilent）、Illumina、珀金埃尔默（Perkin Elmer）、基因泰克（Genentech）、Life Technology（原 Applied Biosystem）、BioChain、Biomerieux、Cepheid、Hyseq、Nanogen、Incyte、AlphaGene、Axiom Biotechnologies、Axys Pharmaceutical、Sigma Aldrich、EMD Millipore、Caliper Life Science、Fluidigm、Luminex、Bio-Rad、GE

Healthcare、Abbott、Thermo Fisher Scientific、GeneDX 等。国内近年来进入该领域的公司较多，据不完全统计包括：博奥生物集团、上海生物芯片及其下属公司、天津生物芯片、上海康成生物、上海裕隆生物、上海铭源数康、陕西超英、西安联尔、广州瑞博奥、深圳益生堂、达安基因、南京大渊、北京东胜创新、上海复星、台湾冷泉港、台湾华联、珠海赛乐奇、三联生物、华大吉比爱、港龙生物、博晖创新、亚能生物、苏州偲聚、泰州欣康、深圳晶美、杭州联川、上海欧易、昆明寰基、广州飞扬、北京与翔科飞、厦门励远、上海众信、上海敏芯、芯起点基因、拜珐（上海）、上海基康、上海仪方、上海博星基因、上海华冠、江苏海晶、上海英伯肯等。

根据预测，全球生物芯片市场在 2015 年已达 76.3 亿美元，并将在 2016～2020 年保持 18.4％的年复合增长率，于 2020 年达到 177.5 亿美元的高位。增长的主要驱动力来自个体化医疗市场的成长，与生活方式相关的慢性疾病以及病毒或细菌性传染病的流行趋势有关，也受到研发及创新的有力推动。一个新的潜在应用是检测癌细胞并限制其通过血液循环发生转移。2008 年中国生物芯片市场规模超越行业预期达到 1 亿美元，预计到 2020 年将达到 9 亿美元的规模。

国际上按照应用对生物芯片进行划分的细分市场包括基因测序与表达、基因组与毒理基因组学、蛋白组学、药物发现及其他，以及临床诊断与治疗。其中临床诊断与治疗的细分市场已经成为了最大的细分市场。从地理细分来看，北美仍然是生物芯片最大的细分市场，而亚太地区已经成为增长最快的细分市场。

以美国、欧洲专利局（EPO）和世界知识产权组织（WIPO）所收到的专利申请为例分析（图 2-12），迄今为止共有近 8700 项申请，自 2004 年以来一直保持稳定，但 2015 年出现了较大程度的下降。而且，8700 多项申请中有接近 6600 项与芯片实验室/微流控芯片有关。2015 年微流控芯片市场规模约 28 亿美元，以 27％的年复合增长率增长。微流控技术的成熟，使得 POCT 产品进一步实现了小型化和精细化。

3. 国内研究现状、水平及向产业转化发展趋势

国务院制定的国家中长期科学和技术发展规划纲要（2006～2020 年）中指出，生物芯片等“前沿技术研究与应用，孕育着诊断、治疗”等领域的“重大突破”。科技部颁布的“十二五”生物技术发展规划中明确提出，“研发拥有自主知识产权且具有市场前景的临床检测及卫生防疫用基因芯片、蛋白芯片及芯片实验室产品”。2011 年，卫生部宣布将基因芯片诊断技术的管

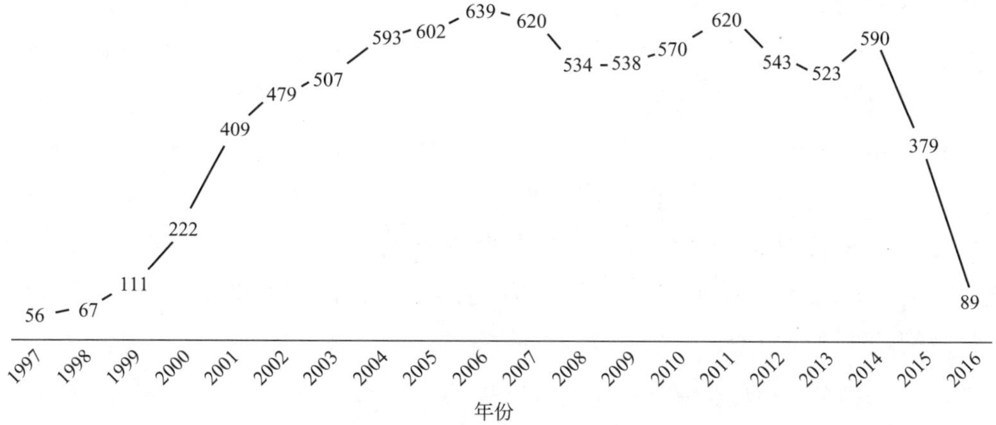

图 2-12　美国、欧洲专利局和世界知识产权组织收到的专利申请量变化趋势（单位：项）

理类别由第三类医疗技术调整为第二类，确认了其灵敏性和准确性较高、检测快速简便等优点，从而大大促进了其在临床上推广应用的进展。

2009～2016 年相比于 2000～2008 年的八年，我国科研机构在生物芯片领域的研发活跃度有量级的提升。以国内提供科研服务的支柱单位生物芯片北京国家工程研究中心为例，前八年共支持国内科研机构及大学发表论文 110 余篇，而后八年截至 2016 年 3 月已经支持国内单位发表论文 1200 余篇，总计影响因子超过 5900 分。而从科研成果的质量来看，影响因子超过 20 的论文超过 30 篇，影响因子超过 10 的论文则超过 60 篇。从涉及的领域来看，以肿瘤方面的研究为重点，也涉及先天性心脏病等遗传性疾病，冠心病、青光眼等慢性疾病，乙肝等重大传染病以及非阻塞性无精子症等生殖系统病，为转化医学的发展提供了强大的推动力；与此同时，还为高海拔适应性、端粒、肿瘤发生机制和表观遗传调控等生命科学基础研究，以及胚胎干细胞、可诱导重编程干细胞等生物技术前沿领域提供了有力的支持。

我国生物芯片行业的产业化发展呈现出细分领域日趋完整、专业化程度提高、产业化链条逐步完善、上下游布局逐步优化的特点。以体外诊断领域为例，膜基片、玻璃基片、塑料基片多种基质材料，反向斑点杂交、微阵列、微流控等多种技术分支都有产品上市推广应用，基因芯片、蛋白芯片、POCT 等各个细分市场都在蓬勃发展。不少企业选择了最适合自己资源能力特点的方向，开发了具有特色的产品和业务，从而在特定细分市场、特定类别疾病的诊断、特定的产业链条上大显身手。例如苏州汶颢芯片科技有限公司，本身没有在国家食药监局申请任何医疗器械注册证书，专注于产业链条的上游，为开发临床诊断产品的下游企业提供微流控芯片的设计、加工、生产外包服务。而一些龙头企业，如博奥生物集团拥有微阵列和微流控多种技术平台和芯片设计制造、诊断产品开发和市场营销乃至芯片生产设备制造的全产业链能力，也为行业整体的健康发展起到了重大的推进作用。例如，博奥生物的遗传性耳聋基因芯片从开始研发的2006年，到获得国家食药监局批文的2009年，再到大规模开展应用的2012年，在6年的漫长历程中博奥生物解决了产品质量控制、大规模生产、应用技术支持、市场监管、准入政策、市场教育、临床指导等一系列问题，完成了其他任何一家不具备全产业链能力的企业所不可能完成的任务，从而为2012年之后大批下游企业进入诊断市场铺平了道路。

自1998年以来近20年间，我国大专院校、企业、科研机构等单位和少数外国机构在生物芯片领域共申请发明专利2300余项，历经了1998～2001年的起步期，2002～2008年的徘徊期和2009年之后的快速增长期。

从图2-13可以看出，继2009年发明专利申请量超过历史最高值之后，到2015年间申请量出现了明显的加速增长趋势，与2001～2008年一直徘徊在每年100件上下的情况形成了鲜明的对比。2015年度专利申请量已经接近300件。

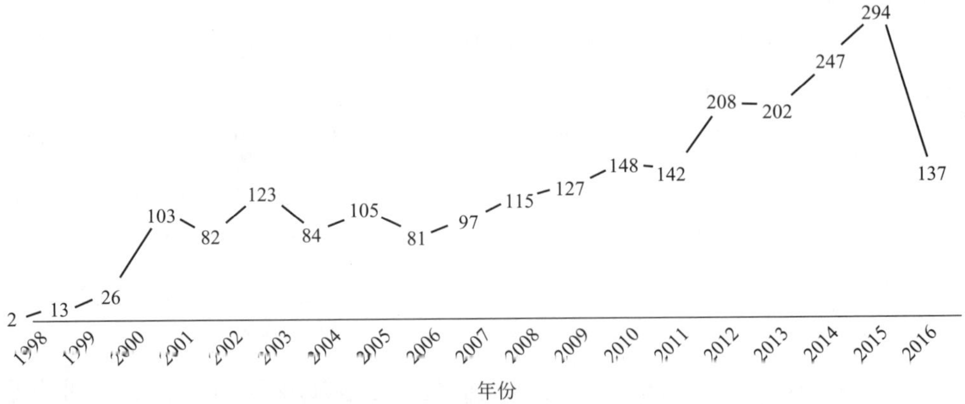

图2-13　1998～2016年发明专利申请量趋势

（2016年为年中期数据，单位：件）

从发明专利申请机构的属性（图2-14）来看，企业已经成为占比最大的类别，这说明生物芯片技术的价值已经被广大企业认可，与此同时其持续创新的动力却并没有减弱。

拥有生物芯片相关产品的中国企业中，达安基因为上市公司，市值180

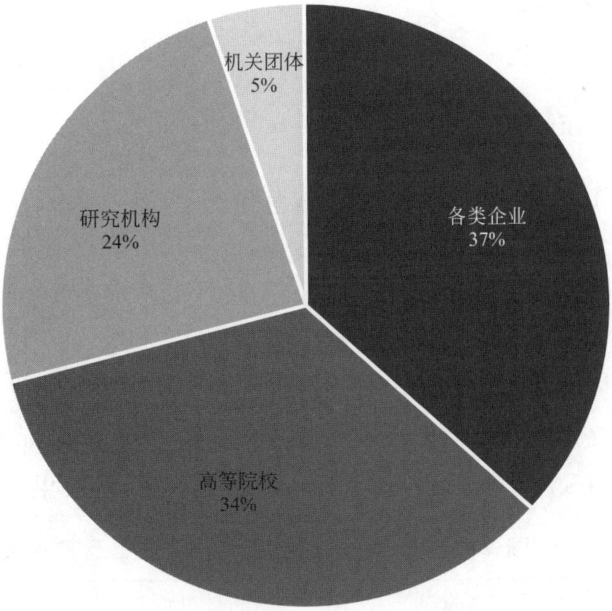

图 2-14　1998～2016 年发明专利申请机构分布

亿元左右；未上市的企业中，博奥生物集团估值达 200 亿元，不仅远远超过其他生物芯片相关企业，在整个基因检测行业中也居于首位；估值超过 10 亿元的还有上海伯豪生物，其主要业务为科研服务和 CRO 服务，目前估值达 11 亿元。

生物芯片产业化的成果，不仅体现在生物芯片相关产品在以医疗诊断为主的市场上稳步增长，也体现在生物芯片技术对生物医药领域其他细分市场乃至其他行业产业发展的推动作用。上海交通大学系统生物医学研究院陶生策教授课题组与上海交通大学医学院附属瑞金医院刘炳亚教授课题组进行合作，构建了蛋白质芯片的研究平台，采用包含 17 000 余种蛋白质的人蛋白质组芯片分析胃癌患者、胃癌的癌前疾病患者和健康人的血清，进行大规模筛选，再经大样本（超过 1400 例样本）、多中心临床验证，筛选出了多个新的胃癌血清标志物并获得了多项发明专利。2016 年 6 月，上海交通大学与博奥生物集团下属子公司博奥新景签署协议，将其中 6 项专利的独占实施许可授权给博奥新景，用于开发具有我国自主知识产权的化学发光免疫诊断试剂盒，配合博奥新景自主研发生产的全自动化学发光免疫分析仪，将打破我国体外诊断市场最大的细分市场——免疫诊断市场上跨国公司的垄断。这个案例表明，我国生物芯片行业已经实现了企业研发技术装备国产化—科研机构自主研发原始创新—企业开发应用产品创新的闭环创新体系构建，产学研一体化的成果初步显现。

二、主要产品

现在活跃在中国市场上的企业中既有博奥生物等多年专注于生物芯片技术产业化的龙头企业，也有珠海赛乐奇、江苏三联生物这样的新生力量。行业发展呈现出雁阵式的良好结构。与8年前相比，随着时间的推移也有一些企业逐渐退出了生物芯片行业，这是正常的新陈代谢。另外，还有四家跨国企业也进入了中国市场。但是与体外诊断市场的其他几个成熟的细分市场不同，外资企业在产品品种、数量和市场占有率方面均远远不及我国本土企业，16年前国家采取的产业扶持政策已经结出了累累硕果（表2-44）。

表2-44　中国体外诊断市场上的生物芯片企业及其相关产品

企业	CFDA证书数量	上市体外诊断生物芯片产品简介
博奥生物	15	地中海贫血，结核菌，分枝杆菌，HPV，遗传性耳聋微阵列基因芯片、耗材及半自动/全自动仪器，呼吸道感染病原体微流控检测芯片及全自动仪器
珠海赛乐奇	11	肿瘤伴随诊断（B-raf，K-ras），乙肝个体化用药（IL28B），代谢性遗传病（苯丙酮尿症、葡萄糖6磷酸脱氢酶缺乏症），传染病（HPV、HBV），高脂血症风险因子ApoE检测微阵列基因芯片及仪器
三联生物	9	肿瘤标志物、心肌标志物、降钙素原和C反应蛋白微阵列蛋白芯片化学发光检测试剂及仪器
华大吉比爱	5	优生优育Torch，结核菌，肿瘤标志物检测微阵列蛋白芯片及检测仪器
数康生物	5	自身免疫抗体、肿瘤标志物微阵列蛋白芯片及检测仪器
上海/曲阜裕隆	4	肿瘤标志物微阵列蛋白芯片及检测仪器
达安基因	3	药物代谢电化学基因芯片及检测仪器
Affymetrix	1	微阵列基因芯片分析仪器
EuroImmun	2	HLA-B27分型微阵列基因芯片检测试剂盒及仪器
博晖创新	2	HPV基因分型检测微流控芯片及检测仪器
九州泰康	2	肿瘤标志物微阵列蛋白芯片及检测仪器
港龙生物	2	HPV分型微阵列基因芯片及检测仪器
艾锐生物	2	自身免疫抗体微阵列蛋白芯片及检测仪器
寰基生物	2	基因芯片耗材
南京大渊	2	结核菌微阵列蛋白芯片及检测仪器
上海百傲	2	药物代谢微阵列基因芯片

续表

企业	CFDA 证书数量	上市体外诊断生物芯片产品简介
苏州偲聚	2	糖尿病、甲状腺自身免疫抗体检测微阵列蛋白芯片
泰州欣康	2	幽门螺杆菌检测微阵列蛋白芯片
Agilent	1	微阵列基因芯片扫描仪
Randox	1	微阵列蛋白芯片检测仪
佛山分析	1	压电蛋白芯片分析仪
洹艺科技	1	过敏原特异性 IgE 抗体微阵列酶联免疫检测试剂
亚能生物	1	基因芯片检测仪器

图 2-15 为 2009～2015 年间国家药监局批准的生物芯片类体外诊断产品。

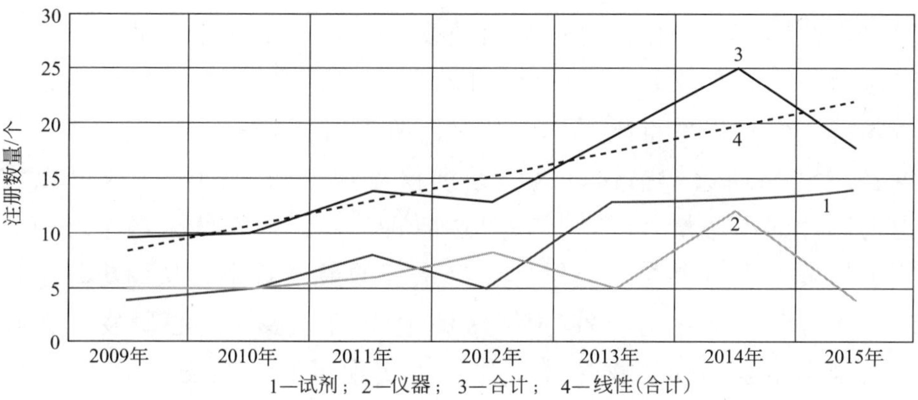

图 2-15　2009～2015 年国家药监局批准的生物芯片类体外诊断产品

截至 2016 年 12 月初，在国家药监局批准的医疗器械产品注册证书中，尚在有效期内的生物芯片产品类证书有 72 个，相比 2008 年年底不足 20 个有了较大增长。在注册产品总量提升的同时，以 2012～2013 年为分水岭，试剂类产品的数量超过了仪器的数量。在体外诊断（IVD）市场的成熟领域，如免疫诊断、生化分析等细分市场，往往一台仪器上可以配套使用十几种乃至数十种试剂产品；因此生物芯片试剂类产品数量超过仪器产品的数量这一转折标志着生物芯片技术在临床诊断市场上已经进入快速增长、发育成熟的阶段。

三、市场分析

由于生物芯片技术近年来向应用发展，传统的根据核酸微阵列芯片、蛋白质微阵列芯片、专用微阵列芯片和芯片实验室等技术特征来进行市场细分已经不再符合时宜。2008 年的生物产业发展报告中，我们曾经列举的 8 个研发方向中前 7 个经过 8 年的发展，已经陆续形成了较为成熟的细分市场；而最后列举的芯片实验室技术，包括微流控技术，则作为一项关键技术支持着多个细分市场的发展。另外，国际市场与国内市场的差距快速缩小，国内领先企业的技术水平和市场布局已经接近国际龙头企业。所以在下文中，将国际和国内的细分市场情况放在一起进行讨论。

1. 芯片技术平台

随着生物芯片在临床诊断领域的快速推广，市场对生物芯片仪器平台的需求发生了较大的变化，由过去强调更高内涵、更高密度、更高通量变为了现在要求自动化程度更高、人工操作更简便、检测时间更短、实验结果更准确稳定，以便于临床应用。这一显著改变体现在以下两个方面。

（1）微阵列芯片仪器平台的全自动化。以博奥生物的产品为例，2008 年前后，博奥生物先后推出了 136 片微阵列芯片点样仪、12 片杂交仪、8 片洗干仪、24 片高通量扫描仪，这一系列仪器组合形成的流水线可以实现微阵列生物芯片的高通量处理，每天可达数百片。但流水线上各个环节之间仍需要熟练的技术人员参与才能发挥整个系统的最高效率，从而更加适用于专业化的生物医学实验中心。2016 年博奥生物经过多年潜心研发，在临床诊断市场上推出了全自动生物芯片工作站，实现了芯片杂交反应、清洗干燥、扫描检测流程的全集成，将过去三个分离的步骤合而为一，并且实现了整个流程中的可视化实时监控和分析，标志着微阵列芯片的临床诊断应用自动化、结果和过程的质量控制提高到了崭新的水平，进入了实用化阶段。

（2）微流控芯片技术成为即时诊断（POCT）领域最有潜力的技术方向。与微阵列芯片所具备的高通量特点不同，微流控芯片固有的优点就是可以大大简化配套检测仪器的设计，将各种反应的不同过程集成在微流控芯片耗材本身内部完成，实现临床检测的快速化、轻量化，乃至大众化，走入家庭实现大健康管理。已经被临床市场所接受的 PCR 技术、尚处于商业化初期的数字 PCR 技术，都能够借助微流控芯片技术提高检测灵敏度和操作的自动化程度。尤其是液滴微流控技术（droplet microfluidics）是研究方面的热点。此外，微流控芯片技术与微阵列技术还出现了一定的融合交叉，例如博奥生物的全自动生物芯片工作站中就在微阵列芯片的基础上采用微流控技术来实现检测试剂和所需临床样品的微量化、杂交反应的快速化。

2. 转化医学与个体化医疗

生物芯片在转化医学与个体化医疗方面的应用近年来集中在出生缺陷、

肿瘤和重大慢性病等领域。其中出生缺陷方面，使用生物芯片进行染色体异常检测已经率先得到世界范围内临床各界的认可和推荐，在遗传性耳聋、地中海贫血等分子病理学研究比较深入的重大遗传病方面也获得了较大的突破，有很多成果已经从转化医学领域形成成熟的产品进入到了临床检测市场。在肿瘤的个体化医疗方面，基于生物芯片技术的全基因组关联研究（GWAS）有力推动了我国科学家在包括食道癌、肺癌、胰腺癌、鼻咽癌、肝癌、乳腺癌、宫颈癌等多种恶性肿瘤的转化医学研究进展，相关成果成批发表在《Nature Genetics》等转化医学领域的顶级学术期刊上；而各项研究所积累的数据，可以从遗传性肿瘤发生的风险预测（未病）、早期诊断（欲病）和预后判断、个体化用药、术后监测（已病）三个层次全面支持肿瘤的个体化医疗决策。例如，在实现肿瘤超早期预警的生物标志物发现上，复旦大学中山医院樊嘉教授课题组利用生物芯片技术对血液中 miRNA 进行检测，筛选出了可以对肝癌进行早期预警的生物标志物组合；而清华长庚医院、301 医院、北大肿瘤医院与博奥生物合作，通过生物芯片技术进行肝癌、胃癌、膀胱癌等肿瘤血浆 miRNA 标志物的开发工作，具有广泛的预警价值，并将成为建立个体化医学 miRNA 检测技术 LDT 指南的基础。在商业化应用方面，乳腺癌的预后评价一直是生物芯片技术的强项，自 2007 年荷兰 Agendia 公司基于 Agilent 芯片开发的 MammaPrint 获得美国 FDA 批准上市之后，2013 年 Nano String 自主研发的 Prosigna 芯片和 Ipsogen 利用 Affymetrix 芯片开发的 MapQuant Dx 芯片也相继上市。国内广州益善利用液相芯片技术开展了乳腺癌预后评价检测服务。在慢性病个体化医疗方面，针对抗栓治疗个体化用药，美国 FDA 早在 2007 年就推荐在使用华法林、氯吡格雷等药物前对病人体内 *CYP2C9*、*CYP2C19*、*VKORC1* 等基因的多态性进行检测；目前国内已有上海百傲、达安基因等企业的生物芯片类检测产品上市，博奥的产品也即将上市。

3. 食品卫生

应用生物芯片技术，可以对食品中的农、兽药残留，重金属、有害添加物、致病性的微生物（包括细菌和病毒）进行检测，还可以对动物源性成分、转基因成分、过敏原进行鉴定。除了食品卫生监察部门自己组建检验实验室使用生物芯片类检测产品之外，生物芯片企业也凭借自身技术优势进入了当前蓬勃发展的第三方检测业务。对于食品致病菌检测，微流控生物芯片系统具有检测时间更短、应急响应更快的优点，目前国内已有博奥生物的 3 种、5 种、10 种致病菌同时检测的微流控芯片系列产品，与所需时间较长但可以并行检测 24 种致病菌的微阵列芯片产品互补形成完整的解决方案。在中药材鉴定方面，较高内涵层次上的生物芯片技术与较低内涵层次的 PCR 技术具有很好的互补作用。

4. 临床检测

近年来，生物芯片在临床检测应用中最大的突破，是在妇产科细胞遗传学领域进行产前/产后染色体异常检测的应用中，微阵列比较基因组杂交（aCGH）技术对常规的核型分析显带分析技术的取代。2009～2016 年美国妇产学会（American College of Obstetricians and Gynecologists）发布的指导性意见（Committee Opinion）重复确认了 aCGH 可以用于取代传统的核型分析，并且在刚刚发布的意见中明确指出 aCGH 技术适用于全部年龄段的母亲，并可以发现传统核型分析无法发现的染色体异常，但目前不推荐在临床试验之外的领域使用全基因组测序或者外显子测序方法。美国医学与遗传学会、国际基因组芯片标准联盟、欧洲细胞遗传学协会、加拿大医学遗传学会等组织也纷纷颁布指南意见，推荐使用 aCGH 方法。临床诊断指南的修订释放了市场的需求，在过去几年中，国外 Affymetrix、Agilent、Roche、Illumina 等大公司和许多中小型企业都推出自己的 aCGH 微阵列芯片产品用于细胞遗传学临床检测。国内博奥生物推出了自主研发的染色体异常检测基因芯片 500+，不仅覆盖国际主流数据库的检测位点，还覆盖了最新的 GRCP（中华民族健康与疾病遗传资源共享平台数据库），更适合于中国人群的产前筛查及出生缺陷检测。其他国内企业则以引进国外产品在国内开展检测服务为主。

此外，在新生儿筛查中使用基因芯片技术进行遗传性耳聋基因突变检测自 2012 年首先在北京市大规模推广以来，目前已有超过 100 万北京市新生儿接受了这项检测，发现耳聋基因携带者 45 900 余例、药物性耳聋敏感者 2300 多例。卫生经济学分析表明，该项筛查耗资 1.37 亿元，而为社会减少经济损失 9.96 亿元，为有效控制占据各类残疾之首、影响 2054 万人（占残疾人口总数近 1/4）的听力残疾问题带来了曙光。该技术属于全球首创，由博奥生物与解放军总医院共同研发，已经在中国大陆和台湾地区获得医疗器械许可。除了北京市，目前四川、河南、山东、吉林、新疆等 20 多个省市都已经开始开展该项筛查，总计筛检新生儿总数超过 190 万，堪称目前世界上最大规模的基因筛查项目，成为技术和政策上引领全球的“中国样板”。邻国越南已引进博奥的芯片生产线和技术，准备推广耳聋筛查项目。美国迈阿密大学与博奥生物合作，采用博奥生物的微流控技术平台共同研发出用于检测白种人常见的与遗传性耳聋相关的4个基因9个位点微流控检测芯片和配套试剂，通过流动杂交清洗，提高反应速率4倍；通过与测序技术的平行对比，对160份样品进行分析的检测结果一致性为100%，相关结果已经发表在国际顶级期刊《PLoS One》上，很快会在北美和欧洲上市。

微流控芯片已被业界公认为即时诊断（POCT）行业未来发展的核心技术。国际巨头已经有成功的微流控POCT产品上市，例如i-STAT血气分析仪，BioTek免疫荧光系列产品。分子诊断方面，美国Cepheid公司的GeneXpert系统借助全球基金、盖茨基因的财务支持，通过WHO的全球网络已经在包括亚非拉发展中国家在内的世界范围内广泛应用，对耐药性结核的控制发挥了重大作用。生物芯片国际专利近年来主流的技术领域已经变为微流控芯片。在国内，理邦在血气类、微点生物在免疫类、天津微纳芯在生化类、博奥和博晖创新在分子类都推出了基于POCT的临床诊断仪器平台和产品，虽然在市场占有率上与跨国公司还有很大的差距，但是在技术的先进性和成熟度上的差距并不大。

在感染性疾病方面，生物芯片所具有的高通量、多重性固有优势，使得其能够在鉴别诊断方面发挥专长。在分枝杆菌菌属鉴定、呼吸道常见病原体的鉴别、HPV感染基因分型、HIV/HBV/TB等重大传染病病原体耐药基因检测方面，国内企业已经推出了多款基于生物芯片的临床诊断产品。例如博奥生物基于微流控技术开发的恒温扩增碟式芯片系统，可以作为平台支持多个临床检测项目的开发，目前一次检测下呼吸道感染13种常见致病菌的鉴别诊断芯片已经上市；而检测上呼吸道感染18种病毒及其亚型的芯片、检测23个抗生素耐药基因的芯片、检测19种腹泻致病菌的芯片正在研发中，均为国内首创、紧跟国际市场步伐的产品。其中呼吸道病原菌碟式芯片系统因其“突出的技术创新性、具有显著的经济和社会效益、推动行业科技进步作用明显”，由中国医药生物技术协会评选为2016年中国医药生物技术十大进展之一，引领国内病原菌检测正式进入“精准时代”。

5. 个体遗传检测与健康咨询

随着人类对基因组信息认识的逐步深化，以及重大慢性疾病以预防为重心的观念逐步确立，在经历过国内2006年、国外2012年两波市场躁动之后，利用生物芯片技术进行个体遗传检测的技术及市场日趋成熟。博奥生物承担的“十二五”国家科技部“863”项目产业化成果“爱身谱”疾病风险分析芯片2.0可以分析人类个体13大类150种疾病的患病风险，从而针对个人制订出生活方式改善建议；自2014年正式立项的人体疾病易感DNA

多态性检测基因芯片国家标准即将颁布，将为同类产品市场的正常发育提供指导和保障。

6. 新药开发

除了在药物靶点发现、毒理学研究和中药疗效机理等方面继续发挥作用之外，随着生物制药乃至生物治疗技术的快速发展，生物芯片技术在新药发现方面的作用也在不断扩展。近年来单克隆抗体药物在新药审批中所占的比重不断增大，基于抗体的生物检测（如免疫组化、化学发光等）技术层出不穷，与抗体相关的生物芯片技术随之得到发展。由华裔科学家创办的美国Origene集团研发的UltraMAB技术，将2万个人类已知功能蛋白制成蛋白微阵列芯片，用以检测抗体的特异性；该公司近年来完成了几桩对抗体生产商等生物医药原料生产企业的收购，表明了其整合生物医药上游资源的决心和实力。在干细胞技术、生物新材料技术快速发展以及交叉融合的大背景下，微流控芯片则为器官芯片的诞生提供了基础。经过在微流控芯片技术研发上的多年积累，2016年中科院大连化物所构建了可作为动态三维高通量血脑屏障模型的器官芯片。由于可以采用人源细胞制作器官芯片，甚至可以采用特定患者本人的体细胞制作器官芯片，进行药物筛选时，相比现有的二维培养细胞模型或者动物模型更加接近人体内生理和病理环境，有望大大提高新药开发的效率，同时也为实现肿瘤或者先天性遗传病的个体化治疗提供了理想的“个体化”用药模型。

7. 农业生物技术

农业生物技术上近年来的应用热点包括分子育种、动物保健等方向。其中在分子育种方向包括农作物品种鉴定、SNP辅助育种、动植物疫病病原体检测、动物种源鉴定等。博奥生物将微流控技术结合在微阵列SNP芯片的基础上，最大限度地减少了需要人工操作的环节，为分子育种方向生物芯片检测产品的开发提供了绝佳的选择。在动物保健方面，猪疫病病原体检测、奶牛乳房炎病原菌检测等应用保障了我国肉、蛋、奶制品重要来源的经济家禽、家畜健康。博奥生物基于微流控技术的奶牛乳房炎致病微生物快速检测恒温扩增芯片可以在2.5h内准确鉴定18种病原及1个耐药基因，可在养殖企业及乳品生产企业内有效预防、控制和协助治疗奶牛乳房炎，并已经多家企事业单位进行验证，取得了良好效果。

随着各个细分市场的发展，我国生物芯片企业原有的组织结构也在发生变化，比较大的企业纷纷实施了集团化运营，将面对不同细分市场的业务剥离到不同的子公司，以更好地适应市场化的商业运营。例如博奥生物集团设立了博奥晶典（分子诊断、转化医学及生物技术）、博奥检验（第三方医学检验）、博奥颐和（个体遗传检测及大健康）、博奥木华（下一代基因测序）和博奥新景（免疫诊断、细胞学诊断和 miRNA 基因检测）五个子公司，并且在北京、上海、成都、重庆、东莞等地多点布局；上海生物芯片公司也设立了上海芯超（组织芯片）、上海伯豪生物（科研服务）、上海伯豪医学检验（第三方医学检验）、上海南方基因、上海沪晶生物、美艾利尔诊断等实体。

总而言之，生物芯片产业化发展的各个细分市场都在蓬勃发展。在微阵列芯片和微流控芯片两大平台技术的支持下，全自动的流程配套使得生物芯片技术对产业转化及临床应用越来越友好。染色体异常检测、先天性基因缺陷筛查、病原体鉴别诊断等芯片引领着临床检测细分市场的发展；在肿瘤早期诊断、预后评价和个体化用药等转化医学领域中生物芯片技术的应用方兴未艾。个体遗传检测有望将生物芯片应用市场扩展到“上医治未病”的领域。在新药研发方面，蛋白微阵列芯片的高内涵筛选验证技术为抗体药物的高速增长提供了支持，基于微流控芯片的器官芯片为新药研发实现“个体化”点亮了前景。在“民以食为天”的食品卫生和农业生物技术等关系国计民生的基础性行业，生物芯片技术的应用也在逐步推广。

（撰稿专家：程京　邢婉丽　傅文侠）

转录组测序

一、转录组测序概要

“转录组”（transcriptome）这一概念首先由 V. E. Velculescu 等在 1997 年提出，是指特定细胞或者组织在特定发育阶段或生理状态下转录出来的所有转录本的集合，具有时空特异性。所有转录本既包括具有编码能力的 mRNA（信使 RNA），也包括 ncRNA（非编码 RNA），如 rRNA（核糖体 RNA）、tRNA（转运 RNA）、lncRNA（长链非编码 RNA）、circRNA（环状 RNA）和 sRNA（小 RNA）等。由于同一细胞在不同的生长阶段或者生长环境下，基因的表达情况是存在差异的，所以通过转录组可以对不同组织和不同生长状态下差异表达基因进行研究和探讨，挖掘与特定生理功能或者疾病发生相关的基因、基因变异、各种分子标记以及转录调控网络等遗传信息。转录组是研究基因功能及结构的基础和出发点，连接基因组遗传信息与生物功能（蛋白质组），已经被广泛应用于医学、农学和微生物等许多领域。

传统研究转录组的方法是对 cDNA 或者表达序列标签（EST）文库直接进行测序，通量低，费用昂贵，不能定量基因的表达量。随后改进的基于标签的技术，如基因表达系列分析技术（SAGE）和大规模平行测序技术（MPSS）可以提供大规模基因表达量的检测。但是这些方法依赖 Sanger 测序，通量低，成本较高，此外还存在标签干扰、低唯一性等分析难题。20 世纪 90 年代兴起的基于杂交技术的基因芯片检测技术利用芯片上携带的已知序列的核酸探针，检测不同个体、组织、发育阶段或者病变条件下基因的表达情况。芯片技术可以进行大规模平行检测，准确分析基因的表达，促进基因功能的研究，加速转录组的研究。

2005 年，454 生命科学公司率先推出基于焦磷酸测序法、边合成边测序的测序技术，成为下一代测序技术（NGS，又称第二代高通量测序技术）的奠基者。随后，以 Illumina 公司的 Solexa 技术和美国 ABI 公司的 SOLiD 平台为标志的高通量测序技术相继登上历史舞台，曾一度出现三足鼎立的局面。相比于一代测序技术，下一代测序技术可以一次测定数百万条 DNA 序列，不仅提高测序通量，而且明显缩短测序时间。下一代测序技术的飞速发展加快了全基因组水平上转录组的分析。利用高通量测序平台分析某物种转录组信息的技术即为转录组测序（RNA-Seq）。狭义概念中的转录组测序技术是对特定细胞或者组织在特定生理状态下编码的 RNA 的检测（下文转录组测序特指狭义概念的转录组）；但是广义上的转录组测序技术是对转录出来的所有 RNA 的检测，不仅包括 mRNA，还包括一些 ncRNA（如 tRNA、sRNA 和 lncRNA 等）。转录组测序技术无需克隆、操作简单、周期快、费用低。此外，转录组测序技术不仅准确量化基因的表达水平，而且还能够检测基因结构的变异，比如可变剪切、SNP、新转录本和融合基因等。相比基因芯片，转录组测序技术无需事先设计探针，而且不再依赖于物种的基因组信息，可以做到从头组装，加快基因组信息尚未公布的物种的转录组信息的研究。目前，国内转录组测序多基于 Illumina 的二代测序技术平台，如 MiSeq、NextSeq 和 HiSeq 系列，多种可选择读长（100～300bp PE reads）模式和通量以应对各种实际测序需求。相比其他平台，HiSeq 平台每次运行能产生数十亿 reads，双端测序读长达到 300bp，是大规模转录组测序的首选平台。2009 年，Pacific Biosciences 公司推出 SMRT（single molecule real-time）单分子测序技术，为研究开辟出新的领域和思路。该技术最大的优势是读长长，能够提供 8～12 kb 的读长，每个 SMRT cell 能够产生5～7Gb 数据量（PacBio Sequel）。此外，多重测序矫正后碱基正确率达到 99% 以上，而且能够在 DNA 合成过程中不进行化学修饰检测非常规或修饰碱基，如 DNA 甲基化等。相比于下一代测序技术，三代测序有其独特的优势，所以其在转录组领域的研究崭露头角。但是相比目前主流的 Illumina 二代测序技术平台，基于三代平台的转录组测序费用高，而且不能准确检测基因的表达。

二、转录组测序产品

借助高通量测序技术，不仅可以获得 mRNA 的信息，还可以得到 ncRNA，如 tRNA、rRNA 和调控 RNA（lncRNA、sRNA、circRNA 等）的信息。目前市场上有针对不同的 RNA 的转录组测序产品，如 mRNA 检测的转录组测序产品、ncRNA 测序产品。此外，针对一些样本比较特殊的材料的产品，如单细胞、外泌体产品等。

1. mRNA 测序产品

转录组测序以及表达谱测序是目前借助高通量测序技术检测 mRNA 的两款产品。不受物种类型限制，真核和原核物种的转录组都可以完成；而且不受参考基因组序列以及注释的影响。转录组测序产品不仅关注差异表达的基因，而且可以深度解析基因结构的变化，解释序列变异的遗传效应。而表达谱产品主要倾向于差异表达量的检测，数据量要求低，项目周期相对较短，价格低于转录组。目前，表达谱的市场占有率逐年降低，多用于多组学关联分析中基因表达的检测或者多样本的前期摸索实验。

目前 mRNA 转录组产品主要分为真核和原核转录组产品，根据不同的建库方式又可以分为链特异和非链特异。此外，在后续分析过程中，根据其是否具有参考基因组又分为有参考基因组和无参考基因组两种情况。相对于非链特异的产品来说，链特异产品不仅可以更准确地检测基因的表达，还可以区分链的方向信息。借助于高通量测序技术，物种的参考基因组已经不是限制其转录组应用的一个因素，可以利用从头组装的软件对检测到的序列进行拼接，实现转录组信息的重建。随着三代测序技术的普及，基于三代测序技术的全长转录组测序技术也开始登上历史舞台。目前三代测序技术多关注于序列的结构信息的检测，多用于分析基因融合、可变剪切，并优化基因注释等，多和二代转录组测序相结合。

2. ncRNA 转录组产品

随着高通量测序技术的发展，越来越多的研究表明不同类型的调控 RNA 在生命过程中发挥重要作用。管家基因，如 tRNA、rRNA 等在物种中功能相对保守，所以关注度不高。而一些具有调控作用的 RNA，如 sRNA、lncRNA 以及 circRNA 的研究成为热点。

相比传统的鉴定 sRNA 的技术，sRNA 测序被认为是目前挖掘小 RNA 最直接、最有效的方法。研究报道，在革兰阴性菌 *Listeria monocytogenes* 中鉴定新的候选 sRNA 的效率比传统的提高了 90%。sRNA 转录组测序可以快速鉴定出不同组织、不同发育阶段或者不同病态状态下已知的 miRNA（微小 RNA）、snoRNA（小核仁 RNA）、siRNA（小干扰 RNA）或者 piRNA（PIWI- interecting RNA）等。研究表明，miRNA 参与调控约 30% 基因的表达，可作为疾病诊断标志物或药物靶标。目前，sRNA 测序主要关注样本中 miRNA 以及其表达，而对其他 sRNA 的研究则多限于已有数据库信息的注释。

lncRNA 是一类长度大于 200nt（核苷酸），编码能力较低的 RNA 分子，其表达受到发育调控，具有组织和细胞特异性。lncRNA 通过不同的作用机制，参与表观修饰、转录和转录后的调控。随着高通量测序技术的快速发展，越来越多的 lncRNA 被发现，其研究热度直线上升。德克萨斯大学西南医学中心的研究人员发现，lncRNA 编码的小肽参与哺乳动物的心脏收缩。lncRNA 测序产品利用去核糖体 RNA 的方法，在得到 lncRNA 信息的同时还可以检测 mRNA 和 circRNA 的信息。目前，lncRNA 测序产品依赖于参考基因组的信息，可以鉴定已知 lncRNA，预测新的 lncRNA ，分析其表达变化，预测靶基因和 lncRNA 家族预测等。

circRNA 可谓是调控 RNA 中的后起之秀，受到越来越多科研工作者的关注。可以通过 lncRNA 测序产品检测到部分高表达量的 circRNA 信息，或者通过去线性检测一些低表达的 circRNA。但是，目前对于 circRNA 的检测还只限于 circRNA 的鉴定、表达量的检测以及其亲本基因的注释。

全转录组测序是以上转录组产品的衍生产品，可以利用一份样品，分别检测 mRNA、lncRNA、circRNA 和 miRNA 这 4 种 RNA，并对其进行关联分析，全面、深度解析转录调控网络。全转录组产品在各种癌症研究中均有报道，而植物中相关研究相对较少，处于刚刚起步的阶段。

3. 特殊样本的转录组产品

对于一些比较特殊的实验材料，比如外泌体、单细胞、微量 RNA 样本或者微生物环境样本，我们需要一些特殊的转录组产品。此外，还有一些根据专题研发的产品，比如互作转录组、进化转录组等。

外泌体是天然存在于人血液、尿液、乳汁等生物液体中的膜性囊泡，可以通过循环系统到达其他组织，对细胞产生远程调控。自 2007 年首次在外泌体中发现 mRNA 和 miRNA 后，研究者相继发现 lncRNA 和 circRNA。研究表明，miRNA 通过外泌体到达其他细胞组织，为癌细胞营造一个适合转移的微环境，从而促进癌细胞转移。所以，外泌体 RNA 也可以成为某些疾病的特殊标志物，并用于疾病的诊断及预后效果考察。利用下一代测序技术分析外泌体中的 RNA 的转录组产品被称为外泌体转录组测序。相比常规转录组产品，外泌体转录组测序的难点是前期外泌体的分离。虽然外泌体中 RNA 含量很少，但是借助微量建库试剂盒，可以检测到 miRNA、mRNA、lncRNA 和 circRNA 的信息。

传统的转录组分析是基于群体水平的方法将大量细胞的基因表达取平均值进行分析，无法揭示细胞之间基因表达的异质性，或者反应细胞基因表达的实时性。此外，对于胚胎早期细胞或者成体干细胞等数目稀少、材料难获取的细胞样本，样品 RNA 含量低，常规转录组测序无法检测。单细胞转录组是在单细胞水平上对转录组进行测序分析的产品，克服了细胞间异质性及原始样本稀少的问题。外泌体或者单细胞转录组产品相比常规转录组产品来说，只是在前期的实验过程中存在差异，而在后续的测序以及分析过程没有显著区别。所以，随着前期试验技术的发展，如外泌体捕获技术、单细胞分离、微量 RNA 反转等技术取得突破进展时，特殊样本的转录组信息也可以全面获取。

当转录组的概念被应用到微生物群落时，衍生出了宏转录组（metatranscriptome）这一新的概念。宏转录组测序是基于转录层面直观了解微生物群落中种群基因水平的变化。宏转录组测序的研究对象不是单一的植物或者动物，而是自然界相对复杂的微生物群体。宏转录无需对微生物群体进行分离，而是直接鉴定样本中微生物群落中活跃菌种，检测差异的高表达的基因，并构建代谢通路，是微生物研究的有效工具。

专题转录组产品是在常规转录组的基础上发展起来的产品，受众相对有限。比如互作转录组主要是利用宿主和病原菌在侵染过程中差异表达的基因挖掘抗病和致病基因，为抗病分子育种工作提供理论基础。进化转录组是在基因序列和基因表达水平上快速、全面地研究不同物种或同一物种不同亚种之间的亲缘进化关系，以及表型性状形成的分子进化和表达调控机制。

三、转录组测序的应用

1. 在基础研究中的应用

进入 21 世纪以来，随着高通量测序技术的快速发展，测序成本的降低，一些非模式生物的基因组测序相继完成，推动了这些物种的研究。而转录组测序辅助基因组测序完成基因组结构和功能的深入研究，可以在全基因组水平上完成基因（转录本）的结构分析、检测不同器官或者不同发育时期基因的表达模式以及一些 RNA。或者从进化角度阐述系统进化、趋同进化、适应性进化等问题，促进人类对物种演化的了解。

国际“千种昆虫转录组进化”（1000 Insect Transcriptome Evolution，1KITE，www.1kite.org）研究联盟成功构建昆虫系统演化树。这一成果成功解决了昆虫演化研究中的很多难题，为人们更好地了解昆虫的演化奠定良好的基础。2015 年，上海巴斯德所研究员郝沛和上海生科院植生生态所研究员李轩展开合作，基于大规模高通量转录组数据分析，从组学和进化的角度对反式剪接基因进行了系统性研究。证明了反式剪接在基因功能多样化中的作用，同时也说明反式剪接在进化中受到了严格的调控。

2. 农业生产中的应用

随着转录组测序技术在非模式物种中的普及，转录组技术在筛选优良性状候选基因；筛选分子标记，辅助育种；预测病原互作关系，阐明抗病机理、共生机制等方面取得很大的进展。

2016年，Doreen Ware等利用全长转录组测序技术，发现玉米的基因表达比以往想象的更加复杂。选取6个玉米组织进行分析，发现捕获的转录本中超过1/2都是新转录本，同时还发现新的lncRNA和融合转录本。这些研究结果发现很多新功能部件，揭示了玉米的多样性，辅助研究人员探索玉米育种和适应环境的新方法。植物生长受到诸多自然环境的影响，比如温度、水分、光照、盐碱、虫害以及病原菌侵染等等，而通过关注植物个体或者组织器官在不同环境条件下基因表达的动态变化，可以挖掘植物对逆境适应的分子机制。通过互作转录组发现病原菌和宿主的相互作用，寻找致病因子。这些研究为后续抗性种系的培育提供理论基础，加速优良品种的选育。

3. 在临床医学中的应用

研究表明，疾病或者癌症的发生和发展伴随着基因表达模式的改变。而通过比较病变和正常组织或者用药前后组织的转录组信息，可以快速、全面掌握病变组织中或者药物导致的表达模式发生改变的基因，这些差异表达的基因可能就是疾病或者药物治疗相关的一些标记基因，促进疾病的诊断以及药物筛选。此外，也可以鉴定一些单核苷酸突变、RNA编辑位点、选择性剪切和融合基因等，从全新的角度研究一些复杂疾病和癌症的发病机制。

2015年，美国总统奥巴马提出“精准医疗计划”，随后中国也提出了自己的计划。精准医疗强调在治疗时考虑个人的基因变化、环境影响、生活方式、关联生物学分析（包括DNA、RNA、蛋白质和代谢分子）和行为的新型医学概念与医疗模式。精准医疗不仅仅涉及基因测序，还包括转录组在内的多组学的整合。通过对116个感染恶性疟原虫的印尼病人的外周血液进行转录组测序，分析病人与疟原虫间相互作用关系，发现一些与临床数据相关的基因信息以及代谢通路，为药物作用靶位点的研究做出贡献。利用转录组测序，日本东京大学的研究人员鉴定出青年人白血病患病人群特有的融合基因 *DUX4-IGH*，发现 *DUX4-IGH* 融合基因促进B淋巴细胞白血病的发生，而这一研究将促进B淋巴细胞白血病的诊断。

4. 在环境保护中的应用

对于微生物样本，可以利用宏转录组分析土壤、淤泥、（石油）污染海域等微环境中群落的组成，次生代谢产物积累以及毒素产生基因的表达，解析环境诱导活性物质生产的分子机理。比较不同环境下的微生物物种差异和功能差异，揭示环境对物种和功能的影响，对环境治理起到指导作用；除此之外，还可以将单菌与群落中的菌进行比较研究，分析群落状态与单菌状态下菌的基因表达和功能差异，寻找那些对群落环境有利的菌。

四、转录组测序市场分析

根据 Grand View Research 报道，2014 年全球转录组技术市场份额为 22 亿美元；预计至 2022 年，全球市场份额将达 69.8 亿美元。2015 年，美国总统奥巴马提出“精准医疗计划”，倡导个性化医疗，推动转录组技术市场的发展。随着测序仪器以及测序试剂的不断更新，一些疾病难题被攻破，更多医学问题可以通过转录组解决。

在我国，自然科学基金是国内科研人员科研经费的重要来源，推动我国自然科学基础研究的发展，为中国基础研究的发展和整体水平的提高做出了积极贡献。历年数据显示，自然科学基金中标项目是科研领域的风向标。通过国家科学基因共享网的数据可以看出，近十多年来，转录组研究在国内的研究热度在不断攀升（图 2-16）。

近年来，国内提供转录组测序服务的公司呈现逐年增长的趋势，尤其是 2010～2015 年增加明显，加剧整个行业的竞争。从事转录组测序的公司主要分布在北京、上海、深圳、杭州、武汉、天津等城市，包括华大、诺禾致源、美吉生物、百迈客和安诺优达等公司。这些生物公司在平台、技术、服务等方面各有优势，形成一定的品牌效应。

华大基因 2015 年高通量测序指数（NGS-Index）分析报告指出，就真核有参转录组测序产品来说，排列前五的公司分别是诺禾致源、华大基因、百迈客、美吉生物和贝瑞和康，如表 2-45 所示。其中，华大是国内测序行业的龙头企业，其核心竞争力和优势主要体现在测序规模、基础科研能力、生物信息学数据分析能力和丰富的样本数据库资源。2016 年，华大基因发布了其自主研发的高通量台式测序系统 BGISEQ-50，这是继 2015 年发布桌面型高通量测序系统 BGISEQ-500 后的又一力作。BGISEQ-50 主要适用于无创产前筛查、染色体异常检测等临床应用以及 RNA 表达谱测序等科研领

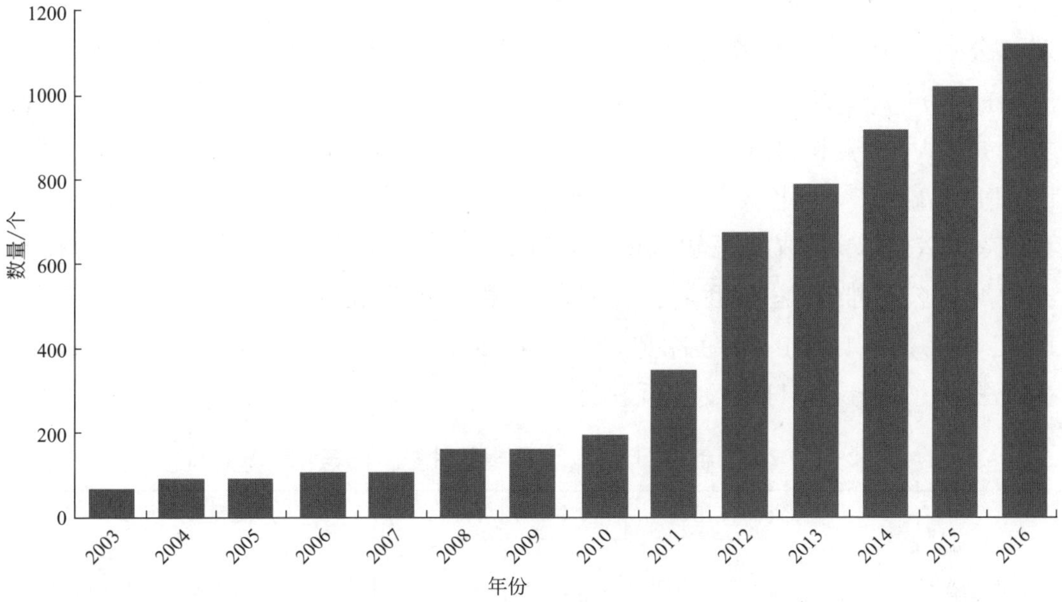

图 2-16　国家自然科学基金转录组项目

数据来源：科学基因共享服务网，以关键词“转录组”或者“RNA”搜索整理

域。由于是利用其自主研发的平台以及试剂，而且以平台推广带动产品推广，有效地控制成本，率先降价，进而引发 2016 年下半年转录组产品的降价狂潮。诺禾致源在国内科技服务领域市场占有一席之地，业务覆盖科技服务、肿瘤基因检测及遗传检测三大领域。公司从建立开始就注重生物信息分析，拥有领先的高性能计算平台和数据中心，在发展过程中不断累积高分文章，逐渐形成自己的品牌效应。由表 2-45 可以看出，公司 2015 年的真核转录组产品指数领先于华大基因。百迈客，自身的优势在于大基因组的拼接组装，在功能基因组学研究领域拥有技术优势和自主创新能力，并慢慢形成了一定的品牌。公司目前推广自身的生物学云平台，该平台可实现高通量测序原始数据到分析结果的一键式转换，所以公司目前很多产品的推广是以云平台的服务为附加价值。2016 年 8～9 月，百迈客参与的两篇芸薹属论文同时发表于《Nature Genetics》，两项科研成果大数据全球首度发布到百迈客云，为科研工作者进行联合数据分析提供便捷。美吉生物，在上海、北京、广州等全国主要科研基地设立了标准化实验室、GMP 厂房和分支机构。公司专业提供微生物多样性，转录组测序、基因组测序、目标区域测序、外显子组测序等高通量基因测序及蛋白组、代谢组等技术服务，为广大科研用户提供一站式的多组学解决方案。其中，公司在微生物多样性测序领域牢牢占据着 80％以上的市场份额，形成自己的品牌。目前，转录组产品是公司的主推产

品，包括 mRNA、ncRNA 以及特殊样本的转录组产品。由表 2-45 可以发现，公司 2015 年的真核转录组产品一度排名第四，可见市场对公司转录组产品的认可。安诺优达，拥有自主研发的领先基因组测序和生物信息学技术，并先后和美国 Illumina 公司及阿里云达成战略合作，形成了强大的 Bio-IT 基础和产业化服务能力。公司在医学健康领域形成了优秀的产品体系和品牌效应，在精准医学领域赢得了广大合作伙伴的高度认可。在科技服务领域，公司推出基因组学、转录组学和表观遗传学等多组学产品。其中 Hi-C 产品具有自己的特色优势，在国内属于领先地位，经验丰富，并且自主研发 HiC-Pro 和 HITC 分析软件。

表 2-45　2015 年中国 NGS 产品指数计算-真核转录组（4G）

<table>
<tr><th rowspan="2">入组公司</th><th rowspan="2">产品指数</th><th colspan="3">产品价格/元</th><th colspan="3">交付周期/自然日</th><th colspan="3">产品包装与服务</th></tr>
<tr><th>价格参数</th><th>评分</th><th>评分标准</th><th>周期参数</th><th>评分</th><th>评分标准</th><th>包装参数</th><th>评分</th><th>评分标准</th></tr>
<tr><td>诺禾致源</td><td>4.60</td><td>4500</td><td>4.50</td><td rowspan="5">5 分:4000
4.5 分:4500
4 分:5000
3.5 分:5500
3 分:6000</td><td>40</td><td>5.00</td><td rowspan="5">5 分:40
4 分:45
3 分:50
2 分:55
1 分:60</td><td>呈现完整，方案类三个以上</td><td>5.00</td><td>5 分:结题报告完善;方案类产品 3 个</td></tr>
<tr><td>华大基因</td><td>3.60</td><td>4500</td><td>4.50</td><td>56</td><td>1.80</td><td>呈现完整，方案类一个以上</td><td>4.00</td><td>4 分:结题报告完善;方案类产品 1 个</td></tr>
<tr><td>百迈客</td><td>3.40</td><td>4000</td><td>5.00</td><td>42</td><td>4.60</td><td>呈现较完善，方案产品无</td><td>2.00</td><td>3 分:结题报告完善;方案类产品无</td></tr>
<tr><td>美吉生物</td><td>3.30</td><td>5000</td><td>4.00</td><td>40</td><td>5.00</td><td>呈现较完善，方案产品无</td><td>2.00</td><td>2 分:结题报告完善;方案类产品无</td></tr>
<tr><td>贝瑞和康</td><td>3.00</td><td>5000</td><td>4.00</td><td>45</td><td>4.00</td><td>呈现较完善，方案产品无</td><td>2.00</td><td>1 分:结题报告完善;方案类产品无</td></tr>
<tr><td>权重</td><td colspan="4">25%</td><td colspan="3">25%</td><td colspan="3">50%</td></tr>
</table>

注：产品均价即为价格参数，交付周期即为周期参数，产品包装与服务情况即为包装参数；数据来源于华大基因 2015 年高通量测序指数（NGS-Index）分析报告。

五、转录组测序的发展趋势

高通量测序技术的快速发展实现了全基因组水平转录组信息的分析，为

ncRNA 的研究开辟了新天地。但是目前转录组测序的发展还存在一些问题，主要体现在转录组信息认知、测序成本、实验技术、数据处理等方面。

1. 转录组测序的不足

（1）ncRNA 认知不足，阻碍转录组信息的全面挖掘　研究表明，ncRNA 在调节基因表达中发挥着至关重要的作用。目前，转录组研究主要关注 mRNA，而对 ncRNA 的研究明显落后。虽然实验技术以及测序成本限制其发展，但是更重要的是广大科研工作者对 ncRNA 的认知还处于一个起步阶段，对 ncRNA 调控作用的认识不足，阻碍转录组信息的全面挖掘。而通过转录组测序不仅可以鉴定一些已有的 ncRNA，还可以发现一些新的 RNA，对这些 ncRNA 的研究将对 RNA 功能探索及更深层次的靶点寻找和表达调控机制研究提供基础。

（2）测序成本依然偏高，限制转录组测序市场快速发展　目前，转录组测序主要是以下一代测序技术为主，三代测序为辅。下一代测序技术读长短，数据需要基于计算机进行组装拼接，并不能完全反映转录本信息。三代测序技术可以直接获得全长转录本信息，无需转录本拼接，可以获得无冗余转录本集合，但是因为成本昂贵一般不用于测定转录本的表达丰度。目前三代全长转录组测序价格是二代转录组测序价格的 15～20 倍，成为限制其发展的主要原因。

除了测序成本，转录组测序前期建库试剂的费用也是影响转录组测序发展的一个原因。相比测序价格，转录组前期建库试剂需要更多的费用。目前的建库试剂大多采用 Illumina 或者 Clotech 等国外公司的产品，而国内试剂盒不具有竞争优势，限制转录组产品的发展。尤其是对于一些 ncRNA 的产品来说，前期样本处理的费用占据很大比例。随着下一代测序技术的发展，试剂的不断革新，测序成本降低，测序通量增加，大规模转录组测序将成为转录组研究的重要方法。

（3）样品处理能力有限，制约特殊样本转录组信息的研究　除测序成本，样品处理能力也是制约转录组测序快速发展的主要因素。对于一些特殊样本，如外泌体、单细胞或者一些微量样本来说，前期 RNA 的制备是研究的关键环节。相比常规转录组测序，单细胞转录组测序可以解决单细胞的多样性，对于理解细胞的起源、功能和变异至关重要。但是单细胞的获取是限制单细胞转录组测序技术发展的主要原因之一，很多公司只提供单细胞的测序，而不提供单细胞分离实验。单细胞分离技术的提高，不仅能够获得不同类型的细胞，还能够获得更多处于不同状态的细胞，加快对其时空特异性的研究。对于特殊样本来说，由于没有针对性、个性化、高效率去除核糖体RNA的试剂盒，导致实验后期得到的数据核糖体污染严重等。实验技术的提高是近年来需要重点解决的问题，只有技术的提高伴随测序成本的降低，才能促使大规模的特殊样本的转录组测序成为现实。

（4）数据处理能力有限，阻碍数据的流程化分析　下一代测序技术的特点是通量高，需要借助于高性能的计算机对这些复杂的数据进行精准且全面的分析，提炼有意义的结果。这就要求数据处理的设备以及相关分析人员具有强大的大数据处理能力。目前，基于二代技术的转录组测序，基因结构方面的研究受限，准确度低，比如可变剪切和基因融合；在基因组注释方面，注释不完整，可信度差。尤其是对于一些基因组测序没有完成的复杂物种来说，无参拼接得到转录本并不能完全、准确反映转录组的信息。拼接组装后的转录本数目多达十几万条，而且组装质量差，对后续差异基因的检测造成影响。因此，需要进一步优化数据拼接流程并开发新的算法，尽可能提高转录组分析的准确性。

此外，对于一些高级分析，并没有标准的流程化分析，无法做到一键化导出所有分析结果。对于一些个性化的分析，则更需要分析人员具有生信基础、掌握命令行和编程技能等。所以，只有提高数据处理能力，才能实现数据分析的流程化，方便广大科研工作者。

2. 转录组测序的发展方向

（1）提高ncRNA的认知，促进RNA信息的全面挖掘　2016年，IUBMB Life杂志邀请中科院生化所的陈玲玲教授系统总结了我国ncRNA领域的发展历程和我国科学家对ncRNA研究的主要贡献。我国科学家在证明lncRNA与细胞多能性和分化、肿瘤发生和迁移、免疫细胞分化等方面做出杰出的贡献。此外，我国科学家对环状RNA领域的贡献非常巨大。以中科院陈玲玲和杨力教授为代表，发表了一系列重量级的环状RNA研究成果。但是这些科研成果多集中于以下的学校和科研单位，如第二军医大学、第三军医大学、协和医院、中科院各研究所、清华大学、北京大学、复旦大学和香港大学等。而对于其他院校来说，对ncRNA的关注较少，以至于ncRNA的研究出现空白。

2005年，中科院生物物理研究所构建了第一个ncRNA的数据库NONCODE，是目前为止数据最为全面的ncRNA数据库。2013年，北京大学崔庆华开发的LncRNADisease数据库收集整理了疾病相关的lncRNA。2016年该团队又开发了与预测疾病相关lncRNA的软件工具：LncDisease。随着我国科研团队在ncRNA领域的杰出贡献越来越多，更多的科研院所将加入ncRNA的研究，促进RNA信息的全面挖掘。

（2）降低测序费用，促进转录组测序的发展　1985，美国科学家率先提出人类基因组计划（human genome project，HGP），并于1990年正式启动。2005年，科学家以30亿美元的成本完成人类全基因组计划。随着测序技术的快速发展，Illumina公司自2010年推出HiSeq X测序仪系列，促使人类全基因组测序的成本逐步降至1000美元。然而，在2017年年初的摩根大通医疗健康年会上，Illumina公司推出的NovaSeq系列测序仪再一次刷新历史。相比HiSeq X系列，NovaSeq便宜20%，通量是其3倍，测序成本更低，即将开启100美元的基因组时代。对于转录组产品来说，NovaSeq的出现，上机测序成本几乎降低为原来的1/10。所以，对于一些提供测序服务的公司来说，测序成本已经失去竞争力，而样品处理能力、分析水平以及高质量的服务才是产品的附加价值。

（3）主推三代转录组，提高转录组数据的准确性　目前，三代测序技术原理分为单分子荧光测序（single molecule real-time，SMRT）和纳米孔测序，其代表公司分别为Pacific Biosciences和Oxford Nanopore Technologies。其中，Oxford Nanopore尚未正式商业化推广，而PacBio公司的单分子荧光技术在市场上的接受度和使用度最高。2013年PacBio公司发布了基于SMRT测序技术的三代测序仪RS Ⅱ System，其超长读长可获得mRNA全长序列及完整结构信息。相比于二代短读长测序来说，三代转录组测序（又称全长转录组测序）可以克服无参考基因组物种转录本拼接较短、信息不完整的难题；其次还可用于有参考基因组物种研究新基因、融合基因、可变剪切分析及更精准的表达定量分析。相比RS Ⅱ系统，升级的Sequel平台在测序通量和数据质量方面有了大幅提高，而且成本进一步降低。目前，国内多家公司积极引进Sequel平台，如华大基因、武汉未来组和派森诺等公司。随着测序成本的降低，分析软件的不断完善，三代转录组将依靠其准确优势成为主流。

（4）完善样品处理能力，丰富转录组项目类型　近年大量研究表明，RNA不仅存在全血、血清和血浆中，还存在于人的乳汁、唾液、尿液等体液中，已作为多种疾病潜在无创性生物标志物开发的先驱被广泛研究。这些液体样本具有样本量低、RNA含量少、RNA结构复杂等特点，限制液体样本转录组信息的挖掘。目前，可以通过超速离心（差速离心）、密度梯度离心、超滤离心等多种方法成功分离体液中的外泌体RNA，通过对其进行转录组测序解析各种RNA的功能。对于神经细胞、生殖细胞、胚胎干细胞、肿瘤循环细胞（CTC）等一些微量样品来说，样品的获取、保存和RNA提取等实验环节则是影响这些样本中转录组信息挖掘的主要原因。对于一些特殊的研究材料，例如胚胎干细胞，研究人员可以利用流式细胞仪、激光显微切割、微流控等方法分离获得单细胞，通过转录组技术获得细胞在不同发育阶段基因的变化。此外，一些基于微量RNA反转的试剂盒也相继成熟，不仅能够检测mRNA的信息，还能够全面挖掘ncRNA的信息。所以，随着样本处理能力的提高，转录组项目类型将实现多样化，加速其在各个领域的应用。

（5）提高数据处理能力，促进分析的流程化　转录组测序技术的问世，加上其在医学、农业、微生物等领域的广泛应用，使得市场上对转录组数据分析算法工具的需求不断加大。随着科研工作者对RNA的不断认识，测序产品的不断延伸，项目随价格的降低而不断增多，得到的待分析的数据会越来越多，进而增加了对生物信息学分析的需求，市场上急需有效的解决方案。而计算机技术的发展，特别是云计算以及数据集成解决方案，可以有效地缩小序列生成以及数据处理之间的差距，不仅为生物信息学领域提供解决途径，并推动下一代测序技术数据分析市场未来几年的发展。

随着下一代测序技术测序成本的进一步降低，优质的数据分析服务将成为公司产品的附加值。相比其他环节，生物信息学分析在测序产业链中属于轻资产，技术附加值高。当该领域发展的壁垒不断被攻破时，分析手段逐渐流程化，核心竞争力将是数据处理的能力和准确度。

（6）联合多组学技术，挖掘生物学意义　后基因组时代，随着测序技术以及质谱（MS）技术的进步，转录组技术与蛋白组学、基因组、甲基化、代谢组谱系以及Hi-C进行全面分析的研究方法将成为主导技术。通过多组学的研究，从基因表达水平、表观调控、基因三维结构等多组学层面一体化研究生物学背后的分子机制，通过多组学技术可以从不同维度提供足够详细的综合数据集来识别生命体生殖发育、生理代谢过程中生命体的变化。同时，多组学分析可以帮助发现不同药物基于个体遗传和表观遗传学生理表征的改变，从而有助于个性化治疗。

（撰稿专家：赵芳芳）

生物技术发展前沿与热点分析

生物大数据

文件、档案、数据资源都能够以数字化的方式加以存储，全球的大数据时代已经到来。大数据作为一种新的资源，在社会的各个方面发挥着重要的作用，有力推动着社会经济的发展。

作为大数据重要的应用领域之一，生物大数据随着高通量测序技术、组学技术的发展而产生。生物大数据的资源多样，包括科学研究的实验数据以及人类健康相关领域的数据，这些数据蕴含着巨大的价值。对生物大数据的价值挖掘与有效利用已成为国家战略资源，许多国家都制定了相应的计划来促进生物大数据的发展。随着大数据研究与应用投入的不断加大，生物大数据带来了生物行业的一次变革，并创造出巨大的经济价值和社会价值，生物大数据已成为全球生物行业发展的新助力，将给生物行业的发展带来划时代的意义。

一、概说生物大数据

“大数据”（big data）指无法在一定时间内用通常的软件工具进行捕获、管理的巨型数据集。数据已被誉为信息化时代的“石油”，未来国家的核心竞争力将很大程度上取决于将数据转化为信息和知识的速度与能力，而在生物医学研究与生物产业领域表现得尤为突出，基于大数据的研究和信息发现成为生命科学研究新范式，并改变生物产业格局，催生产业新业态。

从广义上来说，来源或应用于生物体的海量数据通常被人们称为生物大数据。生物大数据符合大数据定义中的“4V”属性，显著具有来源广泛化、增长快速化、数量庞大化、高度复杂化、结构异质化等特点。目前，比较常见的生物大数据类型包括以下几种：①研究数据，包括基因组、蛋白质组等组学数据，成像数据、药物研发和临床试验数据等；②电子健康数据，包括电子医疗档案、可移动 /穿戴设备采集的实时监控数据等；③生物样本库，包括生物多样性资源库、临床样本库等；④知识成果，包括生物相关的文献、专利、标准等。

从科研角度看，目前每年全球产生的生物数据总量已达数十 EB 级，生命科学领域正在爆发一次数据革命。随着测序技术在医疗、健康、医药、环境、能源等相关领域的广泛应用，人类将面临生物数据的海洋，其将成为这些领域创新的源泉，对这些数据创新性的管理和应用，将为生命科学领域带来一次新的革命。

从社会角度来看，对于一个国家而言，重要领域的大数据已成为战略资源，拥有数据的规模和运用数据的能力将成为一个国家综合国力的重要标志。大数据的使用已经成为一个国家各领域提高生产力、创新能力以及竞争力的关键要素。

从经济角度来看，生物大数据正处于蓬勃发展的阶段，其市场前景巨大。麦肯锡公司报告指出："如果美国医疗保健行业有效利用大数据，就能把成本降低 8%左右，从而每年创造出超过 3000 亿美元的产值。"

二、全球高度关注生物大数据

（一）国际态势

对生物大数据的有效管理和利用，发达国家很早就开始了竞争。20 世纪 80～90 年代，美国、欧洲和日本即已分别建立世界三大生物数据中心：美国国家生物技术信息中心（National Center for Biotechnology Information，NCBI）、欧洲生物信息研究所（European Bioinformatics Institute，EBI）和日本 DNA 数据库（DNA Data Bank of Japan，DDBJ）。这三大生物数据中心掌握并管理着全世界的生物数据和知识资源，并处于垄断地位。DDBJ 与 NCBI 的 GenBank、EBI 的 EMBL 数据库共同组成国际 DNA 数据库，每日都不断交换更新数据和信息，并主持两个国际年会——国际 DNA 数据库咨询会议和国际 DNA 数据库协作会议，互相交换信息。因此，这三个国家级别的生物信息中心是全球生物大数据研究的主导。

随着大数据时代的到来，上述机构正在逐步调整其定位，实现生物大数据支持乃至科技决策支撑的角色转换。尤其是美国国立医学图书馆（NLM）的 NCBI 已经在生物医学领域建立起了大规模的科学数据服务机制，这是科学数据平台日趋数字化、网络化的一种表现形式。这些平台支持基础科学和应用科学的知识发现和数据关联以及分析基础上的模拟仿真研究，为科研和政府决策提供服务。

1. 美国

20 世纪 80 年代，美国已经意识到生物科学数据的重要性，1988 年 11 月 4 日，美国国立医学图书馆建立了 NCBI。它的使命是建立关于分子生物学、生物化学和遗传学知识的存储与分析的自动系统，通过实行基于计算机信息处理的先进方法研究，以加速生物技术研究者和医药治疗人员对数据库和软件的使用，为全世界范围内的生物技术信息的收集而努力。这就是美国对生物大数据建立的管理与共享的机制和设施雏形。

目前 NCBI 已经收录了包括基因、蛋白、序列、分类学以及生物医学文献等 63 个数据库，相关软件 59 个，用于下载的 FTP 站点与资源达 35 个，成为全球生物科学数据的“巨无霸”。2012 年 3 月 29 日，美国总统奥巴马宣布启动“大数据研究与开发计划”（big data research and development initiative），旨在提高从海量数字数据中提取知识和观点的能力，从而加快科学与工程发现的步伐，加强美国的安全，实现教育与学习的转变。2012 年 12 月 7 日，美国国立卫生研究院（NIH）发布公告，就加强生物医学研究队伍建设、管理海量数据两项重大主题，提出多项关键举措，维持美国科学界未来的全球竞争力。通过实施“从大数据到知识（big data to knowledge，BD2K）”计划，将生物医学数据的价值最大化。2013 年 4 月 10 日，美国政府公布了 2014 财年预算提案，包括美国国立卫生研究院 2014 财年预算提案，主要支持的基础研究包括大数据研究。

2. 欧盟

欧洲生物信息研究所（EBI）建立于 1994 年，是欧洲分子生物学实验室的一部分。欧洲生物信息研究所为科学界提供免费生物信息资源、促进基础研究、提供培训和传播行业尖端技术。欧洲生物信息研究所提供优质的研究环境、跨学科的合作机会以及遍及世界各地的培训课程，是欧洲生物大数据研究的领军机构。

欧洲在生物信息学的发展上也投入了大量的资源。在欧盟第七科技框架计划中，确定了 10 个主题研究领域，总预算达 505 亿欧元，其中高通量研究、生物信息的整合与处理等生物信息学研究作为重点内容纳入健康主题研究领域。欧盟地平线 2020 计划在 2014～2015 年，计划投入 2960 万欧元预算用于生物技术领域研究，其中一个重要的研究方向是生物技术服务中的生物信息学新技术研究。2013 年 10 月，英国又投入 7500 万英镑成立生物信息技术中心，加大生物信息基础设施建设，重点用于支撑海量的生物数据分析。2013 年 1 月 4 日，欧盟云计算专家组向欧盟委员会提交了题为《H2020 下的先进云计算技术路线图》的报告。报告分析了预期的市场发展以及面临的技术挑战，提出了具体的技术路线图来帮助欧盟克服这些挑战，以在全球云计算市场中发挥关键作用。2013 年 7 月，法国科研实验室 CEA-LETI 宣布，欧盟和日本的若干公司、科研机构、大学与城市将启动“物联云”（cloud of things，ClouT）项目，以利用物联网和云计算来实现智慧城市。

3. 日本

日本 DNA 数据库建立于 1984 年，由日本国立遗传学研究所遗传信息中心维护，主要向研究者收集 DNA 序列信息并赋予其数据存取号，信息来源主要是日本的研究机构，同时也接受其他国家呈递的序列，数据库通过互联网、匿名 FTP、E-mail 或 Gopher 的方式为广大研究人员服务。

在生物大数据的应用方面，日本也取得了丰硕的成果。富山大学附属医院在最近 9 年间共积累了 1700 万件病例记录、1000 万个客户 1.43 亿件用药处方及 300 万件病名。富山大学附属医院以这些数据作为基础，目前实时地提供“处方知识”和“输入支援功能”。“处方知识”可根据患者的具体症状与病情，协助医师分析出最佳药物处方方案。此外，日本研究人员利用大数据预测流感，结果精确，为其日后利用大数据来准确预测传染病的流行情况奠定了技术基础。

特别是在 2013 年，日本首相安倍晋三提议创建一个日本版本的“NIH”作为经济发展战略的一部分，并组建了一支由整个内阁构成的健康和医疗战略推广团队，以监督该计划的实施。日本工业竞争力委员会指出其能“强有力地支持创新医疗技术的商业化”，这也是日本科研人员“将生物医学的基础研究和临床研究更好地联系起来”的切身诉求。

4. 小结

生物大数据的出现，成为促进技术与产业创新、提高公私服务效能、刺激经济增长的最重要推动力。美国的生物大数据战略以提高美国的基础设施建设、核心技术开发、重点人才培养和科研成果转化为重点。欧盟的生物大数据战略以开放数据为核心，以云计算等高端技术为助力引擎推动健康医疗的发展。日本的生物大数据战略以“开创新市场，促进经济增长”为核心，重点集中在大数据技术的研发。从资助方向上来看，美国主要集中在生物大数据共享政策与标准制定、分析方法与软件工具的开发、人才队伍与卓越中心的建设这几个方向，并联合相关机构促进其协同联动发展；欧洲主要集中在云共享平台与计算技术、电子健康与生物数据的整合处理以及后续的医药大数据分析和解决方案等方面；亚洲则以生物大数据的开放共享、具有革命性信息技术的开发和合作研究中心的构建为主要发展方向。

（二）我国发展现状

我国自2000年以来生物信息学也获得了迅速发展，形成了“数据—方法—应用”的学术链条，培养了大量的生物信息学研究工作者，并在全国建立了多个生物信息学研究中心，如北京大学、清华大学、浙江大学，中国科学院北京地区、上海地区，医科院以及华大基因等，在生物信息学的许多研究领域都取得了重要的突破和研究成果。国家自然科学基金委专门设立了生物信息学项目，并被列入生命科学部优先资助的项目。国家“863”计划特别设立了生物信息技术主题，从国家需求层面上推动我国生物信息技术的大力发展。

近几年来，国内对生物信息学的研究方向涉及基因组、转录组、蛋白组、疾病表型组、表观遗传组及进化组等；同时，结合网络模型，又从中延伸出对各种组学中组件间的网络进行研究，比如蛋白相互作用网络、转录调控网络等。随着第2代、第3代测序技术的发展，大量数据的产生，又进一步深化了对各种组学的研究和认识。

2012年3月，“十二五”国家科技计划公布了2013年度信息技术领域备选项目征集指南，其中在先进计算研究领域提到“面向大数据的先进存储结构及关键技术”。2014年2月21日，中国生物技术发展中心发布《国家高技术研究发展计划（“863”计划）生物和医药技术领域2015年度项目申报指南》，其中大数据、生物质、单细胞测序等成为重点关注的方向，资助主要倾向于以下5个方面。①生物大数据标准化和集成、融合技术；②生物大数据表述索引、搜索与存储访问技术；③心血管疾病和肿瘤疾病大数据处理分析与应用研究；④基于区域医疗与健康大数据处理分析与应用研究；⑤组学大数据中心和知识库构建与服务技术。

三、全球生物大数据应用前景

人类已经进入了一个“数据化生存”的时代，从2012年开始，大数据就成为一个社会各界都高度关注的热词，很多领域都应用了大数据的概念。与2012年不同的是，生物大数据领域已经开始落实大数据的价值，从而衍生出一批由大数据驱动的业务模式。根据美国BCC Research公司研究显示，仅就与高通量测序相关的组学大数据而言，至2018年，其市场总额将增长至 76 亿美元，年复合增长率达到 71%。大数据不仅为生物医药研究带来了新的技术手段，还具有大规模降低医疗费用的潜在效益。我国目前每年医疗费用总额超过 2.4 万亿元，按麦肯锡报告预测，通过合理利用大数据我国每年将节省医疗费用近 2000 亿元。

市场对大数据解决方案有着的强劲需求，但是目前传统的企业在提供服务时，难以在更高的层面有所突破，尤其在生物领域，这种需求更要求生物产业与计算机技术的跨学科合作。正是这种技术融合发展的无限潜力，使得许多非生物技术领域的企业投资开发生物领域。例如，苹果、谷歌、三星、索尼、LG、佳明等公司开发的可以监测心律、血压和血氧含量的医疗可穿戴设备是典型的产品代表。微软和 IBM 也竞相在这一市场中占据份额。数据挖掘与数据分析能力已成为生命科学产业提升企业竞争力，占领经济发展制高点的有效保证。

在国内，生物技术与信息技术的融合也在如火如荼地进行着，百度、阿里巴巴等我国互联网巨头已纷纷进军生物大数据产业。2015 年，百度与国内医疗领域的权威机构 301 医院达成战略合作，共同搭建移动互联网医疗线上平台。同年，阿里巴巴集团与国际医疗巨头默沙东宣布达成战略合作，双方有意结合默沙东在医疗行业的优势和阿里巴巴的平台技术优势，在多个方面展开合作，共同服务客户。以上这些应用，都是生物技术与信息技术的融合。这些企业有别于传统的生物企业，它们走在生物大数据产业的前沿，悄然形成新的商业模式，在大数据的研究、分析和应用中获益。

华大基因自 1999 年成立以来，先后完成了国际人类基因组计划“中国部分”等多项具有国际先进水平的基因组科研工作，建立了大规模测序、生物信息、克隆、健康、农业基因组等技术平台，其测序能力及生物信息分析能力位居世界前列。华大基因对海量生物信息数据的处理、分析和解读能力，是其跻身国际基因组领域一流研究机构的关键要素。目前，华大基因拥有 178 台不同品牌的测序仪，每年可实现 5 万人的基因组测序，数据生产规模达到近 5PB，输出的数据量占全球 DNA 数据总量的 47%。与此同时，华大基因与国家超级计算天津中心、深圳中心、广州中心的合作模式也已经开始探索并逐渐加深，对现有生物信息计算软件分析流程优化。不仅仅是与外部合作，华大基因也一直从自身出发，寻求各种办法解决大数据问题，并于 2013 年 4 月成功构建自主开发的云计算服务产品——Easy Genomics™，进一步打造了自身的核心竞争力。

在数据时代，大数据之争就是未来之争。传统的信息处理与数据分析能力已不能满足生物产业的快速发展，未来的生物企业不仅要拥有数据，更要分析、解读和挖掘数据。大数据正引领着传统模式的变革，随着生物大数据的重要性不断提升，生命领域的研究机构与企业将从拥有的数据中获取更多的研究价值、市场价值与经济价值，从而推动生物领域基础研究与相关产业的持续发展。

总而言之，大数据的应用将推动传统产业向中高端迈进。大数据在生物产业的广泛应用有效促进了技术创新、提升了企业竞争力，并培育了新的经济业态，预计未来生物大数据在生物产业的发展中将起到越来越重要的作用。

（撰稿专家：马俊才　徐萍）

细胞免疫治疗

一、概述

（一）细胞免疫及其治疗作用

人体免疫系统由免疫器官和组织、免疫细胞以及免疫分子组成，与肿瘤、传染性疾病、自身免疫性疾病的发生发展密切相关。细胞免疫就是免疫细胞通过直接参与和分泌免疫活性物质（抗体、补体、干扰素、白介素、肿瘤坏死因子等）杀伤肿瘤及病原微生物，但当免疫细胞缺乏或自身机能障碍，也会导致机体发生自身免疫性疾病。利用各种免疫细胞或免疫相关性细胞治疗肿瘤、传染性疾病以及自身免疫性疾病，是近年来生物医学研究应用的热门领域。

（二）免疫细胞

用于临床治疗的免疫细胞主要有树突状细胞（DC）、细胞因子诱导的杀伤细胞（CIK）、自然杀伤细胞（NK）、淋巴因子激活的杀伤细胞（LAK）和嵌合抗原受体 T 细胞（CAR-T）。

DC 是一种高效杀伤活性的异质性细胞群，广泛分布于除脑以外的全身各脏器，但其量仅占外周血单核细胞的 1%以下。不同谱系的 DC 具有不同功能，人体内存在骨髓起源和淋巴组织起源两种功能及性质不同的 DC。前者为大多数 DC 的来源，由骨髓 $CD34^+$ 细胞分化而来，与单核吞噬细胞系统有关，分布广；后者由胸腺中分离的前体细胞发育而来，低表达 CD34，分布于胸腺髓质、脾、淋巴结的 T 细胞分布区。与 CIK 细胞联用，具有协同抗肿瘤作用。

CIK 是将人外周血单个核细胞在体外用多种细胞因子（如抗 CD3 单克隆抗体、IL-2 和 IFN-γ 等）共同培养一段时间后获得的一群异质细胞。它是一种新型的免疫活性细胞，增殖速度快，细胞毒作用强，具有一定的免疫特性。由于能够表达 CD3 和 CD56 两种膜蛋白分子，又称为 NK 细胞样 T 淋巴细胞，具有 T 淋巴细胞强大的抗瘤活性及 NK 细胞的非 MHC 限制性杀瘤优点。CIK 对于某些失去手术机会或已复发转移的晚期肿瘤患者，能迅速缓解临床症状，提高生存质量，延长生存期。

NK 是机体固有免疫系统的一种效应淋巴细胞，由骨髓造血干细胞发育分化而来，不仅与抗肿瘤、抗病毒感染和免疫调节有关，在某些情况下还参与超敏反应和自身免疫性疾病的发生，靶细胞主要有某些肿瘤细胞、病毒感染细胞、某些自身组织细胞（如血细胞）、寄生虫等。

LAK 是 NK 细胞或 T 细胞体外培养时在高剂量 IL-2 等细胞因子诱导下形成的能够杀伤 NK 不敏感肿瘤细胞的杀伤细胞，不是一个独立的淋巴群或亚群，具有广谱抗瘤作用，尤其是与白细胞介素-2（IL-2）合用时的效果较好。

CAR-T 是将 T 细胞受体基因和抗 CD19 抗体基因嵌合，转染至 T 细胞，在体外扩增后回输给患者来治疗 B 淋巴细胞血液恶性肿瘤的新型靶向治疗方法。经过基因改造后的 CAR-T 细胞表面具有特异性位点，可以识别 B 淋巴细胞血液恶性肿瘤中 B 细胞表面的 CD19 抗原。CD19 抗原的持续刺激可使 CAR-T 不断增殖活化，有效杀伤肿瘤细胞。

（三）免疫相关性细胞

骨髓造血干细胞可分化为人体内各种免疫细胞（淋巴细胞、粒细胞和单核-吞噬细胞）；间充质干细胞具有免疫调理作用。各种来源的造血干细胞和间充质干细胞与机体免疫密切相关，常用于自身免疫性疾病、病毒病、肿瘤等的免疫治疗。

二、国内外研发现状与趋势

（一）免疫细胞治疗的历程

1. DC 与 CIK

DC 是由美国学者斯坦曼（Steinman）于 1973 年首次在小鼠淋巴结中发现的，因其在成熟时伸出许多树突状或伪足状突起而得名，是迄今所知的以抗原递呈为唯一功能且递呈能力最强大的抗原递呈细胞。在 DC 被发现后的很长一段时间里，由于受当时生物医学技术的限制，人们没办法在体外培育更多的 DC，造成对它的研究没能进一步深入下去。20 世纪 90 年代，随着生物医学技术进步，能够在体外培养 DC，对 DC 细胞的研究才有了突破性进展。20 世纪末，美国率先开展 DC 细胞免疫治疗肿瘤的临床试验，结果令人鼓舞。随后 DC 成了肿瘤生物治疗的明星。进入 21 世纪，国内外科学家发现 DC 对治疗哮喘等疾病具有效果，并在临床上用于多种肿瘤的生物治疗。

1994 年，施密特·沃夫（Schmidt-Wolf）从外周血单个核细胞中诱导产生 CIK。CIK 具有增殖速度快、杀瘤谱广、杀瘤活性高等优点。

DC 与 CIK 共同孵育后，DC 表面共刺激分子的表达及抗原递呈能力均明显提高，而 CIK 的增殖能力和体内外细胞毒活性也得以增强，所以 DC-CIK 较单独的 CIK 治疗更为有效。若将肿瘤抗原负载的 DC 与 CIK 共培养，可刺激产生肿瘤抗原特异性 T 细胞，这样的 DC-CIK 治疗兼具特异性和非特异性双重肿瘤杀伤作用，比未负载肿瘤抗原的 DC 刺激活化的 CIK 活性更强，常被用于临床和科研。在 DC-CIK 过继免疫治疗中，最终的效应细胞是经 DC 体外活化的 CIK。

近年来 DC-CIK 细胞过继免疫治疗的临床实验研究表明，对恶性黑色素瘤、前列腺癌、肾癌、膀胱癌、卵巢癌、结肠癌、直肠癌、乳腺癌、宫颈癌、肺癌、喉癌、鼻咽癌、胰腺癌、肝癌、胃癌、白血病等许多肿瘤患者都有一定的疗效。

2. NK

1973 年，高彬（Takasugi）等在研究肿瘤患者的细胞毒作用时首先发现了 NK。NK 抗肿瘤的机制主要包括：①通过释放细胞毒性颗粒杀伤肿瘤细胞；②通过细胞表面合成的蛋白激活靶细胞凋亡杀伤肿瘤细胞；③通过与肿瘤细胞表面抗体结合发挥细胞毒性作用杀伤靶细胞。NK 细胞还可以分泌多种细胞因子，如 TNF-α、TNF-β、IFN-γ 等协同其抗肿瘤。经过几十年研究发现，NK 对肺癌、乳腺癌、大肠癌、肝癌、白血病等都有疗效。

3. LAK

1985 年罗森伯格（Rosenberg）首先报告白细胞介素-2（IL-2）和淋巴因子活化的杀伤细胞（LAK）治疗晚期肿瘤有效。LAK 细胞过继免疫疗法（adoptive cellular immunotherapy）是将外周血淋巴细胞在体外经 IL-2 激活 3～5 天而扩增的细胞群，经淋巴管途径回输的 LAK 细胞直接到达次级淋巴器官，在 IL-2 作用下继续增殖、成熟并保持活性，使得能到达肿瘤组织的细胞数较多，且持续更长，因此杀伤力有力增强。经过多年临床研究表明，LAK 对肝癌、肺癌、卵巢癌、膀胱癌、神经胶质瘤等疾病具有一定的治疗效果。

4. CAR-T

以嵌合型抗原受体（CAR）为基础的细胞免疫治疗是一种新的恶性肿

瘤治疗模式，为部分晚期肿瘤患者带来治愈的希望。CAR-T 疗法经历了长期的研发。20 世纪 80 年代晚期，以色列化学家兼免疫学家齐利格·伊萨哈（Zelig Eshhar）开发了第一种 CAR-T。1990 年，休年假的伊萨哈来到美国国立卫生研究院（NIH），与斯蒂芬·罗森伯格（Steven Rosenberg）合作研究靶向人体黑色素瘤的嵌合抗原受体。伊萨哈和罗森伯格以一种模块设计的方式构建了 CAR-T。CAR-T 治疗曾使一位当时年仅 6 岁险些被晚期白血病置于死地的患儿奇迹般地挣脱了死神的束缚，让更多的研发者看到了希望的曙光，使 CAR-T 细胞疗法成为近年来肿瘤免疫治疗的热门领域。

目前 CAR-T 细胞在治疗急性和慢性淋巴细胞白血病、B 细胞淋巴瘤方面取得了快速进展，美国食品药品管理局给予了 CAR-T 细胞疗法优先评估的待遇。2014 年 11 月，美国食品药品管理局给予 Juno 公司的“JCAR015”以“罕见病疗法”认证。Kite 公司开发的缓解非何杰金氏淋巴瘤的“KTE-C19”也获得了美国食品药品管理局和欧洲药品管理局的认证。中国一些医疗机构也对 CAR-T 细胞疗法进行了临床研究和应用。

（二）干细胞治疗的历程

1. 造血干细胞

1956 年，美国华盛顿大学的唐纳德·托马斯（Edward Donnall Thomas）完成了世界上第一例骨髓移植手术，这也是世界上第一例造血干细胞移植手术，因为骨髓中有效成分主要是造血干细胞。唐纳德·托马斯由此成为造血干细胞移植术的奠基人，并于 1990 年荣获诺贝尔生理学或医学奖。造血干细胞移植主要用于白血病、再生障碍性贫血、地中海贫血等血液系统疾病的治疗。但随着临床研究的深入，发现造血干细胞对系统性红斑狼疮、类风湿性关节炎、系统性硬化症、混合性结缔组织病等自身免疫性疾病也有较好的治疗效果，其方法是，先使用大剂量免疫抑制剂对机能障碍的免疫系统进行清除作用，再进行免疫重建。近年来，造血干细胞移植也用于实体瘤的治疗。

2. 间充质干细胞

1867 年，德国实验病理学家尤利乌斯·科恩海姆（Julius Friedrich Cohnheim）在研究伤口炎症时发现了非造血系统的干细胞。1974 年，亚历山大·弗里登施泰因（Alexander Friedenstein）及其同事第一次从骨髓中分离出了这种干细胞。1991 年，阿诺德·凯普兰（Arnold Caplan）将这种骨髓细胞正式命名为“间充质干细胞”。间充质干细胞通过分泌可溶性生长因子、微泡传递遗传信息等途径改变组织细胞所处的微环境，发挥旁分泌功能，具体表现为免疫调理等作用。间充质干细胞不表达主要组织相容性复合物（MHC）Ⅱ类分子和共刺激分子 CD80、CD86、CD40 等，免疫源性低。在炎症刺激情况下，间充质干细胞通过分泌 TGF-β、HGF 等多种细胞因子抑制细胞免疫中 T 细胞及体液免疫中 B 细胞增殖，将激活的 T 细胞和 B 细胞诱导失活，对糖尿病、系统性红斑狼疮、类风湿性关节炎、肝硬化等自身免疫性疾病具有治疗效果。

（三）产业化情况与发展趋势

1. 肿瘤/癌症治疗

2010 年 4 月 29 日，美国食品药品管理局批准了首个癌症治疗疫苗 Provenge（Dendreon 公司研制）用于晚期前列腺癌的治疗，使该药成为第一个在美国被批准用于治疗的疫苗，开创了癌症免疫治疗的新时代。Provenge 疫苗是利用患者自身的免疫系统与恶性肿瘤抗争，它由载有重组前列腺酸性磷酸酶抗原的肿瘤患者自身的神经元 DC 构成。美国杰龙（Geron）公司的 GRNVAC1/GRNVAC2 是端粒酶癌症疫苗，它由成熟 DC、人类端粒酶 RNA 和一部分溶酶体定位信号构成。GRNVAC1 通过患者皮肤注射，DC 细胞通过皮肤进入淋巴指挥细胞病毒 T 细胞释放端粒酶杀死肿瘤细胞。2013 年 9 月 6 日，欧盟委员会授权 Provenge 疫苗上市，用于治疗无症状或症状轻微的转移性男性成人前列腺癌患者。

中国著名免疫学家曹雪涛院士主持开展的体细胞治疗性疫苗——抗原致敏的人 DC（APDC），经过近十年的发展，已经在Ⅱ期临床试验中与化疗序贯联用治疗晚期大肠癌取得显著疗效，进入临床Ⅲ期试验。这是中国国家食品药品监督管理总局（CFDA）正式批准的第一个也是目前唯一进入临床试验的免疫细胞治疗技术。

肿瘤免疫治疗由于其卓越的疗效和创新性，在 2013 年 12 月被国际知名学术刊物《科学》杂志评为年度最重要的科学突破。

不同免疫细胞治疗的临床效果，因人因病会有较大差异，目前免疫细胞治疗肿瘤通常是作为放疗、化疗、手术治疗后的辅助治疗手段。将来，随着技术的不断发展，免疫细胞治疗有可能成为肿瘤治疗的主要方法之一，并有望成为继手术、化疗、放疗、靶向治疗后肿瘤治疗领域的一场革新。

2. 自身免疫性疾病

间充质干细胞具有抗炎和免疫调理作用，对类风湿性关节炎、系统性红斑狼疮、克罗恩病、原发性干燥症、系统性硬化症、皮肌炎、糖尿病、自身免疫性脑脊髓炎等都具有疗效。目前临床研究应用的主要是骨髓间充质干细胞和脐带间充质干细胞。造血干细胞虽也可用于类风湿性关节炎、系统性硬化症、糖尿病、系统性红斑狼疮等自身免疫性疾病的治疗，但移植前需要进行配型。

在国外，间充质干细胞治疗某些自身免疫性疾病已经产业化。2009 年 12 月，美国食品药品管理局批准了 Osiris 公司的人异基因骨髓来源间充质干细胞新药 Prochymal 上市，用于治疗移植物抗宿主病（GVHD）和克罗恩病。Prochymal 被誉为世界首个干细胞新药。2012 年 1 月，韩国食品药品管理局批准 Medi-Post 公司脐带血来源间充质干细胞新药 Cartistem 临床应用，治疗退行性关节炎；同时批准 Anterogen 公司自体脂肪来源间充质干细胞新药 Cuepistem 上市，治疗复杂性克隆氏病并发肛瘘。2012 年 5 月，加拿大批准美国 Osiris 公司的骨髓间充质干细胞新药 Prochymal 上市，治疗儿童急性 GVHD。

在国内，目前还没有干细胞方面的新药上市，但有多家医疗机构正在研发干细胞新药。

3. 传染性疾病

免疫细胞（如细胞毒性 T 淋巴细胞、LAK）移植用于治疗乙肝病毒、巨细胞病毒、疱疹病毒、儿童 EB 病毒等感染引起的疾病，目前尚处于动物试验或临床研究阶段，没有进行相关产业化。

三、前景

（一）存在问题

1. 政策

DC、CIK、NK、LAK、CAR-T 等细胞免疫疗法都属于第三类医疗技术。根据 2009 年 3 月国家卫生部印发的《医疗技术临床应用管理办法》（卫医政发〔2009〕18 号），第三类医疗技术是指具有以下情形之一，需要卫生行政部门加以严格控制管理的医疗技术：①涉及重大伦理问题；②高风险；③安全性、有效性尚需经规范的临床试验研究进一步验证；④需要使用稀缺资源；⑤卫生部规定的其他需要特殊管理的医疗技术。第三类医疗技术对机构规模、设施与设备、软件条件、人员素质、操作规范、有效性及安全性等都有一定要求，细胞免疫治疗限定在三级甲等医院开展。

鉴于庞大的肿瘤治疗市场需求，在中国一些三级甲等医院，较为普遍地开展了免疫细胞治疗肿瘤业务，收费比较昂贵。有的医院与公司合作，为了追求经济效益，存在治疗不规范、夸大疗效的问题。

2015 年 7 月，国家卫生计生委又印发了《关于取消第三类医疗技术临床应用准入审批有关工作的通知》（国卫医发〔2015〕71 号），对免疫细胞治疗起到了促进作用。2016 年 5 月，国家卫生计生委进一步规范了免疫细胞的临床研究和应用，强调免疫细胞治疗仍处于临床研究阶段，要求患者知情同意且不能收费。由于是免费，一些原先开展细胞免疫治疗的机构积极性不高。

干细胞治疗开始时也是作为第三类医疗技术管理。2013 年，国家食品药品监督管理总局颁布《干细胞制剂质量控制及临床前研究指导原则》（试行）（征求意见稿），从此干细胞治疗改为制剂管理。2015 年 8 月，国家卫生计生委发布《干细胞临床研究管理办法》（试行）。2015 年 12 月，《关于开展干细胞临床研究机构备案工作的通知》。2016 年，首批 30 家临床研究机构通过了备案。这些政策的出台，从长远来看，规范了干细胞免疫治疗的临床研究，但短期内，干细胞免疫治疗的临床应用受到一些限制。

2. 疗效

DC、CIK、NK、LAK 等免疫细胞治疗技术对某些肿瘤、病毒病等具有较好的疗效，但也有一些病人治疗效果不明显，还需要深入进行临床研究，提高个别不敏感患者的治疗效果。CAR-T 细胞疗法是新发展起来的免疫细胞治疗技术，疗效明确，但也有一些缺陷需要克服，譬如：独特的副作用，细胞因子释放综合征等。

造血干细胞移植是临床治疗白血病、恶性再生障碍性贫血、淋巴瘤等疾病的有效方法。异基因造血干细胞移植（Allo-HSCT）有希望根治某些自身免疫性疾病、肿瘤和病毒病，细胞来源相对容易，但存在配型困难、移植失败、移植费用昂贵、GVHD、晚期感染以及治疗相关死亡率高（15％～35％）等风险。自体造血干细胞移植（Auto-HSCT）不需要配型、不会发生 GVHD、移植相关死亡率低（3％～5％），但从患者采集造血干细胞会对机体造成一定损伤，移植后疗效持续周期短，再次移植需要加大剂量。间充质干细胞移植对自身免疫性疾病、肿瘤等的疗效确切，来源广泛，不需要配型（自身免疫原性低），不发生 GVHD，移植后并发症轻微，适于大量生产，制成药物（制剂）在临床上应用。

（二）解决对策

1. 建立快速审批通道

目前中国干细胞研究和应用与一些发达国家存在差距，如美国、韩国、意大利等都有干细胞新药上市。中国目前的干细胞研究还处于临床试验阶段，还没有干细胞新药上市。为了缩短与发达国家在干细胞免疫治疗方面的差距，有必要建立干细胞药物研究审批的快速通道。免疫治疗现在也是先进行临床研究，通过审批后再进行临床应用，因而也有必要建立审批的快速通道。

2. 采用两种或两种以上细胞联合治疗

人体是一个有机整体，不同治疗细胞分泌的生物活性分子和功能不同，联合使用两种或两种以上的细胞进行免疫治疗，有助于提高综合治疗效果、延长疗效持续周期。临床研究表明，DC-CIK 联合治疗肿瘤的效果要好于单独的 DC 或 CIK 治疗，造血干细胞和间充质干细胞联合治疗的效果也优于单独的造血干细胞治疗。所以，在进行细胞免疫治疗的临床适应证研究时，可考虑采用两种或两种以上的细胞进行免疫治疗，以克服仅用一种细胞治疗的缺陷，发挥不同细胞间的协同治疗作用，提高细胞免疫治疗效果。

（三）未来展望

细胞免疫治疗是新型、安全、有效的治疗方法，除可用于肿瘤、自身免疫性疾病、传染性疾病的治疗外，还可用于增强机体免疫力，进行保健。考虑到肿瘤、自身免疫性疾病以及传染性疾病等的发病率和致死率，尤其是干细胞免疫治疗改为制剂管理后，更有利于产业化。细胞免疫治疗具有潜在的庞大市场容量，是一个具有巨大发展前景的产业。

（撰稿专家：王佃亮）

组织修复与再生的转化医学

一、概述

转化医学旨在将基础医学研究与解决患者实际问题结合起来，其核心是在实验室与临床之间建立一个双向转化通道。近十年来，组织修复与再生的转化医学受到科学家和临床医生前所未有的重视。目前人们对组织修复与再生医学的概念与范畴还没有完全一致的认识，但一般认为组织修复与再生医学是研究机体在正常情况下的发育、组织结构特征与功能、受创后组织修复与再生发生机制，以及在此基础上寻找有效的治疗方法，以促进机体自我修复和再生，或构建出新的组织和器官，最终改善或恢复受损组织和器官结构与功能的科学。

人类损伤组织修复与重建的步骤和目标大致可以分成以下三步：一是损伤组织特别是创面的迅速覆盖以减少并发症的发生，以保证生命健康为目标；二是在此基础上减少瘢痕（过度纤维化）发生和组织修复延迟（溃疡形成），以逐步改善修复（愈合）的速度与质量为目标；三是实现完美的修复与再生，使损伤组织恢复到损伤以前的解剖结构和功能状态。从目前的发展来看，前两个目标已经基本实现，但想完美的达到第三个目标还相差甚远。组织修复与再生医学的核心内容和最终目标是再生出一个与创伤前一样的组织和器官。组织再生在理论研究上取得了突破性进展，并创建新的临床治疗技术与方法，为脊髓截瘫、创烧伤修复、器官移植、肿瘤切除、老年性痴呆和先天缺陷等所造成的组织器官损伤以及缺失等带了新的希望，因而受到科学家们的高度重视并竞相开展研究。

创烧伤、脊髓截瘫、器官移植、肿瘤切除、老年性痴呆和先天缺陷造成的组织器官损伤以及缺失等对组织和器官再生的需求十分巨大。以皮肤再生为例，据不完全统计我国每年烧伤发生率在 500 万～1000 万人，除少部分人因面积小和损伤轻不存在皮肤再生需求外，其余大部分约 90%，即 450 万～900 万人存在皮肤再生需求（此为估计数据，国内目前没有完整的流行病学资料)。受伤人群涉及皮肤再生，目前由于这类病人受创后的修复均为瘢痕修复，没有汗腺和皮脂腺等皮肤附件，不仅生理功能受损，而且严重毁容，使其生活和工作发生困难，难以从容回归社会。再如，我国有乙型肝炎病毒携带者大约1.2亿人，丙肝病毒携带者约为1500万人，其转化为乙型肝炎和丙型肝炎的比例分别为20%和50%，即大约2400万人和750万人，其中部分患者转化成肝硬化和肝癌，肝癌的年死亡率为40/10万。据最新抽样调查数据显示，我国每年因慢性乙型肝炎及其相关疾病（包括肝硬化、肝癌）造成的直接经济损失超过1600亿元人民币。根据有关资料，我国每年器官移植的需求量在50万人左右，而每年实际仅能完成1万人左右（初步资料表明肾移植每年完成约5000人），而社会需求量又远远超过实际完成的移植数。由于供体缺乏和伦理学等问题，使得许多需要进行器官移植的患者因得不到移植器官而失去生命。因此，如果能够通过组织再生的方式长出受损的组织和器官，满足临床治疗的重大需求，不仅可以解决器官移植物的排异等医学难题，而且由于再生的是自体器官，也消除了供体不足以及伦理学障碍等问题，将在最大程度上挽救患者的生命。

二、国内外研究及应用的现状与趋势

经过国内同行20多年的不断努力，我国的组织修复与再生医学在基础研究中取得了长足的进展。我国学者在2001年率先报告将已经分化的表皮细胞在生长因子作用下脱分化为表皮干细胞。在2009年利用四个转录因子将Fb转变为多能干细胞（iPS），并首次确认iPS的全能特性，并在2010年发现利用小分子维生素C可以大幅提高重编程iPS的效率。随着iPS诱导机制研究的深入和相关技术的发展，在2015年又建立利用细胞谱系限制性转录因子直接诱导体细胞转分化为另一种细胞的技术，明显缩短了细胞诱导时间，提高了效率并且避免了形成iPS所带来的致瘤性。并在2015年国内学者进一步证实了在重编程早期细胞自噬被强烈激活，其中哺乳动物雷帕霉素靶蛋白C1是调控重编程的关键因子。目前，在实现人类损伤组织完美修复与再生宏伟目标方面已经具有坚实的基础。如建立适宜的诱导条件和方法，可以在体内和体外诱导体细胞变成某种干细胞或直接转分化为其他的体细胞。但是大部分组织和器官的再生都不只是1种细胞的再生，一般都包含有实质细胞、血管、神经等多种组织的同步再生。因此，问题的关键是能不能建立起一种适宜的诱导条件，采用同步或阶梯诱导方式，在损伤部位同时实现这些修复细胞的产生，就像低等动物肢体截断后多种组织细胞同步发生去分化形成再生胚芽，进而实现多种损伤组织的同步修复与再生。从诱导方法来讲，已经证实采用现代敷料创造的低氧、微酸、湿性环境，是细胞理想的诱导分化环境；通过损伤部位局部应用小分子化合物，包括生长因子组合、免疫调节因子、关键的信号通路调控物质，以及调控细胞分化和细胞干性的小分子，或采用活性氧与机械性刺激、生物电与生物光刺激以及传统的中医药等方法，激发损伤组织自身的修复潜能，有可能实现在损伤部位诱导细胞去分化与多向分化潜能的产生，从而实现多种组织在损伤部位同步修复与再生的目标。

基础应用的研究，也大幅推动了我国在临床转化应用方面的应用。在iPS的应用中，我国学者在国际上首次将人体干细胞诱导分化为汗腺样细胞，并实现了人体汗腺的再生。在组织工程中，我国初步实现了组织的再生及应用。在神经的重建中，实现了长达8cm的坐骨神经的再生应用。在眼角膜的再生工程中，实现了体外组织工程的培育及应用。通过胶原纤维与自体骨髓间充质干细胞相结合构建的组织工程材料，实现了子宫内膜再生，从而帮助子宫内膜炎患者成功怀孕生产。在组织修复的基因药物开发及应用中，我国以FGF、EGF为代表的组织修复及再生中得到了长足应用，并处于国际领先的地位。FGF系列创新药物，广泛应用于烧、创伤和糖尿病并发症的治疗。2002年重组人酸性FGF（rh-bFGF）获得国家食品药品监督管理总局批准，用于慢性创面、新鲜创面和烧伤创面的治疗。随后bFGF被开发为凝胶剂、喷雾剂、滴眼剂等多种剂型。2006年，商品名为“艾夫吉夫”的重组人酸性FGF1类新药在中国上市，该药物主要用于治疗深Ⅱ度烧伤创面和慢性溃疡创面。目前，FGFs已被美国创面愈合协会和欧洲伤口管理协会推荐用于难愈性溃疡的治疗。bFGF在我国急性创面（急性烧伤、供皮区创面等）愈合时间比按传统方法治疗后提前2～4天，而慢性难愈合创面愈合率提高了10%左右。新型智能材料的开发和组织工程的应用结合，已经可以构建人工气管、心脏和膀胱。新型的材料为细胞的黏附与生长提供了支架和合适的酸碱、盐离子的环境，提高了细胞的存活率和细胞分化。随着新型材料及三维打印技术的发展，为精确、个性和安全性的组织和器官支架带来了可能。

我国的组织修复与再生转化医学总体发展势头良好，某些方面已经具有突破性进展并且已开始应用于临床。但我们也应当看到，再生转化医学的发展与患者的需求和完美的修复目标还有较远的距离。以烧伤创伤为例，通过研究人员和医生的共同努力，我国的烧伤创伤的救治成功率有了大幅的提高，致死率明显降低。但大部分救活的患者仍然是瘢痕愈合，对于患者的美观、生活与工作造成了一定的不便。我国慢性难愈合创面的治愈率已经从之前的50％～60％上升至94％左右，可仍然有5％～6％的创面采用各种方法治疗后均难以愈合，对患者的生活和工作造成影响。再生医学创新理论与关键技术的发展，是解决相关领域科学、技术以及大众需求的突破点和关键所在，有待我们深入研究。

在国际上组织工程和再生医学也是个新兴的行业，但已经有针对性的药物（表3-1）得到FDA的批准。其中，iPS细胞用于新组织再生的应用成为研究的热点，在这些治疗中使用的细胞是患者自身仍然保持增殖能力的分化细胞。例如，Carticel是骨科领域的第一个FDA批准的生物制品，使用自体软骨细胞治疗局灶性关节软骨缺陷。先从关节软骨收获自体软骨细胞，离体扩增，再植入损伤部位，导致恢复与使用微裂缝和马赛克整形技术观察组织再生的情况。Laviv是通过注射自体成纤维细胞以改善鼻唇褶皱皱纹的外观，Celution是从脂肪组织抽取脂肪细胞的医疗装置。自体治疗是收集患者自身的细胞，通过体外培养并用于伤口的愈合。新型材料学科也是组织修复与再生医学的重要组成部分，新型材料可以模仿组织的外基质（ECM），有助于新组织的结构和功能的保留。到目前为止，已经由FDA批准的再生医学产品的功效不同，但通常比先前存在的产品更好或至少相当，它们在愈合和再生方面提供更好的解决途径，但也不能完全解决损伤或疾病。对于药物和生物制剂的开发及应用，从实验室研究到临床研究，耗时超过10年且投入成本超过数十亿元人民币。相比之下，在组织修复与转化医学中，医药器械和设备的开发从研发时间和成本来讲都是不错的选择。

表3-1　美国FDA批准的组织修复及再生的产品

目录	产品名称	产品成分	适应证
生物制剂	Laviv	自体成纤维细胞	改善鼻唇沟折叠样貌
	Carticel	自体软骨细胞	急性或重复性的创伤的软骨缺损
	Apligraf，GINTUIT	异体表皮细胞和牛胶原蛋白成纤维细胞	局部龈黏膜条件、腿和糖尿病足溃疡
	Cord blood	干细胞及源祖细胞	后清髓性治疗造血及免疫重建
医用仪器	Dermagraft	同种异体成纤维细胞	糖尿病足溃疡
	Celution	细胞提取	自体脂肪干细胞的转移

续表

目录	产品名称	产品成分	适应证
生物医药	GEM 125	PDGF-BB,磷酸三钙	牙周缺损
	Regranex	PDGF-BB	减缓下肢糖尿病溃疡
	Infuse，Infuse bone graft，Inductos	BMP-2	胫骨骨折和骨不连，及减弱脊柱融合
	Osteogenic protein-1	BMP-7	胫骨骨不连

三、前景与展望

外科学发展的实践表明，从最初的伤口包扎、切开引流、创面处理到后来各种病损组织或器官的切除，功能支持和组织器官移植等，每一种治疗方法的建立和发展都是建立在相关领域基础理论研究的突破之上，是转化医学模式的具体体现。如人们对创面感染认识的深入以及免疫排斥理论的突破等导致了抗生素的发明和器官移植技术的建立，再生医学也不例外。有专家预测外科学的发展将由传统的“3R”发展为“4R”，即切除（resection）、修补（repair）、替代（replacement）到再生（regeneration）。目前外科临床治疗面临的重大难题以及对理论突破的重大需求是什么呢？以创烧伤治疗为例，目前，我国烧伤临床早期救治的成功率已超过99%，居世界前列，挽救了大量伤员的生命。但是带来的另一个问题是这些救治存活伤员的后期治疗却面临着巨大的难题，主要是这些伤员均为瘢痕愈合，愈合的组织没有汗腺、皮脂腺和毛囊，不仅给患者的后期生活和工作带来极大的障碍，而且对社会和家庭也是一个沉重的负担。之所以出现这样的治疗结果，其根本的原因在于目前人类还没有完全了解皮肤发育和再生的规律，特别是对皮肤附件，如汗腺、皮脂腺以及毛囊再生的规律缺乏了解，因而尚无法建立起人类皮肤完全再生和无瘢痕修复的实用技术和方法。虽然现代组织工程人工皮在一定程度上解决了创烧伤植皮的困难，但由于这些组织工程人工皮同样缺乏毛囊、汗腺以及皮脂腺等皮肤附件，因而从严格意义上来讲并不是真正的皮肤，也不能满足临床上患者恢复功能和美容的需要。因此，对组织工程研发新的人工皮来讲，也急需再生汗腺理论的突破。新的组织工程人工皮如果能复合有汗腺和皮脂腺，那将会是真正意义上的皮肤。由此看来，目前皮肤再生理论的滞后已经严重影响临床救治水平的提高。而再生医学中需要解决的关键科学问题实际上就是组织发育、再生和修复所面临的核心问题。因此，如果能抓住时机，在皮肤再生特别是汗腺和皮脂腺再生理论方面取得突破，不仅对于建立起治疗烧伤创面的新技术，而且对于新一代革命性的组织工程人工皮将有重要的指导作用。再生医学自20世纪80年代后期逐步振兴以来一直与发育生物学、干细胞生物学、组织工程学以及临床医学密切相关，互为因果，协同发展。如前所述，干细胞是组织再生的基础，要实现受损器官和组织的再生，干细胞是最重要的途径之一，而组织再生的基础又正是各种修复细胞（包括干细胞）有序分化与调控作用的结果。因此，开展组织再生的研究必然会在很大程度上进一步促进干细胞基础研究的深入和临床应用的发展。再如，组织工程是再生医学的外延，拓宽了再生医学的广度和深度。从研究内容上说，再生医学涵盖组织工程内容，为组织工程发展提供创新的理论认识，而组织工程则是实现再生具体的方法之一，它不仅体现再生医学的优越性，而且实现再生医学的最终目标。近年来组织工程发展迅速，人们已经或正在构建具有生物活性的各种组织工程材料，如组织工程人工软骨、骨、皮肤、血管，乃至人工肝等，并正在努力将这些“人工组织”植入人体，以完成修复、替代病损组织的结构与功能。但目前组织工程学面临的难点在于产生的许多组织工程产品缺乏相应功能，如上所述的组织工程人工皮由于缺乏皮肤附属器（如汗腺以及皮脂腺等），这样对其功能产生了很大影响，因而是一种过渡的中间产品。因此再生医学的研究，特别是对重要器官再生规律和机理的研究将可能为组织工程的深入和发展提供重要的理论基础，进一步带动该领域的协调发展。从某种意义上来说，再生医学的建立以及与干细胞和组织工程的密切联系，将在整个损伤疾病的治疗中建立起一个完整的体系。除此之外，由于再生医学涉及生物材料学、基因工程制药学、临床创烧伤治疗以及老年医学等多个领域，可以说也是一个系统工程学的问题，深入开展再生医学研究也将在很大程度上带动和促进这些领域的发展。

总之，从组织修复（包括创面愈合）以及缺失组织的替代到完美的再生是一个复杂的体系，包括理论创新、新技术建立以及转化应用等。我们应该从低等动物的再生模型中去寻找再生的机制和新的理论突破点，利用干细胞和重编程的关键技术，结合药物和新材料的研发和组织工程，多学科交叉共同构建高效、合理、安全的促进组织修复和再生的策略。

（撰稿专家：李校堃　张宏宇）

合成生物学与自动化技术

一、概述

自动化（automation）是指机器设备、系统或过程（生产、管理过程）在没有人或较少人的直接参与下，按照人的要求，经过自动检测、信息处理、分析判断、操纵控制，实现预期目标的过程。自动化技术广泛用于工业、农业、军事、科学研究、交通运输、商业、医疗、服务和家庭等方面。采用自动化技术不仅可以把人从繁重的重复性体力劳动、部分脑力劳动以及恶劣、危险的工作环境中解放出来，而且能扩展人的器官功能，极大地提高劳动生产率，增强人类认识世界和改造世界的能力。1913 年福特首先应用创新理念将汽车装配过程搬上了流水线，提高了 8 倍的生产效率。1959 年美国人英格伯格和德奥尔制造出了世界上第一台工业机器人，用于代替人进行重复劳动来生产汽车。直到 20 世纪 80～90 年代，日本人将工业机器人与自动化的概念发展与推广到极致，使其应用到人类生产生活的各个方面，极大地提高了生产效率。

自动化技术不断与生物学相关领域进行着交叉发展。广义上来说，每一种新型生物检测仪器设备的出现就是一次自动化技术与生物技术的融合，推动着生物实验的简化，提高人的生产效率。例如，液相色谱仪自动进样器的出现代替了手动进样针，极大地简化了人的参与，使得液相色谱仪可以 24h 连续工作，提高了设备利用效率。自动化技术在生物学研究领域最广泛的应用是临床医学的样品处理检测和药物研发过程中的高通量筛选。临床医学样品的处理与检测实验往往流程固定，但样品处理数量大、要求准确度高。但是人在处理大量重复实验时往往容易出错，导致样品管理混乱、错误等严重问题。而现阶段，有大量仪器设备厂商能够提供完整的自动化解决方案，实现从样品收集到检测数据处理的全流程自动化，极大地避免了人为错误的发生，同时提高了样品处理的能力与准确度。另一方面，在化学药物的研发过程中，对数以百万计的化合物库进行分子或细胞水平的高通量筛选是最基础但也是最核心的药物研发内容。这往往涉及数以千万计的高度重复性的液体处理和表型检测工作。所以大量自动化设备与技术被广泛应用于高通量药物筛选。不难看出，以上两个自动化技术与生物相关领域的融合具有的共同特点是它们的实验内容十分固定而相对简单，这使得其自动化难度较低。但是合成生物学的出现及其学科特点对相应的自动化技术提出了更高的要求，也进一步推动了自动化技术与生物技术的深度融合。

合成生物学一词最早出现在1910年，但直到2000年“合成生物学”这一概念被赋予了新的时代意义而获得重生。随后，这一概念被不断充实、升华而拥有了一个十分宽泛的含义。因为“合成生物学”还是一个不断进化中的概念，其绝对的定义还众说纷纭，但几个基本的特征还是得到了广泛的认同。首先合成生物学是一门将数学、物理特别是工程学思想融入生物学形成的复杂交叉学科。工程学的核心理念将生物分解为可解析、定量描述和模拟的生物元件、装置和系统。这也自然而然地引出了生命的部分或全面改造甚至于全新创造。合成生物学的应用出口也十分广泛，可能对工业、农业、医疗健康等社会经济、生活各个方面产生颠覆性的影响。

合成生物学的核心是生物的人工设计与创建，这就好比大规模集成电路的设计与实现。然而，现阶段我们对生物的设计能力仅仅停留于少量基因线路或简单生物装置，远远达不到大规模集成电路这样复杂系统的设计能力。特别是相比电路设计背后的物理法则，我们还远远没有了解清楚生物设计的法则。合成生物学还处于初级阶段，以至于其部分理念就是通过人工设计、测试来解析天然生物的设计法则。所以，现阶段生物的人工设计与创建有其特殊的“设计-创建-测试”循环，即通过不断的“设计-创建-测试”来获得大量的数据与经验，并不断修改完善生物模型与设计规则以达到最初的设计要求。然而我们对生物的设计法则知之甚少，需要测试的内容多如牛毛，如果还是按照传统的思路通过人工来实现，也许我们永远无法解析生物设计法则的本质。正是现实与需求的这一巨大差距，催生了自动化技术与合成生物学的融合。自动化技术是“设计-创建-测试”循环的执行者，主要对“创建”和“测试”两个步骤的具体实验进行分解，用自动化、高通量的设备与技术体系代替人力完成实验、收集数据。与人力相比，自动化技术体系能提高实验效率至少2～3个数量级，且排除了人力带来的错误及误差，是吻合合成生物学发展需求的天作之选。可以说只有自动化技术才能推动合成生物学的发展再上一个台阶，而合成生物学也是自动化技术与生物学研究深度融合的最好契机。

二、国内外研究现状

合成生物学是生物研究与产业的最前沿，与传统的基础科学研究相比有着更广阔的市场应用前景，所以企业是国外合成生物学应用领域的研究前沿力量之一。以合成生物学为核心的初创公司也受到资本市场的追捧。自动化技术相关的设备购买与技术研发往往需要大量经费的支持，所以这一领域的先行者也主要集中在公司。以合成生物学与自动化技术相结合为科技核心的生物技术公司主要以 Amyris Inc、Ginkgo Bioworks 和 Zymergen 为代表。Amyris Inc 于 2003 年成立，主要以人工创制的微生物发酵生物基原料生产香精香料、药物及润滑剂等大宗化工产品。例如他们生产的润滑油就是以微生物发酵生产的法呢烯（farnesene）为原料。Amyris Inc 同时也是合成生物学研究自动化的先驱者，在对微生物进行大量设计改造时，他们实现了部分 DNA 组装和微生物性状筛选的自动化，这极大缩短了获得具有目标性状微生物的时间，使得他们在市场竞争中取得领先。Ginkgo Bioworks 和 Zymergen 公司是合成生物学初创公司的后来者，分别成立于 2008 年和 2013 年。但是他们却是自动化技术与合成生物学融合的极力倡导者与受益者，受到资本市场的极力追捧。Ginkgo Bioworks 已经通过 4 轮融资获得了 1.5 亿美元的资金，而 Zymergen 也获得了 3 轮 1.7 亿美元的融资。Ginkgo Bioworks 公司主要通过自动化高通量系统对微生物菌种进行改造及筛选工业用酶突变体。例如他们的首套自动化系统（Bioworks1）于 2015 年建成，设计运行能力达到每月 15 000 个自动化操作。通过这一系统，他们在 10 个月的时间内利用 2.4M 化学合成的 DNA 碱基构建了 1700 个人工设计的质粒，并筛选了 21 000 个蛋白突变体，获得了来自 1.1 万样品的 5.3 万组质谱数据。而在建中的第二套自动化系统（Bioworks2）是第一套的 2 倍体量，能提供 6 倍的高通量筛选能力。有意思的是，Ginkgo Bioworks 于 2017 年 1 月收购了 DNA 合成能力世界领先的另一家初创公司 Gen9，使得他们直接获得了大量合成 DNA 的能力，是高效利用自动化系统的前提之一。Zymergen 公司则似乎处于“隐形模式”（stealth mode），其具体研究内容外界知之甚少，但是他们在自动化系统之外，更加强调人工智能与合成生物学的融合，可能是未来合成生物学、自动化技术发展的方向之一。另一方面，由晁然与其导师美国伊利诺伊大学香槟分校赵惠明教授联合创办的 Life-foundary Inc 也于最近注册成立，且收到了国内部分风投机构的投资。他们主要以算法驱动（algorithm-driven）的自动化菌种改造为核心技术。

国外的科技初创企业往往是技术的前沿，但其保密性使我们无法了解更多技术细节。学界虽然受经费所制，自动化的应用较为落后，但近几年也有多家大学和科研机构获得了自动化系统，让我们能够较为详细的分析其研究内容。如上所说，合成生物学的核心是生物的人工设计与构建，而根据“中心法则”，一切的设计与改造最终都归结于DNA序列的设计。所以按设计方案构建DNA序列是合成生物学的最基本但也是最核心的能力，也是自动化技术的最初突破口。大多数学界的自动化系统都围绕着DNA的组装展开。DNA组装的核心是DNA片段的连接方法，不同的连接方法需要不同的引物设计、DNA处理方法，所以也就需要不同的自动化程序相适应。然而近几年分子生物学快速发展，出现了繁多的能够实现DNA拼装的技术。例如以传统的酶切连接为基础的BioBrick方法、Gibson法、DNA Assembler法、Infusion法、ligase cycling reaction（LCR）等等。不同的方法有着各自不同的优缺点，而根据不同的拼装方法则需要设计不同的引物来制备DNA片段。传统意义上，这需要研究者根据自己的经验来设计引物与拼装方法，但是自动化技术提出了不同的要求。自动化技术需要以一定的规则大批量的设计引物，而不能依赖不同人不同的经验。通过计算机软件将引物设计与拼装方法标准化是最好的解决方案。加州大学伯克利分校的Jay D. Keasling教授研究组开发了基于网页的J5软件，它可用于SLIC、Gibson、CPEC和Golden Gate四种DNA组装方法的引物和组装流程设计。这就大大简化且标准化了DNA组装前期的引物设计过程，成为自动化DNA拼装技术的关键第一环。当然现阶段的J5软件还主要用于辅助研究人员手动设计引物和DNA组装，其图形化界面的友好性及对大批量数据的连续处理能力都有待加强。另一方面，J5设计软件需要与自动化设备相整合才能真正实现DNA组装的自动化，而不同的自动化设备有着不同的操作系统。为了使自动化流程标准化，高级设计软件的跨平台应用能力也不容忽视。美国劳伦斯国家实验室Nathan J. Hillson教授与Jay D. Keasling教授合作开发了用于跨平台机器人编程的开源软件“PR-PR”。“PR-PR”作为高级编程语言与J5软件配合使用，可以用于控制不同型号的液体处理站、微流控系统和显微镜等跨平台设备。

质粒是合成生物学研究中最重要的DNA载体，它能行使大量生物学功能。例如，表达转录激活样效应因子核酸酶（transcription activator-like effector nuclease，TALEN）的质粒可用于基因组精确编辑。TALEN是由高度重复的DNA序列组成的，它的化学合成十分困难，只能通过酶切连接的方式组装获得。伊利诺伊大学香槟分校赵惠明教授首先设计了一套基于golden gate的组装方法，将15个DNA片段一次拼装成完整的TALEN，并克隆到哺乳动物表达载体上去。但是这些DNA片段来源于441个不同的模板质粒，所以要想获得大量TALEN仅靠人力是十分困难的，人为错误的概率也非常高。为了解决这一问题，赵惠明教授实验室设计并实现了利用整合型自动化系统高通量自动化组装TALEN的工作。他们的自动化系统“iBioFAB”包含轨道式机器人、移液工作站、震荡培养箱、PCR仪、离心机、封膜仪等十几套设备，可以用于分子生物学实验的绝大部分操作。通过“Momentum”软件操控、串联这些设备实现了TALEN组装流程的自动化。基于这一流程，他们进行了400个TALEN的实际构建，正确率达到96.2%，材料成本却可以降低到令人吃惊的2.1美元/个。这一工作的自动化程度、高正确率和低成本完全体现了自动化系统在合成生物学前沿研究中的不可比拟的优势，也预示着未来的发展方向。

自动化技术对通量的追求和对成本的控制能力往往令人瞠目结舌。同样是质粒的构建过程，传统的人工构建方法工作于至少20μL液体体系中。上文提到的“iBioFAB”自动化系统基本工作于10μL液体体系。但是要进一步降低耗材成本就需要将DNA组装体系的体积降低1个数量级，传统的自动化系统很难实现这一目标。但是英国爱丁堡大学的Yizhi Cai教授摒弃了传统的枪头移液系统，而是利用了超声移液系统将分子生物学实验所运作的液体体积降低为原来的1/80，以250nL的体积进行分子生物学的PCR、DNA组装等操作，其中golden gate组装方法更是可以用50nL的反应体系来完成。在他们的验证实验中，组装正确率都接近100%。

我国在合成生物学自动化领域也有一定的先期布局，例如国家蛋白质中心、中科院天津工业生物技术研究所、中科院生物物理所等研究机构都有较为完整的自动化整合系统。而中科院深圳先进研究院2017年上半年也会搭建完成新的用于合成生物学研究的自动化整合系统。但另一方面，整合系统的硬件只是实现合成生物学自动化的一部分“硬实力”，国内外更加缺乏的是能够运行、开发自动化系统，使其真正开展合成生物学研究的人才、技术体系等“软实力”。天津工业生物技术研究所的王猛研究员在2015年回国后带领课题组开展了自动化整合系统在合成生物学领域的广泛应用，开发相关的自动化实验流程和方法，大大提高了设备的使用效率。例如，王猛课题组已经初步实现了自动化单基因克隆，通量达到300～600个/天。同时复杂质粒的多模块化组装也达到100个/天的通量，组装正确率＞90%，课题组正在优化自动化系统使用方法和流程以获得如自动化基因编辑等更多的合成生物学相关能力。

三、前景及展望

合成生物学是多学科综合交叉的学科，世界各国政府、学界、工业界综合判定其为能够改变人类文明进程的颠覆性技术之一。它能为农业、工业、医疗健康等领域带来革命性的发展。合成生物学的工程学核心理念赋予了生物可被解析、定量描述和人工设计的特性。但是生物学作为传统的描述性科学还有大量未知的机理和创建法则。这两个看似矛盾的特性决定了合成生物学必将在大量的设计试错、定量表征和归纳总结中螺旋上升。这也同时决定了合成生物学“设计-创建-测试”的基本研究范式，但这一过程中超乎以前想象的工作量又不是传统生物学的人力工作能够完成的。所以自动化技术就成为了合成生物学发展天然的支柱。

自动化技术与合成生物学的进一步融合将在“深度与广度”两个维度前进。现阶段自动化技术主要支撑“创建”这个步骤。确实，DNA 的高通量合成组装是合成生物学的核心技术。就像 2017 年国内外学者联合完成的酿酒酵母染色体人工合成的工作，已经将人类的 DNA 合成组装能力提升到了兆级别的染色体水平。但是要快速完成庞大的人类基因组合成计划，自动化技术是必不可少的助推器。另一方面，DNA 的高效、低价合成组装将在更大范围内影响一切与生物学研究相关的领域，取代原先分散在各个实验室的 DNA 组装工作。任意大小的目标 DNA 将成为一种商品，就像今天的引物一样，能够被预订。这将从普遍意义上改变生物学研究范式，节省大约 1/3 的人力、智力资源，使研究人员有更多的精力投入到更有意义的研究工作中。当然如何培养下一代摒弃传统分子生物学技能的研究者，使他们有与技术进步相吻合的思维模式和新技能，是需要我们仔细思考的问题。

现阶段，自动化技术与“测试”这个步骤的融合还不够充分。例如，自动化系统与液相色谱、质谱、核磁共振、测序仪、流式细胞仪等下游检测设备的整合还十分稀少。然而“测试”阶段是对人工设计生物的综合评判，越是复杂的设计越需要多组学融合的定量表征才能解析。唯有足够的“大数据”才能获得正确的结论，为人工生物设计法则提供改进的可靠依据。相信越来越多的自动化、友好的检测设备会被开发出来。

最后，“设计”阶段看似和自动化技术没有什么相关性，但是只有自动化技术支撑的“构建-测试”阶段才能产出足够数量且有意义的数据，用于生物设计方案的评估与改进。失去了自动化技术，“设计”会是闭门造车。特别是合成生物学研究今后的发展方向是与人工智能的深度融合，而以机器学习为代表的人工智能体系特别依赖于大量的学习、反馈。没有足够强大的自动化技术支撑，就无法获得“大数据”的学习材料，也就不会有人工智能的进步。

综上所述，合成生物学的自动化进程还处于初始阶段，它们的融合还将在深度与广度上进一步发展。基于自动化技术、大数据甚至人工智能多领域融合的生物设计与创建会是未来最前沿的发展领域。我国在这一领域的研究还稍稍落后于国外，特别是国外获得大量融资的科技初创公司，而我们也十分缺乏这一领域急需的跨学科复合型人才和合作模式。所幸，国家十分重视合成生物学的发展，而逐渐起步的国内风投也有可能为这一领域的发展带来强劲的东风。

（撰稿专家：王猛）

生物产业投融资分析

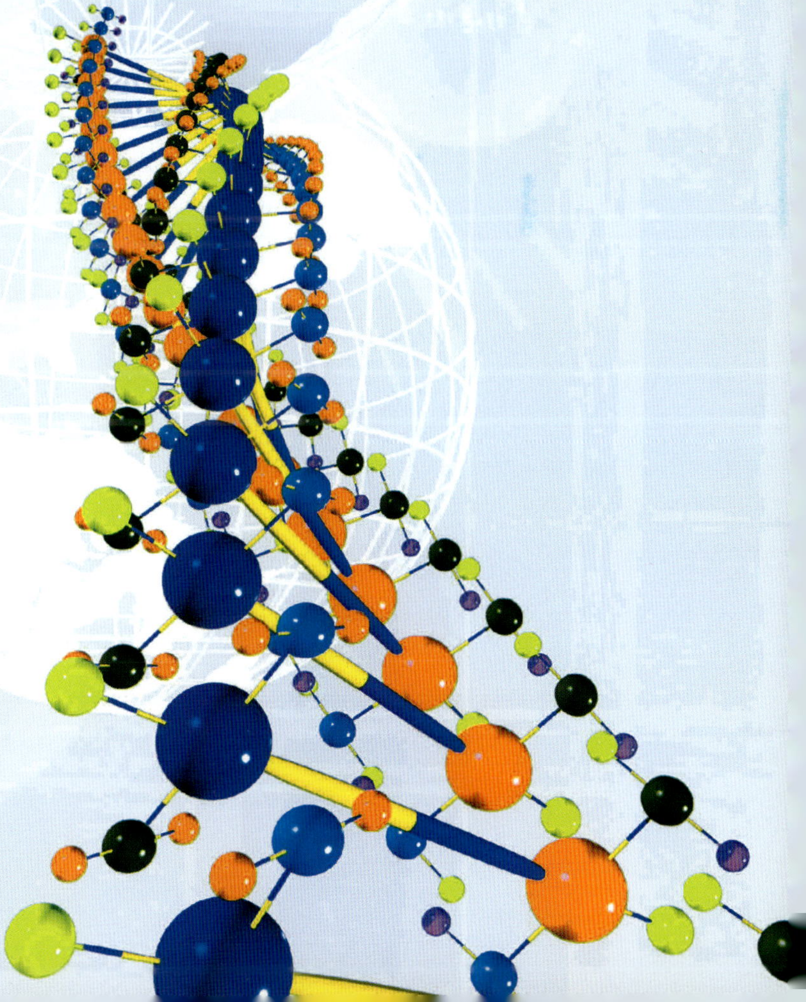

2016 年生物产业投融资报告

一、国际篇

1. 烦恼中走向成熟

2016 年，生物制药领域快速增长的势头有所减缓。此前五年，在活跃的资本市场带领下，生物技术市场价值连续增长，并于 2015 年达到最大。但其累计市场价值却在近 9 个月内显著下滑。尽管该行业累计收益、净利润和研发开支屡创新高，但此三方面增长率均明显放缓。

融资放缓也显而易见。在三年持续增长后，到 2015 年年末至 2016 年年初，IPO 融资效果明显减弱，后续融资和债务融资效益减弱则更为显著。

交易活动强度也逐渐趋于平稳。由于该减速出现在并购与授权经营最多的年份之后，所以显得更为突兀。

当然，衰退中也有一线希望。该行业风险资本投资仍保持增长势头；战略性投资者仍致力于该行业发展，并为行业成功提供基础。过去几年较多的资本投入说明生物技术市场具有稳健的财务状况。因此，价值评估下跌的生物技术上市公司可尝试吸引成熟的生物医药买家，以弥补药物供应和收益缺口（表 4-1）。

表 4-1　2015 年美国与欧洲生物技术上市公司数据概览　　单位：10 亿美元

项目	总计	美国	欧洲
收入	132.7	107.7	25
研发支出	40.1	33.9	6.2
净利润	16.6	15.6	1
资本市值	1071.50	889.3	182.2
员工人数/人	203 850	131 690	72 160
上市公司总数/家	670	436	234

数据来源：EY，西南证券整理。

付费体系的问题已经开始影响行业的发展，欧美医疗系统资金短缺，因此他们在预算中首要关注高价位的特殊产品，并将成本控制列为持续工作内容。同时，生物制药公司也努力使自家药物价格市场化。对于这些尝试失败的担忧极大地影响了投资者的投资热情。

在欧洲，药物价格控制策略（例如参考定价与国家卫生技术评估人员的各种定价决策）使生物制药产业更难生存。而且，提高上述过程透明度的尝试可能会导致更大的药物价格下行压力。随着药品的获得性问题在国际上日益重要，生物制药公司必须更有效地向保险公司、政府和公众证明其产品的价值。代表优质创新的传统仿制药和生物仿制药已经取得市场的突破。在美国，食品药品管理局已在 2016 年 5 月将生物仿制药列入三大畅销生物制品，而且其销量也在不断增长。

另一个证明价值的突破就是开启“治愈模式”。近些年，生物医学研究的不断深入和新技术不断的开发带来了研发生产力的提高和生物制药创新的不断推进。生物技术公司利用免疫系统治疗癌症，通过基因置换和修复预防罕见病，终于将“基因组学”的努力付诸现实。生物医药产业的进步使其收获了更多投资和关注。

2015 年，连续第二年超过 40 种新药被 FDA 批准上市；其中 22 种为生物突破性药物。过去十年研究者的努力而使得免疫治疗以及基因治疗成为现实，其中 FDA 破纪录的申请认定和在提高罕见病关注度上的努力就是其中之一。自 2012 年以来，已有近 50 种突破性药物上市，这或许可以说是政策的成功，罕见病的成功，精明发展战略的成功（图 4-1）。

但是，这些成果也与生物制药公司在生物研究和大科学方面大规模投资密切相关。研发投资，尤其是来自生物科技行业数百家市场先导性公司的投资，近几年大量涌入。早期风险资本的大规模涌入使得新生企业也有机会解决生物界难题：老化问题、神经衰退和癌症疫苗等生物界的核心问题。

2014 年和 2015 年，生物技术企业在收入、净利润和资本市值方面大获成功。该行业最大的参与者在与传统药品买家并购和联合交易的竞争中也展现出超乎以往的优势。由于优良的融资环境，即使在资本市场不景气的当下，该行业仍能保持资金充裕，持续创新。

当然，成熟也带来了一些挑战：成熟期的生物技术企业也面临着与传统制药公司相同的资金分配问题和增长难题。拥有先进技术的小型公司和善于从卫生数据中发现机会的技术性公司也会在不同程度上给成熟期公司带来风险。

2015 年全球生物技术行业收入增长了 13%，达到 1327 亿美元，2014

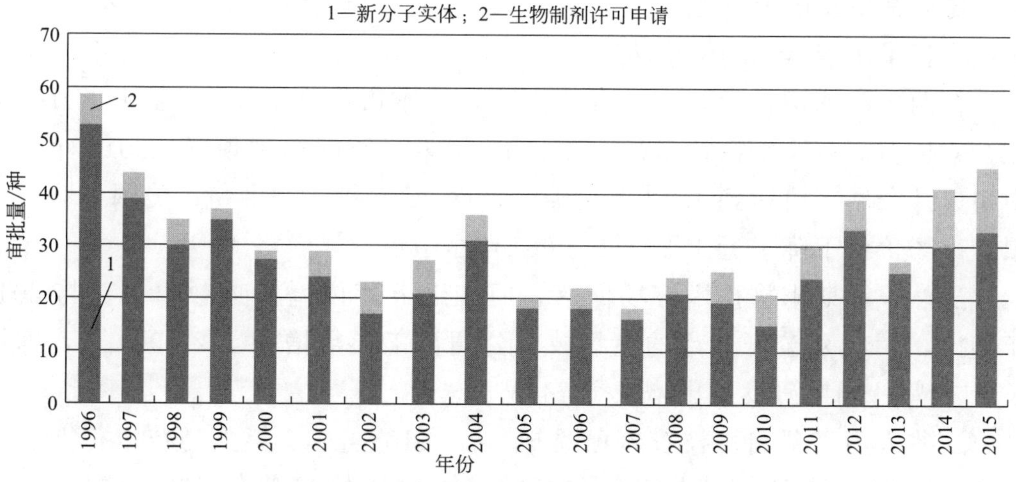

图 4-1 1996～2015 年美国食品药品管理局产品审批一览

数据来源：安永报告，西南证券整理

年增幅为 18%。同时，研发支出增长了 16%，达到 401 亿美元，略低于 2014 年 17%的增幅。值得注意的是，研发支出增速比收入快，这表明了行业持续发展的意愿（图 4-2）。

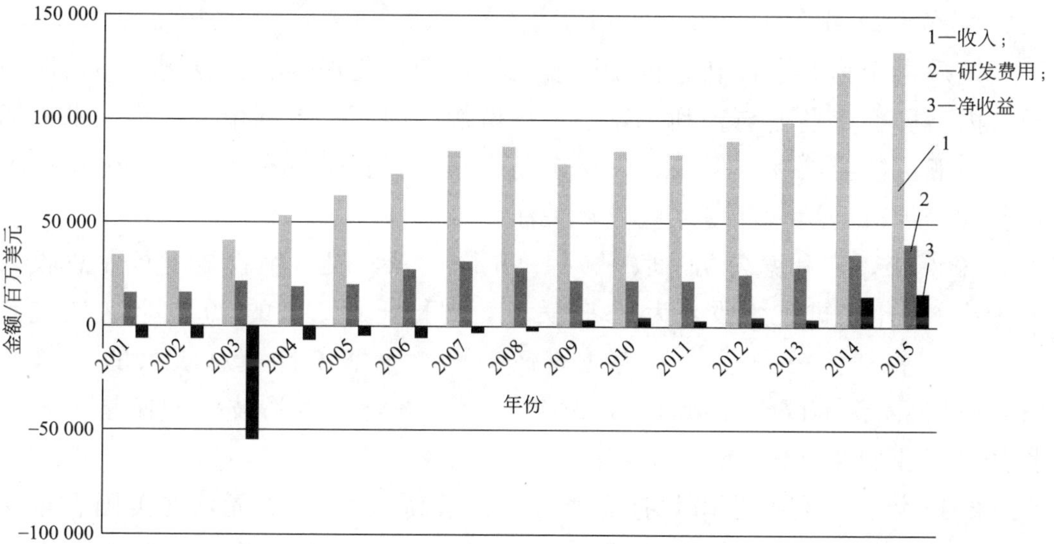

图 4-2 欧美生物产业营业收入数据

数据来源：安永报告，西南证券整理

由于吉利德丙型肝炎特许经营的成功，2014 年生物技术行业净利润暴涨 214%；而 2015 年净利润上涨 18%至 1660 万美元。在 2015 年新上市公司累计亏损 20 亿美元的情况下，拥有如此高增长率着实让人敬佩。2015

年，比以往更多的公开上市生物技术公司出现（670家，增长10%），员工人数增长了19%至204 000人。

在两年高速增长后，2015年行业累计资本市值仅增加5%至1.1万亿美元。就估值而言，生物技术行业在2015年第三季度达到顶峰。2015年7月中旬累计资本市值达到1.03万亿美元，而2016年5月中旬，美国生物技术累计市场价值下降了近1/3，仅为6870亿美元。

虽然，近期生物技术市场回落，但在近五年内增长成效卓越。与2010年相比，2015年公开上市的生物技术公司员工人数增长了25 000人，即增长了14%；同期研发支出增长了74%。

这些人力资源和科技投资已见成效。2010～2015年生物技术行业收入增长了60%，累计市值增长了167%（同时段标准普尔500指数增长了78.5%）。大量生物技术公司上市是增长的原因之一；自2010年以来，292家生物技术企业在IPO中共获得了186亿美元的融资。

可见，2015年全球生物科技产业整体呈现稳步增长态势，技术突破和资本市场的繁荣是该行业快速增长的基础，而监管部门的改革也推动了行业的发展。

2. 传奇公司有喜有忧

抗病毒药物专家吉利德科技继续书写传奇。艾伯维、默克制药和其他公司在丙型肝炎市场上与吉利德竞争市场份额。因而，吉利德在生物技术市场上的份额可能会减少。但是，公司市场份额的多少是没有意义的，生物技术创新和美国市场运营环境才应重点关注。

2000年，吉利德公司总收入为1.96亿美元，仅占生物技术行业总收入的1%（当年安进集团收入为36亿美元，占行业总收入的19.5%）。快进到2015年：吉利德公司总收入为326亿美元，占据该行业总收入的24.6%（而安进集团份额降至16%）。在此期间内，该公司生物技术增速是全球生物技术行业的25倍（图4 3）。

2015年，吉利德公司共有7种药品销量高于10亿美元，在美国和全球领跑。总体而言，吉利德公司收入占美国生物技术行业总收入的30%，其收入增长也占总增长的44%。其他大型企业安进、新基和再生元制药与吉利德总共占美国生物制药行业收入的3/4，也占全球该行业收入的1/2。

净利润仍保持高度集中。吉利德公司净利润为181亿美元，比所有其他美国盈利公司的累计净利润还要高，其他49家公司净利润共163亿美元。这50家公司仅是生物技术行业总公司的11%。从吉利德公司的历史上来

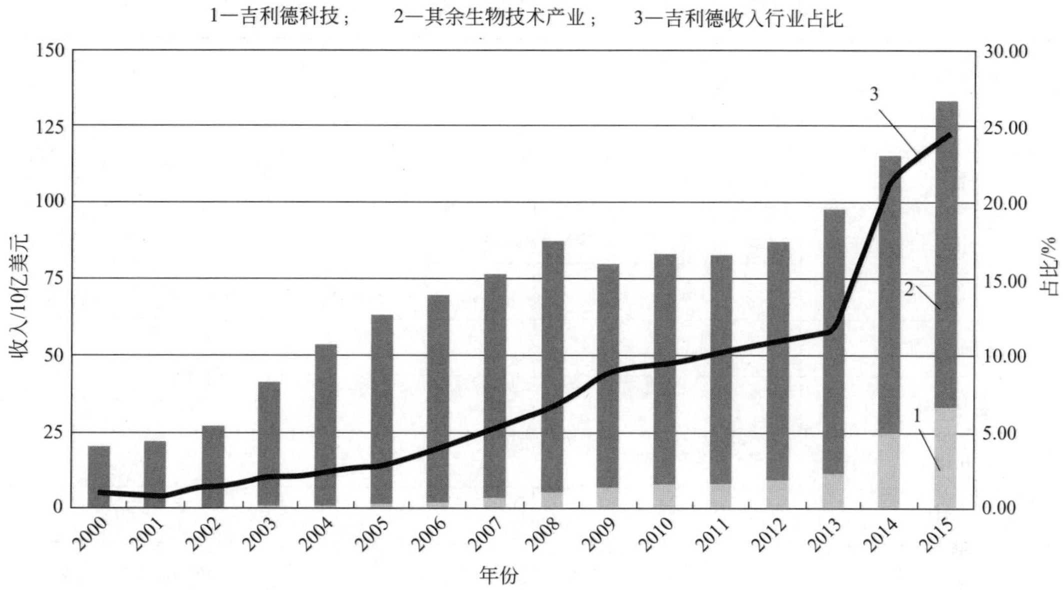

图 4-3　吉利德公司行业地位

数据来源：安永报告，西南证券整理

看，或从生物技术行业资本密集型的性质和发展不景气的现状来看，剩余89%中累计损失比累计收入多188亿美元。其中16亿美元净利润来自新上市的生物技术公司。

这就是说，2015年59%的公司提高了盈亏底线，比2014年的43%要高。尽管2015年三大制药企业收购事件（默克/Cubist，Valeant/Salix，艾伯维/Pharmacyclics）导致收入转向账面，但这些积极成果还是产生了。这进一步使得财富在生物技术排行榜顶端集中（表4-2）。

烦恼的当属再生元公司（Regeneron Pharmaceuticals），2010～2015年，再生元公司年复合增长率达到82%，反映出其从研发阶段生物技术公司向拥有27亿美元投资组合的商业公司的成功转型。虽然，阿柏西普（一种治疗黄斑变性的药品）的增速放缓（2015年年收入增长超过50%），公司仍预计其主打产品2016年的收入能增长20%。尽管预测如此，随着2016年股市大盘暴跌，再生元公司市值也减少了200亿美元。

市场悲观情绪一部分可归咎于Praluent的启动缓慢。这种降低胆固醇水平的药品批准于2015年7月，由再生元公司和赛诺菲公司共同销售，受到广大公众的热切期待。然而，该药2015年第四季度销售额只有700万美元，2016年第一季度也只有1300万美元。很明显，目前为止付款方一直未放开可注射PCSK9抗体的使用。

表 4-2　2014～2015 年美国生物技术行业概览　单位：10 亿美元

上市公司数据	2015 年	2014 年	变化率/%
收入	107.7	93.0	16
研发支出	33.9	28.8	18
净利润	15.6	10.8	45
资本市值	889.3	854.6	4
员工人数/人	131 690	109 450	20
融资			
上市公司投资	51.5	37.8	36
IPO	45	63	−29
非上市公司投资	9.6	7.3	32
公司数			
上市公司总数/家	436	409	7
非上市公司总数/家	2336	2354	−1
公司总数/家	2772	2763	0

数据来源：西南证券。

欧洲数据没有美国乐观，2015 年欧洲生物技术行业总收入为 250 亿美元，是同年美国总收入的 1/3；其增长率为 4%，也是同年美国增速的 1/3。随着其初级护理和罕见病治疗的发展，2015 年位于都柏林的水平线制药总收入同比增长 4.6 亿美元（155%）。夏尔公司是欧洲生物技术行业唯一的巨头，2015 年总收入增长了 7%，达到 64 亿美元。2016 年收购 Baxalta 后，夏尔公司收入进一步增长。Baxalta 于 2015 年 7 月被百特公司剥离出来，2015 年账面收入超过 62 亿美元。

2015 年欧洲生物技术公司研发支出同比增长 11%，比 2014 年增幅减少了 3%。同时，由于夏尔公司 2014 年度异常高的净利润，2015 年度净利润下降了超过 20 亿美元，欧洲公司累计净利润急剧下降了 72%。2014 年，美国财政部更改了“反转交易”的政策，因此叫停了夏尔收购艾伯维的交易，从而夏尔获得了 16.35 亿美元的高额分手费。

2015 年水平线公司净利润增长了 3.03 亿美元，是行业净利润增幅最大的企业。另一家都柏林公司爵士制药（2011 年被 Azur 制药收购）排名第二，收入增长了 2.71 亿美元（表 4-3）。

表 4-3　2014～2015 年欧洲生物技术行业概览　单位：10 亿美元

上市公司数据	2015 年	2014 年	变化率/%
收入	25	24.0	4
研发支出	6.2	5.6	11
净利润	1	3.2	－72
资本市值	182.2	162.5	12
员工人数/人	72 160	61 320	18
融资			
上市公司投资	7.4	7.2	4
IPO	33	34	－3
非上市公司投资	2.5	2.1	21
公司数			
上市公司总数/家	234	202	16
非上市公司总数/家	2025	2066	－2
公司总数/家	2259	2268	0

数据来源：安永报告，西南证券整理。

由于欧洲优秀的生物技术公司多集中于爱尔兰，因此爱尔兰效应在世界生物技术产业上就非常凸显。

吉利德和再生元公司的股价周线见图 4-4 和图 4-5。

图 4-4　美国吉利德公司股价周线

数据来源：wind、西南证券

作为一个进入了高速增长的新兴行业，技术创新已经成为这个行业发展的特点，而收购兼并似乎一直是技术快速产业化的一条捷径。新兴公司依靠

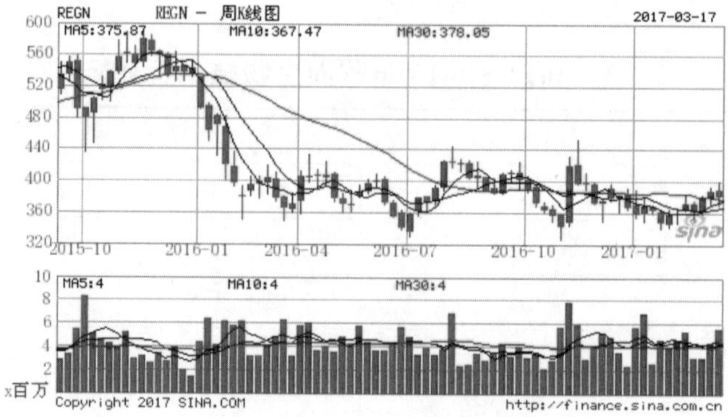

图 4-5　再生元公司股价周线

数据来源：wind、西南证券

技术突破和收购兼并迅速成长，但传统霸主依然具有强大的竞争力，从最新的数据看，传统霸主安进公司已经重新回到行业的市值第一。生物技术行业市值十强概览见表 4-4。

表 4-4　生物技术行业市值十强概览（截止日期 2016 年 12 月 30 日）

名称	代码	每股收益	市盈率	收盘价	股本/亿股	市值/亿美元	上市地
安进公司	AMGN	10.24	14.28	146	7.36	1076.11	纳斯达克
新基公司	CELG	2.49	46.49	116	7.78	900.54	纳斯达克
吉利德	GILD	9.94	7.20	72	13.1	938.09	纳斯达克
百健艾迪	BIIB	16.93	17.42	295	2.16	637.20	纳斯达克
再生元制药公司	REGN	7.7	47.67	367	1.02	374.43	纳斯达克
Illumina	ILMN	3.07	41.71	128	1.46	186.94	纳斯达克
福泰制药	VRTX	−0.46	—	74	2.48	182.70	纳斯达克
美国联合医疗公司	UTHR	15.25	9.41	143	0.4496	64.49	纳斯达克
Bio Rad 实验室	BIO	0.95	191.87	182	0.2446	44.59	纽约交易所
查尔斯河	CRL	3.23	23.59	76	0.4737	36.09	纽约交易所

数据来源：新浪财经，西南证券整理。

3. 市场融资——未雨绸缪

生物技术行业融资总额已连续第二年达到新高。2015 年生物技术公司共筹资约 710 亿美元，显著高于 2014 年的 560 亿美元。能获得如此多融资主要是以下三个渠道的功劳：后续融资、债务融资和风险资本。IPO 在 2015 年也表现不错，共筹资超过 52 亿美元，在总筹资榜上排名第三。无论大小、上市与否，过去两年中生物技术公司学会了利用自由流动的资本。在此期间，它们使用现金进行未来研发和业务发展，获得不少收益。

生物技术行业是介于繁荣和衰退之间的行业。尽管目前其获得了大量融资，但是大量信号表明公有资本逐渐紧缺，行业冬季正不可避免地来临。生物技术指数并未延续 2014 年的巨大增长势头，公开发行上市的公司数目减少。在此环境下，我们要问的不是冬天是否到来，而是冬天会持续多久。

2016 年，美国纳斯达克生物技术指数（NBI）从 3540.44 开始，收盘于 2772.73，同比下降了 21.68%，而同期纳斯达克指数上涨了 9.2%。可见生物技术领域在 2016 年是跑输了市场（图 4-6）。

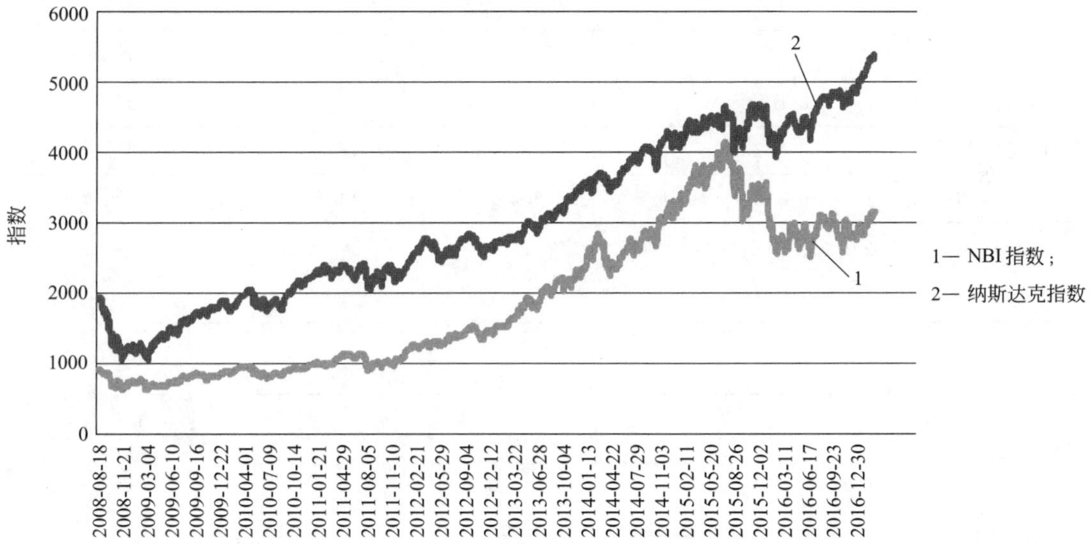

图 4-6 美国纳斯达克生物指数（NBI）表现

数据来源：西南证券

美国商业领导者数据见表 4-5。

随着 2015 年第四季度市场的下行，除风险资本外，几乎每种融资渠道的融资额都大幅减少，与全年趋势吻合。第四季度 IPO 融资明显收缩：第三季度生物技术行业通过 11 笔交易共融资 14 亿美元，但是第四季度新上市公司通过 8 笔交易仅获得 4.97 亿美元融资。最不幸的是，2015 年 12 月和 2016 年 1 月，在美国和全球其他国家，没有一家生物技术公司成功上市。

后续融资额下降更为明显：第三季度生物技术通过 48 笔交易筹得 44 亿美元，但是第四季度仅在 27 笔交易中筹得 12 亿美元。债务融资基本没有进账，但其第三季度筹资总额偏高，为异常结果，其中中坚分子吉利德科技、生物基因和新基公司通过此渠道融资共 240 亿美元。因此也助力生物技术领域融资总额再次创下历史新高（图 4-7）。

表 4-5　美国商业领导者数据　　单位：百万美元

公司	市值(截至 2015 年 12 月 31 日)	市值(截至 2016 年 5 月 31 日)	金额变化	CAGR（2011～2015 年）
吉利德	145 833	29 422	116 411	38%
安进	122 450	51 870	70 580	19%
新基	94 090	27 843	66 247	28%
再生元	57 268	2906	54 362	82%
生物基因	68 286	15 978	52 308	34%
亚力兄制药	42 981	7289	35 692	43%
顶点制药	30 919	7118	23 801	34%
伊鲁米那	28 101	7920	20 181	29%
因赛特制药	20 172	2093	18 079	58%
拜马林	16 893	2760	14 133	44%

数据来源：安永国际，西南证券整理。

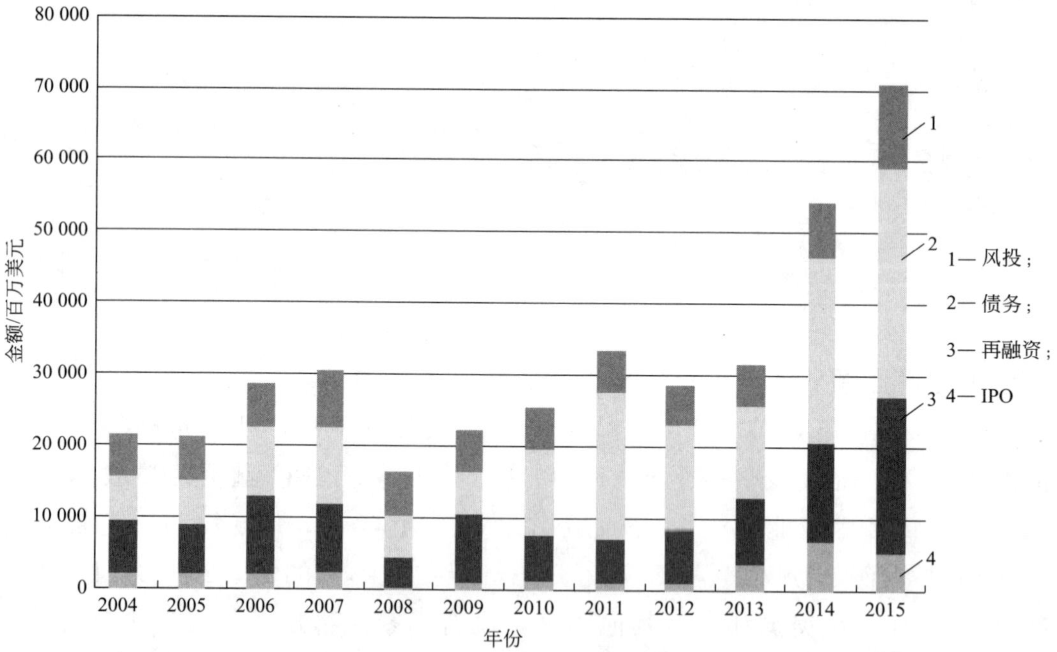

图 4-7　北美和欧洲市场的募集情况

数据来源：安永国际，西南证券整理

IPO 市场创纪录地连续 11 个季度保持活跃，2015 年第四季度是生物技术行业 IPO 长期增长的最后一季。但是，整体而言，2015 年 IPO 仍保持较活跃态势。2015 年共 78 家生物技术公司上市，少于 2014 年的 95 家。2015 年新上市公司数仍高于过去 15 年平均水平（34 家），仅略低于 2000 年和 2014 年，排名第三。

通过 IPO，2015 年生物技术行业共获得 52 亿美元（比 2014 年的 67 亿美元下降了 22%），相当于历年第三高 IPO 融资额。平均 IPO 融资额与 2014 年平均值类似（前者为 6.7 亿美元，后者为 7.1 亿美元），其中重点投资公司为美国肿瘤药物公司 NanKwest 和欧洲生物技术公司 Adaptimmune。NanKwest 获得 2.38 亿美元 IPO 融资后，市场估值达到了创纪录的 26 亿美元。对一家在第一阶段拥有领先产品的公司而言，如此高的公司价值着实令人震惊。Adaptimmune 的 1.91 亿美元融资展现出投资对肿瘤免疫技术高涨的热情。2015 年美国共有 45 起 IPO 融资，其中 34 起融资额超过 5000 万美元，13 起超过 1 亿美元（图 4-8）。

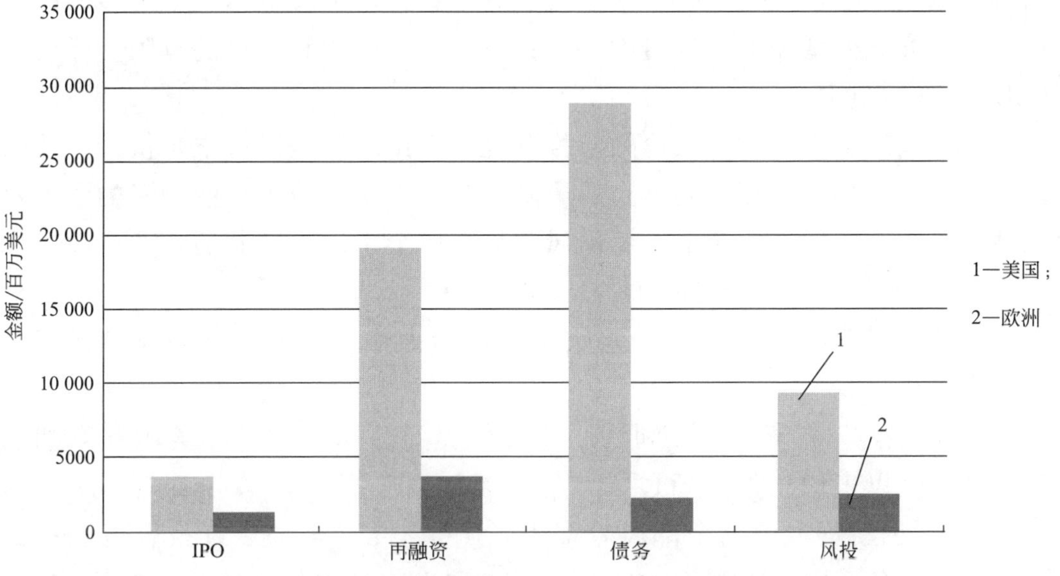

图 4-8　北美和欧洲市场 2015 年募资情况

数据来源：安永国际，西南证券整理

后续公开发行也引人注目。不仅因为该渠道共融资近 220 亿美元，而是因为与债务融资不同，融资额并非集中在少部分资金充足的龙头企业手中。2015 年，超过 66 家（58 家在美国，8 家在英国）生物技术公司通过后续融资（共有 72 笔交易）获得 1 亿美元以上的资金，而 2014 年为 49 家（共有 55 笔交易）。有 26 笔交易融资额超过 2 亿美元（其中 Intercept Pharmaceuticals 参与两笔，共计 5.7 亿美元），其中最值得关注的是 2015 年 1 月的两笔融资：拜马林制药提供的 9.12 亿美元融资，这家最大的生物技术公司将在 9 年内提供后续融资；阿尔尼拉姆公司的 5.17 亿美元融资。其他值得关注的交易有蓝鸟生物的 5 亿美元融资（2015 年 6 月）和欧洲最大的生物制药公司向水平线制药提供的 4.99 亿美元融资。

风险投资继续快速增长。2015 年，风险投资达到 118 亿美元，打破 2014 年创下的 82 亿美元纪录，是前 15 年风投平均融资额 56 亿美元的两倍还多。此外，大部分风投活动集中在美国，其中 79%的风投资本位于美国。在欧洲和美洲，生物技术公司在早期融资阶段（种子期和 A 轮融资）融资额达到 35 亿美元。尽管公开市场稍有回落，但是我们有理由相信在风险资本的支持下，生物技术行业将得以持续发展。

对公司建立者而言，卓越的科技进步是公司创造过程的支撑。例如，基因编辑工具 CRISPR 和肿瘤免疫新见解等等，科技复兴也在 2008～2012 年的持续低迷中生根。这种暂时平静在现有生物技术风险资本（VC）基础上，产生了新商业模型和融资创造力，包括以资产为中心和节税的有限责任公司（LLC）伞形结构。

在传统风险投资中，无论战略投资是直接出现还是以有限合伙人形式出现，暂时平静都扩大和巩固了企业风险资本作为生物技术行业融资的一项永久性融资的重要性。事实上，美国风险投资协会引用生物制药企业风险资本来支持 2015 年 133 起交易的 12 亿美元融资。

与此同时，由于 IPO 与兼并收购气候的火热，所有类型的风险投资者都享受到成功。

2015 年，创新资本——利润小于 5 亿美元公司的融资在美国和欧洲总和达到有史以来最高值，超过 410 亿美元（高于之前 2015 年的平均值 174 亿美元）。创新资本包括全部风险资本，IPO，几乎全部后续投资以及少部分小规模债务融资。吉利德、新基、安进和生物基因的大规模债务融资中，包括美国和欧洲生物技术企业在 235 笔种子期和 A 轮融资中共获得 35 亿美元，在融资额和交易量方面均取得突破。波士顿制药公司获得了有史以来规模最大的种子期投资，于 2015 年 11 月从 Gurnet Point Capital 融得 6 亿美元。Gurnet 由雪兰诺公司亿万富翁贝塔雷利创立，是一家市值为 20 亿美元的生命科学和卫生保健投资公司，目前由赛诺菲公司前 CEO 菲巴赫先生执掌。

Gurnet 不是一家普通的风投公司，波士顿制药也不是一家普通的生物技术公司。后者正在寻求一种新的探索和开发模型，使其更适用于专业化制药公司的早期临床资产产生和向第三阶段推进。早期融资爆发意味着，风险投资中早期生物技术企业占有很高比重，2015 年首次超过 30%（2014 年为 25%，前 15 年平均为 24%）。其比重高的原因很大程度上与第一轮融资的大规模相关：如 Denali Therapeutics（2015 年 5 月融资 2.17 亿美元），波士顿制药（2015 年 11 月融资 6 亿美元），癌症疫苗研制启动阶段的 Gritstone Oncology（2015 年 10 月融资 1.02 亿美元）。

单从欧洲来看，早期风险投资占总风投的 41%，而造成它的主要原因是肿瘤核心的 3.13 亿美元 A 轮融资，以及 2015 年 7 月发布的诺华公司授权的三个临床分阶段开发项目和同时公布的来自 Mereo 生物制药公司的 1.19 亿美元融资。

良好的资本市场融资环境，给了生物技术上市公司储备过冬粮草的良好条件，有过两轮波动的纳斯达克生物技术企业也学会了怎么生存。从生存指数看，2015 年虽然持有一年以上现金的公司总量占比没有明显增加，但持有 3～5 年现金的公司占比不管是美国还是欧洲，均显著增加（表 4-6）。

表 4-6　2014～2015 年安永生存指数

现金持有年数	美国		欧洲	
	2015 年	2014 年	2015 年	2014 年
＞5	26%	28%	31%	34%
3～5	13%	12%	16%	10%
2～3	16%	16%	11%	16%
1～2	23%	22%	19%	17%
＜1	22%	21%	23%	22%

数据来源：安永国际，西南证券整理。

4. 并购与联盟——再起高潮

行业乐观情绪在带来了 2013～2015 年生物技术行业融资复兴的同时，也带来了收购活动和合作的增加。2015 年，关键治疗领域的科学进步和更积极的监管环境，为购买者和投资者注入了极大信心。

面对有机增长的挑战，制药公司收购方仍将兼并与收购看作填补资金流和利润空缺的手段，而这种手段具有快速和低风险的特点。同时，公共投资者继续通过 IPO 和后续融资向生物技术公司提供重大资本。这种长期延续的资本渠道和资产竞争展现出生物技术管理团队对多种可选策略的偏好，甚至当公司价值超过药物购买者舒适水平时，这种偏好也未减少。

此外，2014 年交易发展优异的势头延续到了 15 年，生物技术行业在许多领域设立了新标准：兼并与收购交易潜在价值（1002 亿美元）、兼并与收购交易次数（共 89 笔具有披露条款的交易）、联盟潜在价值（554 亿美元）。

2015 年美国生物技术公司参与了大部分交易活动，其并购额占总并购额的近 90%（900 亿美元）和交易次数约占总交易次数的 1/3（64 笔）。在联盟潜在价值方面，美国生物技术公司占据 78%。

在战略联盟方面，大型生物制药企业展现其实力。2015 年 173 家联盟潜在交易额为 554 亿美元，超过 2014 年总额。平均潜在交易价值也有所增加，从 2014 年的 3.09 亿美元增长到 2015 年的 3.20 亿美元。这些增长离不开生物技术行业内部联盟的发展。

从 2014～2015 年，生物技术行业内部联盟的潜在价值翻了一番，创造 209 亿美元的新高。新纪录可有以下两种含义：第一，行业内最大的生物技术公司与大型制药公司的竞争，在资本和文化契合度方面愈发频繁，其目的均是成为小型生物技术公司的首选合作伙伴；第二，在许多情况下，大型生物技术公司也同样承担着增长挑战，而这些挑战给予了大型制药公司成为交易撮合者的机会。联盟总价值很大程度上是由盈利能力和专利费决定，2015 年生物技术卖方共支出了 60 亿美元的预付款项，达到历史新高。预付现金占总交易价值的比例达到 11%，连续四年小幅上升。

许多联盟活动集中于基因编辑、基因治疗或肿瘤免疫领域的技术与产品。2015 年最有利可图的是 10 月顶点制药与瑞士生物制药企业 CRISPR Therapeutics 达成的联盟。这笔交易价值 26 亿美元，包括 3000 万股权投资和 7000 万预付现金。该联盟旨在运用 CRISPR Therapeutics 基因编辑平台纠正囊性纤维化跨膜传导调节蛋白（CFTR）基因的突变。2015 年 12 月，CRISPR Therapeutics 投资者与包括葛兰素史克和新基公司签署了另一战略部署协议，与拜耳公司下的拜耳生命科学中心部门成立合资企业。作为合资企业的一员，拜耳将投资 3.35 亿美元，以推动血液病、失明和心血管疾病治疗的发展。

与此同时，Juno 治疗获得了 2015 年最高的联盟预付款。新基公司预付了 10 亿美元，其中 8.5 亿美元用于购买 Juno10%的股权，以巩固嵌合抗原受体-T 细胞（CAR-T）交易。正因为此，新基公司获得 Juno 公司该项目的 10 年合作权。新基公司仍是生物技术行业最活跃的战略投资者之一，也是最活跃的交易撮合者之一。2015 年，除 72 亿美元收购自身免疫生物技术公司 Receptos 外，新基公司共进行了十二笔交易，向四个肿瘤联盟支付预付款共计16亿美元（表4-7）。

表4-7　2015年高预付款联盟情况概览　　单位：百万美元

公司	国家	合作公司	国家	预付款
新基	美国	Juno	美国	1000
吉利德	美国	Galapagos	比利时	725
赛诺菲	法国	再生元	美国	640
新基	美国	阿斯利康	英国	450
赛诺菲	法国	Lexicon	美国	300
阿斯利康	英国	Innate Pharma	法国	250
诺华	瑞士	Aduro Biotech	美国	225
杨森制药	比利时	Achillion	美国	225
百时美施贵宝	美国	Promedior	美国	150
生物基因	美国	Applied Genetic Technologies	美国	124
默克雪兰诺	瑞士	Intrexon	美国	115
顶点制药	美国	CRISPR Therapeutics	瑞士	105
默克公司	美国	ModeRNA	美国	100
三菱田边制药	日本	Akebia	美国	100
Intrexon	美国	德克萨斯大学安德森癌症中心	美国	100

数据来源：安永国际，西南证券整理。

收购兼并实现新突破。尽管在过去几年中大型生物制药公司在提高研发生产力方面取得长足进步，也在监管领域获得成功，但是多数公司仍需通过兼并与收购达到其增长目标。2015年生物制药公司发展趋势如下：定向剥离，集中收购，争夺可推动公司市值的生物技术资产和公共市场投资者兴趣。2015年兼并与收购活动在美国和欧洲达到新高，总潜在价值和交易量均创造了生物技术行业新纪录。累计交易价值同比增长120%，超过1000亿美元，几乎超过前三年交易价值之和。

2015年并购交易共89笔，远高于2014年的69笔，是近10年的新高。7笔交易的交易价值大于或等于50亿美元，在全部交易中占据十分重要的位置。总的来说，2015年该行业共有20笔交易价值超过10亿美元，而2013年和2014年分别只有10笔。

艾伯维以210亿美元收购依鲁替尼（Imbruvica）开发公司Pharmacyclics是2015年行业内最大的收购交易，说明了交易环境竞争激烈。由于收购，艾伯维在血液/肿瘤市场上快速获得重要地位。2015 年被谈论最多的“买方”是吉利德，一家在收购上敏锐、有强劲的资产负债表以支撑产品线的老牌公司。2015 年 9 月，该公司以债务融资筹得 100 亿美元。此举增大了分析师对于其寻求并购的预期。截至 2016 年，吉利德尚未宣布任何重大交易。然而，由于多种原因，包括药品定价、全球市场不确定性和部门轮换，该公司估值意外下降（表 4-8）。

表 4-8　2015 年生物制药行业最抢眼并购概览　单位：百万美元

公司	国家	兼并或收购的企业	国家	总潜在价值	CVRs
艾伯维	美国	Pharmacyclics	美国	21 000	—
瓦利安特制药	加拿大	塞利克斯制药	美国	10 960	—
亚力兄制药	美国	Synageva BioPharma	美国	8400	—
新基	美国	Receptos	美国	7200	—
阿斯利康	英国	Acerta Pharma	荷兰	7000	4500
夏尔	英国	Dyax	美国	6546	646
夏尔	英国	NPS	美国	5200	—
大冢制药	日本	Avanir	美国	3560	—
梯瓦制药	以色列	Auspex	美国	3500	—
阿斯利康	英国	ZS	美国	2700	—
马林克罗制药	美国	Ikaria	美国	2300	—
爱力根	美国	Kythera	美国	2100	—
百时美施贵宝	美国	Cardioxyl	美国	2075	1775
安进	美国	Dezima	荷兰	1550	1300

数据来源：安永国际，西南证券整理。

作为一个技术型新兴产业，自 2008 年危机后，能够经历如此长周期的资本市场繁荣，充分补充发展资本，通过收购兼并和战略联盟调整发展战略和产品线，也算是全球生物技术产业发展的战略机遇。一个经历萌芽、成长、茁壮的新兴产业已经开始逐步走向成熟。

二、国内篇

1. 行业进入市场驱动期

经历 2007～2010 年的政策蜜月期后，生物医药产业一直承受发展的压力，增长速度持续走低，不过2016年似乎出现了转机。医药制造业收入和盈利均告别了下降趋势，2016年国内医药制造业实现收入28 062.9亿元，同比增长9.7%，增长速度比2015年加快0.6个百分点。实现利润总额3002.9亿元，同比增长13.9%，增长速度比2015年快1个百分点。见图4-9。显然，利润增长幅度大于收入增长幅度，而这种差异来自于财务费用的快速下降。

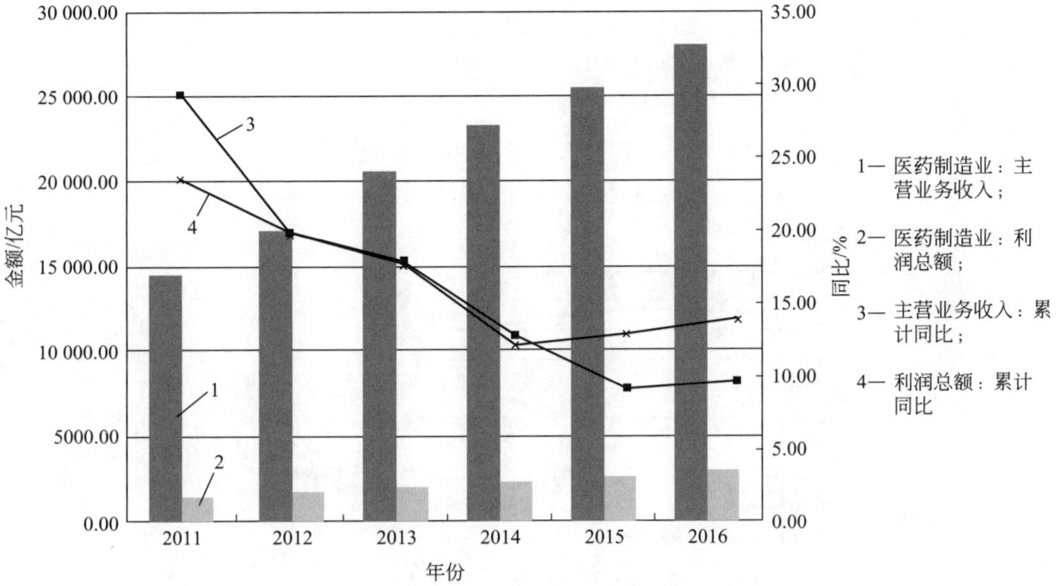

图4-9 国内医药制造业主要经营指标

数据来源：西南证券

行业营业收入增长的同时，各项费用的增减也出现变化，主营成本增长8.8%，低于收入的增长，营业费用增长12.3%，明显快于收入的增长速度，财务费用下降2.5%，成为自2010年以来的首次下降。国内相对宽松的货币环境和2016年二季度以后IPO的恢复，使行业的资产负债率持续下降，极大降低了企业的财务成本。截至2016年年底，国内制药行业合计资产28 548亿元，和主营收入相当，负债合计11 467.4亿元，资产负债率为40.17%。在国内传统行业受困于高负债、低利率的背景下，医药产业的状况似乎好很多，自2013年开始持续走低的债务曲线应该是许多行业所羡慕的。

这些数据背后除了持续的政策支持，如医改的继续推进、大病统筹的继续完善、二孩政策的落实外，国内大健康产业的刚性需求，推动了行业的健康快速发展（图4-10和图4-11）。

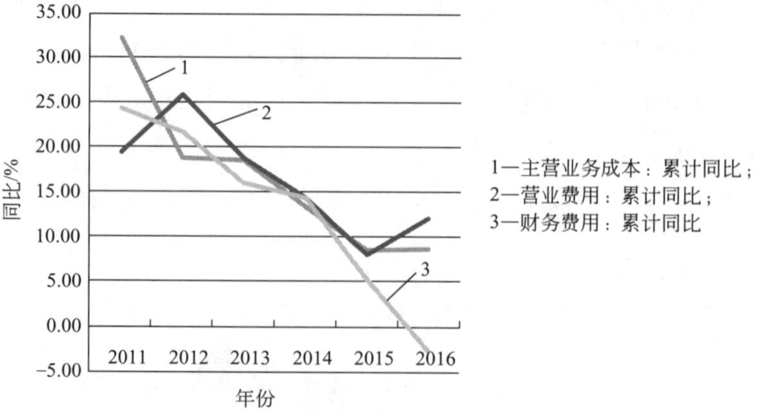

图 4-10　我国医药产业费用增长分析

数据来源：wind，西南证券

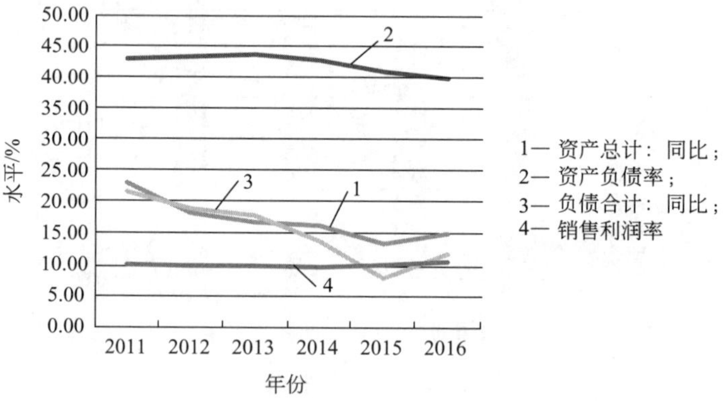

图 4-11　我国医药制造业资产及盈利水平分析

数据来源：wind，西南证券

2016 年我国医疗卫生与计划生育的财政支出总额达到 1.3 万亿元，同比增长 10.4%，占比财政支出总额的 7%。自 2008 年以来，我国持续加大对公共卫生领域的投入，建立了覆盖全社会的医疗保障体系，医疗卫生与计划生育支出占财政支出的比例持续上升，从 2008 年的 4%上升到 2016 年的 7%。但正如全球所有国家和地区的医疗保障体系一样，保障体系支出的刚性增长和财政收入的增长波动，也使得医疗卫生的支出呈现波动态势，而且总体呈现下行趋势（图 4-12）。

我国医疗卫生改革的推进和健康市场的激活，也拉动了美国对我国医药品的出口，特别是生物与生命科技产品的出口，在高技术出口产品总额中的比例从十年前的约 6%上升到目前的 13%，占比攀升超过 100%，这其中既包含药品也包含检测试剂和生命科学研究的相关产品（图 4-13）。从另一个

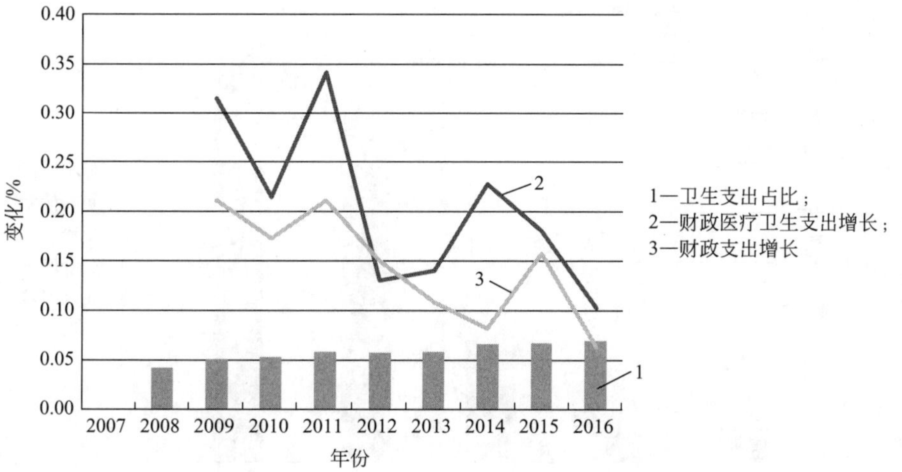

图 4-12　我国财政支出中的医疗卫生支出增长及占比分析

数据来源：wind，西南证券

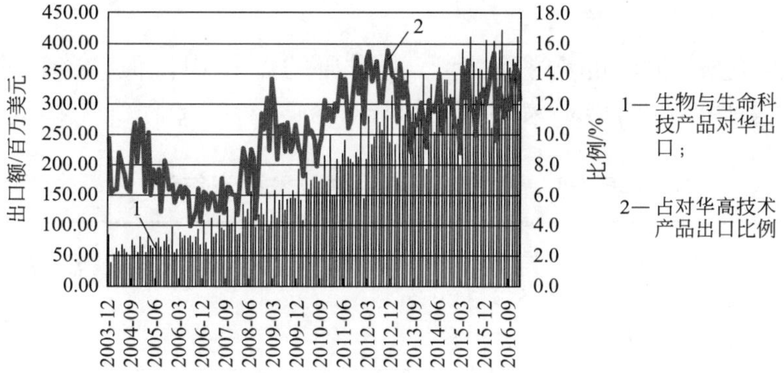

图 4-13　美国出口中国生物与生命科技产品月度数据

数据来源：wind，西南证券

角度看，这种上升趋势，也说明我国生物与生命科学活动的快速增长。

2. 融资再创历史高峰

国内生物技术产业活动的快速增长，也带动了行业融资的迅速攀升。2016 年，国内制药、生物科技和生命科学全年完成资本市场公开融资总额 1677.05 亿元，同比增长 34.5%，尽管增速低于 2015 年的 119.6%，但基本保持了 2014 年的增长速度。贡献最大的是债券融资，达到创纪录的 900 亿元，同比增长 96%，IPO 首发融资和定增融资略低于 2015 年，分别比 2015 年少 6.1 亿元和 1.9 亿元。配股融资增加 1.8 亿元，可转债融资少了 4 亿元。资本市场医药与生物技术融资总体呈现稳定增长态势（图 4-14）。

VC 与私募股权融资规模相比，2015 年有明显的下滑，资本市场的波动

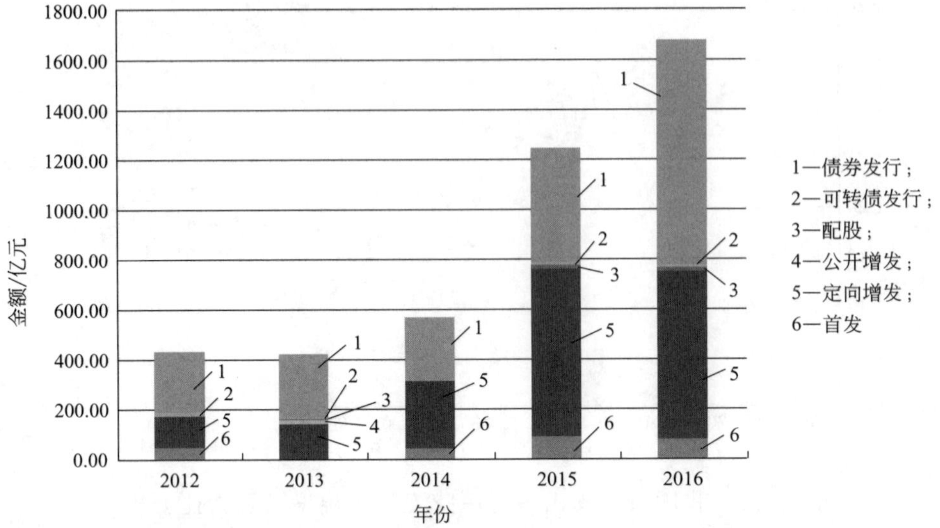

图 4-14 国内制药与生物产业资本市场融资分析

数据来源：西南证券

对制药和生物技术领域的融资没有产生明显的副作用，但“2015 年股灾”却给 VC 和私募股权市场带来不少负面影响，创投行业惊呼进入冬季（表 4-9）。

表 4-9 国内制药与生物技术融资统计 单位：亿元

时间	资本市场总额	首发	定向增发	公开增发	配股	可转债发行	债券发行	VC & PE 融资
2012 年	432.54	48.92	125.37			12.05	246.20	47.02
2013 年	421.19		139.77	14.75	7.76	2.57	256.35	20.82
2014 年	567.60	42.84	269.72				255.04	78.17
2015 年	1246.26	87.06	671.81		15.89	12.00	459.50	157.47
2016 年	1677.05	80.92	669.92		17.72	8.00	900.50	63.06

数据来源：wind 资讯，西南证券整理。

数据显示，2016 年 VC 与 PE 在制药与生物技术领域完成融资 63.06 亿元，同比减少 94.41 亿元，降幅为 60%。从创投融资的数据波动看，似乎和资本市场的波动更紧密。2013 年和 2016 年资本市场呈现下跌，相应的创投融资也呈现下降趋势，而上证指数涨幅为正的年度，生物与制药领域创投融资均呈现增长（图 4-15 和图 4-16）。

对中美欧生物技术领域创业投资在整个行业融资中的占比比较分析，我们发现差距主要体现在我们的创投占比太低。美国近十年的数据显示其在生

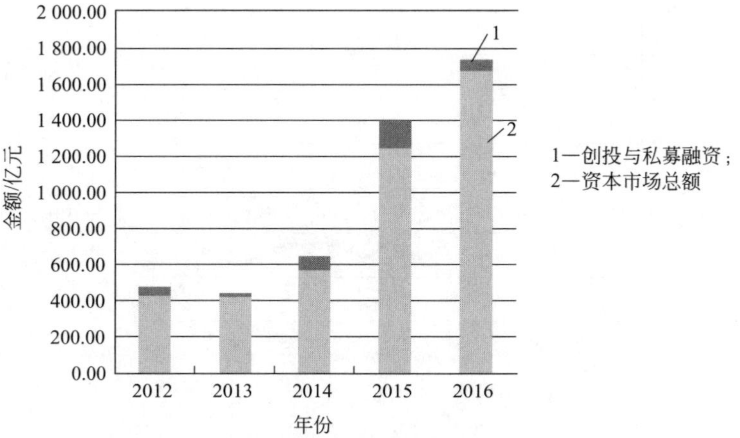

图 4-15　制药与生物技术资本市场和创业投资比较分析

数据来源：wind，西南证券

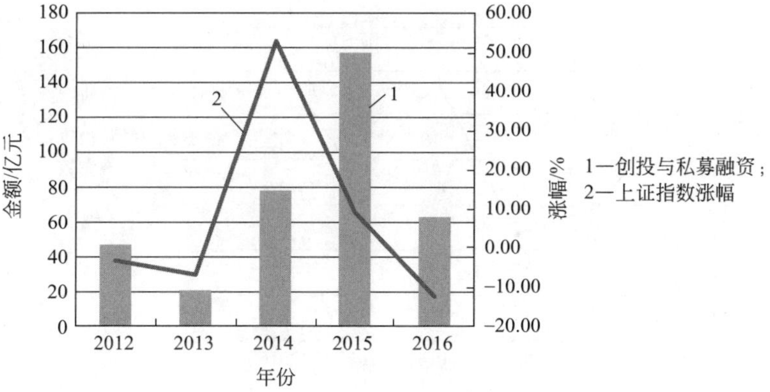

图 4-16　制药与生物技术融资与资本市场波动比较分析

数据来源：wind，西南证券

物技术领域，创业投资在总融资规模中的比例平均为 20.4%，欧洲的数据更是高达到 33%，而我国近九年的平均水平为 12.8%，远远低于欧美平均水平。

生物技术依然是一个刚刚脱离幼稚期的新兴产业，产业资本整体偏弱，依然需要大量的创业投资资本，近几年欧洲生物技术领域奋起直追，主要就是创业投资基金非常活跃，在某些方面甚至优于美国。中国生物技术产业要想有更好的表现，积极鼓励创新资本进入生物技术领域是一个最优选择（图 4-17）。

虽然创投市场总体偏冷，但生物技术表现还是比较抢眼。2016 年生物技术可统计投资金额 23.27 亿元，同比下降 36.4%，投资案例 31 个，创下

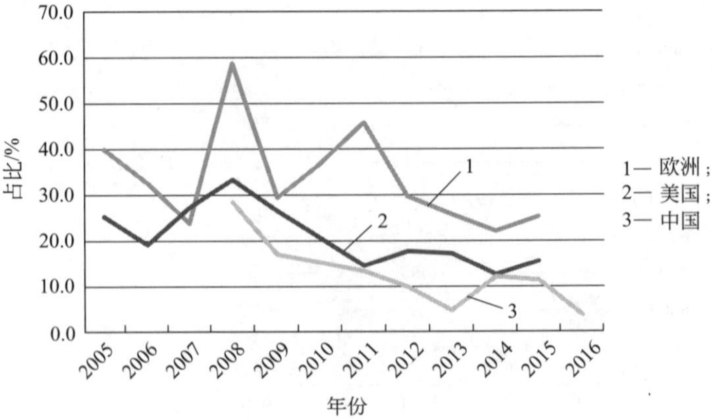

图 4-17　中美欧创投占比分析

数据来源：wind，西南证券

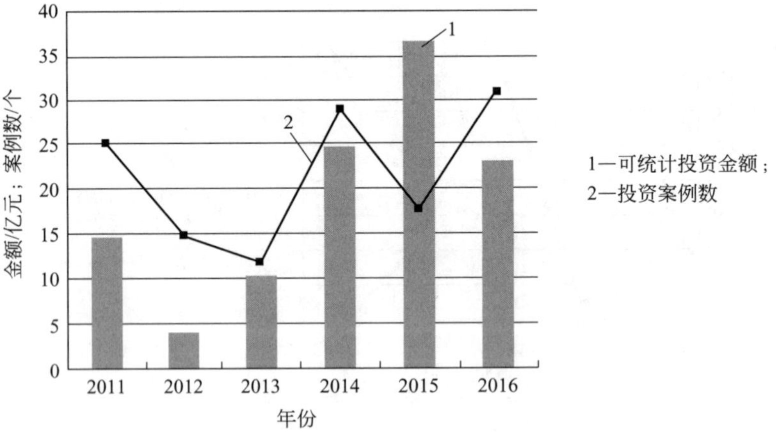

图 4-18　生物技术投资在大健康领域占比分析

数据来源：wind，西南证券

近六年新高（图 4-18）。投资金额占比和投资案例占比在整个大健康领域分别为 23.9%和 29%。国内生物技术创业投资主要案例（按投资金额排序）见表 4-10。

3. 生物技术上市公司分析

2016 年前三季度，国内沪深资本市场 31 家上市公司实现收入 230.5 亿元，同比增长 15.67%，实现净利润 54.5 亿元，同比增长 12.14%。市值最大的依然是上海莱士，以 1146.59 亿元高居榜首，其总市值相比 2015 年增加了 50 亿元，增长 4.6%，成为 30 家上市公司中仅有的 8 家市值增长的公司。但其收入和利润情况表现一般，收入同比增长 8.4%，净利润同比增长 5.8%。2016 年利润增长幅度最大是借壳上市的长生生物（5293.2%），但

表 4-10 国内生物技术创业投资主要案例（按投资金额排序）

披露日期	融资企业	PE/VC 投资机构	投资金额/万元	融资方式	融资轮次	地域
2016-10-28	美因基因	—	16 700.00	—	A	北京市
2016-02-03	泰格医药	—	10 000.00	—	PIPE	杭州市
2016-03-10	仁度生物	东方华盖创投基金	10 000.00	VC	B	上海市
2016-04-20	上海细胞工程	君联资本	9250.00	VC	B	上海市
2016-04-20	上海细胞工程	姚记扑克	9250.00	VC	B	上海市
2016-12-29	燃石生物	招银国际金融控股	7500.00	—	B	广州市
2016-12-29	燃石生物	联想之星	7500.00	—	B	广州市
2016-12-29	燃石生物	济峰资本	7500.00	—	B	广州市
2016-12-29	燃石生物	红杉中国	7500.00	—	B	广州市
2016-08-26	吉因加	松禾资本	6666.67	—	A	北京市
2016-08-26	吉因加	华大基因	6666.67	—	A	北京市
2016-08-26	吉因加	火山石投资	6666.67	—	A	北京市
2016-10-19	奕真生物	先声药业	6666.67	—	B	杭州市
2016-10-19	奕真生物	挚信资本	6666.67	—	B	杭州市
2016-10-19	奕真生物	礼来亚洲基金	6666.67	—	B	杭州市
2016-02-04	上海睿昂生物	—	5000.00	VC	A	上海市
2016-02-04	上海睿昂生物	辰德投资	5000.00	VC	A	上海市
2016-01-04	吉凯基因	弘晖投资	3334.00	VC	B	上海市
2016-01-04	吉凯基因	澳洋科技	3333.00	VC	B	上海市
2016-01-04	吉凯基因	华夏信诺创投	3333.00	VC	B	上海市

数据来源：wind 资讯，西南证券整理。

其数据没有可比价值，其他利润增长比较快的是未名医药（88%）和天坛生物（74.1%）。

下降幅度比较大的公司有沃森生物（收入和利润分别下降 44.1%和 102.5%）和智飞生物（收入和净利润分别下降 50.8%和 95.8%），两家都是疫苗类生物技术公司，主要受国内疫苗行业整顿影响。沃森生物因此亏损 2.7 亿元，智飞生物利润也下降到 676 万元，濒临亏损境地。利润下降比较大的还有四环生物和中源协和，分别下降 167.3%和 81.2%，但两公司依然保住了不亏损。当然，这仅是三季报，国内上市公司最看重的是年度报告，持续亏损会被特别处理，因此一般公司都会对年度报告进行调整，以避免落入亏损的境地。创业板公司尤其关键，连续两年以上亏损的上市公司会直接退市（表4-11）。

表4-11 国内生物技术上市公司20强（按市值排序）

证券代码	证券简称	总市值(截至2016年12月30日)/亿元	营业总收入(截至2016三季度)/万元	同比增长/%	净利润(截至2016三季度)/万元	同比增长/%
002252.SZ	上海莱士	1146.59	161 676.4	8.4	126 573.7	5.8
002007.SZ	华兰生物	332.50	140 628.1	26.6	60 616.24	31.4
300122.SZ	智飞生物	263.52	27 323.35	−50.8	676.13	−95.8
603658.SH	安图生物	233.48	69 227.82	35.4	25 483	29.0
600161.SH	天坛生物	203.09	135 060.8	8.1	21 522.42	74.1
600201.SH	生物股份	193.69	103 297.2	16.6	48 380.4	20.2
000661.SZ	长春高新	190.27	219 195.2	27.6	51 923.37	20.1
002030.SZ	达安基因	168.18	115 725.8	16.4	10 239.44	20.7
002680.SZ	长生生物	167.70	66 875.79	914.4	26 416.24	5293.2
300142.SZ	沃森生物	167.58	39 761.7	−44.1	−27 531.5	−102.5
300199.SZ	翰宇药业	165.12	61 477.76	34.4	23 011.27	32.1
002581.SZ	未名医药	160.12	87 529.53	73.7	25 846.92	88.0
300294.SZ	博雅生物	150.67	65 382.5	82.7	18 338.76	57.5
300463.SZ	迈克生物	136.99	104 696.9	40.0	25 574.07	32.0
300009.SZ	安科生物	116.75	57 217.55	25.2	13 987.92	32.8
300406.SZ	九强生物	109.93	48 298.1	19.7	18 842.96	12.8
600645.SH	中源协和	103.47	55 976.79	11.7	1728.82	−81.2
002022.SZ	科华生物	102.5	104 022.9	19.3	20 306.92	7.5
000518.SZ	四环生物	91.42	21 987.59	25.0	903.34	−167.3
600195.SH	中牧股份	91.33	274 750.8	−11.8	23 817.43	3.0

数据来源：wind资讯，西南证券整理。

2016年完成10个IPO融资案例，合计融资80.2亿元，相比2015年的96.78亿元，同比下降17.1%，主营中成药的步长制药以39亿元的融资总额高居榜首。其次是贝达药业，该公司依靠具有全球知识产权的抗肿瘤新药盐酸埃克替尼，获得了市场的高度认可。但在首发融资市场，2016年的遗憾是没有一家纯粹的生物技术公司上市。说明国内的生物技术企业群体还是略显单薄（表 4-12）。

表 4-12　沪深生物医药企业 IPO 融资案例

发行日期	证券简码	代码	募资规模/亿元	上市日期	上市板
2016-11-29	兴齐眼药	300573. SZ	1. 03	2016-12-08	深交所创业板
2016-11-22	易明医药	002826. SZ	2. 87	2016-12-09	深交所中小企业板
2016-11-09	凯莱英	002821. SZ	6. 98	2016-11-18	深交所中小企业板
2016-11-08	步长制药	603858. SH	39. 00	2016-11-18	上交所主板
2016-10-27	贝达药业	300558. SZ	7. 20	2016-11-07	深交所创业板
2016-10-19	塞力斯	603716. SH	3. 43	2016-10-31	上交所主板
2016-09-01	陇神戎发	300534. SZ	2. 96	2016-09-13	深交所创业板
2016-08-19	安图生物	603658. SH	6. 12	2016-09-01	上交所主板
2016-07-22	健帆生物	300529. SZ	4. 54	2016-08-02	深交所创业板
2016-06-08	新光药业	300519. SZ	2. 44	2016-06-24	深交所创业板
2016-02-26	司太立	603520. SH	3. 65	2016-03-09	上交所主板

数据来源：wind 资讯，西南证券整理。

并购依然是资本市场永恒的主题，2016 年完成或签署转让协议的案例有 51 个，大于 2015 年的 23 个，合计交易金额 74 亿元。其中沃森生物 8. 76％的股权以 12. 35 亿元转让给云南工投成为 2016 年的最大一笔交易。深陷经营压力的沃森生物似乎希望背靠新的股东走出经营泥潭，避免退市的命运。三诺生物 7. 13 亿元收购美国 PTS100％的股权成为 2016 年第二大案例。从排名前 20 的案例看，17 个案例的交易标的均超过 1 亿元，说明并购市场还是不差钱。但和国际上百亿美元的并购案例比，还是相形见绌（表 4-13）。

表 4-13　2015 年大健康领域并购融资情况

首次披露日	交易标的	交易买方	标的方所在行业	交易总价值/万元	最新进度
2016-09-27	沃森生物 8. 76％股权	云南工投	生物科技	123 536. 14	完成
2016-05-03	美国 PTS 公司 100％股权	三诺生物(300298. SZ)	医疗保健设备	71 324. 00	签署转让协议
2016-04-30	实杰生物 85％股权	玉溪沃云；德润天清	生物科技	69 700. 00	过户

续表

首次披露日	交易标的	交易买方	标的方所在行业	交易总价值/万元	最新进度
2016-03-15	珠海祥乐100%股权	冠昊生物(300238.SZ)	西药	60 000.00	完成
2016-11-22	同路生物10.23%股权	上海莱士(002252.SZ)	西药	55 000.00	完成
2016-07-05	冠昊生物5.07%股权	和信融智资产	生物科技	49 295.56	完成
2016-05-13	中泰生物70%股权;益泰医药83.5%股权	东诚药业(002675.SZ)	生物科技	38 013.00	完成
2016-11-21	贝西生物100%股权	天瑞仪器(300165.SZ)	生物科技	36 000.00	完成
2016-12-09	艾美生物6.3291%股权	梅花生物(600873.SH)	西药	34 900.00	签署转让协议
2016-01-09	新鹏生物100%股权	王和平；安徽未名	生物科技	23 500.00	完成
2016-07-04	怡丹生物45%股权	润达医疗(603108.SH)	医疗保健设备	21 600.00	完成
2016-01-30	沃森生物子公司10.53%股权	北京健能	生物科技	20 000.00	签署转让协议
2016-03-29	大安制药1.65%股权	沃森生物(300142.SZ)	生物科技	16 534.80	完成
2016-01-09	上海日和30%的股权;山东日和30%的股权;南京三和30%的股权;安徽三和30%的股权	美康生物(300439.SZ)	电子设备和仪器,医疗保健设备	13 000.00	签署转让协议
2016-12-13	海阔生物100%股权	如意实业	贸易公司与工业品经销商	12 300.00	股东大会通过
2016-12-28	马力喏50%股权	银河生物(000806.SZ)	生物科技	12 000.00	签署转让协议
2016-12-12	卫伦生物21%股权	博晖创新(300318.SZ)	生物科技	11 000.00	完成
2016-01-26	科济生物7.85%股权	佐力创疗	医疗保健技术	8910.00	签署转让协议

续表

首次披露日	交易标的	交易买方	标的方所在行业	交易总价值/万元	最新进度
2016-08-31	惠州梵宇 100%股权	南华生物(000504. SZ)	家庭用品	5448.33	完成
2016-04-20	无锡鑫连鑫 33.72%股权	长生生物(002680. SZ)	生物科技	4215.00	完成

数据来源：wind 资讯，西南证券整理。

从案例的历史比较看，2016 年的案例数量是最多的，但成交金额不及 2015 年，2014 年和 2015 年连续两年交易金额均超过 100 亿元。而 2016 年随着市场的走弱，交易金额再次回落到 100 亿元以内（图 4-19）。

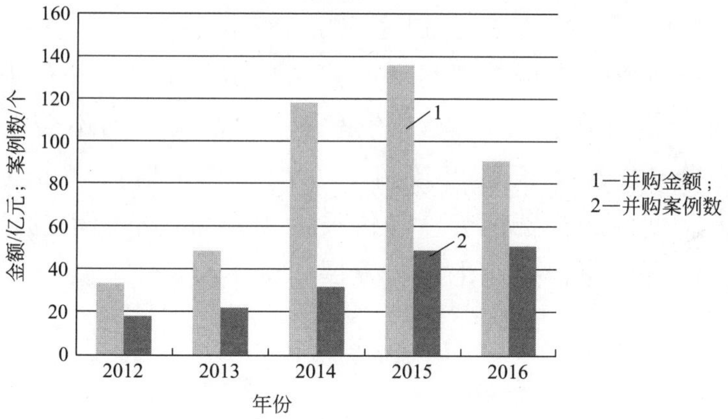

图 4-19　生物技术领域并购案合计分析

数据来源：wind，西南证券

2016 年万德生物科技指数全年以 17.9%的降幅弱于沪深 300 医药指数（图 4-20），后者全年仅下跌 2.9%。主要原因还是疫苗流通领域的治理整顿，致使相关上市公司表现欠佳。而部分血液制品公司的良好市场表现也没有挽救指数的低迷。以血液制品为主业的博雅生物全年取得 41%的涨幅，老牌血液制品企业华兰生物也有 31%的涨幅。但中源协和和沃森生物分别下降了 59%和 17.2%。

回顾 2016 年的生物技术投融资市场，我们发现在行业整顿和资本市场严格监管的背景下，市场表现体现为冷热不均，一批游走在市场边缘的公司受到市场治理的冲击，但也有部分企业能够充分享受大健康市场快速发展的红利。相比沪深市场，2016 年的新三板市场比沪深更差。新三板市场 2016 年共有 120 家公司完成定增融资 48 亿元，无论是从融资案例数量还是融资

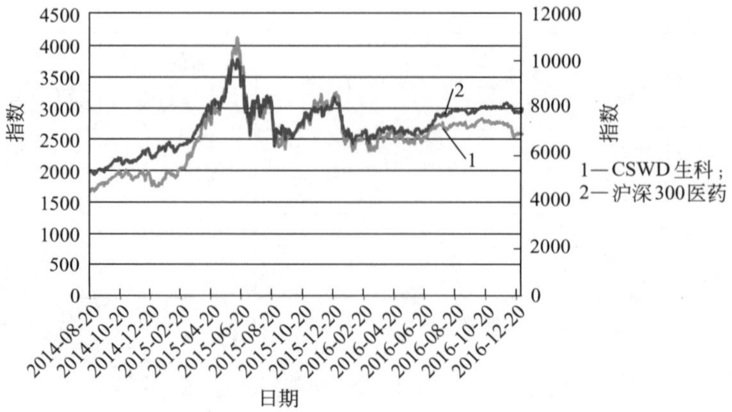

图 4-20　生物科技指数走势分析

数据来源：wind，西南证券

总额，均不如 2015 年的 129 家公司完成了 182 例融资行为，合计融资 60.17 亿元。可见，一旦资本市场出现问题，首先受伤的是最弱小的那部分。

2017 年无论是行业监管治理，还是资本的监管，均不会弱于 2016 年，因此生物技术公司生存下来是 2017 年的重要工作，但资本市场的改革也会给新三板带来制度性的投资机会。坚信技术领先与资本驱动的精髓，就可以在变幻的资本市场，获得企业生存与发展的资本金。

（撰稿专家：张仕元）

生物专利分析

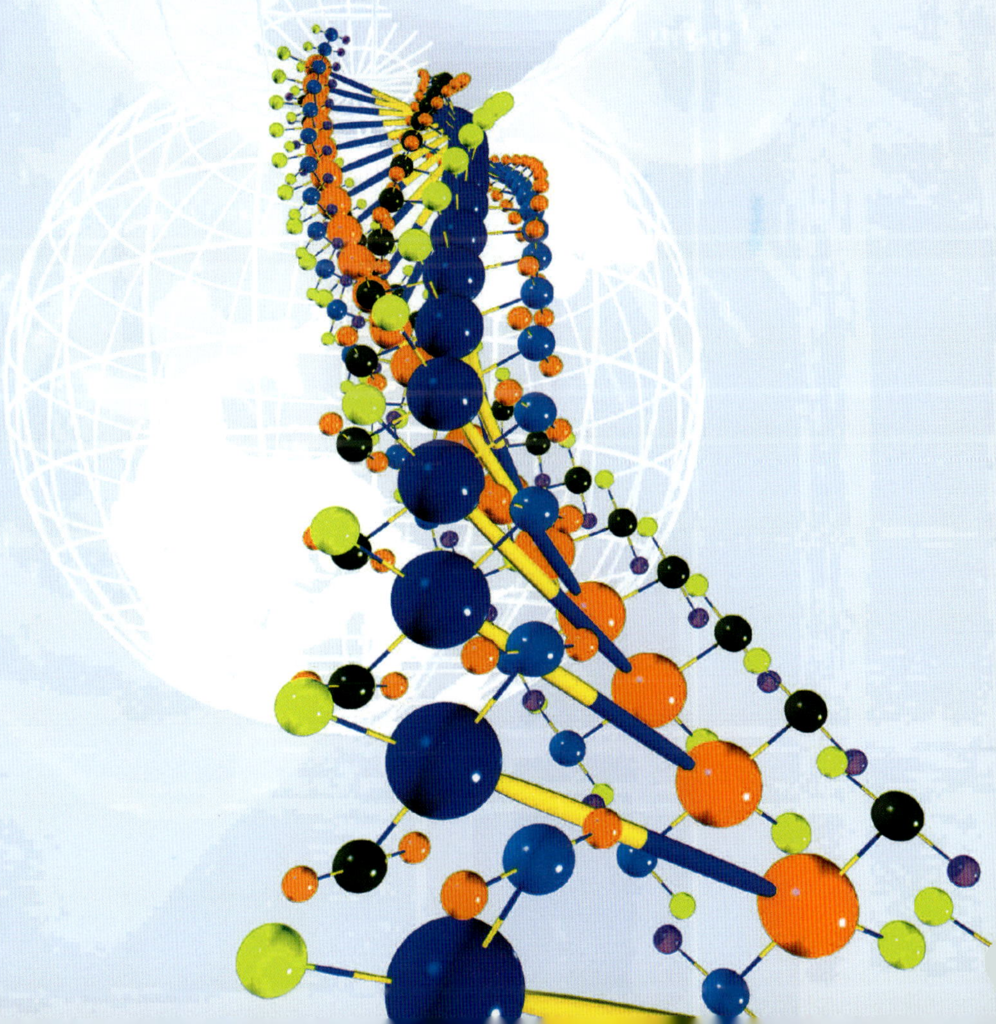

生物热点领域专利分析

生物技术专利涉及的技术主题较广，其中肿瘤免疫治疗是近年来较为引人注目的热点领域。本报告拟对肿瘤免疫治疗领域截止到2016年年底的专利申请进行专利分析。如未特别说明，统计的专利申请相关信息均来自国家知识产权局专利检索与服务系统（简称S系统）中已公开的数据，统计的专利申请的公开日截止日期到2017年2月底。由于专利申请存在延迟公开的特点，近3年提交的专利申请中的部分申请存在尚未公开的情况，因此，这段期间的专利申请数量将存在一定的低估现象。

一、肿瘤免疫治疗专利申请全景分析

肿瘤免疫治疗有望成为继手术、化疗、放疗后肿瘤治疗领域的一场革新，免疫疗法正让癌症治疗“进入新时代”。

本节将对肿瘤免疫治疗领域专利申请的总体情况进行分析，进而了解肿瘤免疫治疗的发展趋势和发展特点。

（一）全球专利分析

本次在S系统DWPI全球专利数据库中共检索到肿瘤免疫治疗领域相关的全球专利申请80 183项。本小节以上述全球范围内肿瘤免疫治疗的专利申请总量为基础，通过数量的统计分析来研究全球肿瘤免疫治疗的发展趋势和发展特点，包括从申请量年度变化趋势、申请的来源地和专利布局目的地的国家和地区分布，主要申请人，以及技术主题分布等方面进行分析比较。

1. 专利申请量年度变化趋势

为了解全球肿瘤免疫治疗专利技术的整体发展趋势，我们对全球肿瘤免疫治疗专利申请量数据按最早优先权日的时间顺序进行了统计，以了解分析全球肿瘤免疫治疗专利申请量的历年变化趋势。

表5-1和图5-1显示的是肿瘤免疫治疗在全球范围内专利申请量在近20年的年度分布。从中可以看出，在近20年来，肿瘤免疫治疗总体发展较为

快速。从申请量的历年变化趋势看，肿瘤免疫治疗全球专利申请自 1996 年一直处于快速增长时期，从 1996 年开始的 1453 项的年申请量到 2000 年达到顶峰的 4426 项的年申请量，增长幅度较大，显示了肿瘤免疫治疗的迅猛发展。2000 年之后，肿瘤免疫治疗全球专利申请量基本维持在这个较高的水平上，处于平稳发展时期。2013 年，在肿瘤免疫治疗领先 CRISPR 基因编辑技术被《科学》杂志列为年度十大科学突破榜首的同时，肿瘤免疫治疗的申请量有所提升，鉴于 2014 年申请量继续增长、排除 2015～2016 年因申请延迟公布导致的申请量低估，我们有理由相信，肿瘤免疫治疗经过 21 世纪最初十几年的平稳发展，很可能自 2013 年起迎来又一个快速发展期。

表 5-1　肿瘤免疫治疗全球专利历年申请量

年份	全球申请量/项	年份	全球申请量/项
1996	1453	2007	3937
1997	2380	2008	3733
1998	3155	2009	3582
1999	3176	2010	3582
2000	4426	2011	3534
2001	3928	2012	3699
2002	3895	2013	4079
2003	3813	2014	4193
2004	3758	2015	3108
2005	3887	2016	897
2006	3710		

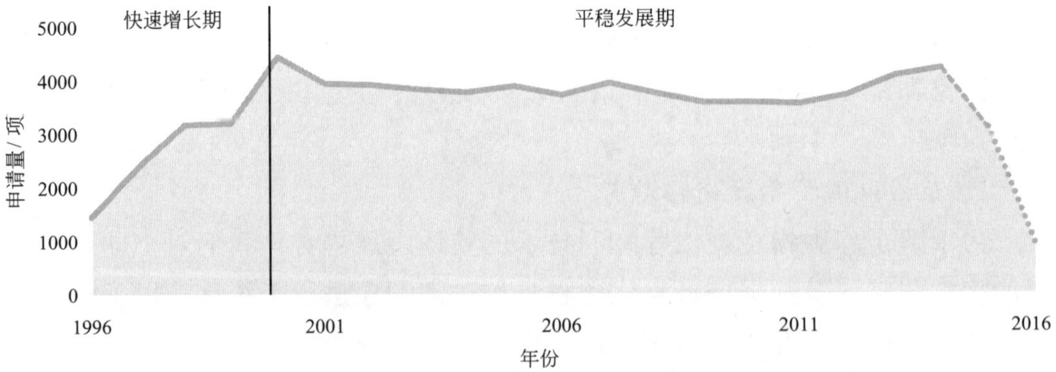

图 5-1　肿瘤免疫治疗全球专利申请量年度变化趋势

因此从总体上看，肿瘤免疫治疗技术在经过了20世纪末伴随着基因工程技术的发展而快速发展后仍保持了热度不减，在肿瘤仍然威胁着人们的健康以及随着对肿瘤发病机制和免疫机制的不断探索，相信肿瘤免疫治疗仍将保持稳定发展的趋势，并且可能随着未来关键技术的突破而再次快速发展。

2. 专利技术区域分布

本小节考察了各来源地和目的地国家和地区肿瘤免疫治疗专利申请量分布及发展变化趋势，进而分析各个国家和地区在该技术上的研发实力及变化，以及各个国家和地区所能拥有的市场规模和商业前景。

表5-2和图5-2列出了全球肿瘤免疫治疗领域专利申请的技术主要来源地分布，数据基础是统计每项专利申请的最先申请国。由于申请人一般倾向于在所属国家进行第一次专利申请，因此该项数据能够较真实地表明各个国家和地区在肿瘤免疫治疗研发领域的技术实力。

表5-2　肿瘤免疫治疗全球专利各来源地国家和地区申请量及PCT申请量

来源地国家和地区	申请量/项	PCT申请量/项
美国	45 448	33 657
欧洲	12 954	10 668
中国	10 780	812
日本	7070	2995
韩国	2176	637
其他	1755	764
合计	80 183	49 533

表5-2和图5-2显示，在各个国家和地区中，美国申请人的申请量最为突出，在总共80 183项专利申请中，有45 448项是来自美国的申请，占比超过1/2；而在更为重要的49 533项PCT申请中，有33 657项是来自美国的申请，占比超过2/3。这反映出美国在肿瘤免疫治疗领域具有较大的研发优势。来自欧洲、中国、日本、韩国的专利申请分别排在第2～5位，占比分别为16%、13%、9%和3%，这表明欧洲、中国、日本、韩国也具有一定的研发实力，而其他国家和地区在肿瘤免疫治疗技术的研发和专利申请上与前5位的国家和地区相比差距明显。

虽然来自我国的专利申请量以13%的占比位居第3位，位于美国、欧洲之后，反映出我国申请人在肿瘤免疫治疗领域具有一定的研发实力，但与美国的占比57%相比仍存在不小差距，特别是，来自中国的PCT申请量仅

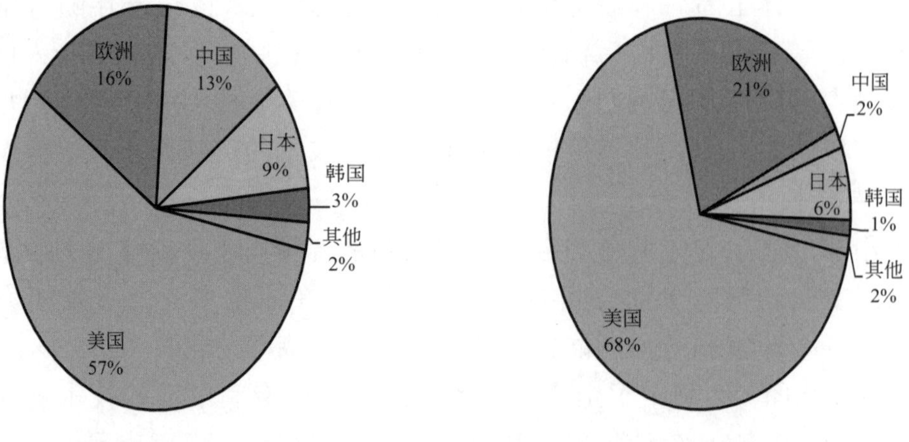

(a) 来源地国家和地区申请量　　(b) PCT申请量

图 5-2　肿瘤免疫治疗全球专利申请各来源地国家和地区申请量及 PCT 申请量份额

占 2%，表明我国申请人在肿瘤免疫治疗领域的专利申请中面向海外市场的重要申请较少。

表 5-3 和图 5-3 列出了全球肿瘤免疫治疗领域来自美国、欧洲、中国的专利申请量年度分布，以此反映出这 3 个专利申请主要来源地国家和地区在肿瘤免疫治疗研发领域的技术实力的变化情况。

表 5-3　肿瘤免疫治疗全球专利申请主要来源地国家和地区年度申请量

来源地国家和地区 年份	美国申请量/项	欧洲申请量/项	中国申请量/项
1996	1046	218	43
1997	1723	313	45
1998	2015	467	80
1999	2209	591	85
2000	3273	676	129
2001	2636	658	171
2002	2482	763	188
2003	2301	715	238
2004	2897	706	231
2005	2358	654	292
2006	2222	666	327
2007	2268	748	423
2008	2159	556	528

续表

年份 \ 来源地国家和地区	美国申请量/项	欧洲申请量/项	中国申请量/项
2009	1886	588	555
2010	1905	583	637
2011	1805	566	793
2012	1840	524	860
2013	1879	568	1045
2014	1583	554	1479
2015	948	311	1572
2016	0	0	885

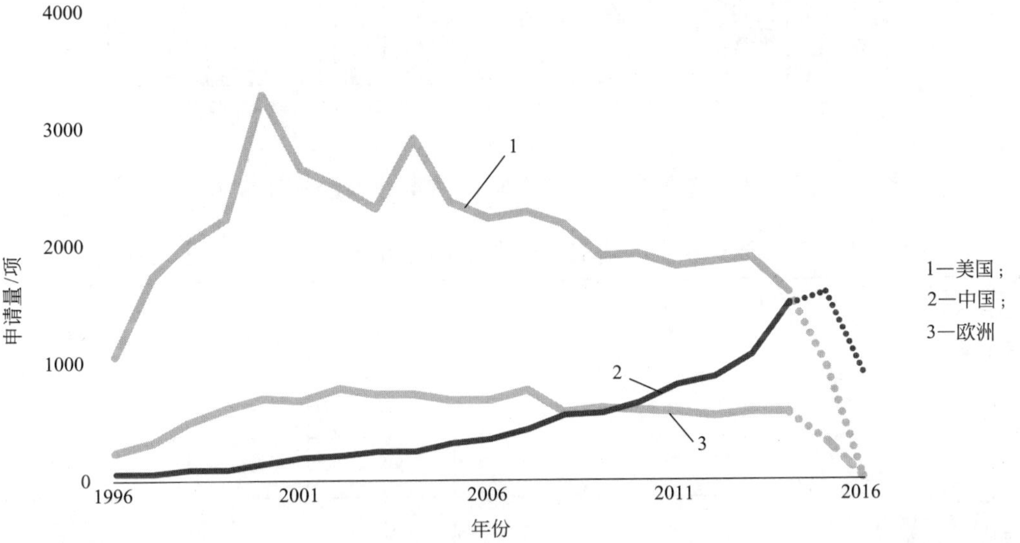

图 5-3　肿瘤免疫治疗全球专利主要来源地国家和地区年度申请量变化趋势

表 5-3 和图 5-3 显示，近年来，中国来源的肿瘤免疫治疗专利申请量增速迅猛，继年度申请量 2010 年超过欧洲后逐渐逼近美国，虽然由于申请和公开延迟的原因并不能表明中国申请量超越了美国，但仍然能够表明我国近年来在肿瘤免疫治疗领域的研发和专利申请均十分活跃。

图 5-4 显示的是全球范围内肿瘤免疫治疗专利申请的主要目的地国家和地区分布。可以看出，在各个国家和地区中，在美国的申请量最为突出，有 50 153 项专利申请选择在美国进行申请。这反映出肿瘤免疫治疗研究者对美

国市场的重视。除美国之外，在欧洲、日本、澳大利亚、中国、加拿大、韩国的专利申请量分别排在第 2～7 位，均有超过 10 000 项以上的专利申请选择在这些国家和地区申请，表明这些国家和地区也是肿瘤免疫治疗的重要目标市场。其中，有 26 755 项专利申请选择在我国进行申请，位居第五位，与第 2～4 位的差距并不大，这在一定程度上表明了申请人对我国这个巨大的新兴市场的重视，同时如此高的申请量可能带来的专利风险也值得我国肿瘤免疫治疗产业加以重视。

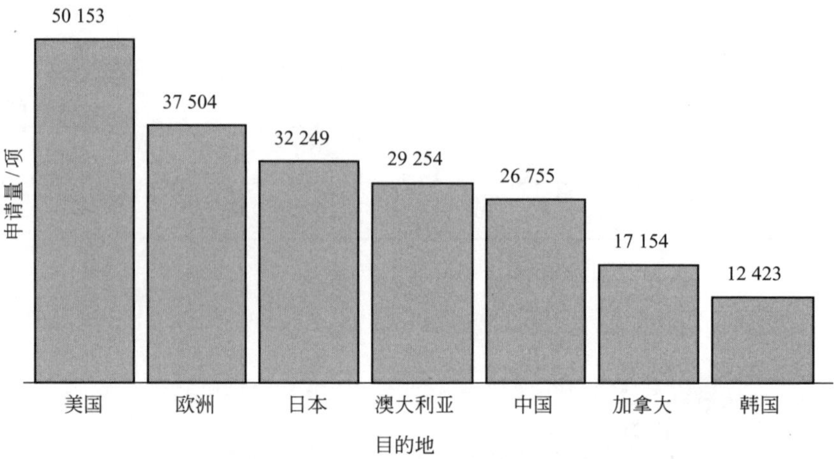

图 5-4　肿瘤免疫治疗全球专利申请主要目的地国家和地区

表 5-4　肿瘤免疫治疗全球主要来源地国家和地区专利申请市场布局

来源地＼目的地	美国/项	欧洲/项	中国/项	日本/项	韩国/项
美国	37 895	23 588	10 957	18 375	6892
欧洲	8516	11 089	3985	7003	2697
中国	567	430	10 712	393	212
日本	2531	2508	1238	6671	956
韩国	677	325	283	324	2007

表 5-4 和图 5-5 显示的是全球范围内肿瘤免疫治疗专利申请的主要目的地国家和地区分布。从中可以看出，在美国、欧洲、中国、日本、韩国这 5 个专利申请主要来源地国家和地区中，在本国或本地区的申请量均为最大，表明这些国家和地区的申请人均将本国或本地区的市场放在首位，而在美国、欧洲、中国、日本、韩国这 5 个专利申请主要目的地国家和地区中，来

自美国的专利申请均为最大，表明美国无论是在本国还是在海外市场均优势明显，除美国外，欧洲也有较大比例的海外申请量，日本、韩国也有一定比例的海外申请量，表明美国、欧洲、日本、韩国的申请人对海外市场较为重视，而中国申请人则把申请的重点集中在国内，较少开发海外市场。

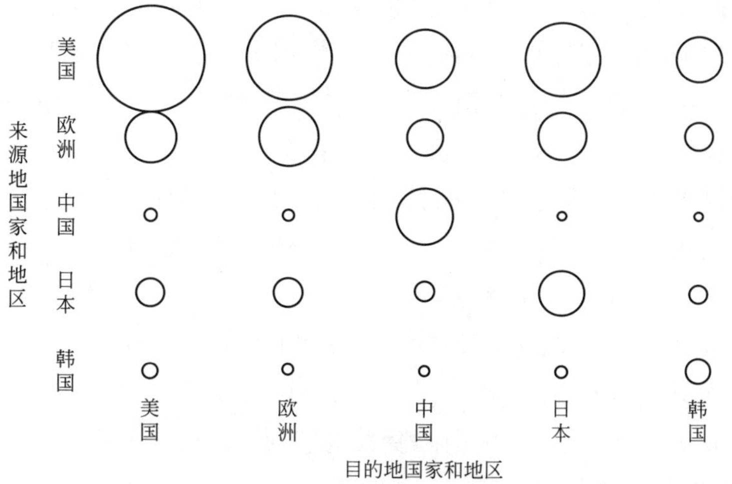

图 5-5　肿瘤免疫治疗全球专利申请主要来源地国家和地区市场布局

3. 技术主题分析

在产业和技术调研基础上，本报告将肿瘤免疫治疗技术分解为肿瘤抗体疗法、肿瘤免疫调节剂、肿瘤疫苗、细胞免疫疗法 4 个二级技术主题。我们分析了各技术主题的申请量份额，结果见图 5-6。

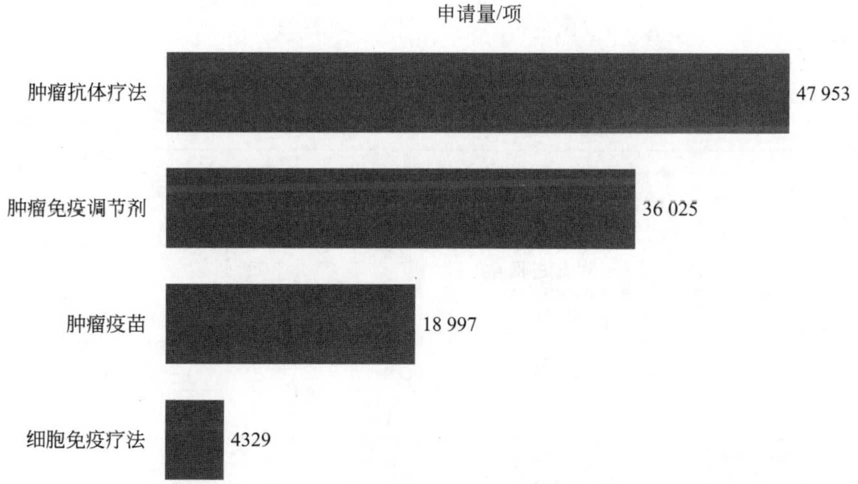

图 5-6　全球肿瘤免疫治疗专利申请各技术主题申请量对比

图 5-6 显示，在肿瘤免疫治疗领域，抗体由于其用途的广泛性和其作用

的精准性，一直是肿瘤免疫治疗领域的热点，肿瘤抗体疗法分支的专利申请量最多，达到了 47 953 项，20 世纪末以来，随着免疫检查点技术的发展，用于打破肿瘤对抗免疫系统的免疫检查点 CTLA4 通路抗体药物 Ipilimumab 和 PD1/PDL1 通路抗体药物 Nivolumab、Pembrolizumab 等相继上市且疗效得到认可，使得抗体领域的研发愈加火热。免疫调节剂种类繁多，在各种肿瘤免疫治疗中均可能涉及，肿瘤免疫调节剂分支的专利申请量以 36 025 项排名第 2，紧随抗体分支。疫苗用于肿瘤免疫治疗具有一定的局限性，成功上市的前列腺癌疫苗 Provenge 效果和销售欠佳，HPV 疫苗由于其抗病毒的抗癌机制无法推广到其他肿瘤而使研发受限，因此肿瘤疫苗以 18 997 项专利申请在肿瘤免疫治疗领域排名第 3，约为抗体分支的一半。细胞免疫疗法这一技术分支主要涉及免疫细胞体外改造或激活及扩增后的自体或异体回输，是近年来新兴的肿瘤免疫治疗，虽然细胞免疫疗法的 4329 项专利申请量较少，但其具有较好的发展前景，特异性 CAR-T 细胞疗法是目前的研发热点，有望成为肿瘤免疫疗法中除免疫检查点疗法之外的另一个突破方向。

4. 主要申请人分析

表 5-5 和图 5-7 统计了全球肿瘤免疫治疗技术领域排名前十位的主要申请人的申请量和 PCT 申请量情况。图 5-8 统计了排名前十位的主要申请人的申请量和 PCT 申请量占比情况。

表 5-5　全球肿瘤免疫治疗专利前十位申请人的申请量、PCT 申请量

申请量排名	申请人	申请量/项	PCT 申请量/项
1	罗氏公司	3230	1618
2	葛兰素史克	1723	1301
3	默沙东公司	1169	1005
4	美国卫生与人类服务部	936	730
5	武田制药	925	675
6	百时美施贵宝	892	639
7	加利福尼亚大学	865	686
8	辉瑞公司	808	658
9	诺华公司	806	746
10	拜耳公司	765	683

表 5-5 和图 5-7 显示，全球专利申请量前十位的申请人中除位列第 4 位的美国卫生与人类服务部和位列第 7 位的加利福尼亚大学外，其余八家均是

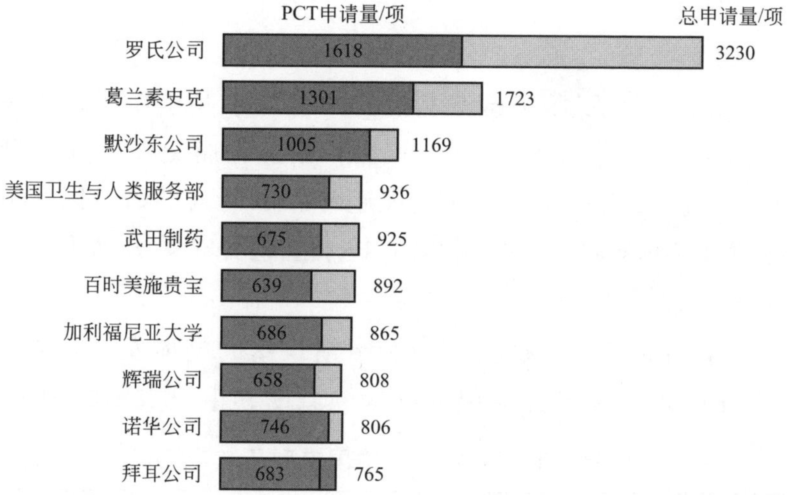

图 5-7 全球肿瘤免疫治疗专利前十位申请人的申请量、PCT 申请量

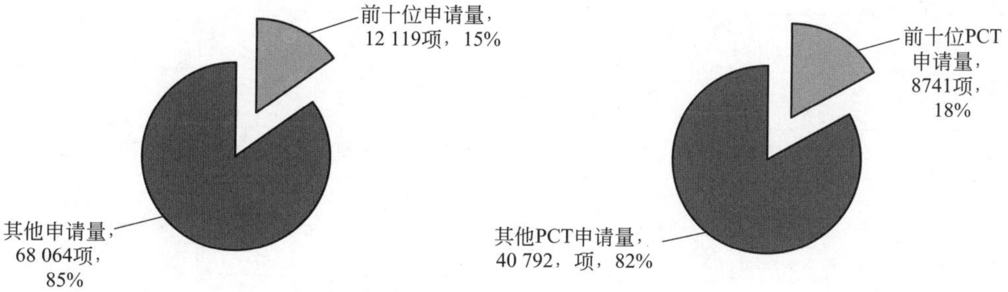

图 5-8 全球肿瘤免疫治疗专利前十位申请人的申请量、PCT 申请量占比

企业，可见肿瘤免疫治疗在产业上具有良好的应用。收购了基因泰克和中外制药的罗氏公司以较大优势排名榜首，葛兰素史克和默沙东也以超过 1000 项的专利申请量位列前三甲，显示了在该领域雄厚的实力。同时，这十大申请人都申请了超过 50％的 PCT 申请，合计 PCT 申请量占合计申请量的比例更高，可见其专利申请的重要程度以及对其他国家和地区市场的重视程度。

虽然大的跨国公司在上市产品上占据优势地位，但从图 5-8 中可以看出，从专利申请量来看，全球肿瘤免疫治疗领域排名前十的申请人申请量总和占全部申请量的比例也只有 15％，有 85％的专利申请来自其他申请人，可见在肿瘤免疫治疗领域的研发呈现百家争鸣的情况，这十大申请人的 PCT 申请量总和占全部 PCT 申请量的比例则有 18％，可见其申请专利的质量和布局情况较好。此外，大的跨国公司在自己研发的同时，也利用其销售渠道等方面的优势伺机通过并购或购买专利或许可的方式获得其他申请人的研发成果。

（二）中国专利分析

本次在S系统CNABS中国专利摘要数据库中共检索到肿瘤免疫疗法领域相关的中国专利申请30 938件。本小节考察肿瘤免疫治疗领域在中国的专利申请情况，包括从专利申请的发展趋势、申请人的来源区域分布、主要申请人、申请人类型，以及专利申请的技术主题分布等方面进行详细分析。

1. 专利技术发展趋势

为了了解中国的肿瘤免疫治疗专利申请技术的整体发展趋势，我们统计了近20年来在中国申请的肿瘤免疫治疗领域专利申请数量的历年变化情况。

表 5-6　肿瘤免疫治疗中国专利历年申请量

申请年份	中国申请/件	国内申请/件	国外来华申请/件
1996	296	50	246
1997	388	63	325
1998	435	92	343
1999	536	95	441
2000	755	146	609
2001	862	213	649
2002	1060	317	743
2003	1415	371	1044
2004	1576	377	1199
2005	1763	507	1256
2006	1949	534	1415
2007	1782	481	1301
2008	1978	677	1301
2009	1877	613	1264
2010	1901	671	1230
2011	1980	859	1121
2012	1990	937	1053
2013	2183	1191	992
2014	2518	1365	1153
2015	1696	1356	340
2016	1081	998	83

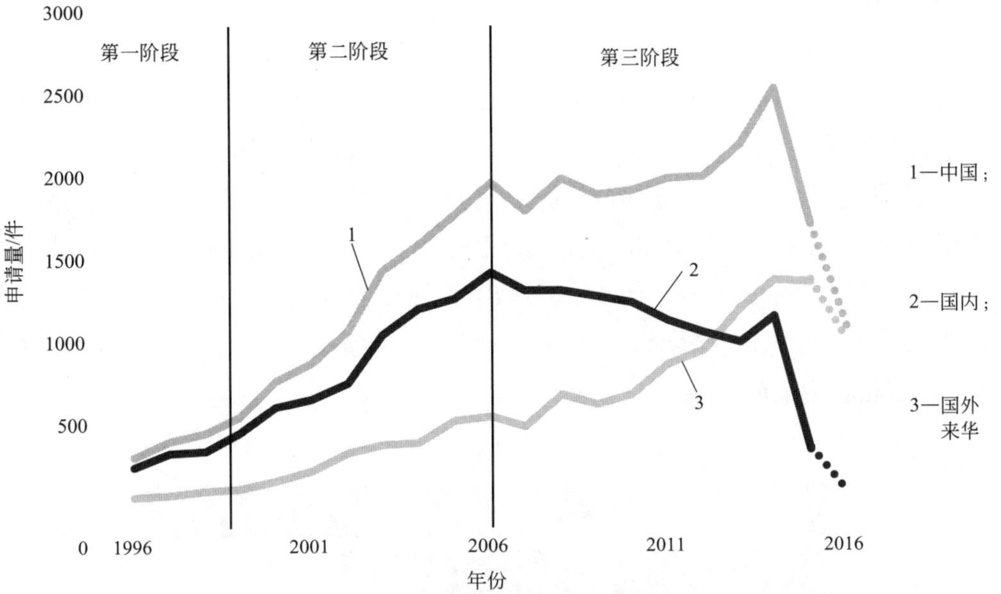

图 5-9 肿瘤免疫治疗中国专利申请量年度变化趋势

由表 5-6 和图 5-9 可见，随着近 20 年来全球肿瘤免疫治疗快速发展，各国申请人也在中国进行着积极的专利布局。从申请量的历年变化趋势看，近 20 年来肿瘤免疫治疗中国专利申请一直保持增长态势，从 1996 年开始的 296 件的年申请量到 2014 年达到顶峰的 2518 件的年申请量，年申请量增长了将近 10 倍，考虑到由于延迟公开导致的 2015～2016 年申请量低估，预计 2015～2016 年申请量会进一步增长，其大致分为以下 3 个阶段。

第一阶段：1996～1999 年，中国的肿瘤免疫治疗专利申请量主要由国外来华申请人贡献，国外来华的申请量保持了较快的增长速度，而国内申请人的年申请量少于 100 件，远低于国外来华申请量水平。

第二阶段：2000～2006 年，国内申请人的申请量呈现出快速增长的态势，增长速度跟上了国外来华申请量的增长速度，年申请量虽然大幅提高，但仍低于同样快速增长的国外来华的年申请量。

第三阶段：2007～2016 年，国外来华专利申请逐年减少，国内专利申请延续快速增长势头，2013 年，国内年专利申请量首次超过国外来华申请量。

可见，虽然国内在肿瘤免疫治疗方面起步较晚，技术与国外巨头仍有一定差距，但近年来，国内申请人在肿瘤免疫治疗领域的研发热情和能力正逐步提高，目前已有多家公司的产品被批准或即将被批准进入临床试验。

2. 专利技术区域分布

本小节考察了肿瘤免疫治疗中国专利申请中各来源地国家和地区以及中国国内专利申请中各来源省市的申请量发展变化趋势，进而分析各主要国家和地区在中国的市场布局情况以及中国国内各来源省市的研发实力情况。

在中国提交的 30 938 件肿瘤免疫治疗的发明专利申请中，国外来华的专利申请量为 18 826 件，占总量的 61%；而国内申请人的专利申请量为 12 112件，占总量的 39%。图 5-10 列出了肿瘤免疫治疗中国专利申请主要来源地国家和地区分布情况。图 5-11 列出了肿瘤免疫治疗中国国内专利申请主要来源省市分布情况。

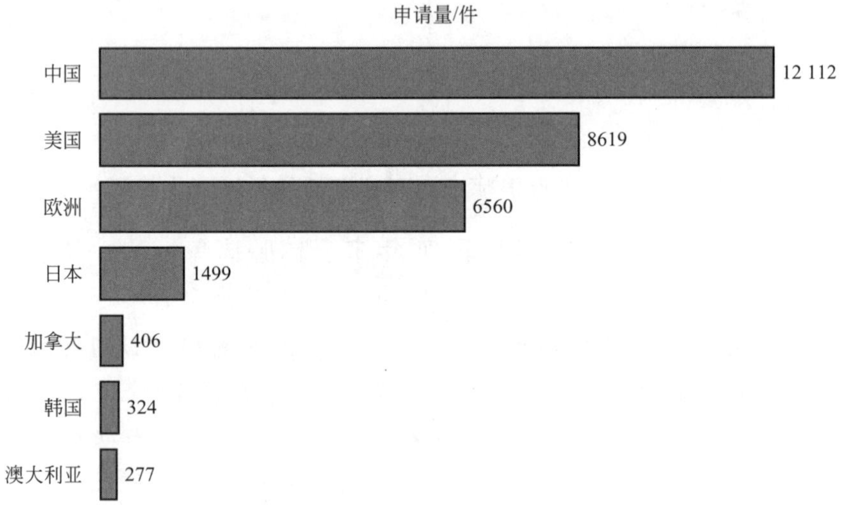

图 5-10 肿瘤免疫治疗中国专利申请来源地国家和地区分布

图 5-10 显示，在各国家和地区中，来自中国国内的申请量最多，共计 12 112 件；来自美国、欧洲、日本的申请量分别以 8619 件、6560 件和 1499 件位列国外来华申请量前三甲，分别占所有国外来华申请量的 46%、35% 和 8%，国外来华申请量排名第 4～6 位的加拿大、韩国和澳大利亚的申请量则明显少于排名前 3 位的国家和地区。由此可见，国外来华申请肿瘤免疫治疗专利的申请人主要来自于发达国家和地区，尤其集中于美国、欧洲和日本。

图 5-11 显示，申请肿瘤免疫治疗专利的国内申请人中，来自北京、上海、江苏、山东、广东的申请人分别申请了 1734、1654、1264、1232 和 991 件，共计 6875 件，占所有国内申请量的 50% 以上。可见，国内申请肿瘤免疫治疗专利的申请人主要来自于经济和科技研发力量较为发达和集中的东部沿海地区。

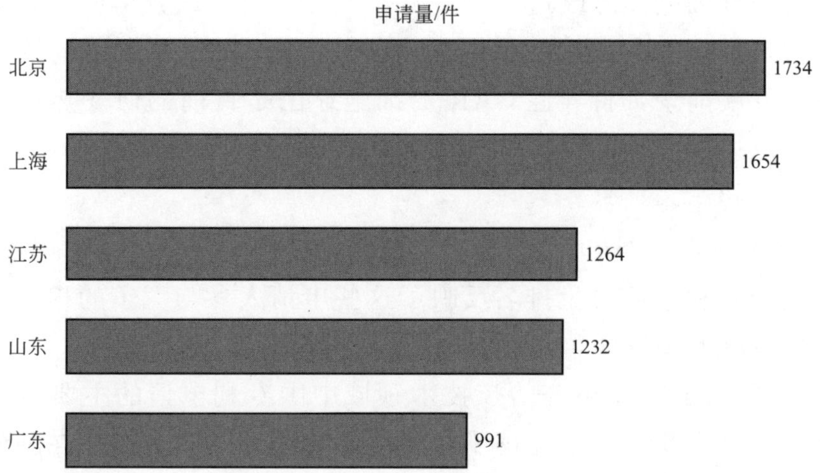

图 5-11　肿瘤免疫治疗中国专利申请国内来源省市分布

3. 专利技术主题分析

对肿瘤抗体疗法、肿瘤免疫调节剂、肿瘤疫苗、细胞免疫疗法这 4 个二级技术主题的中国申请量份额进行了分析，结果见图 5-12。

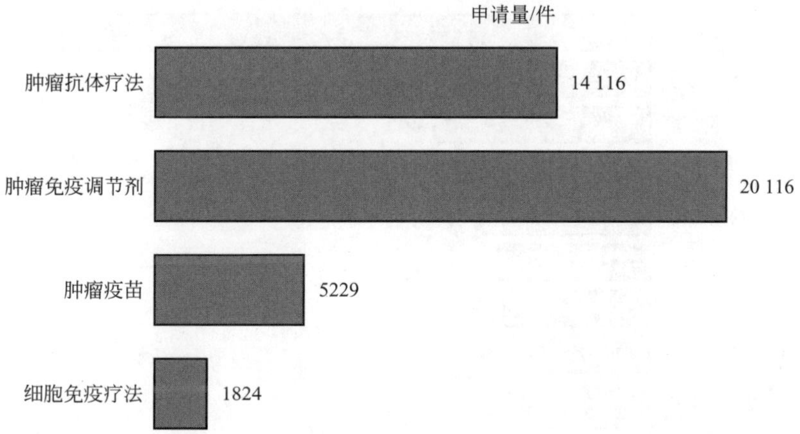

图 5-12　肿瘤免疫治疗中国专利申请各技术主题申请量对比

由图 5-12 可见，与全球范围内各技术主题分布中肿瘤抗体疗法排名第一、肿瘤免疫调节剂紧随其后不同，在中国专利申请中，鉴于免疫调节剂包括中药等广泛的种类，肿瘤免疫调节剂技术主题的中国专利申请量最多，达到了 20 116 件，肿瘤抗体疗法技术分支由于抗体用途的广泛性和作用的精准性，以 14 116 件排名第二。肿瘤疫苗技术分支和细胞免疫疗法技术分支的中国申请量分布情况与全球类似，肿瘤疫苗技术分支由于肿瘤疫苗具有一定的局限性，以 5229 件专利申请量排名第三；而细胞免疫疗法这一技术分支主要涉及免疫细胞体外改造或激活及扩增后的自体或异体回输，是近年来新兴的肿瘤免疫疗法。虽然细胞免疫疗法的1824项专利申请量较少，但其具有较好的发展前景，特异性CAR-T细胞疗法是目前的研发热点，有望成为免疫检查点抗体之外的另一个突破方向，国内在该领域的研发紧随美国，有望实现弯道超车。

4. 专利申请人分析

申请人的专利申请总量排名反映了这些申请人参与竞争的程度以及行业内的技术研发垄断情况。

图5-13显示了肿瘤免疫治疗技术领域中国专利申请的主要申请人申请量排名情况，其中我们已经考虑了企业之间的主要并购重组。在肿瘤免疫治疗领域的中国专利申请中，申请量排名前十位的均为跨国公司，其中罗氏公司（收购了基因泰克、中外制药）以1090件专利申请排名第一，诺华公司、辉瑞公司以527件、401件专利申请分列2位、3位，可见这些大跨国公司的优势明显。

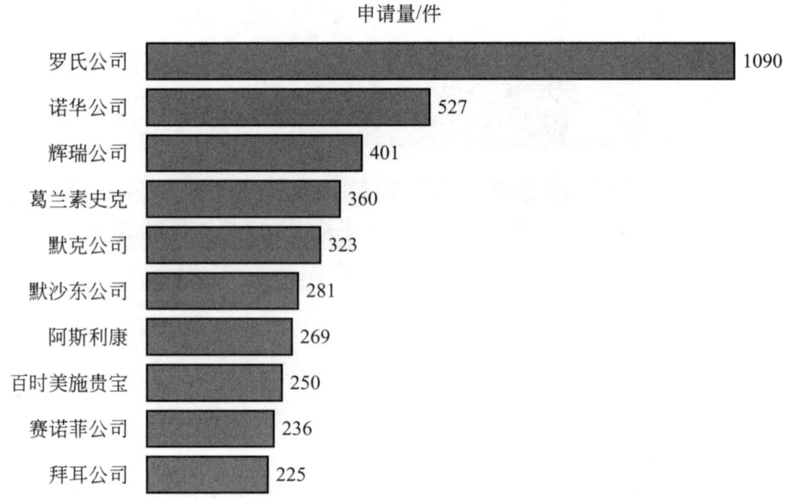

图5-13　肿瘤免疫治疗中国专利申请申请人排名

图5-14显示了肿瘤免疫治疗技术领域中国专利申请的主要国内申请人申请量排名情况，可以看出，复旦大学以167件专利申请排名第1，浙江大学、上海交通大学分别以149件和129件专利申请分列第2位、3位，广东东阳光药业有限公司是唯一上榜的企业，以69件专利申请排名国内申请人第10位。国内企业可以争取企业和大学、科研机构之间纵向合作，以及企业和企业之间的横向合作。

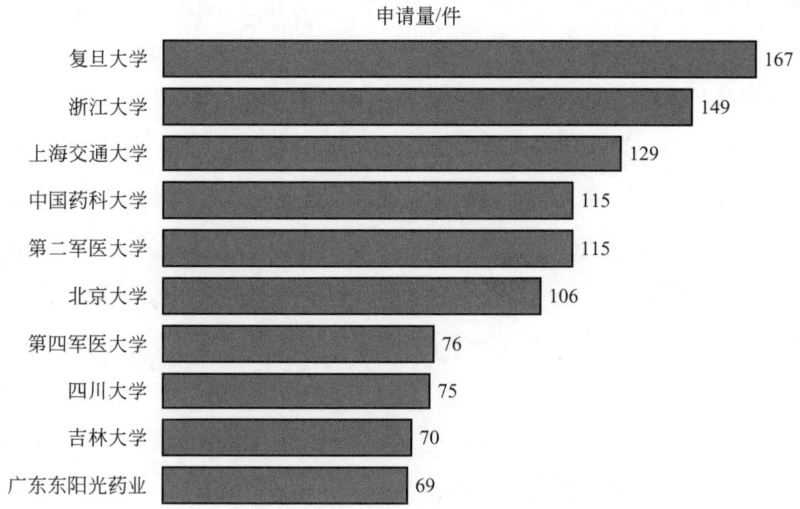

图 5-14 肿瘤免疫治疗中国专利申请国内申请人排名

（三）小结

全球范围内公开的涉及肿瘤免疫疗法的专利申请共计 80 183 项。这其中，国内外申请人在中国申请的涉及肿瘤免疫疗法的专利申请共计 30 938 件。这些肿瘤免疫疗法专利申请在申请量年度变化趋势、专利申请的来源地和专利布局目的地的区域分布、主要申请人以及技术主题分布等呈现出以下特点：

1. 全球申请量平稳发展蓄势待发，中国申请量持续快速增长

肿瘤免疫疗法全球专利申请量继 20 世纪 90 年代末的高速增长和 21 世纪最初十几年的平稳发展，很有可能自 2013 年起迎来又一个快速发展期。与全球专利申请量阶梯式的增长模式有所不同，近 20 年来，肿瘤免疫疗法中国专利申请则保持持续增长态势，尤其是在 2007 年以后，虽然国外来华年度申请量开始逐年下降，但起步较晚的国内申请量则持续快速增长的态势，并于 2013 年首次超过国外来华年度申请量，国内申请人在肿瘤免疫治疗领域的研发热情和能力正逐步提高，目前已有多家公司的产品被批准或即将被批准进入临床试验。

2. 美国优势较大，中国奋起直追但较少开发海外市场，中国是第五大目标市场，国外来华申请量仍占优势，国内申请集中在东部沿海地区

在肿瘤免疫疗法全球专利申请中，来自美国、欧洲、中国、日本、韩国的专利申请量占比分别为 57%、16%、13%、9%和 3%，美国申请人在该领域优势较大。近年来中国来源的申请量增速迅猛，年度申请量相继超过日

本、欧洲并逐渐逼近美国，研发和专利申请均十分活跃，但总申请量与美国仍存在不小差距。美国、欧洲均有较大比例的海外申请量，对海外市场较为重视，而中国申请人则把申请的重点集中在国内，PCT申请量仅占2%，较少开发海外市场。在美国、欧洲、日本、澳大利亚、中国、加拿大、韩国的专利申请量均超过10 000项，表明这些国家和地区是肿瘤免疫疗法的重要目标市场，其中美国以50 153项专利申请领先，中国以26 755项位居第5位，既表明了申请人对我国这个巨大的新兴市场的重视，也可能带来专利风险。在中国提交的肿瘤免疫疗法专利申请中，国外来华占61%，仍占优势，其主要来自于发达国家和地区，尤其集中于美国、欧洲和日本，其中来自美国的申请量占所有国外来华申请量的近1/2。肿瘤免疫疗法专利的国内申请人则主要来自于经济和科技研发力量较为发达和集中的东部沿海地区，其中北京、上海、江苏，山东、广东的申请人共申请了57%的国内申请。

3. 全球肿瘤抗体疗法分支研发火热，中国免疫调节剂分支具有优势，细胞免疫疗法分支起步晚，但潜力巨大

肿瘤抗体疗法由于其用途的广泛性和其作用的精准性，一直是肿瘤免疫治疗领域的热点，在肿瘤免疫疗法全球申请量中，肿瘤抗体疗法的专利申请量最多，达到了47 953项，随着免疫检查点抗体药物相继上市且疗效得到认可，抗体领域的研发愈加火热。肿瘤免疫调节剂种类繁多，在各种肿瘤免疫疗法中均可能涉及，在中国专利申请中，鉴于肿瘤免疫调节剂包括中药等广泛的种类，肿瘤免疫调节剂技术主题的中国专利申请量最多，达到了20 116件，可见中国在肿瘤免疫调节剂领域具有一定的优势。疫苗用于肿瘤免疫疗法具有一定局限性，肿瘤疫苗申请量在全球专利申请量和中国专利申请量中均排名第3。细胞免疫疗法是近年来新兴的肿瘤免疫疗法。特异性CAR-T细胞疗法是目前的研发热点，虽然申请量较少，但具有较好的发展前景，有望成为免疫检查点之外的另一个突破方向，国内在该领域的研发紧随美国，有望实现弯道超车。

4. 以罗氏为首的跨国公司领跑但技术垄断度不高，国内企业申请有所增加可加强合作

罗氏（收购了基因泰克、中外制药）、默沙东和葛兰素史克以超过1000项的专利申请量位列全球申请人前三甲，显示了他们在肿瘤免疫治疗领域的雄厚实力，前10名申请人申请了18%的全球专利申请，技术垄断度不高。中国专利申请中，同样是以罗氏为首的跨国公司排名前列，国内申请人则以复旦大学为首。国内企业可以争取企业和大学、科研机构之间的纵向合作，以及企业和企业之间的横向合作。

二、肿瘤免疫调节剂专利申请分析

肿瘤免疫调节剂种类繁多，按照组成成分可分为细菌、真菌和高级植物类，化学类免疫增强剂和免疫系统产物三大类别。2016 年 3 月 15 日，复旦大学生命科学学院教授杨青将具有自主知识产权的用于肿瘤免疫调节剂的化学类免疫增强剂 IDO 抑制剂有偿许可给美国 HUYA 公司，显示了国内该领域的实力和前景。

在上一节中，我们发现在肿瘤免疫治疗各技术主题分支中，肿瘤免疫调节剂分支的全球专利申请量以 36 025 项排名第 2，紧随肿瘤抗体疗法分支，其中中国专利申请量则达到了 20 116 件，排名 4 大技术主题分支之首。本节将对肿瘤免疫治疗领域中肿瘤免疫调节剂这一重要技术主题分支专利的申请情况进行分析，进而了解肿瘤免疫调节剂的发展趋势和发展特点。

（一）全球专利分析

本小节以上述全球范围内肿瘤免疫调节剂的专利申请总量为基础，通过数量的统计分析来研究全球肿瘤免疫调节剂的发展趋势和发展特点，包括从申请量年度变化趋势、申请的来源地和专利布局目的地的国家和地区分布，主要申请人，以及技术主题分布等方面进行分析比较。

1. 专利申请量年度变化趋势

为了解全球肿瘤免疫调节剂专利技术的整体发展趋势，我们对全球肿瘤免疫调节剂专利申请量数据按最早优先权日的时间顺序进行了统计，以了解分析全球肿瘤免疫调节剂专利申请量的历年变化趋势。

表 5-7 和图 5-15 显示的是肿瘤免疫调节剂在全球范围内专利申请量在近 20 年的年度分布。从中可以看出，肿瘤免疫调节剂全球专利申请在 1996～2000 年处于快速增长期，从 1996 年开始的 650 项的年申请量到 2000 年达到阶段顶峰的 1891 项的年申请量，增长幅度较大，2000 年之后的十年里，肿瘤免疫调节剂全球专利申请量基本维持在该水平上处于平稳发展期。2011 年开始，肿瘤免疫调节剂全球专利申请量再次快速增长，继 2013 年的年申请量超过 2000 年后，2014 年再创新高，达到 2121 项，可见肿瘤免疫调节剂经过 21 世纪最初十几年的平稳发展，迎来了又一个快速发展期。考虑到 2015～2016 年因申请延迟公布导致的申请量低估，我们有理由相信，肿瘤免疫调节剂专利申请量较大概率延续该增长态势。

表 5-7　肿瘤免疫调节剂全球专利历年申请量

年份	全球申请量/项	年份	全球申请量/项
1996	650	2007	1887
1997	937	2008	1751
1998	1225	2009	1722
1999	1421	2010	1633
2000	1891	2011	1531
2001	1741	2012	1664
2002	1730	2013	1910
2003	1784	2014	2121
2004	1675	2015	1683
2005	1763	2016	674
2006	1712		

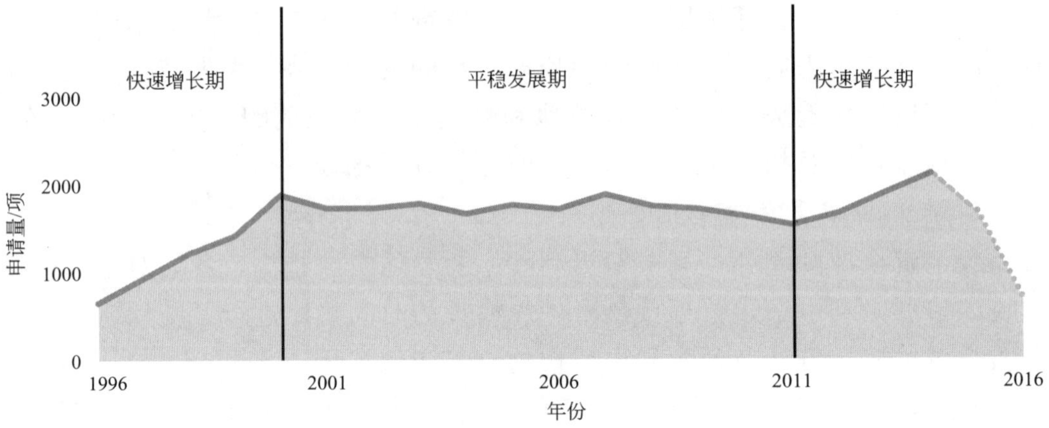

图 5-15　肿瘤免疫调节剂全球专利申请量年度变化趋势

2. 专利技术区域分布

本小节考察了各来源地和目的地国家和地区肿瘤免疫调节剂专利申请量分布及发展变化趋势，进而分析各个国家和地区在该技术上的研发实力及变化，以及各个国家和地区所能拥有的市场规模和商业前景。

表 5-8 和图 5-16 列出了全球肿瘤免疫调节剂领域专利申请的技术主要来源地分布，数据基础是统计每项专利申请的最先申请国。由于申请人一般倾向于在所属国家进行第一次专利申请，因此该项数据能够较真实地表明各个国家和地区在肿瘤免疫调节剂研发领域的技术实力。

表 5-8 肿瘤免疫调节剂全球专利各来源地国家和地区申请量及 PCT 申请量

来源地国家和地区	申请量/项	PCT 申请量/项
美国	17 923	14 366
欧洲	5515	4696
中国	7592	426
日本	3261	1434
韩国	1138	303
其他	596	303
合计	36 025	21 528

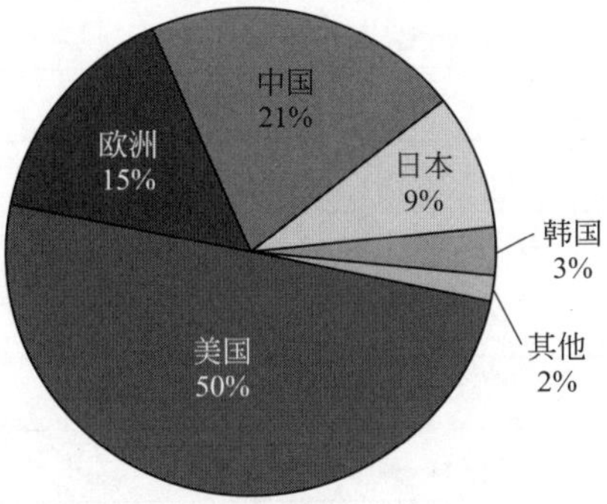

(a) 来源地国家和地区申请量

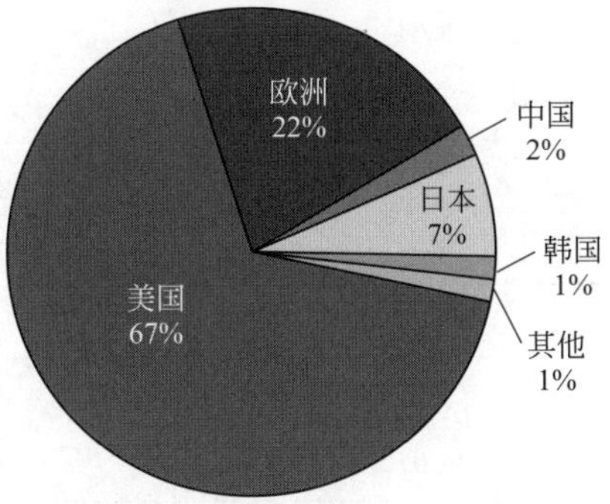

(b) PCT申请量

图 5-16 肿瘤免疫调节剂全球专利申请各来源地国家和地区申请量及 PCT 申请量份额

表 5-8 和图 5-16 显示，在各个国家和地区中，美国申请人的申请量最为突出，在总共 36 025 项专利申请中，有 17 923 项是来自美国的申请，占比约 50%；而在更为重要的 21 528 项 PCT 申请中，有 14 366 项是来自美国的申请，占比超过 2/3。这反映出美国在肿瘤免疫调节剂领域具有较大的研发优势。来自我国的专利申请量以 21%的占比位居第 2 位，反映出我国申请人在肿瘤免疫调节剂领域具有一定的实力，但与美国的占比 50%相比仍存在不小的差距，特别是来自中国的 PCT 申请量仅占 2%，表明我国申请人在肿瘤免疫调节剂领域的专利申请中面向海外市场的重要申请较少。来自欧洲、日本、韩国的专利申请分别排在第 3～5 位，占比分别为 15%、9%和 3%，这表明欧洲、日本、韩国也具有一定的研发实力，而其他国家和地区在肿瘤免疫调节剂技术的研发和专利申请上与前 5 位的国家或地区相比差距明显。

表 5-9 和图 5-17 列出了全球肿瘤免疫调节剂领域来自美国、欧洲、中国的专利申请量年度分布，以此反映出这 3 个专利申请主要来源地国家和地区在肿瘤免疫调节剂研发领域的技术实力的变化情况。

表 5-9　肿瘤免疫调节剂全球专利申请主要来源地国家和地区年度申请量

来源地国家和地区 年份	美国申请量/项	欧洲申请量/项	中国申请量/项
1996	454	98	33
1997	672	133	39
1998	819	216	57
1999	954	287	59
2000	1271	327	78
2001	1055	326	112
2002	1033	336	116
2003	978	332	157
2004	913	303	150
2005	971	334	164
2006	949	303	205
2007	932	385	282
2008	892	253	340
2009	796	241	381
2010	774	214	433
2011	666	196	510
2012	679	196	588
2013	710	215	752
2014	557	157	1164
2015	318	82	1164
2016	0	0	667

表 5-9 和图 5-17 显示，近年来，中国来源的肿瘤免疫调节剂专利申请量增速迅猛，继年度申请量 2008 年超过欧洲后，于 2013 年超越美国成为年申请量第一，表明我国近年来在肿瘤免疫调节剂领域的研发和专利申请均十分活跃。

图 5-18 显示的是全球范围内肿瘤免疫调节剂专利申请的主要目的地国

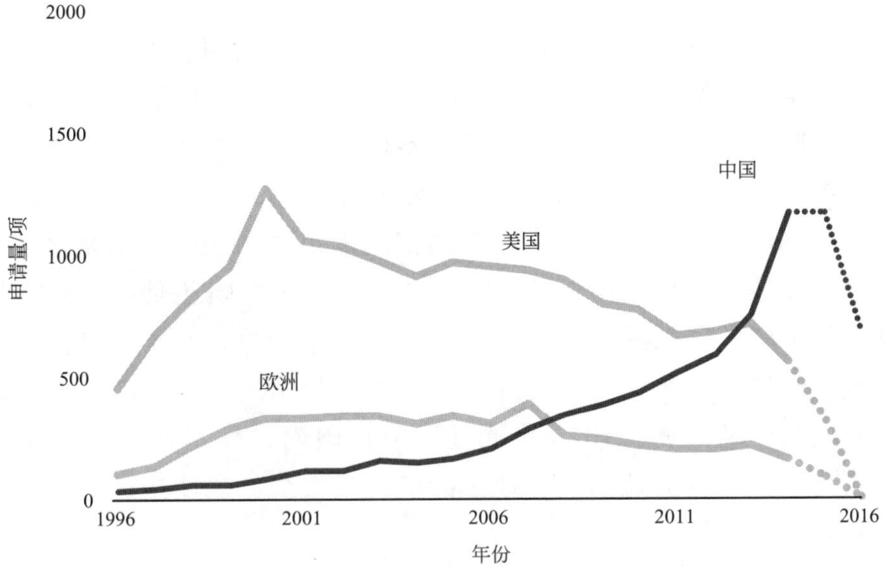

图 5-17　肿瘤免疫调节剂全球专利主要来源地国家和地区年度申请量变化趋势

家或区域分布。可以看出，在各个国家和地区中，在美国的申请量最为突出，有 20 968 项专利申请选择在美国进行申请。这反映出肿瘤免疫调节剂研究者对美国市场的重视。除美国之外，在欧洲、日本、中国、澳大利亚、加拿大、韩国的专利申请量分别排在第 2～7 位，有超过 5000 项以上的专利申请选择在这些国家和地区申请，表明这些国家和地区也是肿瘤免疫调节剂的重要目标市场。其中，有 16 182 项专利申请选择在我国进行申请，位居第 4 位，与前 4 位的差距并不大，这在一定程度上表明了申请人对我国这个巨大的新兴市场的重视，同时如此高的申请量可能带来的专利风险也值得我国肿瘤免疫调节剂产业加以重视。

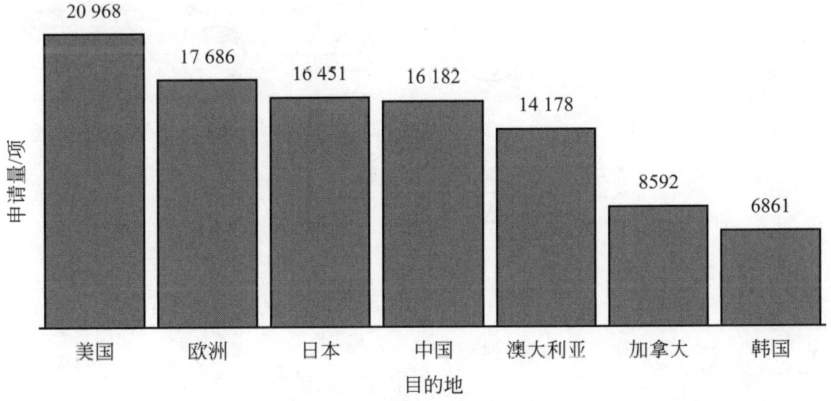

图 5-18　肿瘤免疫调节剂全球专利申请主要目的地国家和地区

表 5-10 和图 5-19 显示的是全球范围内肿瘤免疫调节剂专利申请的主要目的地国家或区域分布。从中可以看出，在美国、欧洲、中国、日本、韩国这 5 个专利申请主要来源国家和地区中，在本国或本地区的申请量均为最大，表明这些国家和地区的申请人均将本国或本地区的市场放在首位。而在美国、欧洲、中国、日本、韩国这 5 个专利申请主要目的国家和地区中，来自美国的专利申请均较大，除了在中国仅次于来自中国的申请量之外，在其他 4 个国家和地区均排名第 1，表明美国无论是在本国还是在海外市场均优势明显，除美国外，欧洲也有较大比例的海外申请量，日本、韩国也有一定比例的海外申请量，表明美国、欧洲、日本、韩国的申请人对海外市场较为重视，而中国申请人则把申请的重点集中在国内，虽然在中国的申请量最大，但在其他主要目的地国家和地区的申请量较少，表明中国申请人在该领域较少开发海外市场。

表 5-10　肿瘤免疫调节剂全球主要来源地国家和地区专利申请市场布局

目的地 来源地	美国/项	欧洲/项	中国/项	日本/项	韩国/项
美国	15 195	11 219	5772	9471	3722
欧洲	4080	4983	2178	3637	1535
中国	292	241	7565	222	133
日本	1246	1225	704	3112	543
韩国	267	168	156	186	1088

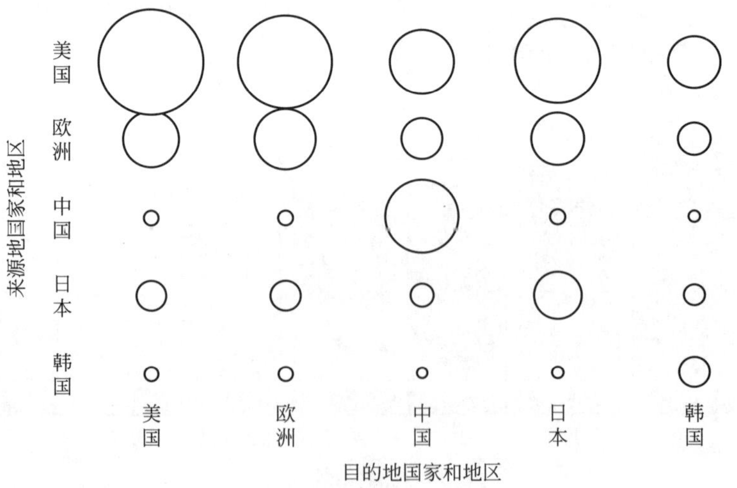

图 5-19　肿瘤免疫调节剂全球专利申请主要来源地国家和地区市场布局

3. 主要申请人分析

表 5-11 和图 5-20 统计了全球肿瘤免疫调节剂技术领域排名前十位的主要申请人的申请量和 PCT 申请量情况。图 5-21 统计了排名前十位的主要申请人的申请量和 PCT 申请量占比情况。

表 5-11 全球肿瘤免疫调节剂专利前十位申请人的申请量、PCT 申请量

申请量排名	申请人	申请量/项	PCT 申请量/项
1	葛兰素史克	804	689
2	罗氏公司	751	545
3	默沙东公司	589	534
4	诺华公司	413	400
5	百时美施贵宝	412	321
6	辉瑞公司	408	352
7	武田制药	342	271
8	美国卫生与人类服务部	332	268
9	因赛特	299	245
10	阿斯利康	294	285

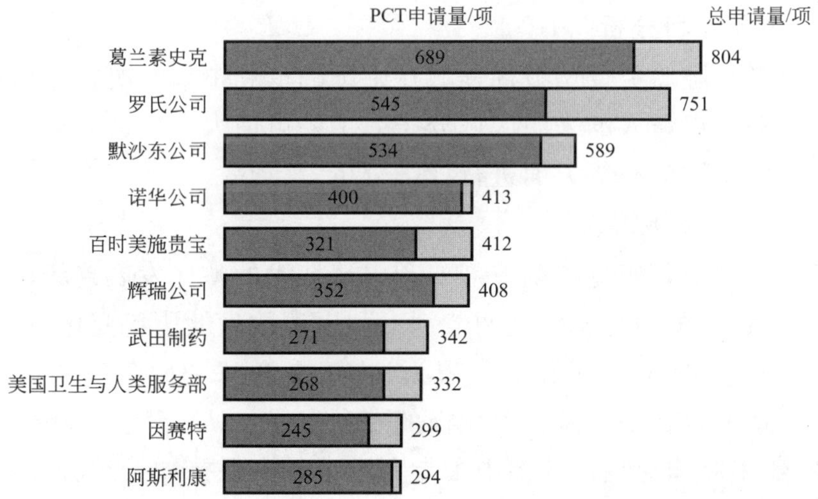

图 5-20 全球肿瘤免疫调节剂专利前十位申请人的申请量、PCT 申请量

表 5-11 和图 5-20 显示，全球专利申请量前十位的申请人中除位列第 8

位的美国卫生与人类服务部外，其余九家均是企业，可见肿瘤免疫调节剂在产业上具有良好的应用。葛兰素史克、罗氏和默沙东以超过500项的专利申请量位列前三甲，显示了在该领域雄厚的实力。同时，这十大申请人都申请了超过70%的PCT申请，合计PCT申请量占合计申请量的比例更高，可见其专利申请的重要程度以及对其他国家和地区市场的重视程度。

图5-21显示，从专利申请量来看，全球肿瘤免疫调节剂领域排名前十位的申请人申请量总和占全部申请量的比例也只有13%，有87%的专利申请来自其他申请人，可见在肿瘤免疫调节剂领域的研发呈现百家争鸣的态势，这十大申请人的PCT申请量总和占全部PCT申请量的比例则有18%，可见其申请专利的质量和布局情况较好。此外，大的跨国公司在自己研发的同时，也利用其销售渠道等方面的优势伺机通过并购或购买专利或许可的方式获得其他申请人的研发成果。

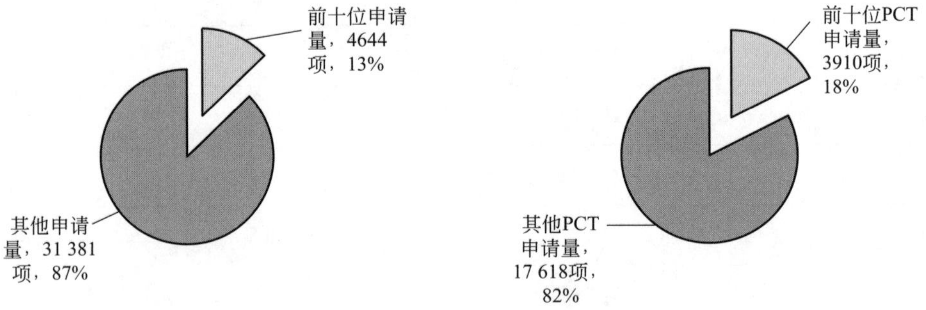

图5-21　全球肿瘤免疫调节剂专利前十位申请人的申请量、PCT申请量占比

（二）中国专利分析

本小节考察肿瘤免疫调节剂领域在中国的专利申请情况，包括从专利申请的发展趋势、申请人的来源区域分布、主要申请人、申请人类型，以及专利申请的技术主题分布等方面进行详细分析。

1. 专利技术发展趋势

为了解中国的肿瘤免疫调节剂专利申请技术的整体发展趋势，我们统计了近20年来在中国的肿瘤免疫调节剂专利申请数量的历年变化情况。

由表5-12和图5-22可见，随着近20年来全球肿瘤免疫调节剂快速发展，各国申请人也在中国进行着积极的专利布局。从申请量的历年变化趋势看，近20年来肿瘤免疫调节剂中国专利申请基本保持增长态势，从1996年开始的231件的年申请量到2014年达到顶峰的1554件的年申请量，年申请量增长了将近10倍，考虑到由于延迟公开导致的2015～2016年申请量低估，预计 2015～2016 年申请量会进一步增长，其大致分为以下 3 个阶段。

表 5-12　肿瘤免疫调节剂中国专利历年申请量

申请年份	中国申请/件	国内申请/件	国外来华申请/件
1996	231	43	188
1997	300	53	247
1998	304	60	244
1999	389	63	326
2000	530	83	447
2001	629	128	501
2002	752	208	544
2003	1012	256	756
2004	1121	277	844
2005	1224	360	864
2006	1297	388	909
2007	1189	319	870
2008	1263	441	822
2009	1228	421	807
2010	1182	442	740
2011	1192	545	647
2012	1173	627	546
2013	1285	796	489
2014	1554	956	598
2015	1012	859	153
2016	588	554	34

第一阶段：1996～2000 年，中国的肿瘤免疫调节剂专利申请量主要由国外来华申请人贡献，国外来华的申请量保持了较快的增长速度，而国内申请人的年申请量少于 100 件，远低于国外来华申请量水平。

第二阶段：2001～2006 年，国内申请人的申请量呈现出快速增长的态

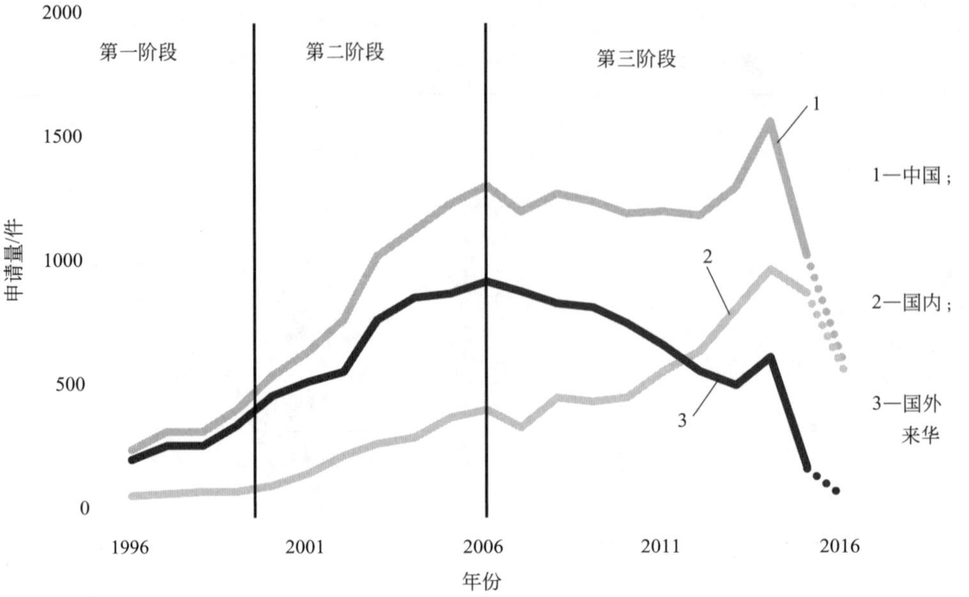

图 5-22 肿瘤免疫调节剂中国专利申请量年度变化趋势

势，增长速度逐渐跟上国外来华申请量的增长速度，年申请量虽然大幅提高，但仍低于同样快速增长的国外来华的年申请量。

第三阶段：2007～2016 年，国外来华专利申请基本上逐年大幅减少，国内专利申请延续快速增长势头，2012 年，国内年专利申请量首次超过国外来华申请量。

可见，虽然国内在肿瘤免疫调节剂方面起步较晚，技术与国外巨头仍有一定差距，但近年来，国内申请人在肿瘤免疫调节剂领域的研发热情和能力正逐步提高，目前已有多家公司的产品被批准或即将被批准进入临床试验。

2. 专利技术区域分布

本小节考察了肿瘤免疫调节剂中国专利申请中各来源地国家和地区以及中国国内专利申请中各来源省市的申请量发展变化趋势，进而分析各主要国家和地区在中国的市场布局情况以及中国国内各来源省市的研发实力情况。

在中国提交的 20 116 件肿瘤免疫调节剂的发明专利申请中，国外来华的专利申请量为 12 065 件，占总量的 60%；而国内申请人的专利申请量为 8051 件，占总量的 40%。图 5-23 列出了肿瘤免疫调节剂中国专利申请主要来源地国家和地区分布情况。图 5-24 列出了肿瘤免疫调节剂中国国内专利申请主要来源省市分布情况。

图 5-23 显示，在各国家和地区中，来自中国国内的申请量最多，共计 8051 件；来自美国、欧洲、日本的申请量分别以 5434 件、4408 件和 972 件

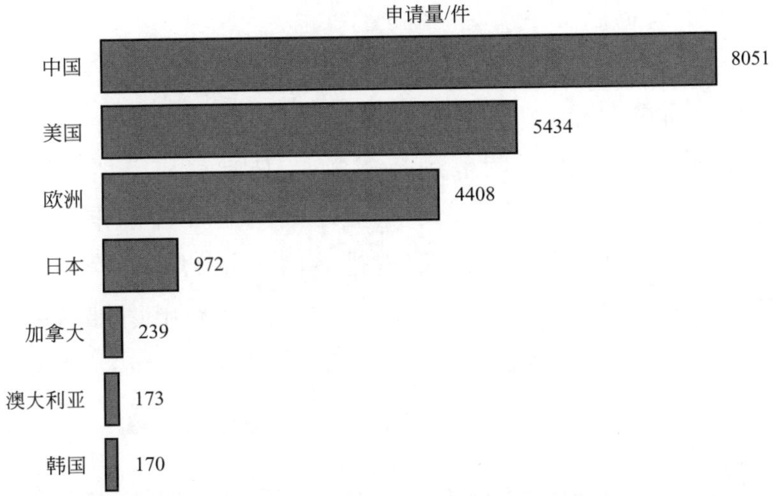

图 5-23　肿瘤免疫调节剂中国专利申请来源地国家和地区分布

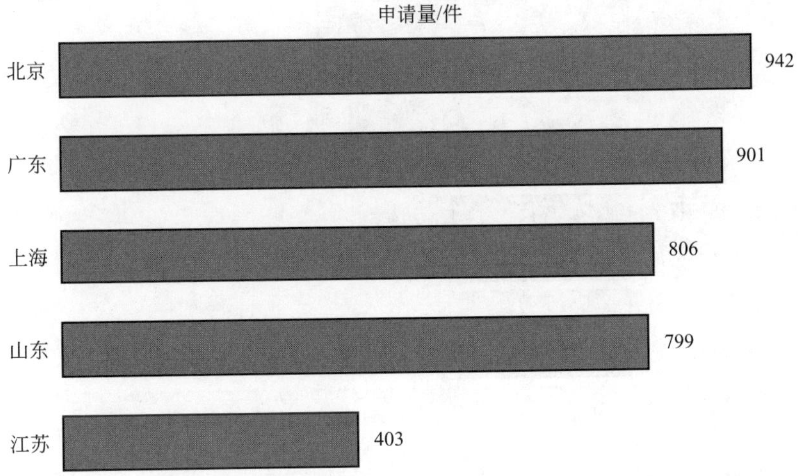

图 5-24　肿瘤免疫调节剂中国专利申请国内来源省市分布

位列国外来华申请量前三甲，分别占所有国外来华申请量的 45%、37%和 8%，国外来华申请量排名第 4～6 位的加拿大、澳大利亚和韩国的申请量则明显少于排名前 3 位的国家和地区。由此可见，国外来华申请肿瘤免疫调节剂专利的申请人主要来自于发达国家和地区，尤其集中于美国、欧洲和日本。

图 5-24 显示，申请肿瘤免疫调节剂专利的国内申请人中，来自北京、广东、上海、山东、江苏的申请人分别申请了 942 件、901 件、806 件、799 件和 403 件，共计 3851 件，占所有国内申请量的约 50%。可见，国内申请肿瘤免疫调节剂专利的申请人主要来自于经济和科技研发力量较为发达和集中的东部沿海地区。

3. 专利申请人分析

申请人的专利申请总量排名反映了这些申请人参与竞争的程度以及行业内的技术研发垄断情况。

图 5-25 显示了肿瘤免疫调节剂技术领域中国专利申请的主要申请人申请量排名情况，其中我们已经考虑了企业之间的主要并购重组。在肿瘤免疫调节剂领域的中国专利申请中，申请量排名前十位的均为跨国公司，其中罗氏公司（收购了基因泰克、中外制药）以 522 件专利申请排名第一，诺华公司、辉瑞公司以 387 件、295 件专利申请分列 2 位、3 位，可见这些大跨国公司的优势明显。

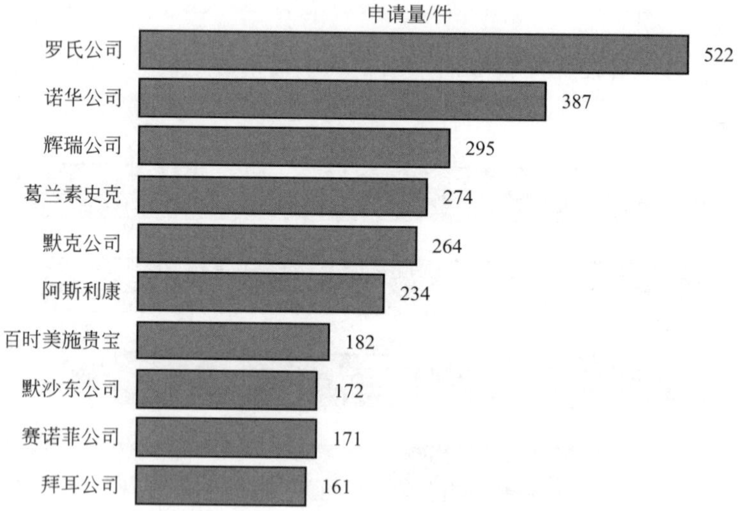

图 5-25　肿瘤免疫调节剂中国专利申请的申请人排名

（三）小结

全球范围内公开的涉及肿瘤免疫调节剂的专利申请共计 36 025 项。这其中，国内外申请人在中国申请的涉及肿瘤免疫调节剂的专利申请共计 20 116件。这些肿瘤免疫调节剂专利申请在申请量年度变化趋势、专利申请的来源地和专利布局目的地的区域分布、主要申请人以及技术主题分布等呈现出以下特点。

1. 全球申请量进入又一个增长期，中国申请量持续快速增长

肿瘤免疫调节剂全球专利申请量继 20 世纪 90 年代末的高速增长和 21 世纪最初 10 年的平稳发展，自 2011 年起迎来又一个快速发展期。与全球专利申请量阶梯式的增长模式有所不同，近 20 年来，肿瘤免疫调节剂中国专利申请则基本保持持续增长态势，尤其是 2007 年以来，虽然国外来华年度

申请量开始逐年大幅下降，但起步较晚的国内申请量则以越来越迅猛的态势快速增长，2013年首次超过国外来华年度申请量，国内申请人在肿瘤免疫调节剂领域的研发热情和能力正逐步提高。

2. 美国占一定优势，中国后劲十足但以国内申请为主，中国是第五大目标市场，国外来华申请量仍占优势，国内申请集中在东部沿海地区

在肿瘤免疫调节剂全球专利申请中，来自美国、欧洲、中国、日本、韩国的专利申请量占比分别为50%、15%、21%、9%和3%，美国申请人在该领域优势较大。近年来中国来源的申请量增速迅猛，于2013年超越美国成为年申请量第一，但总申请量与美国仍存在一定差距。美国、欧洲均有较大比例的海外申请量，对海外市场较为重视，而中国申请人则把申请的重点集中在国内，PCT申请量仅占2%，较少开发海外市场。在美国、欧洲、日本、中国、澳大利亚的专利申请量均超过10 000项，表明这些国家和地区是肿瘤免疫调节剂的重要目标市场，中国以16 182项位居第4位，与前3名差距不大，既表明了申请人对我国这个巨大的新兴市场的重视，也可能带来专利风险。在中国提交的肿瘤免疫调节剂专利申请中，国外来华占60%，仍占优势，其主要来自于发达国家和地区，尤其集中于美国、欧洲和日本，其中来自美国的申请量占所有国外来华申请量的近1/2。肿瘤免疫调节剂专利的国内申请人则主要来自于经济和科技研发力量较为发达和集中的东部沿海地区，其中北京、广东、上海、山东、江苏的申请人共申请了约50%的国内申请。

3. 以罗氏为首的跨国公司领跑但技术垄断度不高，国内企业申请有所增加可加强合作

葛兰素史克、罗氏和默沙东以超过500项的专利申请量位列全球申请人前三甲，显示了他们在肿瘤免疫调节剂领域的雄厚实力，前10名申请人申请了18%的全球专利申请，技术垄断度不高。中国专利申请中，以罗氏为首的跨国公司排名前十。

附录

附表1　名词解释

全球专利申请	世界各国家和地区专利局受理并公开的全部专利申请
同族专利申请	具有相同优先权的一系列专利申请
项	在进行专利申请量统计时，对于数据库中以一族（这里的“族”是指同族专利中的族）数据的形式出现的一组专利文献，计为1“项”；本报告中“全球专利申请分析”各项目（除涉及国家或地区申请量分布的趋势分析外）均以“项”计算

续表

件	在进行专利申请量统计时，将同族的专利申请分开进行统计，得到的结果对应于申请的件数；本报告中“中国专利申请分析”各项目及“全球专利申请分析”中涉及国家或地区申请量分布的各类分析均以“件”计算
欧洲	在本报告中涉及欧洲的数据不仅包括涉及欧洲专利局自身的数据，还包括涉及欧洲专利局38个成员国各自国家局的数据，它们均并入欧洲专利局的数据以欧洲地区作为一个整体进行分析
中国	在本报告中涉及中国的数据包括香港、澳门和台湾地区的数据
PCT 申请	PCT申请即国际申请，是指按照专利合作条约（PCT）提出的申请，申请人向一个PCT受理局提出PCT申请，即可取得相当于向所有PCT成员国家或地区进行专利申请的效力

（撰稿专家：李振鹏　曾繁辉）

国家生物产业基地
年度发展报告

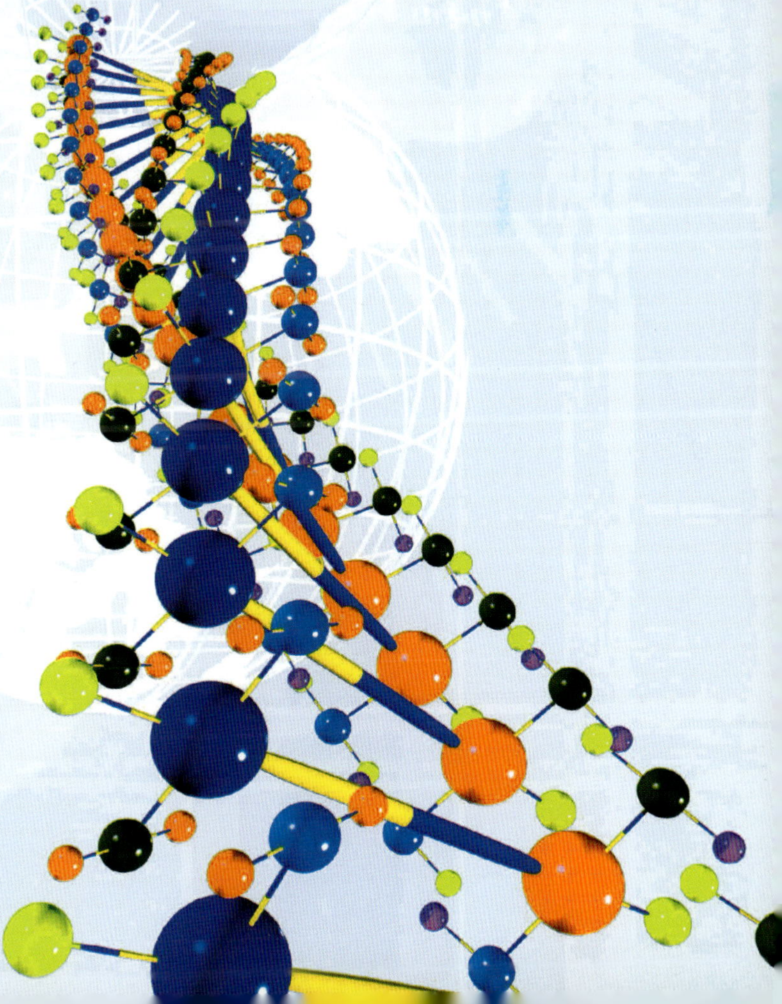

广州国家生物产业基地发展报告

2016年，在国家、省发展改革委的大力支持下，在广州市委、市政府的高度重视下，依托广州国家生物产业基地的建设，广州市生物与健康产业发展迅速，产业规模持续扩大，产业聚集日益明显，产业体系不断完善。

一、广州生物产业基地发展情况

（一）规模壮大、效益增长

2016年，全市生物与健康产业实现增加值431.19亿元，占战略性新兴产业增加值的比重为21.6%。“十二五”以来，广州市生物产业年均增长率超过14%，其中，工业部分的总产值和主营业务收入在“十二五”期间均超过1500亿元，居于工业各行业前列。形成了以广药集团为龙头，带动一大批专、新、特、精的骨干企业集群式发展的局面。广药集团连续多年蝉联全国制药工业百强榜冠军，2016年销售收入880亿元，同比增长17.33%，实现利润总额28亿元，同比增长18.72%。

（二）产业链条不断健全

打造了以科学城、生物岛为核心载体，健康医疗中心、国际健康产业城、国际医药港等特色园区协调发展的产业布局，构建从技术研究、中试到产业化的完整产业链，形成现代中药、化学药和基因工程药物为主体，医疗器械为特色、检验检测和健康服务为市场价值链终端的产业体系。其中，科学城核心区完成基础设施投资1300亿元，建成40家孵化器，孵化面积300万平方米，入驻生物企业400多家；生物岛核心区完成投资93.5亿元，建成23.8万平方米产业单元，入驻企业150多家。

（三）产业领军人才汇聚

在《关于加快集聚产业领军人才的意见》“1+4”政策文件的指导下，广州市借助“广交会”、“海交会”、“创交会”等具有国际影响力平台，建立海外高层次人才数据库和社会化引才育才工作网络，围绕生物医药、健康医疗等重点领域发展，汇聚了5名诺贝尔奖金获得者、12名两院院士、50名中央“千人计划”专家、20 名中央“万人计划”专家、24 个广东省“珠江人才计划”创新创业团队和 27 名广东省“珠江人才计划”领军人才。

（四）创新能力显著增强

广州市现有生物与健康产业领域国家级工程中心（实验室）12 家、专业孵化器 13 个，各级重点实验室 158 家、工程技术中心 128 家、企业技术中心 51 家，形成了较完整的技术研究和创新体系。“十二五”期间，89 个新药获批开展临床研究，19 个新药取得生产批件，一大批企业和科研单位取得佳绩：中科院广州生物医药与健康研究院建立了国内首个 iPSC（诱导性多能干细胞）技术平台及技术体系，获国家自然科学二等奖、广东省科学技术一等奖；迈普公司成功研制世界第一个生物 3D 打印的硬脑（脊）膜产品“睿膜”，在 40 多个国家和地区应用 3 万多例；铭康生物自主研发的国内首个可单次给药的溶血栓新药——国家一类新药“铭复乐”获准上市。

（五）国际合作步伐加快

积极利用对外开放优势，推进与以色列、英国、古巴等国家在生物领域的交流合作。广州开发区获批成为全国 4 个中以高技术产业重点合作区域之一，设立规模为 6.06 亿元的广州中以生物产业投资基金，建成首期 3300 平方米的中以生物产业孵化基地和广州中以生物技术转移加速平台；建设中英生物产业园，成功举办 5 届“中英生物科技之桥”项目对接会，达成 100 多个项目合作意向；市生物医药龙头企业与古巴生物医药集团签署了合作备忘录及一批合作项目。

二、特色和亮点

（一）龙头企业迅猛发展

多年来，广州市培育了香雪制药、广药集团、达安基因、金域检验等生物产业龙头企业，生物与健康领域上市企业 15 家，拥有生物与健康领域高新技术企业 457 家，占全市高新技术企业的比重为 9.6%。2016 年，广州市引进通用（GE）生物产业园落户中新知识城，将从事生物医药生产企业集聚园区的运营业务，达产产值预计 40 亿美元；百济神州建设的 PD-1 单克隆抗体药物生产基地，选址在通用生物产业园旁边，项目投资预算 20 亿元人民币，投产后首年产值 80 亿元。

（二）创业投资氛围良好

广州市各类天使投资、创业投资、股权投资机构约 1300 家，管理资金规模约3000亿元，已备案创业投资企业27家，附带备案的创业投资管理顾问企业8家，注册资金规模共计78.41亿元。配合国家新兴产业创投计划，参股设立创业投资基金3支，基金总规模7.69亿元，广州市出资1.5亿元。参与发起设立国家新兴产业创业投资引导基金，承诺出资5亿元，目前已出资1亿元。此外，广州市还拥有以广州越秀产业投资基金、广州国资发展集团等为代表的政府性基金管理公司，以及以广州民营投资股份有限公司等为代表的民营基金管理公司，为广州市生物产业发展营造了良好的投资氛围。

（三）基地集聚效应突显

以广州科学城、中新广州知识城、广州国际生物岛、广州白云生物医药产业基地、广州健康医疗中心产业基地等7个战略性新兴产业基地为核心载体，形成专业化集聚，做大做强现代中药、生物制药、化学药、医疗器械、健康服务、生物制造与服务业等优势产业。

（四）创新平台效能提升

以再生型医用植入器械国家工程实验室、中药提取分离过程现代化国家工程研究中心、临床医学分子诊断国家地方联合工程实验室等21个国家级重大平台为抓手，以产业内龙头企业为主体，依托创新平台、技术中心、科研院所等资源要素，创新风险分担、利益共享机制，围绕产业共性需求，积极创建国家级生物领域产业创新中心。重点加强产学研合作，激发创新主体的活力，提高研发服务、检验检测、知识产权、成果转化、资源共享、产业联盟等方面的服务水平，全面提升创新平台效能。

三、存在的主要问题

一是产业大而不强，重点领域亟需提升。广州生物与健康产业在体量上已接近传统支柱产业，但产业整体结构有待提升，制造业仍以传统产品为主，创新药物、高端医疗器械等领域发展不足，健康服务新技术的临床应用仍属短板。

二是成果转化不足，创新资源有待整合。一方面，受制于平台运营体制机制，企业在大型科研仪器共享、研究资源共享等方面仍无法得到基地内的公共创新平台的有效支持，一些科研服务仍需要到外地甚至外国去做。另一方面，公共技术服务平台利用率不高，企业对于平台提供的服务项目、收费标准、使用流程等不太了解，或在使用过程中面临一定的阻力和体制机制障碍。

三是融资渠道单一，科技金融体系不发达。目前以国有银行融资、政府资金投入为主的金融体制不利于生物与健康产业快速发展，缺少多层次、不同阶段的风险投资机构，使生物技术在研发阶段和产品开发早期得不到资金支持，阻碍了产业的创新发展。同时，一些生物企业引入创业投资的理念尚未形成，态度过于保守和谨慎。

四、下一步工作思路

根据市委、市政府的工作部署，由市发展改革委统筹全市战略性新兴产业发展工作。目前，按照《广州市战略性新兴产业第十三个五年发展规划》有关要求，广州市正在抓紧谋划加强统筹协同和政策扶持，创新发展思路，推动广州国家生物产业基地发展壮大。

一是加强协同联动。建立市、区联席会议制度，统筹协调生物产业发展工作。组建广州市生物产业联盟，推动市场资源的有效对接，打造生物产业生态链。

二是落实政策供给。研究制定《广州市生物产业发展三年行动计划（2017～2019年）》以及年度工作重点，认真听取重点企业、科研机构、行业组织等意见，联合市、区有关部门制定出台一系列务实政策措施，引导大企业创新提质，助推高成长企业跨越发展。

三是搭建高端平台。推动国家级重大创新平台深化产学研协同创新，加快科技成果转移和产业化，围绕蛋白类生物药、高端医学诊疗设备、基因检测、干细胞及再生医学等重点领域，建设2～3家省新兴产业创新中心，力争建成1～2家国家产业创新中心和国家制造业创新中心。

四是提升集聚效应。加速释放科学城、生物岛等基地的辐射带动作用；积极促进中新知识城、健康医疗中心、大学城健康产业孵化基地等提升发展；大力推动白云生物医药产业基地、荔湾东沙医药健康总部集聚区等一批基地加快建设，营造良好的产业生态环境，引进一批有全球影响力的优质企业和战略性项目。

五是营造良好氛围。高规格承办2017年第十届中国生物产业大会暨首届官洲生物国际论坛，集聚全球高端资源，搭建市场化、专业化、国际化、高端化的生物产业高层交流、展示推介、产融对接平台。

六是开展国际合作。积极推动中以、中英、中古等创新合作，在生物医药、医疗器械、智慧医疗、研发服务等领域加强产业技术合作和引进。争取国家政策和资金支持，与国（境）外机构合作共建产业技术转移园区、孵化基地和创投基金。

（撰稿：广州市发展改革委）

长春国家生物产业基地发展报告

从2005年被国家发展改革委认定为国家生物产业基地以来，长春市生物产业发展迅速，现有现代中药、化学药、生物药生产企业66户；生物健康材料和保健食品14户；医疗器械企业1430户；制药检测仪器与装备3户；医药流通企业3843户。

一、加强基地建设调度，开展对产业基础现状调研

为加快长春生物基地建设，实现产值超千亿元目标，进而打造新的支柱产业，针对现代中药、化学药、生物药、生物健康材料与保健食品、医疗器械、制药检测仪器与装备、医药商业与流通、医疗与健康服务等，完成筹备建立统计体系，经与统计局多次沟通，目前已达成摸底清查工作的初步方案。

二、夯实基地载体，推动医药健康产业园区建设

中古（长春）生物技术产业国际合作区、亚泰医药产业园、北湖科技园、康宁杰瑞医药园等园区建设推进迅速。着眼产业发展前沿，引领长春市医药健康科技新成果转化示范，打造了产业发展新引擎。

三、确保基地大项目建设顺利推进

长春市修正高新制药等15个省重点推进的重大产业化项目和19个大品种培育项目运行正常，发展态势良好。近几年来，长春医药工业始终处于快速发展的上升通道，总产值、主营收入和利税三项主要经济指标持续较快增长。2017年长春医药产业保持增长势头，产业规模不断壮大，规模以上医药企业数量54家，实现产值199.68亿元，药品流通收入约200亿元。

四、基地三类中心及平台建设成果显著

主要完成以下建设：

（1）吉林省中药材精深加工中试中心等省级科技成果转化中试中心（7 个）；

（2）吉林省现代中药产业技术创新战略联盟等省级技术创新战略联盟（5 个）；

（3）吉林省长春生物医药高新技术特色产业基地高新技术产业化基地（园区）（1 个）；

（4）吉林省创新医药公共服务平台有限公司（国家级）等技术转移示范机构（3 个）；

（5）吉林省人畜共患病预防与控制重点实验室（科技部、吉林省共建）等省部级重点实验室（16 个）；

（6）吉林省医用光电仪器工程技术研究中心等省级科技创新中心（18 个）；

（7）医药保健互联网创业孵化基地等孵化器、众创空间（3 个）。

五、招商引资成果突出，产业集群壮大发展

中古（长春）生物技术产业国际合作区合作框架协议签署，古巴 22 项合作意向品种受到企业欢迎；吉林新玉奥克生物开发有限公司北方区域细胞制备中心项目落地长春北湖科技园；东北亚医药健康产业园项目落户长春意向进一步明晰；长春普仁国际医学城项目在空港开发区已经开工；康宁杰瑞单克隆抗体药物产业化项目取得阶段性成果；中科院苏州医工所长春工程技术研究院项目已完成注册。通过组织对深圳、杭州等地的工作调研，与中科院深圳先进技术研究院、华大基因等单位达成合作意向。

（撰稿：长春市发展改革委）

深圳国家生物产业基地发展报告

2016年，在国家发展改革委的正确领导下，深圳加快壮大以生物产业为主的生命经济，以服务民生需求为根本，加速生物技术与信息技术融合，创新发展精准医疗、数字生命等前沿交叉领域，提升生物医药、生物医学工程等优势领域发展水平，稳步推进深圳国家生物产业基地建设。

一、基地发展基本情况

（一）产业规模保持平稳较快增长

在全国生物产业增速放缓的大环境下，深圳市通过一系列规划引导和政策扶持，2016年深圳生物产业保持了平稳较快增长，产业规模超过2200亿元，同比增长约14%，产业增加值同比增长13.4%，产业规模和增加值增速远高于全国平均水平。从细分行业来看，以生物基因为主的新兴领域保持了迅猛的增长态势，推动了深圳生物产业新一轮的快速增长，医疗器械转型升级步伐加快，生物医药不断实现突破，服务流通稳步增长。

（二）自主创新能力不断提升

创新投入持续提高。自“十二五”以来，深圳生物产业研发投入快速增加，年均增长超过20%。生物产业全行业研发投入占营业收入的比例超过4%，剔除流通企业的影响后，制造类企业研发投入占营业收入的比例超过10%，远高于深圳全市研发投入占GDP比重，展现出了新兴产业知识、技术密集的特点。

创新载体快速增加。以深圳大学、北京大学深圳研究生院、清华大学深圳研究生院、中科院深圳先进技术研究院、华大基因研究院等高等院校和科研机构为主体的创新支撑体系日趋完善，依托重点企业组建创新载体，推进资源共享和产学研结合，提升了深圳生物产业自主创新和产业化能力。截至2016年年底，深圳生物产业领域拥有国家、省（市）级工程实验室、重点实验室、工程（技术）研究中心等各类创新载体325家，其中国家级创新载体22家，省级创新载体37家，市级重点实验室84家，市级工程（技术）

研究中心 44 家，市级工程实验室 76 家，市级企业技术中心 11 家，市级平台 51 家。

高端团队加速汇聚。近年来，深圳积极推进“大众创业，万众创新”，在生物产业领域也引进了一大批高端创新人才和团队，为产业今后的创新引领发展奠定了坚实基础。统计数据显示，截至 2016 年年底，全市引进约 40 个与生物产业相关的海内外创新创业团队，涉及基因、农业、医疗器械、细胞治疗、医药研发等领域。

BT/IT 融合发展。顺应“互联网＋”蓬勃发展的大趋势，深圳生物企业积极利用互联网、云计算、大数据等工具推动企业转型升级，如华大基因携手阿里云提供 BGI Online beta 服务产品、碳云智能打造数字生命的生态系统、迈瑞的移动医疗检测系统、新元素的网络保健中心＋健康小屋模式、国药一直与海王生物探索医药流通 B2B、翰宇药业打造慢病管理平台、先健提供互联网金融服务等，新模式、新业态不断涌现，促进了产业创新发展。

（三）重大产业平台取得突破

国家基因库一期于 2016 年 9 月正式投入运营，成为全球第四个建成的国家级基因库，也是目前全世界最大的基因库。国家基因库通过搭建基因资源挖掘的基础性支撑平台，以具备对海量生物资源的存、读、懂、写、用能力为基础，构建起检测、管理、认证、基础应用体系，促进基因组学在精准医疗、农业育种、海洋开发、微生物应用等方面的前沿探索与产业转化。

深圳综合细胞库和区域细胞制备中心建设取得良好成效，已与深圳市第二人民医院、罗湖医院集团、深圳市妇幼保健院等多家医疗机构联合签署个体化细胞治疗战略合作协议，致力于再生医学技术的临床转化应用，积极开展多种难治性疾病的医疗新技术、临床试验和推广应用，于 2016 年发布首个细胞制备中心建设地方标准。

（四）区域集聚试点效果良好

加快推进战略性新兴产业区域集聚发展试点工作，以深圳国家基因库为依托，充分发挥深圳高通量基因组测序技术、高端生物医学工程和新一代信息技术等方面的领先优势，重点发展生物药物开发、生物农业、高端医疗健康服务、大型医学影像设备、生命信息监护和支持设备、临床医学检验设备和介入治疗产品等领域。通过集聚试点发展，深圳市在生命信息支持、医学影像等领域已经形成以迈瑞为骨干的一批集研发、生产的综合性高科技医疗设备的企业群体；华大基因推出超级测序仪 Revolocity 以及 BGISEQ-500 等高通量桌面测序系统；深圳微芯生物科技公司自主研发的西达本胺成为我国第一个全球同步开发的原创小分子药物，填补了我国外周T细胞淋巴瘤药物的空白。深圳已成为全球重要的生物基因领域和高端生物医学工程领域聚集地。

二、基地建设主要举措

（一）出台新一轮的产业发展规划

为推动深圳生物产业发展，2017年1月出台了《深圳市战略性新兴产业“十三五”发展规划》，提出以服务民生需求为根本，重点围绕生物医药、高端医学影像、基因技术等领域，统筹布局技术研发、标准制定、应用示范和产业化等重大工程，提升先进技术的创新与集成能力，争取在“十三五”期间，将深圳建设成全球知名的生物产业基地。编制了生物与生命健康产业重点领域发展行动计划（2017～2020年），以提高居民健康水平为核心，以体制机制改革创新为动力，主动探索先行先试，优化产业发展环境，不断催生新技术、新产品、新业态、新模式，积极推动科技领跑，持续提升产业能级。

（二）加快推进国际生物谷建设

大力推动深圳国际生物谷实施方案的相关工作，出台了《深圳国际生物谷坝光片区产业导向目录》《深圳国际生物谷坝光片区产业项目准入条件》。截至2016年年底，拟落户坝光核心启动区项目38个，其中科研机构5家，包括南方科技大学医学中心、香港中文大学大数据中心等；产业化公司30个，包括华因康基因公司、乐土生物科技等；生命健康综合产业园3个，包括华大未来生命城、深港大健康产业平台等；共引进包括1名诺贝尔奖得主、6名院士在内的470名中高层次和紧缺人才，中科院巴斯德研究所、强生亚太中心、清华大学纳米研发基地等一批优质团队和人才将陆续落户。

（三）积极拓展国际交流合作

坚持开放合作，积极引进基因诊断、细胞治疗、医药与医疗器械研发等领域国际龙头企业和科研机构等高端创新资源。开展国际科研合作，鼓励高校、科研院所与美国麻省理工大学、宾夕法尼亚大学、瑞典卡罗琳斯卡医学院等在脑科学、免疫细胞治疗等领域联合建立研究机构，支持企业与国际一流机构开展科研合作和技术研发，开展科研合作与临床转化。依托深圳市创新投、下一代蓝全球创新性技术并购基金等，支持企业开展国际兼并并购，推动产业开放创新与协同创新。支持有条件的企业与美国、以色列等国家开展国际合作，建设海外创新中心，引进国外先进技术与优质项目，并在深圳实现产业化。推动深港合作，依托深圳基因检测、细胞治疗等领域优势，打造深港产业创新标准高地。

（四）继续实施产业专项扶持计划

继续实施生物产业发展专项扶持计划，加大对生物产业的扶持力度，提升产业的自主创新能力，推动关键核心技术突破，构建产业支撑体系，促进产业发展。截至 2016 年，累计扶持项目 1783 个，项目总投资 306.1 亿元，财政补助资金 36.1 亿元，带动社会资金投入 270 亿元，财政杠杆放大倍数为 7.5。

（五）成功举办国际 BT/IT 领袖峰会

2016 年，峰会以“发展绿色经济，创造美好生活”为主题，围绕生命信息与生物创新技术、医疗器械与数字健康设备、生物医药制品、高品质现代健康服务、农业与生物育种等重点方向，共组织主题演讲、高端对话、专业论坛等各种活动近百场，260 余名业界知名嘉宾应邀出席，吸引来自美国、英国、日本、以色列等 500 余家国内外知名企业和研究机构参展，参会参展人数突破 60 000 人，引起了国内外的广泛关注和强烈反响。

三、存在问题和下一步工作计划

在市委市政府的大力推动下，深圳生物产业发展取得了较好的成绩，创新能力不断提升，产业规模稳步扩大，但仍然存在一些制约产业发展的瓶颈，一是专业人才不足制约发展；二是基础研究能力相对不足，重大创新基础设施存在短板，生物产业公共技术平台和产业化支撑平台建设相对滞后；三是企业运营成本不断攀升，企业生存压力加大，产业持续创新发展面临挑战。

（一）大力提升源头创新能力

争取国家支持，承担国家生命健康大科学计划，探索在深圳国际生物谷开展新型医学检测技术和生物治疗技术临床研究与应用，为国家制定相关政策法规提供依据。积极落实“十大重大科技基础设施行动计划”和“十大基础研究机构行动计划”，力争在生命科学与健康等领域建设国家实验室，规划建设国家基因库二期、生物医学大数据等重大科技基础设施，重点在医学、脑科学、数字生命等领域谋划建设基础研究机构。继续推进高端医学影像技术与装备、多肽药物、医学超声关键技术、个体化肿瘤创新药物、肿瘤基因组临床应用关键技术、介入医疗生物技术及系统等国家地方联合工程实验室。继续在各重点领域建设一批市级重点实验室、工程实验室和公共技术服务平台等创新载体。继续推进建设深圳华大基因研究院、中国科学院深圳先进技术研究院等研发机构和高等院校建设。着力培养并大力引进生物科技和产业发展的高端人才。

（二）加快深圳国际生物谷建设

继续积极争取LDTs监管管理模式、医疗技术规范和准入标准、降低特定医疗器械和药品进口关税等先行先试政策。高起点、高标准、高水平全面统筹推进深圳国际生物谷建设。坚持“三优三低三高”的建设原则，“三优”即生态优先、保护优先、产业优质；“三高”即高标准、高质量、高端发展；“三低”即低成本、低冲击、低碳绿色。顺应后工业化时代产城高度融合、绿色宜居的发展趋势，积极探索低成本、低冲击、低碳绿色的新型开发模式，推进改革开放创新，完善政策法规体系，加快基础设施建设，营造良好的发展环境，积极推动生命健康大科学计划，构建生物产业大集群，建设具有国际竞争力的滨海生态科学小城。

（三）继续推进集聚发展试点工作

落实《深圳市十大科技产业专项实施方案》，积极推进精准医疗专项行动，大力发展新一代基因测序、数字生命大数据平台、细胞治疗、靶向性创新药物等领域，助推生物基因产业、高端生物医学工程产业等国家战略性新兴产业集聚发展试点的建设。在创新载体建设、技术创新、开发和产业化重点发展等方面支持建设一批项目，整合市内优势资源和要素，继续完善生物医药、生物农业、高端医疗健康服务、大型医学影像设备、生命信息监护和支持设备、临床医学检验设备和介入治疗产品等核心产业链条。整合空间资源，优化产业布局，加快建设深圳国际生物谷，大力推进国家、省、市级战略性新兴产业基地建设。大力引进一批生物基因产业、高端生物医学工程领域的重点企业，打造高端特色产业集群。

（四）推动“产业链＋创新链”融合发展

围绕生物医药、医疗器械、生物服务、生物农业等重点领域，积极谋划“产业链＋创新链”融合发展，以重大需求和关键环节为导向，以前沿基础研究、产业共性技术研究开发与产业化应用示范为重点，以重点企业和机构为龙头，上中下游企业为配套，布局建设一批重大项目，建设集总部、研发、生产、产业配套于一体的生物产业集聚区。重点支持生物产业工程实验室、重点实验室、企业研发中心、公共技术平台建设，增强生物产业的研发能力。以深圳国家基因库生物信息资源为依托，以生命科学研究为基础，推动生物医药、医疗器械、生物服务、生物农业等领域协同发展。

（五）加快发展生命健康产业

继续坚持战略性新兴产业和现代服务业双轮驱动培育未来产业的目标要求，紧密跟踪监测深圳生命健康产业发展情况，加强对全球生命健康产业发展新态势的分析研究，把握生物和信息科学融合发展新趋势。着眼于促进民生福祉和提升全民健康素质和水平，依托深圳先进生物技术、新一代信息技术等产业优势，发掘深圳国家基因库生物信息资源，有效利用国家超级计算深圳中心大数据处理能力，强化健康制造的基础作用，大力发展生命信息、高端医疗、健康管理、照护康复、养生保健、健身休闲等领域，鼓励生物技术在生命健康领域的应用示范，培育健康服务新模式和新业态。

（六）进一步完善产业发展环境

继续贯彻落实深圳生物产业振兴发展规划和政策，组织实施生物产业发展专项扶持计划，构建完善的产业支撑体系，推进生物产业产学研合作，开展应用基础研究和关键技术攻关，积极推动研发项目产业化。培育一批拥有核心关键技术、创新能力强的龙头企业，支持生物企业在深圳设立总部，鼓励企业开展技术引进和国际合作。加快建设坪山国家生物产业基地核心区，积极争取国家和广东省更多的支持。不断加大财政投入力度，形成国家和地方专项资金合力培育科技经济竞争制高点的联动机制，进一步完善多元化投入机制，形成无偿资助和有偿资助相结合、财政资金和社会资本相结合的财政投入新模式和新机制。

（撰稿：深圳市发展改革委）

长沙国家生物产业基地发展报告

2016 年，在各级领导的关怀下，长沙国家生物产业基地开拓进取，努力工作，先后获批国家新型工业化产业示范基地、长江经济带国家级转型升级示范开发区，实现了“十三五”良好开局。

一、基本情况

2016 年，长沙国家生物产业基地实现工业总产值 1003 亿元，同比增长 16.8%；实现规模工业增加值 336.4 亿元，同比增长 15.6%，经济总量排名全市第二位。实现财政总收入 35.3 亿元，增加 4.75 亿元，同比增长 16.28%。实现固定资产投资 155 亿元，同比增长 22.3%；其中，工业固定资产投资完成 139.5 亿元，同比增长 30.8%。2016 年，基地内生物医药产业实现产值 369.94 亿元，同比增长 23.3%，占基地总产值的 37.3%，约占湖南全省生物医药产业总产值的 1/4。

二、主要工作

（一）注重集群培育，调优产业结构

基地生物医药产业以药用原辅料、通用名化学药、现代中药为主导，生物制品与健康产品快速发展。一是药用原辅料形成品牌效应。尔康制药的高分子辅料和分子量分布控制技术，华纳大制药、九典制药的复杂反应体系的受控选择反应技术在国内有一定影响。药用甘油、丙二醇、奥硝唑等 23 个主要品种进入全国销量前三强。二是通用名化学药形成专业集群。抗感染药物，中枢神经系统药物，呼吸、消化系统药物等方面形成了若干专业品牌集群。代表企业有湘北威尔曼、湘药制药、华纳大药厂、迪诺制药等，其中，抗感染药注射用复方抗生素、消化系统用药奥美拉唑、硫普罗宁等销量名列全国前茅。三是现代中药潜力较大。拥有一批知名度和市场占有率较高的中药大品种，如：银黄清肺颗粒、中药超微颗粒等，代表企业有安邦制药、春

光九汇等。

同时，基地不断调整产业结构、优化落后产能，高新技术企业产值在工业总产值中的占比由2015年的84.7%上升到93.7%，工业经济税收占财政总收入的89%，产业基础更加牢固。工业增加值在工业总产值中的占比达33.6%，比长沙园区平均值高10个百分点；单位面积产值达7425万元/hm^2（495万元/亩），万元产值税收贡献率达3.55%，万元产值能耗降低5.5%。促成宏灏基因、继蒙制药等27个产业项目兼并重组，盘活了闲置资产，促进了产能结构的深层次调整、低效企业盘活重组工作。

（二）狠抓招商引资，力促企业发展

在世界前沿技术、境外医药企业、金融企业总部的引进方面，实现了突破。全年引进项目22个，合同引资193.77亿元。其中，广东百草堂药业项目投资52亿元，香港泰凌医药项目投资10亿元，使园区医药产业再添劲旅；长安保险湖南省总部落户，增强了基地服务业发展后劲。2016年，基地内企业创新发展，尔康制药税收过1.5亿元，威尔曼制药税收过8000万元，九芝堂医药、盐津铺子税收过5000万元，纳税过1000万元企业总数达23家，税收过500万元企业比2015年增加5家。大力支持盐津铺子股改上市，促其成为"中国零食自主制造第一股"；威尔曼制药、华纳大制药、九典制药上市材料获证监会受理。尔康制药入选深港通股票名单。

（三）加强平台建设，支撑产业创新

为破解中小医药企业科研投入不足、研发能力不强的难题，在搭建公共服务平台方面做了大量有益尝试和建设性工作，布局了生物医药专业化"大众创业、万众创新"省级示范基地，完善了生物医药研发公共服务平台和创新体系的建设。公共服务平台由新药发现平台和实验动物中心两大体系构成，完成固定资产投入1.5亿元，拥有公共实验室3万余平方米，先进设备千余台。基地内的科技创业中心、实验动物中心已经成为湖南乃至中南地区专业涵盖最全、实验动物使用品系最多的药物临床前研发及食品、药品检验检测的公共服务平台，为湖南医药创新发展提供了强力支撑。有了科技平台的强力支撑，企业科技创新能力有了明显提升。目前，区内企业在研新药200余个，获得发明专利800余件，其中抗组织纤维化药物靶点研究、个体化基因诊疗、生物毒素提取关键技术等技术国际领先。依托园区的公共服务体系和企业的科研条件，目前基地共建有国家药用辅料工程技术研究中心等国家级研发机构4家，省级工程研究中心、工程实验室、企业技术中心等省级研发机构30余家，周宏灏、王永炎、印遇龙等多名院士与基地内企业合作建立了省级、市级院士专家工作站，开展药用辅料安全性评价及制备生产技术、中药大品种培育、动物营养代谢与调控等方面的研究。

（四）推动改革创新，减轻企业负担

公布权力清单139项，并制订了相应的责任清单、流程清单。大力推进供给侧改革，有效降低企业成本，免除新建企业的燃气、蒸汽开户费共154.5万元，全年降低大工业用电电价约1842万元。推行“三证合一”、“一照一码”工商登记和商事制度改革，探索“一照多址、一址多照”改革。在全省园区中首家推行“国地财”合署办公，达到了进“一家门”办“三家事”的工作目标。推动开发投资公司市场化转型，新设立的金阳投资集团正式挂牌运行，在开发区国有平台公司市场化改革中走在了全省前列。

三、发展特色和亮点

经过近年来的努力，企业跨越赶超的精气神已经聚集，三大支柱产业的支撑作用更加明显，基地加快发展的现实基础进一步夯实，加快发展的大格局已经基本具备。

（一）产业地位更加突出，产业基础更加坚实

长沙国家级生物产业基地经过10年建设，新近又获批国家新型工业化产业示范基地、长江经济带国家级转型升级示范开发区，在国家产业布局中占有重要地位，在湖南省产业发展中具有引领作用。基地内产业转型较为主动、产业结构较为优化、政府债务风险提前控制，经济指标中最具“含金量”的规模工业增加值和高新技术产值快速增长，质量效应稳步提升，能够轻装上阵。

（二）产业集群强势崛起，融合发展更加高效

生物医药企业稳中求快，比2015年同比增长23.8%，高于全省其他产业增长率近10个百分点。此外，基地近年来二三产业并举的融合发展实践，使城市化水平得到较快提升，多个城市综合体运转良好，总部经济来势喜人，以产业化促进城市化、以城市化带动产业化的良性态势初步形成，能够后发赶超。

（三）龙头企业引领发展，企业上市热潮涌动

尔康制药、华纳大制药等在园区多点布局，形成了集约发展态势。2016年2月8日，盐津铺子在A股上市，成为园区成长起来的又一家上市企业。此外，威尔曼制药等一批企业在证监会排队上市，21家企业积极开展上市的前期工作，上市企业方阵加紧形成，新的发展动力不断增强。

四、面临的主要问题

（一）医药产业总体规模有待提升，企业面临发展瓶颈

当前湖南省生物与新医药产业规模偏小，缺乏具有核心竞争力、能参与国际竞争的大型龙头骨干企业。目前，在生物医药单个企业的规模、新药研发等方面，基地与全国先进的生物医药园区（如武汉光谷、上海张江等）的差距在加大。此外，近期国家相关部门密集出台医药产业相关的改革措施和政策，“仿制药质量和疗效一致性评价”的展开、“两票制”的实施、药品注册制度及招标制度改革等都将对生物医药企业的生存及发展产生巨大影响。作为国内生物医药企业最集中的园区之一，基地生物医药企业以中小企业为主。这一系列改革是基地生物医药企业面临的发展瓶颈，也是基地生物医药产业面临的重大挑战和机遇，迫切需要上级部门给予指导和支持。

（二）用地指标紧张，项目建设压力大

土地供应已成为制约企业落户、产业发展的主要瓶颈。基地年均实际工业用地 133～200hm^2（2000～3000 亩），目前规划用地指标已用完。急需调规扩园，尤其是 2016 年拟铺开建设重点项目和工业企业项目，绝大部分土地手续都因各种原因没有到位。征地拆迁受政策环境的影响，有很多项目因为征拆问题不能及时交地，导致推迟项目的建设进程，甚至出现项目无法推进出现退地的情况。破解用地难题，加快企业落户、建设、投产、见效已成当务之急。

（三）管理体制尚待改革

作为国家生物产业基地和国家级经开区，并未完全享受国家级园区的相关优惠政策，管理权限依然停留在县属事业单位层面上。部分项目的申报要经过浏阳市，土地指标也是在浏阳市的土地指标中分配，但又完全是按照国家级园区进行考核，各类资源整合力度不够，人才、科技、资金、土地等资源要素也并未实现向基地区的集聚，未形成省、市、县管理合力和有效的多级共建模式，基地发展受到制约。

（四）配套条件相对滞后

基地位于浏阳与长沙城区之间，没有母城依托，基础设施滞后于项目建设，城市化和要素保障滞后于产业发展需求。所有的基础设施、生产要素保障、商业配套、健康教育、交通等公共资源均需基地自行建设，造成财政压

力巨大，建设进度无法完全满足产业发展的需求，产城融合还需加大力度。

五、下一步工作思路

2017 年，长沙国家生物产业基地将重点抓好以下 4 个方面的工作。

（一）以项目建设为抓手，力促有效投资

加大生物产业项目建设力度，加强项目建设领导。对照全年铺排的重点项目分解任务、明确责任，坚持“针对问题联项目、针对难点联项目、针对进度联项目”的原则，切实加强对项目建设的调度、督查、考核，切实提高项目的落地率、履约率、开工率和资金到位率，力促重大项目尽快投产达效。突出项目建设重点，坚持规划先行，合理安排片区的开发建设时序，提高资金使用效率，征拆、开发同步，变“项目等地”为“地等项目”，逐步实现熟地招商。

（二）以招商选资为牵引，推动开放崛起

招商引资是园区存在的生命线、各项工作的落脚点。以时不我待的紧迫感、舍我其谁的责任感，以更强的决心、更大的力度推动招商引资工作，提升招商理念。围绕生物产业链延伸及融合发展需求，选大项目、好项目，注重质量效益，探索以“泛投资者”的理念谈项目、引项目、建项目，实现由招商引资向招商选资的转变。健全招商网络，确定招商重点，聚焦珠三角，放眼长三角、京津冀，以生物产业、现代服务业等为招商重点领域，产业链招商、以商招商、二次招商等多措并举，注重引进投资规模大、科技含量高、行业带动强和成长性好、外向度佳的项目，突出专业化、点对点的精准招商。提升承载能力，完善激励政策，补齐招商硬件短板，鼓励企业“走出去”跨境扩张、提质发展，打造内陆开放高地。

（三）以结构调整为主线，做强实体经济

深入落实“中国制造 2025”，围绕生物医药、生物制造、生物服务三大主导产业建链、补链、强链，培育基因检测、干细胞技术等后备新兴产业，形成 3+X 的多点支撑、融合发展格局。一是将优势企业调强。支持优势企业通过扩产扩能、科技创新、工艺改造、产品开发、股改上市等做大做强。二是将低效企业盘活。出台促进企业兼并重组的相关政策，对有较大污染的低效企业，一家一家“诊断”，以企业为主体、以兼并重组为着力点、以市场运作为原则，加快产能优化。三是将产业集群做大。擦亮国家级生物产业基地的招牌，引导生物产业逐步向高端医疗器械、基因工程技术等方向发展，强化“大健康”产业概念。加快以金融业为代表的现代服务业发展，提高现代服务业在园区 GDP 中的占比。四是将科技水平调优。以获批省级“双创示范基地”为契机，以国家科技企业孵化器为基础，打造“生物技术创客空间”等创新创业载体，积极完善科技公共服务体系。

（四）以改革创新为动力，激活发展潜能

坚持以更新的理念、更宽的视野、更实的举措，推进改革创新，分享改革红利，释放创新活力。一是继续加强供给侧结构性改革。着力降低企业投资、运营成本，准确把握国家政策走向，探索解决园区医药企业实施“一致性评价”、“两票制”等带来的相关问题。二是推进投融资体制改革。探索由政府投资为主向市场运作为主的转变，试行项目建设的多元化投资，进一步推进建设领域的投融资改革，积极探索合作办园的新路子。三是推进园镇融合改革。逐步消除社会管理的壁垒，推进教育、卫生、社区管理的园镇融合改革，探索财政体制的园镇融合改革，推进园区与乡镇的深度融合。四是推进国有企业改革。以国企转型为导向，推进混合所有制改革，引入竞争机制，探索政府投资项目实施代建制的市场化改革。

（撰稿：长沙市发展改革委）

上海国家生物产业基地发展报告

2016年，在国家发展改革委的大力关心支持下，上海市国家生物产业基地按照市委、市政府的总体部署，以上海系统推进全面创新改革试验，加快建设具有全球影响力的科技创新中心为契机，坚决贯彻落实国务院办公厅《关于促进医药产业健康发展指导意见》和国家发展改革委《“十三五”生物产业规划》的总体要求，始终坚持质量为本、积极鼓励自主创新、不断加强区域集聚、努力支持产业转型，大力促进上海市生物医药产业向高端化、智能化、国际化发展。

一、产业基地发展基本情况

2016年，上海医药产业坚持生产制造、商业流通和研发服务外包“三业并重”，产业发展保持了平稳增长，实现经济总量2843.09亿元，同比增长10.86%。其中，生物医药制造业实现工业总产值958.63亿元，增长5.9%，医药商业实现商品销售总额为1664.20亿元，增长13.81%，生物医药研发服务外包实现收入220.26亿元，增长11.62%。

生物医药制造业方面，从所属领域看，化学药品原料、化学药品制剂、生物制品、医疗器械、中药制造业分别占比9.2%、33.5%、11.4%、21.3%和12.4%，其中，化学药品制剂、医疗器械和中药制造业增速高于总体平均增速；**从所属区县看，**浦东、闵行、奉贤三区分别实现工业总产值占比42.9%、16.5%和14.9%，合计占比74.3%；**从经济性质看，**内外资企业分别实现工业总产值占比43.0%和57.0%，基本呈现各占半壁江山的态势。

医药商业方面，从销售终端看，对批发零售贸易业的批发额为856.97亿元，增长12.85%；对医疗终端的销售为630.62亿元，增长15.60%；对零售终端的批发销售84.09亿元，增长8.87%；对居民的零售为92.52亿元，增长15.56%。**从重点企业看，**销售排名前20的企业合计实现销售1207.16亿元，增长16.07%，其中上医股份实现销售303.70亿元，增长

16.82%；国药控股实现销售394.31亿元，增长11.77%。

研发服务外包业方面，2016年上海生物医药技术交易市场办理登记服务合同数4168项，同比增长6.52%，其中上海生物医药技术先进型服务企业涉及服务收入121.34亿元，增长25.39%。

二、产业基地主要工作开展情况

（一）协同创新效应不断显现

2016年，借助上海加快建设具有全球影响力的科技创新中心的契机，以建设张江综合性国家科学中心及张江国家实验室为核心与关键，不断提升上海市生命科学基础研究领域协同创新能力。**一是打造世界一流水平、服务于生命科学领域的重大科技基础设施。**已开工建设活细胞成像平台、超强超短激光装置、X射线自由电子激光用户装置、上海光源二期等一批世界一流的大科学装置。这批装置与已落户的国家蛋白质中心、转化医学研究中心等设施在张江地区共同形成了重大科技基础设施集群，重点推动生命科学与其他领域前沿学科的交叉研究、深度融合与协同创新。**二是布局首批市级科技重大专项。**包括组织开展了脑科学与类脑人工智能、国际人类表型组等一批生命科学领域的大科学计划，着力打造引领型、突破型、平台型的科技创新高地。**三是启动建设生物医药产业技术功能型平台和临床研究功能平台。**生物医药产业技术功能型平台将建设生物制药、细胞免疫治疗等评价体系，增强仿制药一致性评价、生物药中试放大等产业关键共性技术服务模块；临床研究功能平台以"临床需求"为导向，实现从临床到基础再回到临床的闭环机制，为生命科学基础研究提出问题导向，为生物医药研发提出实际需求，为生物技术和产品应用提供创新平台。

（二）重点企业引领作用逐渐增强

2016年，纳入上海市统计局医药工业主营业务收入过1亿元的生产制造企业有150家，比2015年增加5家，其中10亿元以上的企业19家，比2015年增加4家。前10位企业的主营业务收入占全市医药工业主营业务收入的38.0%，比2015年提高0.9个百分点，前20位企业的主营业务收入占全市医药工业主营业务收入的50.4%，比2015年提高1个百分点。

2016年，上海医药、复星医药与罗氏制药三家企业营业收入已超过百亿元。上海医药实现营业收入1055.2亿元，比2015年增长14.2%，其中医药工业销售收入 118.2 亿元，增长 6.5%。复星医药实现营业收入 126.1 亿元，增长 4.9%。罗氏制药实现营业收入 110.4 亿元，增长 13.3%。其他跨国企业如施贵宝、西门子、勃林格殷格翰、帝斯曼等依然是拉动全市生物医药制造业增长的支柱企业。内资企业中一批骨干企业发展势头良好，包括化学药领域的海尼药业、迪赛诺、合全药业，中药领域的雷允上药业、和黄药业、凯宝药业，生物制品领域的莱士血液、三生国健、生物制品研究所，医疗器械领域的联影医疗、微创医疗、东富龙科技等。

（三）高端创新产品表现良好

上海生物医药的创新产品正向高端、高效、高附加值方向转型，已培育了痰热清、麝香保心丸、丹参多酚酸盐、药物支架等 10 多个年主营业务收入过 10 亿元的大产品，如凯宝药业的痰热清 2016 年实现主营业务收入 14.1 亿元、迪赛诺化学的化学药品原料药实现主营业务收入 12.5 亿元、绿谷制药的丹参多酚酸盐实现主营业务收入 12.3 亿元等。

上海生物医药创新研发继续保持良好态势，2012～2016 年，上海经国家食品药品监督管理总局批准的药品上市品种共有 60 个，其中，2016 年批准的上市品种有天伟生物的注射用尿促卵泡素、禾丰制药的盐酸罗哌卡因注射液以及荣盛生物的水痘减毒活疫苗等。2015 年，上海经国家食品药品监督管理总局批准注册的境内第三类医疗器械产品 60 个，占全国批准总数的 9.6%；获国家食品药品监督管理总局核发的单克隆抗体药物临床批件 20 余项，占全国总数的 30%以上。

基因检测行业作为新型健康技术惠民重大工程包支持领域也进入了收获期。2016 年，国家发展改革委下发的《关于第一批基因检测技术应用示范中心建设方案的复函》中，上海共有包括伯豪生物、云健康等在内的 12 个项目入选，其中，伯豪生物、明码科技、小海龟科技等多家公司召开了基因检测技术应用示范中心项目产品发布会，标志着基因检测技术应用示范中心已经进入实质性的成果产出阶段。根据行业发展和上海市实际情况，还进一步调整了原示范中心建设的上报方案，将吉凯基因、光瀚基因、宝藤生物等多家本市行业内优质企业项目纳入其中。

（四）产业政策环境不断优化

2016 年，国家和各部委出台了多项对生物医药行业产生重大影响的政策，包括《药品管理法》《药品注册管理办法》等法规的修订、药品上市许可持有人制度改革、药品审评审批制度改革、药品采购“两票制”、仿制药质量和疗效一致性评价、药品临床数据自查和工艺核查等。其中，仿制药质量和疗效一致性评价和药品上市许可持有人制度试点是对本市药品品种及产业链分工的一次重要调整和重塑，对本市众多标杆生产企业以及主管部门来说既是一次重大机遇，也是一次艰巨的挑战。

2016年8月3日，上海市出台了《上海市开展药品上市许可持有人制度试点工作实施方案》。截至2016年年底，上海市已经有12个药品品种纳入第一批试点范围，包括百济神州委托勃林格殷格翰生产的BGB-A317注射液、华领医药委托合全药业及迪赛诺生物医药的HMS5552及其片剂、再鼎医药委托合全药业的丙氨酸布立尼布等。为了鼓励企业参与试点，上海市还设立了试点药品的风险救济资金，对注册在张江高科技园区核心区内的持有人和受托生产企业，提供风险救济保障，并为企业购买商业责任险提供保费补贴，同时还将对试点单位、试点品种开辟绿色通道，加大技术指导与服务。

2016年12月27日，上海市又出台了《关于本市推进仿制药质量和疗效一致性评价工作的实施意见》，决定从完善技术支撑、强化医院合作、加快审评审批、加大财政支持等方式对本市一致性评价工作给予支持。其中，本市战略性新兴产业发展专项资金对一致性评价工作的支持方案已在修改完善中。近期上海市还组织本市知名三甲医院与企业签订了药物临床试验研究战略合作框架协议，将在新药临床研究、生物等效性试验等方面开展多方面合作。

三、存在问题

除了生活和商务成本逐年增加，进而带来土地、人力等要素成本高企等问题，上海市生物医药产业发展还面临以下问题。

（一）龙头企业不强

上海市生物医药制造业总产值仅为知名国际医药巨头罗氏的1/3。上药集团2016年实现营业收入为1055亿元，但其中近9成是由医药分销零售组成。

（二）研发投入不足

上海市生物医药产业研发投入占销售收入平均不足4%，而国外大型药企的比重一般高于10%。从单位研发投入与产出来看，上海市排名全国第五。2016年上药集团研发费为6.7亿元，仅为国内排名第一企业的1/2，且二、三期临床在研药物较少。

（三）产品进医保难

由于上海市企业相对生产规范、药品质量较好，价格也较高，在“低价中标”、带量采购等进入医保的竞争中处于不利地位，企业发展空间受限。

四、下一步工作计划

针对以上产业发展存在的问题，结合上海市产业发展实际，拟从如下方面着手进一步推进产业健康发展。

（一）尽快发布实施方案

依据国务院办公厅《关于促进医药产业健康发展的指导意见》，上海市拟于近期发布《促进上海生物医药产业发展实施方案》。该方案以培育壮大龙头企业、鼓励创新和应用成果推广为导向，拟通过奖励引导、应用示范补助、研究设立产业基金等形式，加大对龙头企业和创新产品的支持力度，推动上海市生物医药制造业向生物制药和高端医疗器械转型发展。

（二）加大服务国家战略

上海加快建设具有国际影响力的科技创新中心，是党中央国务院的重大战略部署。上海市将加大服务这一国家战略，争取更多体现国家战略的大科学装置布局上海，并依托这些大科学设施集群开展更多生命科学领域前沿与交叉研究，夯实产业发展基础。积极推动国家生物医学大数据基础设施落户上海，推进国家医疗大数据应用技术国家工程实验室建设，支持本市企业建立基因检测技术行业标准。

（三）强化顶层制度设计

充分发挥上海市现代生物与医药产业联席会议制度优势，通过上海市现代生物与医药产业办公室“统一规划、分工合作、协同推进”的工作机制，建立工作例会制度，形成定期沟通、研究、决策机制，协商解决产业发展的政策障碍和瓶颈问题，促进上海市生物医药产业持续健康发展。

（四）加强外资溢出效应

外资企业是上海生物医药产业的半壁江山，诺华、罗氏等国际生物医药巨头都在上海设立了生产企业或研发中心。下一步将以引导外资研发中心融入上海研发创新体系为目标，进一步吸引支持生物医药跨国公司在沪设立研发中心和开放式创新平台，引导外资研发中心与本市科研机构和大学合作，转化一批前沿创新成果，放大外资研发机构的溢出效应。

（五）大力培育重点企业

一是进一步聚焦支持20家销售过20亿元和30家销售过5亿元的重点企业，帮助企业解决发展中遇到的各种问题。二是重点聚焦上市公司和国内生物医药百强企业落户上海，加快对国内知名企业总部或研发中心的引进与培育。

（撰稿：上海市发展改革委）

北京国家生物产业基地发展报告

北京国家生物产业基地是我国生物产业高端引领、科技创新、绿色发展的先行区，是北京打造科技创新中心和构建高精尖经济结构的重要载体。北京国家生物产业基地由北京经济技术开发区、中关村大兴生物医药产业基地、中关村生命科学园三个核心区构成，形成了“一南一北、优势互补”的产业格局，其中北京经济技术开发区、大兴生物医药基地为南部高端制造中心，中关村生命科学园为北部研发创新中心。

一、北京经济技术开发区

（一）发展情况及特点

1. 产业发展态势良好，重点企业优势明显

2016 年，新区已聚集生物医药相关企业近 700 家，1～11 月，新区生物医药产业实现产值 361.9 亿元，同比增长 7.0%。新区常年重点监测生物医药企业亿元以上 30 家，实现产值 339.46 亿元，占整个医药行业产值的 93.7%。其中**生物医药行业企业** 22 家，1～11 月实现产值 316.6 亿元，同比增加 6.4%；**医疗器械企业** 15 家，1～11 月完成产值 45.3 亿元，同比增加 12.56%。

此外，新区生物医药服务外包重点企业 8 家，1～11 月完成主营业务收入 12.26 亿元，同比增长 48%。

2. 科技创新成绩凸现，高端人才聚集发力

（1）科技创新成果　目前新区共有生物医药领域高新技术企业 119 家，有效专利 1063 件，其中发明专利 498 件、实用新型 409 件、外观设计 156 件。开发区目前拥有病毒生物技术国家工程研究中心、新型疫苗国家工程研究中心、眼科工程技术研究中心等 9 家国家级生物技术研发中心。拥有北京市工程技术研究中心、重点实验室、工程实验室等市级各类研发机构共 74 家。组建了北京亦科信息菌素研究院、北京亦创生物技术产业研究院，依托产业研究院，建立相关领域专利池，通过专利池的运营加速专利成果的产

业化。

（2）产业联盟　目前，在开发区的生物医药产业领域已经发起建立了8家产业联盟，包括：中国生物技术创新服务联盟、抗体产业技术创新（北方）战略联盟、北京先进医疗设备产业创新联盟、中关村美中生物技术产业集群创新联盟等。产业联盟为业内企业搭建了交流平台，促进企业间信息和技术的交流，为区内相关产业的发展提供了凝聚力，创造了良好的行业发展氛围，也扩大了开发区在该领域的影响力，为开发区吸引更多优质企业拓宽了渠道。

（3）高端人才聚集　截至2016年年底，开发区引进和推荐入选中央“千人计划”63人，占全市1/4左右；开发区共计引进和推荐入选北京市“海聚工程”116人，占全市1/6左右；开发区“新创工程领军人才”374人。这些人才中有一半以上都从事生物医药领域工作。

（二）重点工作情况

1. 稳步推进重点项目，质量效益有效提升

截至2016年年底，新区生物医药产业共储备项目百余个，涵盖干细胞研发、医疗器械、第三方检验、基因检测、健康管理等全产业链各个环节。其中拜耳扩建项目、赛诺菲二期、义翘神州、通用电气医疗园已竣工验收，正在推进运营投产，预计达产后产值约为200亿元；泰德健康产业园已进入后期建设。

2. 助推产业转型，促进区域经济协同发展

生物医药基地2016年重点梳理了现有空间资源，下力气抓产业升级。由于目前生物医药基地基本已经没有可出让工业地块，因此基地调整工作思路，从促老企业调整容积率、梳理现有可租赁资源着手，同时做好产业外迁程序，促区域经济合作发展，先后有六家重点企业确定在沧州、固安等地投资建厂，以支撑北京工场的产能提升和转型升级。

3. 持续深化产业研究，明确产业发展方向

2016年，新区积极开展产业研究和产业规划编制工作，不断加强对“十三五”规划的相关调研的基础工作，相继开展了《生物医药产业研究报告》《生物医药产业规划》两项重要的调研工作。2016年，由中关村美中生物技术产业集群创新联盟牵头，区内各子行业企业的专家共同对《开发区生物医药产业规划》进行深化研究，规划拟结合生物医药的专业性和发展趋势，同时考虑开发区现状与实际，将该规划打造成为指引开发区生物医药产业持续稳定发展的航向标。

4. 高水平筹办招商活动，行业影响力不断扩大

一是参加第九届中国生物产业大会，在全国范围内宣传“大兴-亦庄”品牌。第九届中国生物产业大会于 2016 年 7 月 5～7 日在湖北武汉国际博览中心举行。该大会是我国生物产业领域规模最大、层次最高的盛会，北京市发展改革委组织开发区、大兴生物医药基地、中关村生命科学园及相关企业组成北京展团参展，突出展示了北京市在“精准医疗，民生健康”领域的创新成果。开发区和大兴生物医药基地以“大兴-亦庄”为主题联合布展，参加了此次大会，借此参展机会宣传新区生物医药产业发展成果并进行招商推介。

二是协办 2016（首届）北京国际生物医药创新展览会，为区内企业提供了对接资源、寻求合作的平台。2016（首届）北京国际生物医药创新展览会于 2016 年 8 月 18～20 日在北京展览馆举行，开发区作为协办单位组织一批企业参加展会。通过此次展会，全面展示新区生物医药产业科技创新与产业转型升级发展成果，提升了“大兴-亦庄”品牌在生物医药产业的影响力，借助本次展会为区内企业提供了对接资源、寻求合作的平台。

三是联合北大创业训练营，在开发区举办首届健康产业大会，挖掘创新创业项目落户开发区。2016 年 7 月 18 日，开发区联合北京大学创业训练营召开首届亦庄产业大会。大会邀请北大名师与权威产业导师，整合专业技术平台资源、投资基金、公益孵化器等全链条产业资源，面向健康产业双创人才开设创业特训班，全力打造健康产业全公益开放实战创业教育与扶持平台。开发区在宣传产业环境的同时，为区内优秀创业项目提供扩大发展的平台，为优秀区外创业团队提供落户开区的机会。

四是联合中国医药企业管理协会，让中国医药企业家年会落户亦庄。第八届中国医药企业家年会暨 2016 年医药产业创新论坛 10 月 28～30 日在北京经济技术开发区北人国际会议中心隆重召开。作为最高规格的医药行业盛会，来自全球医药行业的企业家、科学家、创业家和投资家等逾千人参加了此次年会。开发区科技局、投资促进局、亦庄国投参与会议组织协调工作，并在会议期间开展招商对接活动。通过协办此次大会，提升了“大兴-亦庄”品牌在生物医药产业的影响力，为开发区生物医药企业搭建对接资源、建立合作平台的同时提供了挖掘优质项目落户开发区的机会。

5. 积极拓展招商渠道，招商模式更加科学

依托昭衍美国创新园，在美举办第二届中国生物技术企业家论坛主题研讨会，搭建中美生物医药产业交流平台。

2016年5月16日，在位于旧金山湾区的昭衍美国创新园区举办第二届中国生物技术企业家论坛主题研讨会（北京亦庄国家生物医药国际创新园-旧金山昭衍园2016高峰论坛），开发区率康龙化成、百奥赛图、旷博生物、汇龙森等10家开发区生物医药产业的企业参加并作企业及区情介绍，对吸引美国先进生物医药企业落地亦庄产生了强大的推动力，为加强中美生物医药领域务实合作及促进开发区生物医药产业创新升级搭建了国际平台。

6. 持续提升服务水平，优化企业发展环境

坚持对区内重点生物医药企业进行月度走访，对其经济运行情况进行实时监测，并在走访过程中了解企业问题和遇到的困难，帮助企业制订解决方案，如，天广实作为抗体药物研发企业，目前产品进入临床阶段，同时还在进行生产基地建设，资金需求较大，管委会协调亦庄国投以股权投资形式解决了企业面临的资金问题；天坛生物作为国企改革试点和上市企业，在集团化调整过程中遇到新生产性公司注册手续办理难题，投促局和科技局协调工商环保等部门，为企业开通手续办理绿色通道，让企业及时完成了公司注册和资产转移工作。

二、中关村大兴生物医药产业基地

（一）2016工作完成情况

2016年，在区委区政府的正确领导下，医药基地始终坚持将“保增长、调结构、促发展”作为第一要务，抓落实、建机制、强督查，不断提高产业发展质量和综合管理水平，取得了较好成绩，实现了“十三五”规划的良好开局。

（1）加大经济运行调度，园区综合实力不断提高　全年完成总收入200亿元，工业总产值112亿元（其中，规模以上企业产值105亿元），财政收入1.7亿元，税收11亿元，单位产值能耗0.05t标准煤/万元，固定资产投资20亿元。各项主要经济指标均达到预期目标，呈现良好态势。

（2）坚持“高精尖”项目带动，园区产业结构更加优化　一是加快优势项目积聚。招商重点逐步向孵化器招商、企业厂房招商转变，多次承办“美国医疗健康创新企业中国巡回路演对接会”等国际化大会和专业论坛，达成了以色列医疗器械园等合作项目意向10余个，储备了开瑞龙、坤鼎集团、健生生物、慈铭体检等优质项目20余个，引进了包括京投交通发展公司在

内的租赁项目22个，注册项目300余个，促成卫计委干细胞项目签约落地中发展高端医疗器械园。二是推进重大项目建设。完成一诺康、怡展生物、葛兰科等15个项目开工建设；北京同仁堂股份、同仁堂集团、同仁堂科技等6个项目竣工；费森尤斯卡、斯利安、富国堂等6个项目投产，投产项目预计可实现产值40亿元，税收2.17亿元，将大幅提高基地综合实力。三是加快产业转型升级步伐。编制形成《园区空间整体提升规划研究报告》，明确产业调整路径和步骤，逐步推进主导产业由现代制造业向大健康服务业转型。成功举行“中关村与生物医药基地第一次产业对接会”，对接了医疗器械、生物医药、成果转化中心、开放实验室、金融资本等领域优质资源，北京协同创新研究院等2个平台项目和健联医疗等10个优质项目即将签约入区。完成标志等4家木器厂水性漆改造，环洋、星牌着手将生产环节整体迁出。

（3）构建全产业链平台，服务企业能力持续增强　一是产业促进平台和企业服务载体更加丰富。加入全国生物医药产业集群协同创新联盟，当选为理事长单位；推进中发展高端医疗器械产业园和园区自建创新中心建设，规划23万平方米众创空间，打造展览展示、院士专家工作站、博士后科研工作站、北京医药行业协会生物医药分会、企业家联合会、留学人员创业园、生物中心、项目路演大厅、基金管理办公室等公共服务平台；推进中国医学科学院8万平方米化药创新中心主体完工，成为北京战略性新兴产业科技成果转化平台。二是人才、技术、资本等要素不断聚集。落实中关村领军人才聚集工程，承担基地人才培养工程项目，出台企业人才公租房、政策性保障用房办法，购置人才公租房200套，11 000余平方米，满足园区人才用房需求。多次举办国家高新企业认定、企业股改申报、统计上报等专业指导培训，园区高新企业数量首次突破百家，达101家，上市企业总数达18家（其中新三板企业5家）。积极争取政策资金支持，帮助光辉天成、热景生物、伊斯威特等10余家企业申报中关村创新能力建设资金，累计申报种类达30余项，争取资金6600万元。三是深化领导包企业责任制，及时协调解决企业存在的困难和问题。理顺行政服务中心职责，整合企业办事程序和流程。

（4）注重建管并举，园区基础设施及治理水平大幅提升　一是不断提升园区承载品质。继续开展三期市政场站及管线规划，完善地下管线信息平台和服务系统建设。投入近7亿元基础设施建设资金，启动热力、燃气集团二期热力管网等基础设施建设，春林大街等一批道路大修和天贵大街跨河桥工程全部完工，标准厂房、罗奇营卫生院项目全面竣工，即将交付使用；永兴河生态景观工程有序推进，完成总体工程量61%。二是加强园区综合治理。相继成立反恐维稳、大气污染治理、流动人口管理工作站等机构，完善三级网格信息系统，以综合治理一体化管理机制，全年协调处理讨薪、信访事项37起，打击违规施工40余起，开展危化品、彩钢板等专项安全检查60次，整改安全隐患400余处，较好保障“世界月季大会”、“G20杭州峰会”、“7·20特大暴雨防汛”、安全生产检查等一系列安全维稳任务。

（5）推进资本市场化运作，企业经营取得新的突破　一是做好资金开源节流。完成2宗F3其他类多功能用地摘牌。以31.1亿元成交总建设用地面积12万平方米，增加了公司土地收入。积极申报园区建设资金，完成市经信委孵化器、镇卫生院政策资金、园区平原造林补助等1561万元项目资金的申报到位。根据融资市场变化，协调银行将贷款利率下调，提前偿还7亿元利率较高的借款，大大降低资金使用成本。做好重点工作涉及项目、工程等各阶段的成本控制，发挥资金的最大使用效率。二是启动基金服务。出资5000万元与建银国际、亦投国投、崇德弘信等单位筹备成立生物医药创业投资基金，成为该基金有限合伙人，以资金的杠杆效应撬动社会资本投入，拓宽园区金融服务体系。出资5000万元参与成立大兴区产业投资促进母基金，成为重要产业投资促进平台。三是提高公司市场化经营能力。鼓励二级公司抓培训、练队伍、走出去，提高市场化竞争意识。园林绿化公司、物业公司、供热厂总收入均保持5%以上增长，物业公司首次实现扭亏为盈。

（二）形势与要求

当前，经济发展进入新常态，京津冀协同发展成为重大国家战略，首都城市战略已经明确，为基地进一步承接高精尖产业功能和科技创新功能提供了更有利的条件。新区“三个三”战略全力实施，北京大兴国际机场和临空经济区全面建设，为基地进一步转动力、优结构、促创新，在更大空间推进生物医药产业链梯次布局，为参与国际合作和竞争提供坚实基础。

但是也要看到，全球经济虽然在缓慢复苏，但下行压力仍然较大，生物医药基地在先行先试、创新发展上还存在一些困难与问题：一是专业化水平需进一步加强，全球领先的医药企业尚需加快聚集，创新创业专业服务能力尚待增强，企业开展创新活动的专业金融服务尚不完善。二是高端化水平需进一步提高，具有战略性的高端服务机构亟待加快部署，具有带动性的高端重大项目亟待加快引入，具有引领性的高端研发机构亟待加快聚集。三是国际化水平需进一步提升，有能力参与国际竞争的医药企业发展水平尚需提高，有能力参与国际创新合作的重磅产品开发能力尚需提升，有能力参与国际交流的技术团队尚需壮大。这需要我们紧绷危机意识，切实增强紧迫感、责任感，在专业发展水平、高端产业聚集、创新生态打造、国际品牌优化等方面不断取得新的突破。

综合分析，基地事业发展面临的机遇大于挑战。未来几年，是生物医药园区实现历史跨越的战略机遇期、发展黄金期，加快转型创新、推动协同开放、深化改革攻坚、实现生态宜居的关键阶段。在新的更高起点上：

必须坚定不移推进供给侧结构性改革，在构建首都“高精尖”经济结构上争做排头兵。推进供给侧结构性改革，是党中央综合研判世界经济形势和我国经济发展新常态做出的重大决策部署，旨在用改革的办法推进结构性调整，提高全要素生产率。为此，我们必须以提高发展质量和效益为中心，强化创新要素驱动，增强经济发展活力，增强园区治理水平，建立企业年度评价体系，确保土地、资金、技术、人才、基础设施等各要素迸发无限创造力。

必须坚定不移落实“三个三”战略，在新区社会建设上当好火炬手。落实“引领新常态、构建高精尖、服务京津冀”三大任务，紧抓“服务保障新机制建设、开发区创新发展、推动健康城镇化”三大抓手，破解“三拆两控、环境保护、城乡管理和城市文明建设”三大痛点，是新区未来的发展战略，是我们落实区委区政府决策部署的行动指南。为此，我们必须进一步统一思想、深化认识、乘势而上，按照“高端化、服务化、集聚化、融合化、低碳化”产业发展方向，深化科技金融体系建设，夯实综合平台建设，推进园区健康城市化进程，推进企业向智慧化、生态化迈进，为新区社会发展做出新的贡献。

必须坚定不移提高园区品牌影响力，在“中国药谷”目标实现上成为先行者。加快形成“一主两翼 N 平台”发展格局，不断夯实以“中国药谷”为品牌的“国内领先、国际一流”生物医药专业园区，是基地“十三五”期间的战略部署。为此，我们必须充分依托中关村和亦庄两大平台，立足自身作为国内规模最大的生物医药产业专属发展区域优势，发挥好中检院、中国医学科学院等医药研发检验检测机构核心作用，以首善标准、新区标准，率先从上海张江高科技园区、天津滨海医药园区等同行业园区中脱颖而出，成为打造国内领军地位“中国药谷”的先行者。

（三）2017 年工作安排

2017 年医药基地工作的总体要求是，紧抓“京津冀”协同发展战略实施、北京大兴国际机场建设，以及中检院新址迁入等重大机遇，围绕首都构建“高精尖”经济新常态和新区“三个三”战略目标，坚决落实区委区政府决策部署，着力吸引高端项目落地，着力推进产业转型升级，着力提升园区承载能力，着力改善工作作风，稳中求快进，创新大发展，为新区“一体化、高端化、国际化”发展做出新的更大贡献。

（1）抓经济指标，在提高对新区贡献率上不退不让　抓存量项目挖潜，抓增量项目见效，力争产值、收入、税收等主要经济指标实现 10%以上增幅，总收入完成 220 亿元，财政收入 2.1 亿元，规模以上企业产值 115 亿元，税收 16 亿元，全年固定资产投资规模 12 亿元。力争企业节能降耗进一步有效控制，完成区发改委下达的能耗指标任务。

（2）抓项目落地，在大力发展实体经济上不退不让　加大项目进展统筹调度，倒排完成时间，督导“四个一批”项目尽早开工、竣工与达产。一是加快优势项目引进。策划企业孵化＋股权运作的新型招商模式，充分利用闲置厂房资源，打造众创空间和专业孵化器，吸引高端项目进驻，完成项目引进 150 个，其中注册资金 1000 万元以上的 20 个。加快中发展医疗器械产业园二期、联东 U 谷等专业产业园中园建设，以“园中园”为抓手，吸引“高精尖”项目入驻。二是推进重大项目建设。计划开工百奥赛图、东兴堂蜂产品公司、农发生物、东旭宏达、乾建科技孵化器、新太洋生物 6 个项目，竣工总公司标准厂房、城建安装、大得名归、康华兴特、瀚仁堂、科牧丰 6 个项目，投产中科兴仪、均大制药、同仁堂（集团）、同仁堂（科技）、同仁堂股份、华臣联合 6 个项目。同时，继续推进中发展、坤鼎集团、民海等 4 宗工业用地和 2 宗多功能地块挂牌。

（3）抓企业服务，在支持企业创新发展上不退不让　发挥中关村、北京亦庄政策叠加优势，支持高新技术产业发展，鼓励更多创新要素集聚，为科技创新中心区建设积累能量。一是提升基地科技创新和成果转化能力。力争年底基地自建科技创新中心项目投入运营，同时，启动二期 10 万平方米建设。二是加强企业注册、入统、纳税等基础性管理。举办国家高新企业认定、企业股改申报等专业指导培训，积极推进 8 家企业高新认定和 10 家企业上市培育。三是继续推进配套服务平台建设。整合园区现有的各类专业化平台，充分发挥企业联合会、院士工作站、博士后工作站、产业投资联盟的资源优势，不断满足企业融资、人才引进、住房保障、GMP 认证、市场拓展等方面需求。力争引进具有重大行业影响力的平台机构、基金或服务组织2家；力争为企业落实政策性资金不少于5000万元，支持企业做大做强。

（4）抓环境建设，在提高园区软、硬件条件上不退不让　践行绿色发展理念，满足企业生产生活品质，增强园区综合承载能力。一是巩固生态园区建设成果。继续实施永兴河景观提升和平原生态绿化养护工程，完成包括电力迁改工程、河道工程、绿化工程、管理用房工程在内的所有施工。加大对大气、水、固废等环境治理，做好园区全年能耗总量控制，推动光伏发电等环保项目落地。二是加快园区基础设施建设。做好三期市政综合、园区地理信息系统建设、天堂河河道及景观绿化提升规划设计，继续深化园区全部路网，以及电力、热力、通信等各类场站建设，推进路网渠化工程建设、公交港湾布局及建设、智慧园区建设，完成并运行园区交通监控平台等项目，提升园区信息化管理水平。三是做好园区品牌推介。制作完成园区企业公众号和服务号的平台搭建，积极策划并组织大型宣传报道活动。进一步开展国际交往活动，推进“中国药谷”品牌国际化步伐。

（5）抓综合治理，在维护园区安全稳定上不退不让　以“五项重点基础工作”为抓手，强化综合管控措施，维护园区安全稳定。一是探索引进有专业资质的园区社会化管理公司，整合综治维稳、信访应急、防汛抗旱、露天烧烤、扬尘治理、煤气中毒等基础工作，突出“风格化＋环境”工作理念，提高对治安、环境、流动人口常态化治理，以及信访、农民工讨薪等突发事件的快速处置能力。二是落实“党政同责、一岗双责、失职追责”的安全生产责任机制，强化企业安全生产主体责任，加大安全生产人防、物防、技防设施投入力度，引入专家团队管理，形成可防、可控安全生产工作局面。三是妥善解决历史挂账难题。聘请社会专业公司，强力推进兴良路、砖楼村、北臧村粮库、桑马房等拆迁剩余户拆迁腾退，保障工程和项目用地需求，维护城市文明建设。全力推进罗奇营一期安置房手续补办，完成罗奇营二期房产证办理，提升居民安居乐业幸福感、获得感。

（6）抓产业促进，在增加公司经营性资产上不退不让　满足企业多元化社会服务需求，谋化做大公司经营性资产，在服务中要效益，在经营中树品牌。一是提高自有资金累积和开发资金平衡。采用入股、共建等多种模式参与企业转型升级，同时加快自建孵化器建设进程。积极参与老旧企业土地的收储上市和开发建设，加快开发资金回笼，确保园区开发资金平衡。严格成本控制，完善重大项目的监察跟踪和第三方审计制度，把有限资金用在刀刃上。二是增强二级公司盈利能力。物业公司要进一步拓展客户资源，力争签约项目达 15 个，合同金额达 1100 万元；市政园林公司要按照二级绿化养护标准，力争全年实现营业收入较 2016 年增长 5%；联港供热厂要加快设备检修改造，增强对园区企业的供热能力。

三、中关村生命科学园

中关村生命科学园现有建成区域共 2.5km^2，规划总建筑面积 153 万平方米。其中一期占地面积 1.3km^2，规划建筑面积 70 万平方米，主要以研发、中试、小规模生产和配套技术支撑平台为主。二期占地面积 1.19km^2，规划建筑面积 83 万平方米，主要功能定位于医疗、临床实验和配套服务。园区平均容积率为 1.0，绿化率超过 50%。

（一）基本情况

截至 2016 年年底，中关村生命科学园共有企业 363 家，比 2015 年增加 57 家，其中上市企业 15 家，院士专家工作站 3 家，G20 企业 14 家，瞪羚企业 21 家，十百千工程企业 7 家。园区企业技工贸总收入 231.89 亿元，较 2015 年增长 33.19%；总利润为 30.23 亿元，较 2015 年增长 31.83%；纳税 32.56 亿元，较 2015 年增长 34.43%；企业进出口总额为 8.08 亿元，其中，进口总额 3.06 亿元，出口总额 5.02 亿元。

调查数据显示，园区企业共投入研发经费 15.92 亿元，比 2015 年增加 4.60%，占技工贸总收入的 6.87%，研发经费主要来源是企业自有资金，有 14.61 亿元，占比达 91.76%；累计申请专利 2794 项，已授权专利 1266 项，国际专利 191 项；申请注册商标 1957 项，已授权注册商标 844 项，国际注册商标 113 项；园区企业已实现 117 项科技成果转化；共承担各类课题 157 项，完成 89 项，共计投入研发经费 15.68 亿元；园区企业在国内外期刊发表文章 241 篇。

（二）2016 年度开展的工作

1. 加快园区各项建设，服务健康中国 2030

中关村生命科学园作为北京市生物医药研发领域产业聚集度最高的区域，正不断加快各项建设工作，提升园区品质和品牌知名度。

（1）创建“全国知名品牌创建示范区”“全国知名品牌创建示范区”是国家质量监督检验检疫总局按照国务院《质量发展纲要（2011～2020 年）》（国发〔2012〕9 号）“推动地方人民政府开展知名品牌创建工作”的精神，

推进自主品牌建设，提升品牌价值和效应，加快发展拥有国际知名品牌和核心竞争力的大型企业的重大举措。

（2）“五个一流”指导园区转型升级　为推动科技园区转型升级，中关村发展集团提出“五个一流”建设目标，力争形成以市场化机制为支撑的国家创新战略落地的服务通道和服务模式。“五个一流”指规划建设一流、项目载体一流、产业聚集和创新活跃度一流、产业组织服务一流、园区运营管理一流。

（3）服务园区企业新需求　为满足园区企业快速发展的空间和资源需求，2016 年园区加快基础设施建设，全力促进生命科学前沿项目落地，助力企业长足发展。**一是中关村生命科学园医药科技中心项目开工建设。**中心项目位于中关村生命科学园二期，总占地面积 77 489.16m^2，其中建设用地面积 56 732.22m^2，作为园区专业配套设施之一，中心建成后将显著提升园区创新创业服务水平，实现现有公共服务平台、公共技术平台服务升级，扩大服务范围；为生物医药高新技术企业、研发机构提供研发、中试、办公空间，吸引更多掌握生物医药领域尖端技术的企业和创业者落户园区。**二是园区企业供电增容工程顺利完成。**为满足园区部分企业日益增长的用电需求，中关村生命科学园供电增容工程正式启动。2016 年 5 月上旬完成土建工程施工建设，8 月中旬完成电缆铺设及整体工程验收工作，经协调，供电间隔于 10 月 21 日获得北京供电公司批准。经过停电会商等一系列发电前的准备工作，11 月底正式供电，供电增容工程顺利完成。**三是新能源汽车充电桩投入使用。**园区 2016 年 3 月底正式启动创新大厦新能源汽车充电桩建设工程，5 月底完成土建工程和电气安装工程验收，并实现发电。经调试，充电桩 10 月中旬开始试运行，并于年底正式投入使用。**四是生命科学园西公交场站正式落成。**在昌平区交通局的大力支持下，生命科学园西公交场站于 2016 年 12 月 2 日建成启用，调整 560 路至生命科学园西站。

（4）做好园区展示推广工作　2016 年园区累计接待各类团体百余次，参加各类展会、项目推介会、大型论坛 30 余次，充分宣传了园区企业的发展成果、创新产品和未来发展潜力，展示了园区产业聚集、协同发展的良好局面，树立了中关村国家自主创新示范区、中关村发展集团及中关村生命科学园作为首都乃至全国科技创新服务的优质提供商和运营商的良好形象，有效提升园区品牌知名度。

（5）生物技术研发中心 6 号楼荣获北京市一星级绿色建筑标识　中关村生命科学园生物技术研发中心 6 号楼于 2016 年 8 月获得北京市一星级绿色

建筑标识证书，成为中关村集团首个绿色建筑运营标识项目。本项目还于2013年获得美国LEED银级认证。

2. 搭建产业服务体系，助力企业快速成长

（1）产业研究平台　建设产业研究平台是园区研究生命科学领域动态，了解最新产业政策，跟踪园区企业科研发展成果，梳理产业发展规律，摸清园区产业发展情况的重要手段。为此，园区组织成立了专门的研究小组，形成的研究成果为园区产业发展和产业服务工作提供必要支持，为园区未来发展提供了可靠依据。

（2）产业交流体系　产业交流体系是园区产业服务体系的核心，承担着营造良好产业环境、促进园区内外科技信息交流、搭建政府-企业对接桥梁和增进入园企业合作交流等重要使命。

（3）科技服务体系　科技服务体系为企业提供必要的科技支撑，协助企业申报科研、建设项目，指导园区产业发展。科技服务体系主要包括：中关村生命科学园产业发展专家库、科技支撑平台、项目联合申报平台。

（4）创业就业平台　为帮助园区企业解决急需的人才招聘问题，促进优秀毕业生就业创业，园区积极探索与京内高等院校、科研院所合作的新思路。2016年6月，园区与中国农业大学共同建设的“中国农业大学-中关村生命科学园实践教育基地”正式落成，主要工作内容包括举办毕业生专场双选会，组织毕业生就业实习、本科生科研训练，开展生物产业实践教育，选拔本科生创业导师等。此外，园区还与北京理工大学就建设实习基地事宜达成合作意向。

（5）基础服务平台　基础服务平台主要为园区企业和员工提供商务、生活服务。

3. 持续推进政策创新，加快生物物料进出口

中关村生命科学联合创新服务中心是全国首家“一站式”特殊物品及生物材料进出口公共服务平台，由检验检疫集中监管中心、公用型保税仓库和联合办事大厅三部分组成，是“设施专业，品类齐全，风险可控，通关便捷”兼具保税物流和检疫集中查验功能的公共服务平台，可服务海淀、昌平众多高校、科研院所和生物医药企业，并辐射京津冀地区。中心联合办事大厅、检验检疫中关村集中监管中心、海关公用型保税库已分别通过北京市国家检验检疫局和北京市海关的验收，2016年3月正式启动运营。

2016年3月，北京市国家检验检疫局正式将中心作为打造生物医药产业“中关村模式”的试点单位，充分发挥北京市服务业扩大开放综合试点带

动效应，助推中关村国家自主创新示范区建设。

政策方面，为全面支持中心工作，北京国检局中关村办事处业务二科正式成立，执行进出口特殊物品和生物材料报检、查验和后续监管等职能。将原设置在顺义局、通州局的模式生物、SPF 鼠的报检、查验功能集中到平台办理，使企业可以集中查验、就近监管，较之前分散查验流程节约 2 个工作日。北京国检局卫生处还把特殊物品进出口审批的风险评估环节落地，由中心负责风险评估的实际操作和运作安排。自 2016 年 4 月以来，中心已经成功组织了七次现场风险评估活动。

运营管理方面，中心通过边开展、边总结、边修正，已基本完成业务模块的划分和基本操作流程的修订，通过开发平台管理系统、用户线上服务系统，用户可以通过平台网站自主下单，并与服务人员随时沟通，实时掌握工作进展。

专业人才方面，中心已经聚集和培养了一批具有生物、进出口专业知识，同时兼具良好服务意识的开拓型人才，提高了专业服务水平。

对外宣传方面，中心联合北京出入境检验检疫局中关村办事处一起深入企事业单位进行了政策宣讲、业务讲解等一系列推广工作，为科学家答疑解惑，取得了良好的效果。

4. 强化孵化服务，助力企业成长

（1）加强孵化器硬件建设　**一是建设中关村生物银行。**2016 年 11 月，孵化器公司与北京起源爱心生物科技有限公司正式签约，合作筹备建设细胞制备和存储平台，暨中关村生物银行项目，致力于为普通健康人群提供专业的、符合国际标准的干细胞采集、分离、存储的服务，通过技术合作等方式与国内外研究机构开展免疫细胞治疗技术的研究与产品开发，以及在肿瘤治疗、肿瘤免疫、抗衰老、保健及提升免疫力等领域开展应用方面的技术转化合作。**二是升级完善公共技术服务平台。**中关村生命科学园开放实验室拥有基因测序、分子生物学、细胞生物学、药物分析检测等 8 个专业技术平台，为企业提供专业的技术服务。实验室分析检测平台于 2010 年获得中国合格评定国家认可委员会（CNAS）认证，2016 年通过 CNAS 认证资质复评审。**三是建设众创中心。**众创中心选址在生物技术研发中心，总面积约 4892m^2，定位为面向小微企业的创新高效共享空间、企业成果展示交流中心和绿色生态技术示范平台。

（2）加强服务体系建设　孵化器在投融资、知识产权、人力资源、财务、法律、市场推广等方面形成了完整的创业服务体系。人才服务方面，

2016年共推荐7人申报海聚工程，5人申报千人计划；为留学生创业企业预申请应届毕业生进京指标申报工作，共获批6个指标。投融资方面，多次举办投融资“一对一辅导”、投融资专题培训，举办一次项目路演会，承办中关村留学人员精品项目推介会（三三会），帮助企业融资逾5亿元。创业专题培训方面，聘任18名创业导师并积极带动18家优质社会服务资源为入孵企业提供专业快捷的培训辅导服务。

（3）形成特色产业链　孵化器积极布局“精准医疗”产业链，孵育了一大批如贝瑞和康、诺禾致源等产业链上下游优秀企业，2016年荣获“中关村特色孵化产业平台”资质，入孵企业涵盖生物信息学、诊断试剂、基因测序、疫苗、抗体工程、医疗器械、干细胞技术及免疫治疗等生物医药细分领域。

（4）孵化成果显著　截至2016年年底，孵化器累计孵化企业150余家。现有入孵企业95家，其中归国留学人员创办企业43家。2016年入孵企业实现技工贸总收入逾10亿元。

5. 践行京津冀一体化，区域合作谱写新篇章

（1）积极推进天津合作项目　在2015年12月与天津静海区政府签署项目合作协议的基础上，进一步与天津健康产业园在品牌授权、创新创业载体运营、项目引进及科技创新资源对接、专业产业园区开发建设等方面开展多层次合作洽谈，形成广泛共识。

（2）广泛布局京津冀　2016年以来，园区先后考察了秦皇岛开发区、北戴河新区、保定满城区、通化市开发区、承德市开发区等外埠园区，以及北京门头沟羚锐制药、北京农学院、依科瑞德（北京）能源科技公司和中粮农业生态谷等京内单位，与相关单位就合作模式进行深入研讨，对方均表示浓厚的合作意愿。其中，秦皇岛开发区、保定满城区以及京内的依科瑞德（北京）能源科技公司与园区签订了合作协议，共同打造专业产业园区或创新孵化基地。

（三）工作思路

未来，中关村生命科学园将继续以建设具有全球影响力的生命科学高端研发创新中心为己任，通过不断整合资源要素、完善服务模式、塑造全球品牌，打造产业创新生态，确立行业领导者地位，发挥辐射引领效应，成为生命健康领域创新服务与产业组织运营商，助力生命健康产业健康快速成长。加强健康服务产品的研发制造与应用，推动高端化学制剂、新型疫苗、蛋白质药物和数字医学诊疗设备的自主创新和产业化；支持创新药物、医疗器

械、医疗辅具、新型生物医药材料研发和产业化；促进中关村健康服务产业发展，进一步发挥中关村国家自主创新示范区在新型疫苗、重组蛋白药、基因药物、人源化单克隆抗体、基因检测芯片、介入材料和微创治疗等领域的领先地位。

此外，园区还将积极创建“全国生命科学与生物工程创新孵化知名品牌示范区”，以创促建，不断提升园区企业品牌意识，打造一批知名品牌；积极推进“北京市绿色生态示范区”和“北京市生态工业园区”建设，不断提升园区品质，助力企业快速发展。

（四）面临问题

1. 土地资源紧缺

生命园一二期产业的调整、升级及孵化高成长企业的扩张需要更广阔的物理空间支撑。一是生命园一二期亟待完善产业链条，补链企业的引入，需要充裕的物理空间承载；二是园区内孵化培育的中小型企业随着规模的不断扩张，急需更大的空间满足企业的快速成长需求；三是生命园特色产业基地建设完善与升级需要有后续足够的空间载体作为支撑。

2. 人才问题

园区企业基本从事生命科学领域原创性研发，对人才的层次要求较高，目前“招人难、留人更难”的情况较为突出。人才问题首先是研发人员落户的问题。生命科学产业不同于计算机、软件行业，对高端研发人才的学历、经验要求较高，多数企业的骨干科学家普遍具有博士学位和海外留学经历。高端人才在北京市落户非常困难；而对于普通员工，北京市工作居住证的办理门槛较高。总的来说，人才政策惠及面较窄，直接影响员工在京购房、购车，其子女入学教育等方面。

其次，随着北京生活成本不断攀升，“租房难、租房贵、买房更难”等问题日益凸显。园区虽建有配套青年公寓，但随着园区快速发展，员工人数不断增加，早已难以满足需求。园区周边租房价格较高，对入园单位及入园单位员工均造成沉重的经济负担。同时，由此造成的上下班通勤问题也不容忽视，在一定程度上加剧了北京市交通拥堵状况。

3. 产业扶持

一是政府对产业的扶持资金较为分散，使得优势项目得到的扶持力度不强。北京市作为全国科技创新中心，项目资源丰富，然而政府扶持资金有限，“僧多粥少”的矛盾越发凸显。二是政府项目审批和验收过于严格。现行的政府扶持项目均要求申请时报送计划，结题时要求严格按照计划考核。

然而在实际操作过程中，随着技术的发展，不论工艺流程还是设备采购都难以完全按照原计划进行，这样不利于企业对资金的高效使用，降低了企业申请项目的积极性。

（撰稿：北京市发展改革委）

青岛国家生物产业基地发展报告

一、总体情况

（一）生物产业实现快速增长

在国家海洋高技术产业基地、国家海洋经济区域示范、山东半岛蓝色经济区等政策推动下，青岛生物产业呈现快速发展的态势，2016 年全市生物产业完成产值 250 亿元，占战略性新兴产业比重 6.7%，同比增长 16.7%。构建了以海洋为特色的生物产业体系，尤其是在海水育种、特征寡糖、动物用生物制品、酶制剂、生物医用材料等领域呈现良好的发展态势。2016 年全市海洋生物医药产业实现增加值 47.5 亿元，占全国海洋生物医药产业的 14%，同比增长 18.1%，高于全国 4.9 个百分点。

（二）重点企业发展态势良好

黄海制药海藻酸钠是国内唯一的海洋生物辅料，肝素钠产量位居国内前列，2016 年完成工业总产值 9.4 亿元，治疗心脑血管的硝苯地平缓释片Ⅱ（伲福达）销售 6.5 亿元；以明月海藻、聚大洋为龙头企业形成世界最大的海藻加工生产基地，海藻综合加工能力居世界第一位，两家企业 2016 年实现产值 35 亿元；青岛琅琊台集团成为世界最大的衣康酸研发生产基地和国内最大的海洋微藻 DHA、异麦芽酮糖研发生产基地，2016 年实现总产值 30 亿元；东海药业是国家发展改革委支持建设的国内唯一一家国家微生态药品产业化示范工程基地，承担了微生态药品领域的“863”项目 5 个，获得新药发明专利授权 15 项；正大海尔完成工业总产值 8.24 亿元，治疗骨质疏松的骨化三醇销售收入为 6.37 亿元。华仁药业腹膜透析液、易邦生物禽流感疫苗、国风药业治疗单纯性缺血性贫血多糖铁复合物、国海生物治疗癌症药品宜利治都在业内有重要影响力。双鲸药业、东丽医疗、蔚蓝生物等企业继续保持平稳发展。

（三）重点项目推动作用明显

华大基因开工建设，总投资 6 亿元，将发挥青岛海洋生物资源优势，围绕海洋、健康等重点领域建设国家海洋基因库。东丽医疗科技项目建成我国首条医用超滤中空纤维丝生产线，血液透析设备、透析器在我国的市场占有率分别达到13%和12%。杰华生物、博益特生物、颐中生物、银色世纪等一批项目建成，特别是杰华生物国家一类新药——乐复能（治疗恶性肿瘤、病毒性疾病和自身免疫性疾病的新型高效蛋白质类生物药）项目2017年上半年投产后，将对青岛医药产业产生较大积极影响，预计三年内将达到30亿元产值。正大海尔投资8亿元的“海洋生物医药研发及生产项目”搬迁项目、齐都药业投资6亿元的高端医疗器械项目主体完工，博智汇力“海洋特征寡糖（库）产业化开发项目”，易邦生物“易邦生物产业园项目”正在稳步推进，恒业生物新型乙脑疫苗完成三期临床，等待国家层面审批。全市生物医药产业正孕育着产业转型和产能升级的重要机遇。

（四）国际合作取得良好成效

青岛与德国在生物技术和医药领域开展了多方面的合作，获批中德生物技术和医药经济重点合作城市。依托微生物技术国家重点实验室和微生物学国家重点学科，推进成立山东大学-亥姆霍兹生物技术研究所在微生物领域开展相关合作。正大海尔与德国柯尔柏集团下属的麦迪西公司合作，引进全球最先进的药品生产线整体方案，建设国内唯一的国家级海洋药物中试基地和国家药物创新体系基地。推进青岛科技大学与帕德博恩大学、科布伦茨应用科技大学等10余所德国高校合作，建设青岛（中德合作）新能源与环保科技研究院，开展海洋生物等领域的研究工作。推进与德国高水平专家合作，引进慕尼黑大学生物医学团队，致力于细胞免疫治疗技术、脐带血干细胞保存技术和干细胞临床应用技术的研发和推广。

（五）产业园区建设加快推进

青岛国家生物产业基地已成为全国唯一具有海洋特色的国家生物产业基地，崂山海洋生物产业园、高新区蓝色生物医药产业园、黄岛海洋生物产业园三个特色产业园区逐步形成集聚效应。高新区蓝色生物医药科技园区已引进医药企业项目75个，2016年实现产值35亿元，省内最大的12万平方米生物医药产业园孵化中心和干细胞生物诊疗国家地方联合工程研究中心建成运营。崂山区生物产业园，15家企业入驻园区，银色世纪、兰化所、安工院、省海洋生物研究院、颐中生物、信得药业6个项目已投入使用。黄岛海洋生物产业园2016年园区主导产业海洋业务收入77.6亿元，园区完成投资建设5.9亿元。明月海洋生物科技园二期、海洋功能食品公共技术创新研发平台、低值海产品加工副产物高效增值精深加工、年产500t海洋功能食品壳寡糖产业化等项目开工建设。国家首个健康产业先行试验区落户即墨，胶州生物产业园区规划建设。

二、存在的主要问题

（一）生物产业园尚未形成集聚规模

现有的生物产业园区尚处于建设初中期，产业配套、政策配套、服务配套还未形成体系，招商引资、引智没有重大突破，入驻的企业少、产业关联度低，尚未形成产业集群优势，没有形成很好的产业链，发挥园区产业集聚效应还需要较长时间。同时，全市生物企业总体规模较小，龙头带动作用不强，很难形成有竞争力的产品品牌。比如，崂山生物园区达到规模以上的生物医药企业仅有1家。

（二）生物科研创新基础不强

生物产业是知识密集型产业，国际国内著名的产业基地、大型企业无不依托背后专业、强大的科研实力。目前生物产业还存在科技研发机构少、自主创新能力弱、科技成果转化率低的现象，中试、放大、集成工程化环节薄弱，生物科技成果转化率普遍不到15%。

三、下一步重点工作

（一）加大对生物产业资金投入，培育龙头企业

建立完善的多元化投资体系，形成既有政府拨款，又有非政府自筹资金；既有国内金融贷款，又有国外资本投入；既有无偿使用经费，又有有偿使用资金的多渠道、多形式融资局面。推动企业并购、联合重组，加快培育龙头企业进程，继续扶持黄海制药、华仁药业等骨干企业通过技术升级等措施发展壮大；促进蔚蓝生物、九龙生物等企业通过产能整合等措施再上台阶；培育部分生物企业通过加强营销、研发等措施形成新的增长。

（二）以关键技术平台搭建为源头，加快科技研发与成果转化

盘活和加强已有生物科技资源，形成覆盖生物基础研究、应用开发科研群体，并建立一批具有较好科技成果示范、技术服务、技术咨询、研发孵化功能的服务平台，达到整合资源、共享设备、降低成本，推进生物产业可持续发展。同时，推进相关专业化服务机构建设，承担起连接生物技术上下游的纽带作用，通过汇集大学和科研机构的上游成果，进行过程优化放大和工

程化开发，不断将二次开发的技术和产品向产业转化。

（三）强化金融科技牵引，助力生物产业快速发展

继续推动一批中小型生物企业在主板、新三板和蓝海股权交易中心挂牌，助推企业发展壮大；着力引进和培育创新创业人才团队，加强科技金融、技术交易、知识产权等公共服务平台建设，扶持一批高成长、创新型的生物企业；研究以阶段参股方式成立天使投资基金或成果转化基金，引导社会资本投向初创期生物科技企业和成果转化项目，拓宽中小型生物企业融资渠道。

（四）加强中德合作，促进技术研发升级

一是推进华大基因青岛研究院建设，搭建基因资源收集和数据转化、存储等基础支撑平台，通过基础性研究、深度挖掘和应用性开发，统筹发展基因组学在海洋、健康、农业、医药、食品等各产业方向上的应用，实现各产业网络化覆盖和上下游贯穿发展。二是鼓励中德企业建立产业联盟，建立产学研一体化合作发展机制，继续加大力度建立渠道，支持国内企业积极引进德国先进技术和管理经验，支持德国知名药企到园区独立或合作建立研发中心和示范项目，加强生物领域的知识产权保护和开发力度。

（五）打造政策高地，加快生物产业人才引进和培养

一是充分运用现有的国家、省、市和区人才引进的政策，鼓励现有生物制药企业重点引进具有持续创新能力的科研团队和高层次人才。建立人才专项基金，吸引德国等海外留学人员来园区创办生物高新技术企业。二是与德国等国际知名院校、研究机构合作，加快培养生物产业创新人才和复合型人才。鼓励院校及培训机构开设相关专业或课程，提供职业培训和创业辅导，加快培养高技能、高层次和紧缺人才。

（撰稿：青岛市发展改革委）

武汉国家生物产业基地发展报告

一、生物产业快速发展，创新成果显著

（一）保持持续快速发展

2016 年，武汉国家生物产业基地（以下简称“光谷生物城”）完成生物企业总收入 1005.3 亿元，同比增长 25.32%；完成工业总产值 482.24 亿元，同比增长 19.54%；完成规模以上工业总产值 310.25 亿元，同比增长 18.12%。

（二）企业快速发展壮大

2016 年，光谷生物城聚集企业 1111 家，规模以上企业总数达 149 家。新增 6 家新三板挂牌、5 家四板挂牌、38 家高新技术企业，55 家企业进入 2016 年度“瞪羚企业”名单，3 家企业（艾博生物、益基生物、洛芙科技）入选“2016 年德勤高科技高成长中国 50 强榜单”，明德生物、科前生物、新华扬等 4 家企业正在主板排队上市。51 家企业收入突破亿元，其中，国药集团光谷产业集群实现年销售收入 138.64 亿元，人福集团已实现收入 130 亿元。

（三）创新要素聚集完善

新增 1 名国家“千人计划”、6 名湖北省“百人计划”、19 名武汉市“城市合伙人”、48 名光谷“3551 人才计划”，42 家企业获批武汉市“千企万人”。新增 1 个国家地方联合工程实验室、2 家国家级孵化器、3 家省级企业技术中心、1 家省工程技术研究中心、1 个生物医药协同创新中心，科前生物、中科开物入选 3551 光谷人才基地。文献信息检索公共服务平台、灵长类动物实验公共服务平台、第三代基因组学检测及技术应用中心建成并投入使用。

（四）产业空间更加广阔

国际生命健康园和智慧健康园挂牌。其中，国际生命健康园的建设管理主体和园区产业发展规划已明确，并启动了园区道路、污水泵站建设、高压

杆线迁移、房屋拆迁等工作，目标是打造一批具有较强引领带动效益的世界级生物龙头企业和“重磅炸弹”级产品；智慧健康园由光谷生物城与光谷现代服务业园、武汉软件新城共建，已建成面积30万平方米，重点发展生物信息、健康管理、医疗大数据等产业，打造华中地区智慧健康产业发展的新高地。

（五）创新成果接连涌现

2016年，共有人福医药PARP抑制剂等3个1类新药获得临床批件，6个1类新药和1个2.1类新药在申报临床；获批31项二类以上医疗器械注册证，其中三类医疗器械注册证6项；获批5项新兽药证书、1项国审作物新品种；25项产品获得2016年首批武汉市创新产品认定。

（六）影响力进一步提升

全国人大常委会副委员长陈竺在第九届中国生物产业大会上，对光谷生物城的建设发展给予充分肯定，认为创造了“湖北模式”；新华社、经济日报、科技日报、湖北日报、湖北电视台、长江日报等中央、省、市媒体均对光谷生物城的创新发展模式和成绩多次进行专题报道。全年共接待来访考察的国内外各级党政代表团、企业代表团近800批次，10 629人次。

二、创新服务模式，打造光谷生物城品牌

（一）创新企业服务方式，提升园区服务水平

一是建立了培育龙头企业、中型企业和初创企业的分级服务体系，有针对性地扶持企业成长。落实“干部进企业，服务稳增长”活动，对人福集团、联合药业等8家挂牌企业和康圣达、国药器械、安翰光电等50多家重点企业实地调研、长期跟踪、“一对一”挂牌服务。开展第三方医学检验所、生物城企业“小进规”等专题调研，提高生物产业专业服务质量。不仅“抓共性”，协调解决园区企业能源、交通、人才等问题；也“扶个性”，帮助协调安翰光电产品定价、华大基因市场拓展、中古集团GMP认证等，精准扶持企业做大做强。

二是启动“互联网＋大数据”服务模式，提升企业服务速度和覆盖度。搭建光谷生物城公共信息服务平台网站、手机版微信平台，更快捷发布政策法规、项目申报、行业资讯信息，推进了企业服务咨询和专业仪器共享。搭建光谷生物城文献信息检索公共服务平台，为园区企业提供资源覆盖面广、适应性强的生物医药行业专业文献检索支撑。

三是搭建专业平台，提高服务质量。利用“生物创赢汇”，搭建资本和科技对接平台，吸引各类基金在生物城投资发展。推进投资机构对企业67笔股权投资8.48亿元，银行对企业66笔信贷支持9.91亿元，帮助企业解决资金困难。同时积极对接银行，合作推动建行“生物助保贷”、农商行“保证保险”、工行“银证保”等科技金融创新产品，解决科技企业贷款难的问题，累计帮助获得银行贷款3.65亿元。通过举办高新技术企业认定申报、知识产权系列培训、资金运营管理交流座谈会等会议和活动近百次，搭建政企沟通和企业间交流合作渠道。

四是积极开展政策研究辅导，组织企业申报各级扶持资金。全年组织企业申报科技部、湖北省发改委、武汉市科技局等国家、省、市各级财政资金项目150余项，获得资金支持2.39亿元。参与起草《武汉市生命健康产业发展规划（2016～2020）》、《武汉市第十三次党代会“关于打造具有全球影响力的生命健康产业集群”课题调研报告》等产业发展规划，引导产业健康快速发展。

（二）创新招商引资模式，多途径吸引项目落户

一是引进和培育相结合，全年新引进广州康亦健集团移动互联家用健康设备生产基地、常州同泰动物疫苗总部及生产基地、武汉瑞合医药物流中心等一批投资过亿元的产业化项目；扶持本土企业发展，武汉光谷加速器投资公司转化医学产业基地、精准诊疗产业基地、生物服务产业基地，武汉禾元生物植物源重组人血清白蛋白生产基地和湖北省分子医药工程技术研究中心、武汉盛齐安生物公司肿瘤免疫治疗产业基地、武汉明德生物诊断试剂生产基地及研发中心等一批投资过亿元本土企业进一步扩大了发展空间。

二是强化供给侧改革思维，提早布局，精准供给。在治疗性抗体药物、一致性评价、疫苗、高端化学药制剂、现代中药、医学影像、医用激光、分子育种、兽用生物制品、精准医疗、大数据等方面布局并储存了一批十亿元项目，为东湖高新区继续领跑并构建全市生态健康产业圈储备了能量。

三是多途径招商。利用毓承基金、湖北长江旭珩投资等40多家入园投资机构，推动资本与上市生物企业结合，形成产业基金，延伸产业孵化器的模式，引导项目群落地。如武汉节能投资公司与达安基因共同设立武汉开信达股权投资管理公司，延伸带动达安基因6.0模式孵化器选址医疗器械园，促进新项目群的落地生根。目前，越来越多像达安基因这样的业内翘楚以产业、资本互融的模式布局光谷生物城。

四是在招商过程中，专注行业前沿研究。完成了体外诊断、细胞治疗等

等十二篇招商及行业报告，从理论上指导招商方向，培养了一批“懂产业、懂园区、懂企业”的专业招商服务队伍。

（三）多措施并举，打响光谷生物城品牌

一是成功举办第九届中国生物产业大会暨首届“中国光谷”国际生物健康产业博览会（生博会），包括企业成果展示（总展览面积3万平方米，吸引600余家参会参展企业、2万余海内外专业观众）和创新生物药等14个主题高峰论坛（邀请到130多位行业将才同台论道，吸引3000余位专业听众），得到社会各界高度评价和认可，有效推动了光谷生物城招商引智工作。

二是策划组织第二届中国纳米医药国际大会、2016中国生物治疗大会、2016亚洲生物技术联合会夏季论坛、国家重大疾病防治专项启动暨学术研讨会、中英医疗技术研讨会、中法癌症研讨会、投资香港交流会等近20场各类国际会议并组织企业参加，加强企业的对外合作交流。

三、2017年工作计划

（一）进一步提升企业聚集度

一是在生物制药领域，紧抓国内生物制药巨头三生制药，谋划在抗体CRO+CMO产业领域进行合作；落实君实生物国内首家肿瘤临床医院项目及单抗药物生产基地项目，补足园区在临床试验基地这一新药研发关键环节上的缺失；继续盯紧信达生物、百济神州等国内抗体明星企业，在重点产品上有的放矢，带动光谷生物城生物药产业的发展。

二是在化学制药领域，借助药明康德在化学药、精准医学、个性化健康管理领域的全方位服务能力，以期形成药物研发、新医疗技术和大健康交融发展、优势互补的生命健康产业创新生态体系。同时，进一步梳理引进中小潜力项目带动研发链再完善，继续接洽保诺科技、昭衍新药等项目，实现光谷生物城化学制药产业的全面布局。

三是在医疗器械服务领域，推动国药器材、同济医院在光谷设立独立血液透析业务总部，建设国内首家由企业主导、顶尖医院参与的独立血液透析示范中心；谋划组建国家高性能医疗器械工业技术开发服务平台，重点攻关超声影像、心血管、生物材料、软件支撑系统等领域的关键技术和共性技术，为园区医疗器械企业提供工程化技术服务；确保深圳朗天医药集团女娲妇产科用药及器械板块总部落户，在光谷打造全国知名的妇科知名生物企业。

四是在医疗健康大数据方面，加快推进与人本健康、阿里健康、361、兰丁医学在大数据医疗平台的项目建设；继续接洽博奥生物、迪安诊断，在光谷生物城打造“精准诊断”集群。

五是在医学影像领域，落实省政府与上海联影医疗的全面战略合作，争取联影第三方影像中心落户；继续争取迈瑞医疗、华润万东等企业落户，加快推进深圳开立的超声探头和内窥镜生产基地从深圳转移至光谷，将生物城打造成为医学影像高地。

六是在动物保健和生物育种方面，确保国药中生动物保健总部入驻光谷国药大厦办公运营，加强与中牧实业、内蒙古金宇集团、天津瑞普生物等龙头企业接洽；依托中国种子生命科学技术中心的带动作用，吸引北大荒、隆平高科等知名育种企业聚集，打造“中国种都”。

（二）提升企业服务水平

一是摸清家底。对园区内的生物企业进行梳理，按领域、平台等进行分类，了解企业发展现状，对成长性好的企业给予重点跟踪。推动企业进行股改，进军科技版、新三板或主板等资本市场，做好明德生物、科前生物等企业主板上市服务工作。

二是加强合作交流。办好第二届“生博会”，扩大本地国际化高端博览会品牌影响力，同时加强与英国投资贸易总署、法国领事馆、香港投资推广署等保持良好的合作关系，推动相关国际合作活动的开展。组织好生物医药、医疗器械、生物农业、智慧健康等领域的各种国际会议、论坛，加强企业交流，吸引企业走进园区，提升园区影响力。推动工信部产业集群区域品牌建设试点示范工作，开展常态化产品质量、品牌、标准化培训，通过组团赴外参展、组建产业联盟等方式壮大区域品牌。

三是用好服务平台。继续发挥生物创赢汇、创客空间等平台，加强企业与政府、企业与金融机构、企业与企业之间的对接，做到资源共享、信息互通，助推企业快速做大做强。充分利用园区已有基金，在帮助企业解决资金困难的同时，发挥基金在引入项目方面的作用，用活用足基金的作用。充分发挥企业综合党委、团委、工会的作用，策划组织运动会、植树节、技能大会、相亲会等活动，加强园区企业之间的交流，丰富职工业余生活，真正做到创新工作、快乐生活。

（三）完善创新体系建设

一是集聚人才资源，组织好“千人计划”、“百人计划”、武汉“城市合伙人”和“3551 光谷人才计划”申报，力争引进 80 个以上高层次创新创业团队，光谷生物城从业者突破5万人。

二是集聚企业资源，力争全年新增高新技术企业30家，新增“小进规”、“小进限”企业20家。

三是整合平台资源，鼓励企业依托核心技术搭建开放式研发平台，策划建设生物材料进出口“一站式”平台、医疗器械医学转化中心、第三方医学影像中心等功能平台，完成“检验检测综合大平台”调研和方案编制。

四是整合市场资源，与省卫计委及省内主要医疗机构建立新产品、新技术协作机制，搭建创新成果临床应用、采购桥梁。通过国家基因库（备份库）、国家生物样本信息资源库、国家健康医疗大数据中心等一批科技支撑和公共服务平台的建设，以及修订完善《武汉东湖新技术开发区关于鼓励生物健康产业发展的实施意见》等普惠性政策，降低初创和成长型科技企业的运营成本。

（四）加强园区的开发建设

一是加强园区规划建设。加快医学健康园群英一路设计和施工，推进国际生命健康园控制性详细规划方案优化及土地报批，启动园区各项基础工作，以及医疗器械园、医学健康园预留区域建设，提升产业承载空间。

二是完善园区配套设施。提高光谷生物城范围内用电稳定性和蒸汽供应保障工作，保障企业用电安全，提升光谷生物城基础配套能力。以生物创新园为试点，完成智慧园区示范区建设。

三是加快推进生命健康谷建设。根据生命健康创新谷建设行动方案，加快区域内产业项目、基础设施、服务环境和生态环境建设，按照“基地＋平台＋基金＋服务”的思路，将生命健康创新谷建设为“生态、生活、生产、智慧”一体化的创新创业生态系统。

（撰稿：武汉市发展改革委）

重庆国家生物产业基地发展报告

2016年，重庆市深入贯彻落实习近平总书记系列重要讲话和视察重庆重要讲话精神，严格按照“一个目标、两点定位、四个扎实”的总体要求，认真践行创新、绿色、协调、开放、共享五大发展理念，深化拓展五大功能区发展战略，推动全市经济社会有速度、有质量、有效益的发展。生物产业发展方面，重庆进一步聚焦生物前沿科技，坚持引进与自主培育相结合，推动一批重点项目落地，促进生物产业基地建设和产业进步。

一、产业发展基本情况

（一）产业规模快速增长

近年来，重庆生物产业保持稳定增长，2016年全市生物产业实现产值692.7亿元，同比增长14.1%。生物产业中生物医药产业仍居主导地位，2016年全市医药产业实现产值518.3亿元，生物农业、生物医学工程等产业加快发展，正成为生物产业新的经济增长点。

（二）重点企业及产品支撑有力

龙头企业规模不断扩大。全市生物产业有规模以上企业近170家，较2015年增加22家。亿元以上企业100余家，十亿元级骨干企业增至15户，较2015年增加7家，其中：太极集团产值达到80亿元，天圣制药和三海兰陵超过60亿元。15家10亿元级骨干企业中有14家实现正增长，其中10家企业增幅超过20%。

拳头产品影响力不断提升。有外贸出口的22户企业出口交货值30.9亿元，同比增长15.1%，出口交货值达1000万元的有16户，其中博腾制药出口9.9亿元，同比增长59.5%。有亿元以上重点品种67个，新增13个，其中销售收入10亿元级拳头品种保持3个。

（三）重点产业优势明显

重庆已形成生物医药、生物医学工程、生物农业三大优势领域。以中药和化学药为主的生物医药产业具有品种和原材料资源优势；以医疗器械为主的生物医学工程产业具有原始创新优势；以兽药和生物育种为主的生物农业具有地方特色和种质资源优势。

生物医药方面：2016 年药品工业实现产值 518.3 亿元，增长 19.5%。化学制药优势地位进一步夯实，化学原料药实现产值 132.2 亿元，增长 11.3%；化学药品制剂实现产值 106.5 亿元，增长 15.9%。中药产业快速增长，中药饮片加工实现产值 45.5 亿元，增长 27.3%；中成药实现产值 193.5 亿元，增长 14.9%。生物技术药实现产值 41 亿元，增长 26.1%，单克隆抗体、疫苗、基因及细胞检测治疗等产品投产，正成为生物产业新的产业增长点。

生物医学工程方面：2016 年医疗器械制造实现产值 39.9 亿元，增长 17.8%；医用耗材实现产值 71.8 亿元，较 2015 年保持小幅增长。聚焦超声肿瘤治疗系统、可远程遥控的智能胶囊内镜、基于大功率 LED 芯片技术色温连续可调手术无影灯、手术动力装置、血液透析净化设备等产业优势进一步巩固；华大基因、博奥生物等龙头生物企业在渝落户，耗材包材、试剂试纸等产业快速发展，体外诊断、人工组织器官工程等产业初具规模。

生物农业方面：兽药实现产值 57.6 亿元，增长 17.1%。兽药产业已成为重庆生物产业的重点产业和特色领域，建成的全国有名的中国重庆畜牧科技城（荣昌），是目前国内最大的兽药饲料生产基地和兽药饲料畜产品专业批发市场，有 150 余家兽药、饲料生产企业和销售企业入驻。生物农药产业化步伐加快，杀蝗绿僵菌生物农药、植物源性生物农药等生产上市，广谱杀虫真菌生物农药已试运行。生物育种取得多项突破，累计 20 个新品种获国家审定，种猪选育达到国内领先水平。

（四）创新能力稳步提升

加强创新能力建设，结合生命健康产业发展方向和群众健康保障需求，依托迪安诊断建设了重庆精准医疗产业技术研究院，促进精准医疗产、学、研、政、医、咨六维产业生态要素集中。依托中科院绿色智能研究院，成立生物医药和生命健康研究所，开展大健康产业规划研究、技术创新、企业孵化等服务。新认定了一批市级工程实验室、工程（技术）研究中心、市级企业技术中心等创新平台，新培育了重庆植恩药业药物先进制造技术国家地方联合工程研究中心、重庆药友制药冻干制剂开发国家地方联合工程研究中心。截至 2016 年，全市生物医药产业拥有国家级创新平台 10 个，省部级创新平台 4 个，市级创新平台近 200 个，为产业发展提供了有力支撑。

（五）产业发展加快集聚

按照重庆市五大功能区域战略布局，重庆生物产业在“五园七基地”的基础上，进一步聚力向两江新区高端医药和医疗器械产业园、巴南生物药和化学药产业园、合川医疗器械及医用耗材产业园、涪陵现代中药产业园 4 个医药产业集聚区，增强集群效应。2016 年 4 个集聚区新引进项目 25 个，有中关村医学工程转化（重庆）中心、睿智生物、纬创医疗器械研发生产基地等在建项目 35 个，总投资 136.2 亿元，建成达产后预计新增产值 247 亿元。同时，着力打造一批专业性生物产业园区，在荣昌区建设我国重要的兽药研发制造基地，在高新区建设医药产业孵化园区，在长寿区建设我国重要的化学原料药研发生产基地，在“七基地”所在区县建设中药材种植及加工基地。

二、存在的突出问题

虽然重庆生物产业整体向好，但当前也存在一些突出困难。一是发展不够均衡。重庆生物医药和生物农业产业具有较好的基础，但生物能源、生物制造、生物环保等产业还处于起步阶段，还有较大的提升空间。二是规模总体偏小。作为主导产业的生物医药产业产值规模约占全国医药行业和全市工业的 1.7%和 2.3%，产业总体规模较小。目前，重庆市还没有百亿级制药龙头企业，十亿级大品种少，仅为全国的 1.5%。三是研发投入较少。研发投入强度约为 2%，治疗性生物技术药尚处起步阶段，低附加值的大类普药占总产值的 90%以上。四是集聚度不高。医药产业分布还不集中，市内没有一个地区医药产业产值达到百亿元。研发、中试、辐照、环保处理等设施存在分散、重复建设情况。五是融合度有待提升。化学药具备较强的中间体生产能力，但化学药仍以原料药为主，缺少原料药及制剂后端链条的延伸，化学药制剂规模小。优势中药材大品种成药开发较少；医疗器械产业缺乏关键零部件设计、加工支撑体系。六是一致性评价压力较大。按照国家对仿制药一致性评价的工作部署，重庆市共有超 1200 个品种需开展一致性评价工作，加上市内临床试验资源匮乏，企业压力巨大，医药产业发展形势不容乐观。

三、下一步工作打算

（一）延伸产业链条，推动集群发展

以医药制造为中心，积极发展健康医疗和生产性服务业，完善医药健康产业体系。一是健全医药制造链条。坚持上中下游一体化发展，发挥化学原料和中药材资源优势，积极发展医药中间体、化学原料药和中药饮片，大力引进治疗性高端原研药、仿制药等化药制剂，抗体、疫苗等生物药，以及生物芯片、基因测序等临床检测产品，推动中药材种植基地建设。二是推进医药制造业与生产性服务业有机融合。充分发挥医药检测平台、生物制品口岸、重庆药交所和医药审评中心等功能。重点推动重庆医药集团打造西部医药商业龙头企业。推动南岸迎龙医药城建设，打造西部医药谷。三是推进健康医疗和医药制造互动发展。支持制造企业参与医疗服务，推动医疗、社区服务、健康养老等一体化发展，重点推动重医附一院质子治疗中心、重庆医科大学第三方检测平台、华大基因重庆分中心等建设，增强医疗服务对医药制造发展的带动力。四是全面推进一致性评价工作，力争 2017 年开展一致性评价工作的药品数量达到 500 个。加大政策支持力度，其中突出临床基地建设、融资支持，财政资金引导等扶持，针对一致性评价的关键环节，建设一批共享的市级一致性评价平台，推动重庆市仿制药一致性评价工作走在全国前列。

（二）大力招商引资，培育新增长点

瞄准世界 500 强企业，创新招商模式，推动市内企业参与兼并重组。推动市外医药研发成果在我市产业化，力争每年引进 10～20 个优质项目，尽快形成新的增长点。一是推动智飞生物的单克隆抗体、疫苗、基因及细胞检测治疗等产品在我市投产，填补治疗性生物技术药领域空白。二是推动美国 KINEX 制药公司在我市将抗肿瘤针剂转口服药的创新技术应用到紫杉醇等抗肿瘤药物，建设创新药物生产基地，优化医药产业结构。三是推进美国 3D 打印人体器官、日本人工关节等项目尽快在我市落地建设，抢占发展先机。四是推进以色列-重庆医疗产业园等重点项目的引进建设，做好三星医疗、安进等跨国龙头企业和先进技术项目，以及国内行业龙头企业的跟踪引进。

（三）坚持创新驱动，提升发展质效

深入实施创新驱动发展战略，全面推动生物产业创新发展。瞄准肿瘤 CAR-T 细胞免疫治疗、质子重离子放射疗法、基因编辑治疗等世界前沿医

疗技术，充分利用第三军医大学、重庆医科大学等医学转化平台，力争实现治疗产品的量产，抢占制高点。充分利用青蒿素综合研究平台，加快中药有效成分二次开发，大幅提升我市中药产品附加值。加快巴南创新药物、仿制药研发孵化平台建设，形成集研发、孵化、临床、生产于一体的高端药品制剂产业化基地，力争5年内实现30个创新药品制剂和100个高端仿制药在我市形成产业化。以企业为主体，打造面向欧美的药品注册和销售平台，提升我市医药产品国际市场占有率。

（四）加快要素集聚，优化发展环境

准确把握生物产业发展规律，加快构建集政产学研于一体的公共服务平台，加强产业发展配套建设，构建产业发展生态。一是加强资金扶持。充分利用全市100亿元的股权投资引导基金和800亿元的战略性新兴产业投资基金，引入海内外优质企业、项目、团队和产品来渝落地，尽快提升发展质量，做大产业规模。支持企业上市融资，力争2020年生物产业领域上市公司达到15家左右。谋划成立100亿元专用于医药产业发展的投资基金，以资本运作促进产业集聚。二是建设特色园区。重点推动两江新区高端医药及医疗器械产业基地、巴南化学药产业基地、合川医用耗材产业基地建设，力争到2020年两江新区生物产业实现产值500亿元，巴南和合川各实现300亿元。三是搭建发展平台。针对配套薄弱环节，联合企业构建直通海外注册和销售的公共平台，拓宽市场销售渠道。用好中科院绿色智能研究院生物医药和生命健康研究所、中关村医学工程转化（重庆）中心等研发及转化平台，推动一批创新创业成果落地，增强产业发展后劲。依托重庆药交所，深入推动药品交易制度改革，实施对药品交易、使用进行全程跟踪追溯，营造公平公正的发展环境。

四、促进基地建设及产业发展的建议

（一）建议加大新兴产业领域的支持力度

加大对靶向药物、重大疾病药物、抗体药物、现代中药等创新药物，以转化医学、精准医疗、免疫治疗、干细胞治疗为代表的新型医学技术，以数字化、网络化、智能化和小型化为代表的医疗器械的产业化项目的支持力度。

（二）建议强化西部地区创新资源的支持

生物产业是智力密集型产业，高端人才向东部地区集聚的“马太效应”

一直存在，建议加大对创新能力建设、重大产业化项目以及中药、基因检测技术应用示范等检验检测平台的支持力度。

（三）建议强化生物医药产业的国际合作

加强国际合作，鼓励国内优势企业与国外领军企业开展技术合作，提高国内企业研发水平。支持国内企业在海外设立研发基地和销售基地，支持产品海外注册，大力拓展海外市场。

（四）建议加大对基地建设的支持和指导力度

重新开启国家生物产业基地等高技术产业基地建设专项，可按照“基地建设方案＋重大项目”等形式予以批复和资金支持，特别加大对西部地区的支持力度。

（撰稿：重庆市发展改革委）

泰州国家生物产业基地发展报告

一、2016年度发展基本情况

2016年，泰州生物产业基地生物医药产业总量稳步提升，多项主要经济指标平稳增长，个别经济指标增长迅猛，整体经济运行情况良好。医药园区完成公共财政预算收入13.1亿元，其中税收收入11.56亿元，同比分别增长19.0%和31.8%；完成业务总收入140亿元，同比增长24.5%；完成固定资产投资140亿元，其中产业投资120亿元，工业投资78亿元，分别同比增长34.2%、25.7%、83.4%；完成工业企业一般纳税人开票销售17亿元，同比增长108.3%；实现规模以上企业工业产值21亿元、主营业务收入13亿元，同比增长322.5%、142.1%；完成实际到账外资1.22亿美元，同比增长48.5%；实现进出口总额3.86亿美元，同比增长39.3%；2016年新开工亿元以上产业化项目累计48个，其中10亿元以上产业化项目3个，新竣工亿元以上产业化项目25个，新开工、新竣工亿元项目数分别是2015年同期的2.1倍和1.9倍。

二、2016年重点工作

1. 突出项目招引建设，全力打造产业高地

建区以来，医药园区始终把产业作为加快发展的坚实根基，突出产业化在发展中的核心地位，以产业集聚的大突破确立发展优势，以项目建设的快提升增强发展动力，已经步入产能释放、产业扩张的发展阶段。**一是重大项目加快落户，加长接粗产业链。**按照“资源互补、功能集中、链式发展”思路，着力招引具有国际影响力、国内辐射力、资源整合力和发展支撑力的“四力型”项目，全年医药园区签约落户亿元以上重大项目79个。**生物药方面，**投资10亿元的迈博太科二期、投资4亿元的天地人和、中慧元通等一批重大项目签约落户；**医疗器械方面，**投资15亿元的禾柏生物、投资1亿

美元的千禧光、投资10亿元的硕世生物等一批项目，致力打造医疗器械“航母”级企业；**化妆品方面，**一期投资5.76亿元的法国高德美、投资6亿元的京润珍珠等一批项目落户建设，不断丰富园区化妆品产业链。雀巢、中外制药、同盟制剂、勃林格殷格翰动物疫苗、长泰医药等一批重大项目加快建设。目前，医药园区独立用地产业化项目36个，总投资128亿元。**二是集群效应加快形成，特色优势逐步彰显。**疫苗、诊断试剂及高端医疗器械、生物制药、化学药新型制剂、中药现代化和保健品六大特色产业集群已经形成。已集聚康淮、沃森等13家企业的疫苗基地，拥有各类疫苗产品40多个，成为国内疫苗产业集聚程度最高的医药园区；以泰凌医药、三生药业、康禾生物等为代表的一批生物药企业加速集聚；发挥阿斯利康、石药集团等国内外大企业的示范效应，着力打造化学药新型制剂产业基地。以百草堂、岷海制药、汇伦药业等为代表的一批中药现代化企业加快建设；以海王健康、恒康等为代表的一批保健品企业快速推进。**三是产业进程不断加快，产业规模持续增长。**推进国家新型工业化示范基地和国家战略性新兴产业集聚发展试点，促进落户企业全面投产达效、做大做强，不断增强园区持续创新和跨越发展的内生动力。2016年园区新增大同盟制药、康淮生物、江苏美通、百草堂药业等8家药品生产企业通过GMP认证，全年通过GMP认证的企业总数达到17家，新增规模以上工业企业7家；新增药品临床批件90个，新增药品生产批件56个；新增医疗器械生产企业67家，新增医疗器械注册证142张，全年医疗器械注册证总数突破600张。目前，区内已有29家药品生产企业取得生产许可证；各类医疗器械产品品种1000余个；已有75家医疗器械企业正式运行投产；已经取得《食品生产许可证》（含保健食品）8家、《化妆品生产许可证》3家，雀巢、高德美、石药中诺等一批保健食品化妆品企业正在建设中，预计2017年投产。**四是前沿技术落户开花，技术水平国际领先。**落户前沿医疗技术企业和研究机构11家，主要集中在细胞免疫治疗、干细胞治疗、基因测序诊断、医疗数据库建设等领域，部分技术具有国际先进水平，填补多项国内空白。达安达瑞公司入选国家第一批基因检测技术应用示范中心。2016年3月，无锡市妇幼保健院、南京军区总医院、中国医药城亿康基因公司联合宣布，全球首个接受无创胚胎染色体筛查（NICS）的试管婴儿诞生，标志着我国胚胎植入前遗传学筛查技术已处于世界最领先水平。目前，中国医药城正致力打造两个“临床应用基地”，即特色医疗诊断技术临床应用基地和特色诊疗企业集聚基地。

2. 突出重点精准发力，全力打造创新高地

始终把创新作为加快发展的不竭动力，加快资本化、人才化进程构筑发展支点，全力推进产业链、创新链、价值链对接融合，不断提升核心竞争力。**一是重大成果加速涌现，竞争力不断增强。创新成果转化速度加快。**医药园区在研和申报的一类新药达到 72 个，已有 20 个一类新药取得临床批件。**品种获批显著加速。**2016 年新增药品生产批件 51 张，是 2015 年的 6.4 倍；新增临床批件 76 个，是 2015 年的 3.6 倍。**创新研发成果显著。**新增临床批件中，有 11 个一类化药新药和 2 个生物制品，创新药获得临床批件数是 2015 年的 6.5 倍；在 113 个已获临床批件中，有 15 个一类化学新药和 9 个生物制品，占比 21.2%。**二是深化产学研合作，聚力推动协同创新。**目前，医药园区各类研发机构已超过 60 家，进区企业与国内外 100 多家高校、院所建立产学研合作关系。中科院大连化物所-中国医药城生物医药创新研究院启动建设，大连化物所核心团队已经入驻。与四川大学成都安评中心共建中国医药城药物安全评价中心，已完成实验室设施改造。与 GCP 临床研究基地签署战略合作协议，共同推进国家药物临床试验机构等创新平台落地集聚。**三是不断完善公共平台，增强企业创新活力。**不断强化平台在资源集聚中的吸纳功能，着力构建覆盖产业全过程的公共服务平台。国家新型疫苗及特异性诊断试剂产业集聚发展试点持续推进，各类产业平台不断完善提升。亚盛医药检测中心顺利通过 CNAS 认证，检测覆盖 22 个项目；国内首家企业动物疫苗 CNAS 检测实验室在安评中心诞生；省医疗器械检验所中国医药城分所通过国家计量认证和国家实验室认可“二合一”初次现场评审；免疫技术平台、符合美国 FDA 和欧盟 EMEA 规范的高端创新制剂平台等正在加快建设；国家疫苗评价工程技术研究中心即将进入评审阶段；疫苗工程中心原液灌装平台即将启动建设。**四是加快集聚高端人才，深入推进创新驱动。**更大力度推进“人才特区”建设，充分发挥千人计划研究院、外籍院士工作站等平台载体对人才的吸附效应，全方位为各类人才创新创业、成果转化、项目产业化提供高效服务。全年新增各类人才 5000 多人，其中高层次人才 400 多人；新增国家“千人计划”专家 8 人、“113”高层次人才 38 人；全年安排“113”人才专项资金 6000 万元。

三、2017 年工作思路

2017 年，医药园区的总体工作思路是：紧紧围绕“两个十年目标”，坚

持“产城一体”战略，突出创新引领，依托部省共建发展机制，加快引进大项目，培育大企业，完善大平台，健全大配套，创优大服务，推动大发展，实现大产出，奋力建设全省生物医药产业核心区、综合改革试验区、转型升级先导区，加快建设产城一体的医药名城。具体来说，打造“三个高地”。

一是全力以赴打造“产业高地”。项目是园区发展的生命线。**一方面更大力度抓重大项目招引。**我们将始终坚持项目强区理念，着力招引国际知名医药企业和国内重点医药企业集团，大力推动企业集聚，加快形成产业集群。**瞄准重点产业。**认真研判生物医药产业发展新形势，深入分析国内外知名医药企业发展新动向，紧紧围绕已经形成的六大产业，特别是疫苗、生物制药、诊断试剂和高端医疗器械等优势产业，围绕康健医疗区的启动建设，大力推动海内外创新资源加快集聚，完善产业链条，做大产业规模。**瞄准重点区域。**国际上，我们紧盯欧美、日韩，兼顾港台地区等医药健康产业比较发达的地区；国内，我们瞄准北京、上海、广州等重点地区，突出亿元以上重大项目招引；在亿元项目招引上，确保不低于 2016 年。**瞄准重大产品。**我们将紧盯医药产业前沿，在招引重大技术创新成果上求突破，迅速集聚一批叫响国内外的重大创新品牌。**另一方面更大力度推进项目建设。**对项目来说，开花结果才是目的，不竣工达产，再好的项目也释放不出光和热。我们将把抓项目竣工达产作为组织经济工作的“撒手锏”，一手抓招引开工，一手抓竣工达产。**推进签约项目早开工。**加快豪科、泰集、天地人和、禾柏生物、京润珍珠、诺瓦立、中崇二期、泰海等 10 多个用地产业化项目早日开工建设。**推进开工项目早建成。**加快雀巢、高德美、国中物流、大同盟、艾博得、登科、中慧元通等一批单独供地产业化项目建设，争取项目早日建成。**推进建成项目早投产。**确保 7 个国家 1.1 类新药 2017 年上半年全部投产；全年确保 40 家以上企业正式投产，其中推动勃林格殷格翰、石药中诺、金迪克狂犬疫苗、国中物流、艾博得、登科等一批重点企业投产运营。新增规模以上企业数 12 家以上；全年新增注册申报数 200 个，其中新增药品注册申报数 50 个；新增药品临床批件 20 个；新增注册批件数 100 个，其中药品注册批件 20 个，医疗器械注册批件 60 个，其他批件 20 个；新增各类生产许可证 15 家；新增亿腾药业、华泰晨光、泰凌生物等 6 家企业通过 GMP 认证。

二是全力以赴打造“创新高地”。（一）是健全完善技术服务平台。继续高质量推进全国唯一一家国家新型疫苗及特异性诊断试剂产业集聚发展试点建设；加快推进中科院大连化物所-中国医药城生物医药创新研究院项目建设；建立江苏省生物医药创新中心，实现公共资源与企业资源协同，发挥产业支撑作用；加快推进高端创新制剂、免疫技术服务、安评中心等一批具有国际水平的公共技术服务平台。**（二）是更大力度吸纳高端人才。**企业的竞争、医药园区的竞争，实质是人才的竞争。而生物医药产业对高层次人才的渴求更甚。我们将始终将人才团队建设放在核心地位，创新引才机制，创优留才环境，推进人才特区建设。全年计划引进海内外高层次人才350名，新增国家“千人计划”专家10名，省“双创计划”专家13名，省级以上“创新团队”2个。重点举办“2017年中国医药城高层次人才智力项目交流大会”“第四届中国医药城高层次人才创新创业大赛”等。**（三）是更大力度推进资本集聚。**扎实推进科技金融示范区建设，积极创新融资平台、融资工具、融资产品，健全完善覆盖医药研发、孵化、生产全过程的现代资本体系。加快推进总规模为100亿元国家一类新药研发投资基金、总规模30亿元的生物医药产业母基金运行。

三是全力以赴打造“服务高地”。把专业服务作为特色优势，着力优化专业服务、政务服务、产业发展、生产生活等环境，不断放大国际化品牌和载体优势，全力打造转型发展的优势板块和集聚高端要素的“城市名片”。**（一）是不断增强体系建设。**根据医药产业特点和专业化要求，强化适应医药产业发展的药品报批服务体系、人才服务支撑体系、知识产权保护体系、创业融资支撑体系、政策顾问咨询体系等，为企业加快发展、抢占先机提供支撑。**（二）是深化审批制度改革。**以“六个一”为目标，深入实施行政审批改革，全面梳理权力清单和负面清单，筹建行政审批局，创造条件启动综合执法试点，努力做到“园内事、园内办结”，为医药产业发展营造便捷高效的服务环境。**（三）是加快改善配套环境。**按照“产城一体、产城共荣”思路，营造现代化、高品质创业环境，围绕项目落户、企业运营，配套完善基础设施和公共服务设施，全力创建“长江经济带”大健康产业基地。加快推进五期标准厂房、会展中心二期竣工投入使用，加快建设六期标准厂房、高端医疗器械集聚区三期等载体，形成与高端产业相匹配的城市环境。

（撰稿：泰州市发展改革委）

通化国家生物产业基地发展报告

一、主要做法及成效

2016年全市生物产业发展整体形势较好，产业规模持续壮大，产业链条逐步拉长，产品附加值不断提高，集群发展态势基本形成。

(一) 抓产业，基地规模迅速壮大

近年来，通化生物产业始终坚持集聚式发展，产业规模迅速壮大。2016年通化医药产业产值达到1210亿元，同比增长11.5%。医药产业产值年均增长21.2%，四年翻了一番多，总量和效益在全省的占比达到60%。规模以上医药工业企业实现利润97.2亿元，同比增长23.4%，占全市工业总利润的65.3%；完成增加值365亿元，同比增长9.1%，占全市规模以上工业增加值的58.1%，占全市GDP的35%。2015年，国家发展改革委《东北地区培育和发展新兴产业三年行动计划》将通化生物医药产业纳入国家新兴产业集群，作为吉林省重点打造产业集群。目前全市生物产业集群发展态势基本形成。

(二) 抓企业，整体实力不断提高

实施品牌战略，通过政策激励推动企业创造“小品牌”，科学管理确保全市打造通化医药“大品牌”。目前通化共有医药规模以上企业109户，累计90户医药企业通过新版GMP认证。通化东宝、通化金马、吉林修正、通化茂祥等8户企业被认定为生物医药产业基地骨干企业。通化医药企业可生产47个剂型4066个品种，其中国家一、二类新药22种，自主研发的130种，拥有自主知识产权的83种，中药保护品种100种。目前有修正、斯达舒、新开河、东宝、茂祥、振国、通药、益盛、万通、紫鑫、正和、甘舒霖、唯达宁13个中国驰名商标，是东北东部地区拥有著名工业品牌（驰名商标）最多的城市。修正、东宝、万通、金马、茂祥等11户企业已经发展为集团公司，成为通化市医药企业的骨干群体，行业集中度进一步提高。

（三）抓项目，产业发展结构逐步优化

全市先后自主研发了人胰岛素、安体舒等 22 种国家一、二类新药，承担并组织实施了国家、省各类科技计划项目 172 项。其中通化一次性承担国家“十二五”创新药物孵化基地建设项目 17 项；“肺宁颗粒”、“脑蛋白水解物口服液”等省医药类“双十”工程项目 9 项，是吉林省承担此类项目最多的市（州）。组织申报了通化康元生物科技有限公司长白山林蛙抗菌消毒系列产品加工项目、通化万通药业股份有限公司年产 40 亿片感通片生产线建设项目等 5 个生物医药产业集群类项目，已全部通过项目评审，获得国家资金扶持 3000 万元，占全省专项资金的 1/5。

（四）抓创新，科技支撑能力显著增强

坚持创新驱动发展，提升医药产品科技含量、着力提升产业附加值，增强通化医药市场竞争力。目前，全市拥有国家技术制药企业 8 家，国家级企业技术中心 3 个，省级企业技术中心 21 个。启动实施百户创新企业集群建设工程和巨人企业培育计划，建设通化市科技创业服务中心（国家科技企业孵化器），吸引中国工程院张伯礼院士并建设通化医药高新区院士工作站，建设通化市科技成果交易中心，开通医药技术转移服务平台，引进和转化了国内高校院所近百项优秀医药科研成果。滚动实施的 120 种新品种实现规模化生产，通化医药产业创新集群被科技部列入国家创新产业集群培育试点，创新型企业集群已经成为推动全市科技创新发展的主力军。

（五）抓平台，创业孵化能力不断提升

加快企业创新创业能力建设，积极搭建创新创业孵化平台，目前全市共建立省级中小企业创业孵化基地 10 个，规划面积 79.2 万平方米，孵化厂房面积 45.2 万平方米，孵化容量 500 户，在孵企业 225 户，毕业企业 135 户。加快推进通化药业中试服务平台、蛋白质生物药发酵体系创新创业平台、长白山野生山葡萄酒技术研发平台等省级双创平台建设。医药高新区科技创业服务中心被科技部认定为国家级科技企业孵化中心，成功孵化出了康元公司“林蛙皮抗菌肽消杀剂”、恩维泽公司“微生物益菌肥”、晟航科技“三元催化剂”等一批优秀的科技型企业和高新技术成果。

二、基地发展存在的问题

近年来通化生物产业虽然取得了较大发展，但是面对当前复杂多变的经济环境，仍然面临着一些制约产业转型升级的困难。

一是产业结构仍然不够均衡。通化作为国家级生物产业基地，主导产业较单一。从医药产业结构分析，医药工业占绝对比重，医药物流、中药材基地建设、医药包装、医疗器械等相关产业发展不平衡的问题仍然存在。从医药企业结构分析，小企业多、大企业少、现代企业集团更少，集约化水平低，产业综合竞争力不强，不利于资源的集聚和有效配置。

二是自主创新能力还不够强。全市R&D经费支出占GDP比重仍然较低，企业研发力度仍显不够，虽然大部分企业具备一定的研发能力，多数企业已与域外大学院校、研究所等科研机构建立了研发合作关系，但是高端产品研发平台和人才都相对不足。另外地方科研平台仍然偏少，难以满足生物产业基地发展的技术需求和对全市科研成果的转化应用。

三是国际化水平相对较低。通化医药产业的发展主要依靠本地企业的支撑，与其他国家级生物产业基地相比，国际化水平比较低。作为国家级生物产业基地，今后的发展应具有全球的视野，在全球范围内吸引资金、技术、人才等要素，为我所用，促进产业规模、产品水平上一个新台阶。

三、工作打算

2017年是适应和把握经济发展新常态的关键之年，更是大力发展生物产业促进工业转型升级的攻坚之年，我们将紧紧围绕中央和省市委的决策部署，做好变中求新、变中求进、变中突破的大文章。

一是全面实施创新驱动战略。加快企业技术中心建设，加大资金、技术、人才的投入，鼓励企业加强与科研院所、高等院校的合作，大力开发拥有自主知识产权的国家一、二类新药。选择有发展前景的本地药材品种，进行二次开发，促进产品升级。依托国家级通化医药高新区建设，快速推进国家高技术产业基地中试平台、生物产业国家高技术产业基地公共实验中心、人参研发中心等重大创新能力建设项目实施，争取生物类国家重点实验室、国家工程实验室等重大科技平台落户通化。

二是积极吸引域外战略投资。借助向南开放和对接浙江的有利契机，积极吸引国内外战略投资者、有实力的企业，通过合并、兼并、收购、联合等形式，进行资源整合；结合国家创新药物重大专项的实施，引进一批市场潜力大、技术成熟度高、拥有自主知识产权的生物药品种，特别是治疗肿瘤、心脑血管、传染病等重大疾病的生物药品种到通化进行产业化，缩短企业的研发周期，降低投资风险，快速提升企业竞争力。

三是抓好各类双创平台建设。加快建设众创空间等双创平台专业化发展，通过龙头企业、中小微企业、科研院所、创客等多方协同，打造产学研用紧密结合的众创空间，提升服务创新创业的能力和水平。积极推动吉林省石油机械产业公共技术研发中心、通化药业中试中心等创新平台面向全市小微企业开放，促进通化创新创业成果转化。积极打造通化佟江文化创意产业园、创业空间支点创业咖啡、通化市创业发展服务中心、通化市文化产业孵化基地等双创基地，推动通化“大众创业、万众创新”活动的开展。

（撰稿：通化市发展改革委）

天津国家生物产业基地发展报告

天津坚定贯彻中央决策部署，牢固树立创新、协调、绿色、开放、共享的发展理念，牢牢把握天津发展的历史性窗口期，广聚国内外高端资源，整合各类创新资源，通过搭建平台载体、培育创新主体、聚集高端人才、加快项目实施、促进开放合作等一系列措施，显著提升基地生物产业自主创新能力，产业实力明显增强，逐渐培育生物产业发展壮大，成为具有支撑引领作用的重要的战略性新兴产业。

一、基地产业发展现状

1. 产业支撑引领作用显现

天津是国家较早批复的国家生物产业基地、国家医药产品出口基地和中药现代化科技产业基地。天津生物产业特色较为鲜明、配套能力较强、对外开放程度较高，在生物医药、生物制造、生物农业、生物医学工程等领域拥有较强的产业基础。2016 年，全市生物技术与医药产业产值突破 1500 亿元，产值同比增长 12.96%，占全市高新技术产业产值比重达到 18.2%，对全市高新技术产业增长的贡献率达到 77.5%。

2. 重点领域自主创新取得突破

天津国家生物产业基地建设一直注重产业自主创新能力的提升，已突破了多项关键技术，开发了具有自主知识产权的最新创新成果。化学药领域，化学原料药占比大幅下降，附加值较高的化学制剂占比明显上升，吲达帕胺、新康泰克、芬必得、百多邦、达克普隆等产品畅销海内外。现代中药领域，复方丹参滴丸销售额连续多年在全国中成药中保持第一，血必净注射液、速效救心丸、通脉养心丸等品种畅销海内外。医疗器械领域，血压计生产规模全球领先，冠脉支架、输液器、血液回路器等产品销量位居全国前列。生物制品领域，建立了世界上第一座脐带间充质干细胞库，成功开发出世界上第一个进入临床试验的干细胞治疗药物间充质干细胞注射液，正在建设亚洲唯一的埃博拉疫苗生产线。

3. 产业集聚化、特色化发展态势明显

按照“核心区＋扩展区”的建设发展模式，天津生物产业基地形成了明显的集聚效应。以滨海新区为主的核心区建设进展良好，全市50%以上的生物技术和医药企业在此落户，聚集了产业内近百家国家级和市级研发中心、1000余家科技型中小企业和百余家科技小巨人企业，产值增速领跑全市生物技术与医药产业产值增速。在滨海新区、北辰、津南、武清、西青、东丽、南开七个区域聚集的医疗器械生产数量占全市医疗器械生产数量的70%，产值接近全市医疗器械总产值的85%。武清健康保健产业、北辰现代中药、西青现代医药、静海医药研发、津南生物科技总部等扩展区形成了各具特色的产业集群。

4. 聚集了一批生物领域高端创新资源

以“国家生物医药国际创新园”、“京津冀生物医药产业化示范区”建设为契机，天津聚集了中国医学科学院、军事医学科学院、中科院工业生物技术研究所等“国字号”研发机构以及天津国际生物医药联合研究院、天津药物研究院等一批高水平科研机构。建成生物产业领域国家级重点实验室6个，国家工程（技术）研究中心8个，国家级企业技术中心6个及产业化基地若干。通过各类、各级人才计划为生物产业发展引进高端人才，先后引进生物医药领域高端人才团队近200个，引进的高端人才中有近一半属于生物医药领域。

5. 生物产业发展环境不断优化

近年来，天津市出台了《京津冀生物医药产业化示范区优惠政策》等一系列政策措施，为生物企业创造了良好的政策环境。针对不同领域、不同阶段的企业、产品予以各种形式的支持和引导，相继推出了抗癌重大专项攻关计划、新药创制科技专项等市级科技专项，有效推动了生物医药产业的转型发展。加快推动科技和金融结合工作，搭建了科技金融服务平台，设立了天士力基金、天以红日基金、银宏基金、瑞普基金4支生物领域专业风险投资基金，有效引导金融机构、创业风险投资、担保机构等社会资本对生物企业的融资支持。

6. 产业发展潜力巨大

大量市场主体及有效产品为产业持续发展提供有力内在支撑，全市拥有药品生产经营企业4000余家，医疗器械生产经营企业近5000家，其中：年收入过亿元的生物医药企业百余家；各类药品注册品种达3000余种，其中：年销售收入过亿元的大品种达到40余种。以全球视野拓宽创新资源吸纳渠道，促进国际科技交流合作，谋求产业创新的全球化战略布局，依托中德生物技术-医疗器械产业园、中英医疗健康产业基地、中欧先进制造产业园等合作示范园区建设，在技术、人才、项目等方面建立双向交流合作机制，提升产业综合发展水平。紧抓医药体制改革的契机，天津市作为全国开展药品上市许可持有人制度的十个试点城市之一，大力推进药品上市持有人制度试点，2016 年已受理注册申请 6 例。

二、“十三五”时期发展目标及重点

以京津冀生物医药产业化示范区、国家生物医药国际创新园等为载体，加快发展针对重大疾病的化学药、中药、生物药新产品、生物制品及保健品，提升壮大医疗器械产业，着力培育大健康等新兴业态，加快产业规模化、集群化、高端化发展。到 2020 年，产业规模达到 2300 亿元，销售额过亿元的大品种达到 120 个，成为全国重要的生物医药产业创新高地。

突破一批关键技术。重点在创新药物、医疗器械、生物制造、诊断和医疗、生物医学工程、再生医疗、中成药现代化 7 个方向，着力突破分子生物学、细胞生物学等 28 项左右基础研究与前沿技术，突破高附加值的化学药物剂型改造等 100 项左右关键技术和产品，促进产业壮大。

做强一批重点产品。重点发展高端化学制剂、中药大品种、生物制品、高端医疗器械等高附加值产品，加强保健食品的开发，形成一批具有国内外较高知名度的大品种。加快发展国内领先的抗肿瘤蛋白、基因工程胰岛素、新型疫苗、生物试剂、干细胞治疗药等，推进传统中药产品的二次开发，发展影像设备、医用机器人等高性能诊疗设备，全降解血管支架等高值医用耗材，可穿戴、远程诊疗等移动医疗产品。

完善产业公共服务平台。依托国家生物医药国际创新园，面向行业共性技术研发和产业化服务需求，完善和新建一批国家级和市级重点实验室、企业技术中心和工程中心，重点搭建仿制药研发、药品中试及产业化、现代中药研发、成药性专业技术服务、新型制剂技术、高端医疗器械、医药知识产权储备与运营、国际生物医药展会等一批研发和产业化平台，提升产业公共服务和支撑能力。

打造生物医药特色产业集群。依托滨海新区国家生物医药国际创新园，着力打造集产品研发、技术转化、生产制造、商业物流和展示交流于一体的国家生物医药产业基地。加快建设武清生物医药与健康、北辰现代中医药和医疗器械、西青化学药及医疗器械、静海现代医药研发和健康产业、津南创新药物和生物制品、宝坻医疗器械等特色产业集群。

三、保障措施

1. 优化产业发展环境

发展知识产权抵押、科技担保等新兴科技金融服务，探索非上市公司股权转让以及设立科技金融控股公司等多种资本运作方式，充分利用国内外资本市场。加大财政支持力度，完善财政资金支持方式，以政府出资股权投资基金带动社会资本对具有较好竞争性和成长潜力的医药企业开展股权投资。支持创新产品推广，支持高端医疗装备首台（套）示范应用，鼓励医院采用设备融资租赁等方式使用大型医疗设备，推进医疗器械生产企业与融资租赁公司合作，探索小型医疗器械融资租赁模式，出台政策鼓励推动医疗器械产品通过更多金融手段进入医疗机构。落实好研发费用加计扣除、固定资产加速折旧、高新技术企业、技术先进型服务企业所得税等利于生物产业发展的优惠政策。

2. 实施人才发展战略

深入实施人才优先发展战略，着眼于药物创新、医疗器械核心软硬件开发、中医药传承、医药产品国际注册等方面的需求，健全人才引进、培养、激励机制，营造人尽其才、才尽其用的良好环境。继续实施“千人计划”等引智工程，吸引海外产品创新、国际注册等方面高层次人才和团队来华创新创业。鼓励医药企业设立博士后科研工作站。以提高药品质量管理水平和企业竞争力为核心，积极开展多种形式的医药企业经营管理人员培训，培养一批领军型医药企业家。强化职业教育和技能培训，建设医药应用技术教育和实训基地，打造技艺精湛的技能人才队伍。完善医疗机构相关职称评定和岗位设置办法。支持企业与高等院校、医疗机构合作培养医疗器械工程师等实用型技术人才。成立天津市生物医药行业职业教育教学指导委员会，调动医药行业协会、企业、科研院所和职业院校的积极性，加强对医药行业职业教育校企合作工作研究、指导、服务和质量监控，培养医药产业急需的技术技能人才。鼓励设立创业创新中心等人才培养平台，加强协同创新。

3. 推进科技成果转化

推动企业建立股权激励机制。建立健全技术、技能等要素参与的收益分配机制，鼓励通过技术入股等形式，充分调动人才的积极性和创造性。积极制定《天津市促进高校科技成果转移转化工作的实施意见》，建立有利于科技成果转移转化的工作机制，扩大高校科技成果转化自主权，完善高校科技成果转移转化奖励机制，规范对担任领导职务科技人员的奖励，实行科技成果转移转化有关决策尽职免责原则，建立科技成果转移转化年度报告制度。

4. 促进创新创业

加强创业培训，鼓励和引导生物科技人才创业，加快构建贯穿整个创新链条的生物科技创新创业服务平台，形成设备、人员、技术、资本等专业化配套体系，推动龙头骨干企业、高校、科研院所建设一批高水平、专业性的生物产业众创空间。

5. 深化审评审批改革

运用好创新药品审批绿色通道制度，加快天津药品审批效率。对于采用自主知识产权的技术、手段开发的基因检测试剂产品，按照快速审批程序优先审批，加快推进产品进入临床使用，填补市场空白。严格审批，淘汰生产工艺落后的药品生产。强化对药品注册研发环节的政策指导，优化监管服务措施，以优化程序、落实责任、提高效率为目标，推进医疗器械审评机制改革，构建程序规范、权责清晰的注册审批模式。

（撰稿：天津市发展改革委）

南昌国家生物产业基地发展报告

生物产业是江西省优势特色产业之一，南昌国家生物产业基地核心区包括南昌高新区、南昌小蓝经济开发区、桑海医药产业园、樟树药都、袁州医药工业园、进贤县医疗器械产业园等，是江西省重点发展的战略性新兴产业基地，在国家的大力支持下，得到快速发展。

一、发展基本情况

产业集聚显著显现。南昌国家生物产业基地，已呈现空间聚集向集群发展的态势。目前研发生产企业已超过300家，占全省生物产业企业的八成，2016年生物产业销售收入1070亿元，年均增长30%，占全省的比重由2007年国家基地批准建设时的50%上升到目前超过70%。其中南昌高新区生物医药产业主营业务收入达到466亿元，已经形成了医药产品、医疗器械及健康保健品的研发、生产、营销、物流等完整的产业链。

重点企业稳步壮大。基地内济民可信集团、正邦集团销售收入超过100亿元，汇仁、仁和、江中、青峰等企业销售收入超过20亿元，济民可信、仁和、青峰入选全国医药企业百强。年销售收入10亿元以上的企业已达10家，年销售收入1亿元以上的企业已达50家，比2015年都有所增加。列全省医药行业前20位企业（集团），主营业务收入424亿元、利润43亿元、利税70亿元，分别占全省医药产业的32.67%、39.04%和41.40%，较2015年分别上升2.27个百分点、5.84个百分点和4.6个百分点，产业集中度较2015年有所提升。

优势品种数量不断增加。2016年生物医药领域销售额过亿元的优势品种共有52个，比2015年增加4个，其中：年销售额超过10亿元的核心品种有喜炎平注射液、金水宝胶囊、康莱特注射液、肾宝片、醒脑静注射液、健胃消食片6个，销售额过亿元的优势品种中，中成药品种有39个，占七成以上，销售额比2015年增长的有37个，增幅列前三位的分别是杏林白马药业的猴耳环消炎颗粒（增长6.87倍）、博雅股份的静脉注射人用免疫球蛋白（增长96.71%）和人纤维蛋白原（增长88.38%）。

产业特色更加鲜明。基地核心园区按规划实行差别化发展，樟树园区充分发挥传统中药文化优势，重点发展中药饮片、中药材繁育种植、药品及医药材料交易，基地拥有中医药企业168家，其中中药材种植企业22家、生产企业133家、流通企业35家，中成药及中药饮片实现主营收入160亿元、中药材专业市场实现销售收入90亿元，成为国内越来越有影响的药都。南昌进贤医疗器械产业园已聚集一次性使用医疗器械制造厂120家，销售企业超过400家，其中出口企业10家，主营业务收入112亿元，利税达12亿元，形成了全国最具影响力的一次性使用医疗器械产业园区。

产业升级步伐加快。南昌高新区建设的经科技部批准的国家医药国际创新园，规划面积6km^2，打造药品研发生产、医疗器械研发生产、企业孵化、综合服务、仓储物流等6大功能区，目前财政已投入2.1亿元用于基础设施建设，已落户高纯度弹性蛋白酶、生物羊膜、手术医疗器械、电子加速器辐照加工、病毒源生物农药等21个高水平生物产业项目入驻，计划总投资30亿元。进贤医疗器械产业园的龙头企业洪达集团与德国公司合作生产血液透析仪及血液透析耗材、骨科器材，益康公司研发生产自毁型安全注射器项目，积极引进放射影像类设备生产项目、呼吸麻醉类器械、血管支架、耳鼻喉检测仪、精密自动排气止液输液器等高端医疗器械产品，开始建设生产能力。袁州园区引导中国科学院武汉病毒研究所合作研发的甘蓝夜蛾核型多角体病毒已成为我国第一个获得欧盟有机认证的病毒杀虫剂产品，同时在海南研发害虫的生物天敌防治技术，并已形成生产能力，正在积极推广应用。桑海医药园区推动老农垦药企改制，充分发挥沉积的传统医药批文和技术资源，积极对接中国医药集团等国内龙头企业，引入战略投资，实现跨越发展。

创新能力稳步加强。基地核心区已有省级以上生物领域研发平台30家，2016年又组建了生物医药联合研究院、分子影像研究院等以企业为主体的研发中心，中药固体制剂制造技术国家工程研究中心、水稻国家工程实验室、食品科学与技术重点实验室、现代中药制剂教育部重点实验室、国家地方联合种猪繁育工程研究中心等国家级创新平台的创新能力得到进一步加强，在药材及制剂质量评价、中药新药和保健产品开发、药物新剂型研究、化学原料药及其中间体制备技术研究、拥有自主知识产权的化学创新药物研究等方面取得了较好的成绩。传统中药企业仁和集团、济民可信、天齐堂中药饮片、德上药业等都建立了企业自己的研发机构，形成了一批自主知识产权的科技成果，并及时在生产中推广应用。

二、推动生物产业基地发展的主要措施

加强规划指导。江西省2009年就编制了《江西省战略性新兴产业（生物）发展规划》，并在2013年根据国家《生物产业发展规划》对该规划进行了修编，2016年拟定了《关于加快中医药发展的基本意见》，并以省政府名义印发，编制了《江西省中医药发展“十三五”规划》，制定的政策和规划中都突出南昌国家生物产业基地对全省生物产业的引领作用，明确了生物产业、中医药产业发展的阶段目标、任务，提出了推进产业发展的具体措施。各核心园区先后出台相关规划和政策，如：《南昌高新区生物医药产业若干扶持措施》《进贤医疗器械产业三年强攻计划》《江西樟树“中国药都”振兴工程实施方案》等等。

建立推动机制。江西省成立了由常务副省长为组长、分管副省长为副组长的省级领导小组，办公室设在省发展改革委，建立了省直相关部门参加的联席会议制度，印发明确工作重点任务和要求的年度工作要点，推动工作落实。核心园区所在地政府和园区管委会也都相应建立了推动生物产业发展的机制和机构。

支持重大项目。充分利用江西省重大项目建设调度机制和战略性新兴产业引导资金扶持机制，将济民可信、仁和、江中等龙头企业的新建、扩建项目列入省级调度，解决企业发展中遇到的土地、规划、电力、资金等方面的问题，通过竞争，择优支持天然植物有效成分提取、抗菌化学新药、蛋白质药物、新药创新平台等重大项目建设。南昌高新区组织总投资13亿元的重点创新工程生物医药联合研究院项目建设，中央、省、市财政已支持1.5亿元，第一期工程将于2018年投入使用。进贤医疗器械产业园引进支持企业建设一次性医疗用品公共灭菌中心，既有利于监管保证产品质量，又减轻企业投入，降低成本。桑海园区重点打造生物医药产业孵化器，在引进创新团队和孵化项目上已取得明显成效。

推进园区建设。在土地利用指标比较紧张的情况下优先安排生物产业项目建设用地，在园区的道路、管线、污水处理、电力、标准厂房等基础设施建设上优先规划，并安排财政资金给予一定支持，推进生物园区服务能力提升。袁州医药园细化生物产业发展规划，提前整理并报批生物产业用地133hm^2（2000亩），投资2.3亿元启动园区基础设施项目。小蓝园区推进总

投资20亿元的尚荣医疗健康产业综合体项目，一期6栋厂房已完工，进入内部装修，二期4栋15层建筑也已封顶。樟树医药园规划建设占地267hm^2（4000亩）的药都医药物流园，签约落户项目17个，开工建设9个，开建了18栋厂房，其中16栋已封顶。

三、存在的主要问题

虽然南昌生物产业基地发展较快，但从总体看仍处于初起发展阶段，与先进省市及发达国家相比还存在较大差距，产业发展中的矛盾与问题依然较多。

整体竞争力仍不强。企业规模普遍偏小，盈利模式单一，同质化现象比较严重，围绕产业链的专业分工不够明确、上下游合作不够紧密，设备研制、检验检测、应用试验等产业链关键环节支撑配套能力不足，生物园区基础设施建设相对滞后，公共服务平台不健全，园区的整体竞争潜力没有得到充分发挥。

自主创新能力还仍较弱。目前基地生物产业发展仍未摆脱资源依赖，高技术产品比例、企业研发投入比例偏低，研发投入总量不足，创新驱动不强，技术创新公共服务比较薄弱，以企业为主体的产业协同创新体系尚未形成，国家级工程研究中心和重点实验室的数量和水平有待进一步提高，与国家级科研院所的合作需进一步加强。

产业高端人才比较缺乏。具有国际视野的高级经营管理人才和掌握最新前沿技术的产品开发人才不足，部分企业对高端人才在产业发展中的重要作用认识不足，吸引和留住人才的优惠条件偏低，长期激励机制不健全，省内高校相关专业的学科建设与人才培养尚不能完全满足全省生物和新医药产业快速发展的需求。

扶持政策配套不足。一些园区和政府部门对生物产业发展重要性认识有待加强，扶持政策落实不到位。生物产业的投融资体系仍不完善，风险投资机制不健全，新药证书、专利技术等知识产权资本化未得到充分认可，众多小微企业融资仍比较困难。

四、下一步发展思路

到2020年，生物产业形成特色鲜明的产业发展格局，产业规模进入中部地区前列、全国先进行列，现代中药保持国内领先的竞争优势。

提升产业规模质量。未来5年南昌生物产业基地保持年均15%以上的发展速度，到2020年，主营业务收入达到1600亿元以上，发展速度与竞争力处于国内领先地位。培育5家国内领先、国际有一定影响力、年收入达到100亿元以上的企业集团，20家左右特色鲜明、国内有较大影响、年收入超过10亿元的龙头企业和一大批富有创新活力的中小企业。

错位发展特色园区。生物产业园区集聚能力进一步加强、产业结构明显优化，形成产业特色更加鲜明的集中发展区和优势产业带。建成国内一流的以现代中药、医疗器械为特色的生物医药产业集聚区，实现上下游产业的协调发展；打造具有较大影响力的依托优势中药资源和农业资源特色的生物农业、生物制造（生物发酵、生物纺织和生物质能源等）、大健康服务产业集聚带。

健全生物产业链。从生物资源繁育种植、贮运加工、有效成分分离提取、生物转化、医药中间体及原料药开发生产，到药品制剂、功能食品、应用材料等终端产品的创新推广及市场服务，培育完整的产业体系，形成生物医药、生物农业、生物制造及生物服务同步快速发展的良好局面。继续扩大以中成药和一次性医疗器械为特色的生物医药产业规模，进一步推动生物制造、生物农业、生物环保等子行业的发展。结合绿色食品产业发展需求，围绕特色种植业和养殖业的生物育种、绿色农用生物制品等重点领域，发展生物农业；依托江西特色农业资源优势，发展生物纺织和生物能源。

增强自主创新能力。以企业为主体、市场为导向、产学研相结合的协同创新体系更加完善，新增5个国家级创新平台和50个省级创新平台和公共服务平台。生物产业研发投入和知识产权申请保护激励政策更加完善，企业的研发投入占销售额比重明显提高，获得突破的关键核心技术大幅增加，发明专利申请量年均增长20%，境外授权专利数量实现突破，一批具有自主知识产权的创新产品得到规模化应用。形成鼓励高等院校、科研院所和企业之间人才流动、国内外人才引进的机制体制，每年培养或引进生物产业高层次创新创业人才及其团队100个以上。

建设重大创新平台。在南昌国家生物产业基地建设中医药科创城，打造中医药创新中心、创新驱动先行区、高端人才集聚区、产业发展引领区、文化交流传承典范区、健康智慧新城区“一中心、五区”为功能定位，着力构建融合开放、要素集聚、功能完善的中医药创新综合体。在桑海产业园重点布局创新研发、展示交易、金融服务、高端人才公寓、成果转化等主要功能区块。在南昌江中药谷重点布局高端智库服务、高端平台研发、成果转化等主要功能区块，同时加强科创城与南昌高新区、樟树、袁州、进贤、小蓝等重点医药产业集群对接协调、功能辐射。积极推动中医药研发机构向科创城集中，加强前沿性、关键性和共性技术研究，推进创业、转化基地等载体建设，促进创新链、技术链和产业链的融合，到2020年，推动中医药领域科技成果转化超过100项，培育中医药领域创新型初创企业超过100家。

发展环境更加完善。进一步加强生物和新医药产业创业、投资鼓励措施，形成较完善的生物新产品、新技术市场准入、价格形成、市场监管等政策管理体系和鼓励创新的供给侧和需求侧双向激励政策体系，完善行业公共服务、生物安全保障和产业统计等服务体系。形成“政府引导、多元化投入、市场化运行、企业化管理”的生物和新医药产业多元创新和融资体系，建成10个以上的种子基金、天使投资和创业投资基金。

（撰稿：江西省发展改革委）

杭州国家生物产业基地发展报告

自2008年杭州市被国家发改委授予“生物产业国家高技术产业基地”以来，已形成以杭州经济技术开发区为核心，余杭经济技术开发区等6个产业集聚区为拓展区的“一核六拓”布局，生物产业规模不断扩大、集聚效应不断显现、创新能力不断提高，总体呈现平稳较快发展态势，部分领域居于国内领先水平。

一、发展基本情况

2016年，杭州市医药制造业实现产值429.49亿元，较2015年增长18.1%，直接拉动规模工业产值增长0.5个百分点。其中，杭州经济技术开发区作为生物产业国家高技术产业基地核心区，集聚了生物制药、化学制药、现代中药、医疗器械、服务贸易等生物医药相关企业290余家，2016年生物医药产业产值超200亿元，连续数年实现15%以上的增长，占全市生物医药产值比重超过1/3。作为主要拓展区的余杭经济技术开发区（浙江省余杭生物医药高新技术园区）集聚了生物医药企业逾百家，其中规模以上企业20家，2016年实现规模工业产值56.77亿元，规模企业完成税收超4亿元。截至目前，杭州市已吸引了辉瑞制药、赛诺菲、默沙东、葛兰素史克、拜耳等一批世界生物医药领域500强企业投资，集聚了中美华东、民生药业、胡庆余堂、贝达医药等一批国内知名药企，龙头企业带动作用明显。2016年，杭州市迪安诊断等6家企业获批国家“第一批基因检测技术应用示范中心”，进一步促进了基因工程相关生物医药产业发展，推动了生物芯片、基因大数据等生物信息行业繁荣。

二、2016年开展的主要工作及发展特色和亮点

（一）创新载体建设稳步推进

以“东部医药港小镇”、“富春药谷小镇”等特色小镇建设为抓手，不断

推进孵化器、大学科技园、海创园等各类生物产业创新发展载体建设，为生物企业提供创新创业平台，引导生物企业集聚发展。其中，杭州经济技术开发区总规模达100万平方米的生物医药加速器项目一期土建已基本完成，计划2017年6月投入投用，全部建成后将形成专业化、特色化的产业孵化及加速平台。余杭经济技术开发区的东湖高新生物医药加速器项目占地11.67hm^2（175亩），建筑面积16.5万平方米，规划总投资超10亿元，一期将于2017年二季度投入使用，二期预计于2018年三季度投入使用。海正药业（杭州）有限公司依托自身产业资源优势和富阳区胥口镇生态环境资源优势，以“医研、医造、医展、医疗、医闲”为主题，着力打造“富春药谷小镇”，2016年成功入围第二批省级特色小镇，目前正按PPP模式加速推进。迪安诊断与浙江省健康产业联合会共同发起建设浙江基因健康创业中心，总投资约50亿元，于2016年7月7日宣布正式开园并投用产业大楼，吸引了包括国家级遗传工程中心实验室等13个项目入驻，未来还将进行二期建设。杭州传化科技城有限公司加快推进浙江省农业高科技示范园区建设，先后建成了生物科技孵化器“科创大厦”、农产品交流交易平台“绿科秀”、生物技术网上交易平台“绿科邦”并投入使用，成为集技术研发、创业孵化、生产示范、成果推广、技术培训和农业服务于一体的产业基地。

（二）自主创新能力持续增强

一是研发投入加大。基地核心区——杭州经济技术开发区已累计培育生物医药国家级高新技术企业25家，市级、省级研发机构56个，规模以上生物医药企业R&D投入占收入比重4%以上，重点企业R&D投入占比超10%，远高于行业水平。**二是人才资源集聚。**截至目前，杭州经济技术开发区共引进和培养生物医药领域国千专家14名、省千人才20名、市“521”人才7名，落地景杰生物、索元生物医药等优秀项目32项，多禧生物、中肽生化先后入选省创新创业领军团队，上榜比例省内领先；高新（滨江）区天和高科技产业园共引进生物医药海外高层次人才100余名、中科院院士4名，累计引进和培养国千专家12名、省千人才13名，入驻企业240余家，申请认定国家高新技术企业3家、市高新技术企业16家、市雏鹰（青蓝）企业近30家，累计申请专利500余件。**三是技术共享互惠。**贝达药业开放自身研发和产业化平台，设立贝达梦工厂，利用自身技术优势和营销渠道，为创新创业者提供一站式服务；民生药业计量检测技术服务中心继续保持高水平运作，为医药类企业提供仪器仪表检测认证服务；中翰盛泰“医智捷物流”平台获批生物制品保税库和第三方物流牌照，成功打造省内首个特殊物品出入境集中查验平台，为生物企业提供特殊物品代理出入境业务和冷链运输存储一体化服务。**四是创新成果迭出。**贝达药业“小分子靶向抗癌药盐酸埃克替尼开发研究、产业化和推广应用”项目、诺尔康人工耳蜗“军事声损伤致聋机制及防治关键技术应用”课题分别获2015年度国家科技进步奖一等奖、二等奖；启明医疗研发的全球第一款预装心脏瓣膜Venibri于2016年10月27日在阿根廷完成首列人体应用；鸿运华宁原创单抗新药GMA102已在澳大利亚启动二期临床试验；歌礼药业研发的国内首个本土原研丙肝小分子抗病毒药物丹诺瑞伟（ASC08）预计2017年内获批投产上市。

（三）企业发展环境更加优化

一是优化人才发展环境。深入实施国家、省“千人计划”、杭州市全球引才“521”计划、“115”引进国外智力计划和“131”中青年人才培养计划，继2015年出台《杭州市高层次人才、创新创业人才及团队引进培养工作的若干意见》（市委〔2015〕2号，简称“杭州人才新政27条”）后，2016年再度推出《关于深化人才发展体制机制改革完善人才新政的若干意见》（市委〔2016〕14号，简称“人才若干意见22条”），用更好的政策、更优的环境，吸引国内外生物领域创新团队和领军人才来杭创新创业。**二是拓宽企业融资渠道。**一方面加快建设政府主导的金融扶持平台，其中，杭州经济技术开发区每年投入3亿元的人才资金和6亿元的科技资金支持创新创业，设立了1亿元的产业贷款风险池基金；余杭经济技术开发区依托产业引导基金推出了“助宝贷”、“科技中小企业风险池基金”等创投产品。另一方面大力构建市场化投融资平台，杭州经济技术开发区先后与海邦、赛伯乐等创投机构共建了首期规模为20亿元的产业母基金，已投资近10家创新研发类企业；余杭经济技术开发区积极引导区内龙头企业和传统产业组建创投基金，扶持生物初创企业发展；杭州国家高新技术产业开发区（滨江）邀请浙江省风险投资行业协会创立“六和桥”投融资沙龙，以定期开放式的交互活动作为连接创业者与投资人、投资机构直面深入沟通的桥梁。**二是完善政策服务支持。**发挥政策引导作用，出台《杭州市生物医药产业发展“十三五”规划》，以打造千亿级大健康产业为目标，积极推动杭州市生物医药企业加快发展。深化商事制度改革，建立便捷企业登记注册制度，全面实施“五证合一”登记制度，落实小微企业税收优惠政策，清理规范涉企收费，营造一流的创新创业环境。推动一致性评价省级试点，成立浙江药物一致性评价研究中心，为浙江省的制药企业提供一致性评价的技术指导和技术服务。

（四）产业国际合作不断深化

一是大力引进国际知名药企。2016年6月28日，辉瑞全球生物技术中心项目破土动工，该项目是辉瑞在美国和爱尔兰之后全球第三个生物技术中心，也是世界500强跨国公司在华首个单克隆抗体研发和生产基地；7月8日，获评“全球50家最聪明的公司”奕真生物中国区总部和礼来亚洲基金创新中心同时在杭宣布开业；12月6日，荣膺“全球增长最快制药公司”的吉立亚项目签约落地。截至目前，已有辉瑞、雅培、默沙东、拜耳、礼来、安进、葛兰素史克、赛诺菲、吉立亚等全球医药巨头在杭拥有项目或投资，世界医药十强有六强签约杭州经济技术开发区，产业国际影响力进一步提升。**二是加强国际创新交流互动。**成功举办2016年国际生物医药创新（杭州）峰会，着眼医药健康产业前沿趋势，针对药物研发和转化、体外诊断（IVD）产业与资本的融合，探讨我国生物医药跨越式发展的约束瓶颈，促进各方合作。在波士顿设立海外生物医药投资基金，通过积极协助和参与波士顿地区现有生物医药平台的科技交流活动，达到和当地产学研平台良性互动之目的，旨在发掘和培育海外优质创新创业项目，推动海外高层次人才落户杭州。**三是推进国际合作园区建设。**2016年，杭州市两次赴以色列开展招商引资活动，与以色列政府部门和大型财团、孵化器（加速器）运营公司、投资机构等商讨中以产业园落地事宜，于2016年12月6日成功举行浙江省中以国际医疗健康产业园开园仪式，现场签订了部分项目合作协议，项目总投资概算超过100亿元，拉开了杭州对接国际先进技术与资本、汇聚全球要素资源、全面优化升级健康医药产业生态的序幕。

三、下一步工作思路

“十三五”期间，杭州生物产业将以国家高技术产业基地为载体，充分发挥杭州经济技术开发区的龙头引领作用，全力打造生物全产业链生态体系，力争实现生物产业人才项目、科技成果、绩效贡献“三个倍增”，努力建成国内领先的技术先导区、创新创业团队和高端人才集聚区，以及全球先进医药技术进入中国的首要承载区。

（一）强化体制机制保障，形成产业推进合力

一是加强统筹协调。进一步加强杭州市生物产业发展工作协调力度，统筹各部门、各区（县、市、开发区）生物产业重大规划、重大政策、重大平台、重大项目，协调各领域要素资源投入，全面推进产业发展。**二是促进行**

业协作。充分发挥杭州市医药行业协会等社会组织的纽带作用，积极搭建以政府引导、企业主体、协会推动、各种资源要素协同为模式的综合服务大平台，为科研部门、企业、创业者、投资者提供政策咨询、信息、法律、培训、评估等服务，逐步完善“政府-协会-企业”的行业管理框架。**三是优化政府服务。**推进“最多跑一次”改革，全面推行“互联网＋政务服务”，普及网上办事，深化“放管服”，完善“四单一网”改革，形成“一次办结”机制，进一步减轻企业负担，释放市场活力。继续与国家新药安评中心、浙江省医疗器械检验院等服务机构开展合作，引进浙江省医疗器械安评中心合作项目，进一步完善药品、医疗器械的审批审评服务。

（二）推进重大项目建设，完善产业结构布局

一是突出核心区块带动作用。重点围绕杭州经济技术开发区、高新技术产业开发区（滨江）、余杭经济技术开发区等产业集聚区域，推进“东部医药港小镇”、“富春药谷小镇”等特色小镇建设，加快下沙生物医药加速器、余杭东湖高新生物医药产业园等产业集聚平台建设，谋划建设大江东生命健康产业园。**二是发挥龙头企业引领作用。**重点推进辉瑞生物技术中心、华东医药二期、贝达药业三期、普利药业、胡庆余堂等龙头企业项目建设，支持贝达梦工场启动运营，加快引进科惠医疗、九洲药业、华海药业等知名企业项目。**三是推进基因工程应用发展。**突出重大疾病防治、遗传性疾病大规模筛查、基因检测技术产业化应用、相关仪器设备与试剂耗材产业化应用等重点领域，重点推进迪安诊断等6个基因检测技术示范中心项目建设，进一步带动设备器械、诊断试剂、创新医药等上下游产业发展，推进精准医疗健康惠民。

（三）突出政策支持引导，优化产业发展环境

一是加大产业扶持力度。加强生物领域重大项目储备，鼓励生物企业申报产业化专项等资金补助，充分发挥产业基金先导作用，进一步扩大生物产业有效投资。支持杭州生物医药企业产品市场推广与应用，鼓励医疗机构优先采购本地生物医药企业产品，推动疗效明显、安全可靠的创新型药物纳入基本药品目录、基本医疗保险和工商保险药品目录。**二是加强专业人才支撑。**深入实施国家和省“千人计划”、市“521”全球引才计划、“115”海外引智计划，启动西湖“双子星”杰出人才培育计划，充分利用“人才新政27条”、“人才若干意见22条”等政策红利，进一步完善吸引、培养和使用三个环节相关政策待遇，积极引进国内外生物领域创新团队和领军人才。**三是完善金融政策支持。**研究完善引导生物企业加大长期研发投入的财税激励

机制，采取优惠贷款、投资补助、贷款贴息、资本注入等方式，支持处于成长期的创新型生物企业快速发展。提升金融服务实体经济能力，大力支持私募金融和创新基金发展，鼓励带动金融机构投资生物产业。打通市场化融资渠道，引导企业通过产权交易所、股权交易中心、互联网众筹等方式开展融资活动。

（四）提升产业国际化水平，营造产业国际影响力

一是构筑国际产业平台。加大国际知名院所合作力度，与加州大学洛杉矶分校、奥克兰大学创新研究院开展合作，加快产学研转化和创新医药开发步伐。推进中以国际医疗健康产业园建设，高质量引进外资项目，支持国际学术组织、跨国公司和国外研发机构在杭设立研发总部或分支机构，吸引高成长性企业的产业化项目落地，打造国内外先进医药医疗技术的产业化基地。**二是构筑国际创业平台。**加强企业引育，充分发挥未来科技城（海创园）、高新技术产业开发区（滨江）等海外高层次人才创业创新基地作用，积极引进生物领域一流的公共创新服务平台、国内外高层次人才、创新团队以及国际组织，孵化一批具有国际竞争力的高科技生物企业。**三是构筑国际交流平台。**紧紧抓住“后峰会”机遇，以在杭知名高校、国际友城为平台，以项目为载体，进一步加强国际国内生物领域交流合作。坚持举办各类高起点、大影响的学术活动，争取国际性、专业性生物活动或会议永久落址杭州，提升城市知名度。**四是支持企业“走出去”。**支持生物企业参与国际重大前沿技术的研究与开发，发动企业联合参与国际大型生物专业活动，积极对接“一带一路”等国家战略，支持有条件的企业通过国际合作、收购兼并等多种方式，在海外设立研发机构、生产基地，充分利用当地的资本、技术、管理和人才等先进资源，建立国际营销渠道，提高企业国际竞争力。

（撰稿：杭州市发展改革委）

重点行业协（学）会发展报告

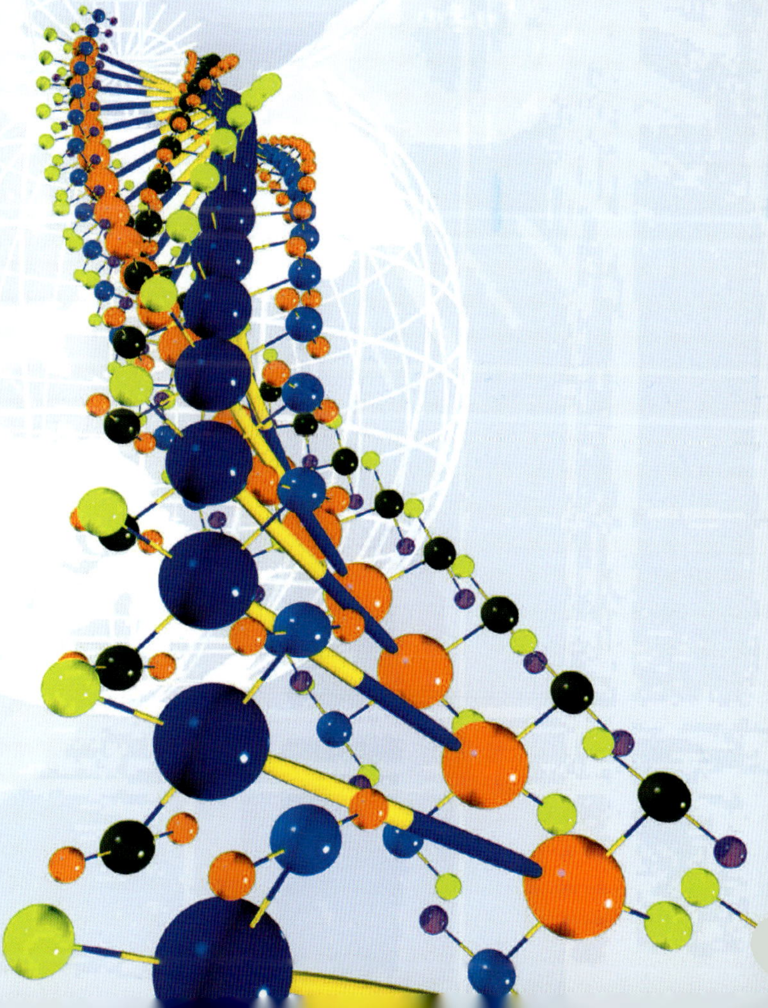

生物发酵产业分析报告

2016 年，中国生物发酵产业协会在国家产业政策的指导下，带领全行业积极适应国家经济发展新常态的要求，通过加强行业自律，积极开展供给侧改革，依靠技术创新，延长产业链，加快产品高端化发展，使行业逐步走出前几年的低迷，经济形势发生可喜变化。

一、整体经济运行情况

1. 产量开始恢复性增长

2016 年我国发酵行业主要产品产量 2629 万吨，与 2015 年相比增长 8.3%，扭转了近三年来一直低位徘徊的局面。其中，氨基酸实现了快速增长，淀粉糖、酶制剂、酵母、功能发酵制品保持了稳定增长，多元醇行业小幅增长，有机酸行业负增长（表 7-1）。

表 7-1　2016 年发酵行业主要产品产量

序号	分类	产量/万吨	同比增长/%
1	氨基酸	460	24
2	有机酸	205	−3.3
3	淀粉糖	1297	8.1
4	多元醇	159	1.3
5	酶制剂	128	6.6
6	酵母	33	4
7	功能发酵制品	347	3.5
8	合计	2629	8.3

2. 出口呈现较快增长

2016 年主要出口产品出口量 408 万吨，同比增长 18.6%，大大高于 2015 年 3.3%的增幅。由表 7-2 可以看出，受原料玉米价格下降等因素影响，淀粉糖、赖氨酸、乳酸、葡萄糖酸钠出口量实现了两位数增长，味精、柠檬酸、多元醇、酵母由于出口价格的持续降低也保持了较稳定增长，酶制剂出现了负增长。

表 7-2　2016 年发酵行业主要产品出口量

序号	分类	出口量/万吨	同比增长/%
1	味精	45.6	6.0
2	赖氨酸	33.5	28.8
3	柠檬酸	100.4	4.7
4	葡萄糖酸钠	16.1	12.6
5	乳酸	4.3	17.0
6	淀粉糖	162.8	37.7
7	多元醇	24.0	6.8
8	酵母	12.7	3.4
9	酶制剂	8.6	−4.6
10	合计	408	18.6

二、行业发展特点

1. 氨基酸行业

2016 年氨基酸行业整体表现良好，全年增长达到 24%。谷氨酸、赖氨酸、苏氨酸三大主导产品表现不俗，其他氨基酸品种和产量都有所增加。

味精产量达 270 万吨，约比 2015 年增长 17.4%。目前，全国的谷氨酸发酵总产能约 290 万吨，产能利用率达到约 93%。经过近几年的行业整合，企业数量虽然减少，但企业规模越来越大，生产工艺技术水平也在不断提高，现有的 7～8 家谷氨酸发酵企业，都不甘落后，积极提升各自实力，发挥各自优势，促进了产量的再次攀升。

赖氨酸总产量达 135 万吨，与 2015 年相比增长约 35%。目前全国赖氨酸生产企业有十来家，总产能达到 170 万吨以上，还有不小的产能没有释放。

苏氨酸产量全年达 48 万吨，比 2015 年增长 60%。目前生产企业有 6～7 家，规模超 10 万吨的 2 家、超 5 万吨的 2 家，大都集中在大宗氨基酸产品生产企业。

其他氨基酸中，色氨酸、丙氨酸和三支链氨基酸产能都超过万吨，其他产品产能均在万吨以下。总产能达10万吨，实际产量约7万吨。因此，生产的产品品种有比较大的可调整空间。

2. 淀粉糖、多元醇行业

2016年，在原料玉米价格下降、蔗糖价格攀高等因素影响下，淀粉糖行业初见曙光，产量逐步回升接近2012年水平，生产企业开工较充足。随着国家玉米政策的调整，玉米价格回落至理性水平，玉米加工企业成本下降，加之近几年企业持续的节能节水技术改造以及产品终端市场的开发等措施，企业利润水平有所提高。

多元醇行业近几年发展比较平稳，从2011～2016年，基本在160万吨上下浮动，表明现有产品的已开发市场基本处于饱和状态，要想获得较大的市场突破，需要在应用领域开发上下大力气。目前企业为增加盈利和持续发展，都在积极开发下游产品和拓展产品应用领域，同时注重品牌和服务以及管理质量的提升，在节能减排、环保方面投入更大的关注，依靠科技寻求企业的再度发展。

3. 有机酸行业

国外柠檬酸市场已经为成熟市场，每年增长幅度不大。2016年全年产量137万吨左右，比2015年增长2.2%；出口量100.4万吨，同比上升4.7%。为了争夺国际市场份额而引发的国内企业之间的价格战，导致其价格不断走低，盈利空间变小。2016年我国葡萄糖酸产量在50万吨左右，与2015年相比下降16%。低等级的葡萄糖酸系列产品由于下游应用行业需求持续疲软，价格低迷，已经显现出产能过剩的态势，部分企业出现了停产、转产。乳酸方面，高纯度乳酸产业化步伐加快。

4. 酶制剂、酵母行业

酶制剂行业基本保持平稳发展态势，龙头企业实现了较快增长。与此同时，行业进入调整、整合阶段，小的及落后的产能得以淘汰，产业集中度进一步提升，行业整体向好。

2016年酵母行业未进行较大的新建扩建项目投产，各酵母企业主要通过技改、内部挖潜等方式提升产能。2016年酵母类制品产量约33万吨，同比增长约4%。乐斯福已超越AB马利成为中国第二大酵母厂商，行业前三大公司产能占比75%，行业集中度提高。

5. 酵素行业

酵素行业是利用动植物或菌类等为原料进行微生物发酵，生产出具有特定生物活性成分的一类产品的总称。目前国内酵素产品主要包括食用酵素、环保酵素、日化酵素、饲料酵素、农用酵素等，其中以食用酵素发展最快，市场份额也最大。目前国内酵素企业大部分规模较小，据统计国内酵素生产企业规模以上单位约100家，年产值约50多亿元，生产企业大多分布在山东、河南、吉林、福建、安徽、江苏、浙江、广东等地。酵素行业一头连着农业（原料），一头连着高端消费市场，因此是生物发酵产业未来一个重要发展方向。

总体来看，2016年发酵行业总体发展形势利好，企业普遍盈利增加，这主要得益于国家玉米临时储备政策的调整。同时，行业产能结构过剩问题有所缓解，产业链的延伸给行业未来发展提振了信心。

三、存在的主要问题

1. 政策影响减缓行业的创新发展

由于食品及保健食品刚性需求的特点，以及人们追求高品质生活的趋势，驱动各高校、院所积极开发各类功能发酵制品以及相关联的终端消费产品，研发活跃。但由于国家相关政策的逐步收紧，以及审查程序的冗长，使得新产品面市愈发困难，这样一方面损伤了行业创新的热情，同时也使得市场资金只能选择投入已有产品，从而加剧行业无序竞争。

2. 自主创新能力的提升任重道远

虽然目前我国生物发酵产业的研发投入与一般行业相比有比较大的优势，但整体研发实力与国外同行相比仍存在较大差距，即使是我们的龙头企业也无法与国际跨国公司比肩，从而导致我们的关键技术和装备创新力度相对较弱，新兴产品比例相对较低。

3. 投资扎堆现象愈演愈烈

从2016年国家取消了临时玉米收储政策，改为实行“市场定价、价补分离”，使得原料玉米的价格平均下降约30%，大大降低了产品生产成本，企业开始有所盈利。这一利好现象刺激了大量社会资金对该行业的关注，加之行业内资金的持续投入，使得很多资金别无选择地集中投在了屈指可数的几个大宗产品上，出现了投资扎堆现象，比如：赖氨酸、苏氨酸、淀粉糖等。这可能导致新一轮的产能结构性过剩，值得行业内引起高度警觉。

四、生物发酵产业发展趋势

1. 工业生产与服务性制造继续走向深度融合

原有生物发酵企业大多以生产中间产品为已任，往往只负责向下游客户提供原料，不考虑面向终端消费的产品开发。未来这种局面将得到很大改观。生产企业不再是简单地卖产品，而是更进一步地为下游应用商提供包含产品在内的技术解决方案，以帮助客户开发适合市场需求的各类产品。

2. 企业生产经营趋于多元化

为了抵消产品单一给企业带来的经营风险，许多企业选择了多元化的产品结构，包括行业内的产品多元化及跨行业的产品多元化。同时，更多的企业选择了在股票市场融资发展，以解决企业快速扩张期所遇到的资金短缺问题，这也助推了我国许多民营企业的现代化管理进程，促进了行业的健康、规范化发展。

3. 继续实施走出去战略

近年来，随着国际竞争力的增强，我国生物发酵产业“走出去”步伐逐步加快，开始了较大规模的境外投资设厂，比如我国柠檬酸行业、酵母行业分别在泰国、匈牙利、埃及、俄罗斯等国投资建厂。实施“走出去”战略一是有助于壮大我国生物发酵产业规模，提高国际话语权；二是有助于发挥境外资源优势，突破贸易壁垒，提升中国品牌国际竞争力；三是有助于深度开发当地市场、扩大全球市场份额、规避风险。

（撰稿专家：石维忱　李晓燕）